Model-Driven-Configuration-Management

Sebastian Herden

Model-Driven-
Configuration-
Management

Ein modellgetriebener Ansatz für
das Konfigurationsmanagement
von IT-Systemlandschaften

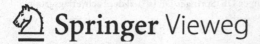 Springer Vieweg

Sebastian Herden
Magdeburg, Deutschland

Dissertation Otto-von-Guericke-Universität Magdeburg, 2012

ISBN 978-3-658-01106-2 ISBN 978-3-658-01107-9 (eBook)
DOI 10.1007/978-3-658-01107-9

Die Deutsche Nationalbibliothek verzeichnet diese Publikation in der Deutschen Nationalbibliografie; detaillierte bibliografische Daten sind im Internet über http://dnb.d-nb.de abrufbar.

Springer Vieweg

Springer Vieweg ist eine Marke von Springer DE. Springer DE ist Teil der Fachverlagsgruppe Springer Science+Business Media.
www.springer-vieweg.de

Vorwort

Den Begriff *Model-Driven-Configuration-Management* habe ich erstmalig 2008 in einer sehr angeregten Diskussion mit meinem besten Freund und Forscherkollegen André Zwanziger im SAP Center for Very Large Business Applications der Arbeitsgruppe Wirtschaftsinformatik in Magdeburg verwendet. Es wäre doch schön, wenn IT-Systemlandschaften auf einen Klick aus Modellen erzeugt werden können — zumal diese Modelle sowieso existieren. Wieso müssen IT-Abteilungen alles noch einmal erfassen und modellieren oder planen, was Fachabteilungen mit Beratern und Unternehmensarchitekten in meist aufwendigen Workshops erarbeitet haben? Warum können sie nicht sofort an die Umsetzung gehen? Es ist doch alles gesagt und schwarz auf weiß dokumentiert. Die Antwort auf diese Frage ist verblüffend einfach, wie sich im Laufe dieser vorliegenden Forschungsarbeit herauskristallisiert hat: Sie reichen nicht aus. Modelle haben einen Zweck und dieser ist bei Unternehmensarchitekturen ein anderer als bei Konfigurationsmodellen. Die einen möchten einen Überblick und vernachlässigen Details (Architektur) — die anderen möchten so viele Details wie möglich für ihren bestimmten Themenbereich (Konfiguration) und verlieren den Blick auf das große Ganze. Bei meiner Arbeit als IT-Berater und Software-Entwickler in diversen Projekten bei großen und kleinen Unternehmen wurde oft von Parallelwelten gesprochen.

Die Idee war geboren. Es gilt einen modellgetriebenen Ansatz für das Konfigurationsmanagement von IT-Systemlandschaften zu entwickeln. Hierbei soll in Anlehnung an eine modellgetriebene Softwareentwicklung der Erstellungsprozess durch automatisierte Modelltransformationen in das gewünschte Zielprodukt überführt werden. Modelle sind demnach nicht ein gutaussehendes Nebenprodukt bei der Planung und Umsetzung von IT-Systemlandschaften, sie sind kein Beweis, dass IT-Berater gearbeitet haben, sondern sie sind inhärenter Bestandteil des Prozesses selbst. Sie führen und steuern ihn. Sie stellen eine konsistente Verbindung von abstrakten Architekturen zu detaillierten Konfigurationen her. Das Ziel muss also sein, dass Konfigurationen von IT-Systemlandschaften an den Bedürfnissen der Fachabteilungen oder Kundenwünschen ausgerichtet sind, dass Entscheidungen bei der Umsetzung transparent und nachvollziehbar sind und bleiben. Model-Driven-Configuration-Management ist somit der Klebstoff für beide (Parallel-)Welten.

Die erste Reaktion meiner Betreuerin PD Dr.-Ing. Susanne Patig war ungefähr: „Das ist eine sehr interessante Idee, doch sie ist mir nicht konkret genug. Ich kann mir noch nicht vorstellen, wie das funktionieren soll." Das war genau die richtige Motivation und auch das Leitmotiv unserer sehr guten Zusammenarbeit. An dieser Stelle möchte ich mich dafür bedanken, dass sie, nach dem plötzlichen Tod von Prof. Dr. Rautenstrauch, die Betreuung meiner Forschungsarbeit neben ihrer zusätzlichen Tätigkeit als Professorin an der Universität in Bern übernommen hat. Auch bedanke ich mich für die zwei wichtigsten Fragen: „Wie willst du das umsetzen?" und „Welchen Nutzen hat es?". Beides wird in der vorliegenden Arbeit aus unterschiedlichen Perspektiven beantwortet. Eine qualitative Anforderungsanalyse auf Basis von Experteninterviews und einer Literaturanalyse bringt beide Welten zusammen und zeigt ein Konzept und den Nutzen beim Einsatz des Model–Driven–Configuration–Managements. Eine prototypische Implementierung sowie Validierung einer *Werkzeugarchitektur* und eines *Vorgehensmodells* für das Model–Driven–Configuration–Management zeigen die Umsetzung und Anwendbarkeit des Ansatzes.

Während der Forschungsarbeit haben mich viele Menschen begleitet, denen ich nun abschließend danken möchte. Zunächst möchte ich sämtlichen Interviewpartnern danken, die ich jedoch an dieser Stelle nicht namentlich nennen kann. Die Implementierung und Validierung ist während eines längeren Forschungsaufenthaltes im SAP Research CEC in Belfast (UK) und bei der IBM Rational Software Group in Raleigh (USA) entstanden. An dieser Stelle einen besonderen Dank an André Zwanziger, Philip Robinson, Tariq Ellahi, Chad Holliday und Timothy McMackin. Für spannende und tiefe Einblicke in die Welt von Unternehmensarchitekten möchte ich Bernd Bergmann danken. Wir haben 10 Monate zusammen in einem Beratungsprojekt gearbeitet, welches die eigentliche thematische Motivation für die Beschäftigung mit Unternehmensarchitekturen war. Dies war auch der Auslöser für den Entschluss, die Forschungsarbeit an der Otto-von-Guericke-Universität Magdeburg zu beginnen. Ich danke neben meiner Betreuerin PD Dr.-Ing. Susanne Patig den weiteren Gutachtern Prof. Dr. Gunter Saake und Prof. Dr. Jan-Marco Leimeister für die Begutachtung dieser Arbeit sowie für spannende Fragen und Anregungen. Weiterer Dank gilt den weiteren Mitgliedern der Promotionskommission Prof. Dr. Jürgen Dassow und Prof. Dr. Klaus Turowski. Allen zusammen gilt der Dank dafür, dass mir die Verteidigung meiner Dissertation sehr viel Freude bereitet hat. Außerdem danke ich für die Zusammenarbeit mit den Kollegen der SAP Center for Very Large Business Application an der TU München und der Otto-von-Guericke-Universität Magdeburg.

Das Schreiben einer Dissertationsschrift erfordert viel Zeit und Geduld — verlangt viele Opfer ab. Davon können vor allem Freunde und Familie berichten. Ich danke daher insbesondere meiner Frau Nadine, meinen Eltern Birgit und Hannjörg, meinem Bruder Tobias sowie meinen Großeltern Evelin und Eberhardt, für den beständigen Glauben an mich, auch in Tiefphasen, für die Geduld und für die Zeit beim Lesen und Zuhören. Diese Zeit dürft ihr nun mit Recht einfordern.

Abschließend wünsche ich viel Spaß und Erkenntnisgewinn beim Lesen der Arbeit. Ich denke, der Einsatz von IT in Unternehmen wird im Kern immer ein Ringen mit der Komplexität von Systemen sein. Dieses Ringen kann aber durch automatisierte Werkzeuge, systematisches und methodisches Vorgehen verbessert werden. Die Überführung von Unternehmensstrategien und Geschäftsprozessen in nutzenbringende IT–Systemlandschaften kann nur im Rahmen einer ingenieurmäßigen Disziplin wie das *System Landscape Engineering* erfolgen. Das *Model-Driven-Configuration-Management* leistet hierbei einen kleinen Beitrag.

Sebastian Herden
Magdeburg, 10. Oktober 2012

Inhaltsverzeichnis

Abbildungsverzeichnis

Tabellenverzeichnis

Abkürzungsverzeichnis

BI .... Business Intelligence
BPMN .... Business Process Modeling Notation
BW .... Business (Data) Warehouse
CASE .... Computer Aided Software Engineering
CI .... Configuration Item
CMDB .... Configuration Management Database
CMS .... Configuration Management System
COM .... Conceptual Operational Model
DAP .... IBM Deployment Architecture Platform
DSL .... Domain Specific Language
EA .... Enterprise Architecture
EAF .... Enterprise Architecture Framework
EAM .... Enterprise Architecture Management
EBS .... (Oracle) E-Business Suite
EJB .... Enterprise Java Bean
EMF .... Eclipse Modeling Framework
FA .... Funktionale Anforderung
FTE .... Full Time Equivalent
GMF .... Graphical Modeling Framework
IaaS .... Infrastructure-as-a-Service
IBM .... International Business Machines Corporation
IEC .... International Electrotechnical Commission
IEEE .... Institute of Electrical and Electronics Engineers
ISO .... International Organization for Standardization
IT .... Informationstechnik
ITIL .... IT Infrastructure Library
ITO .... IT Operations
ITSM .... IT-Service-Management
JET .... Java Emitter Templates
KM .... Konfigurationsmanagement
M2C .... Model-to-Code oder Model-to-Configuration
M2M .... Model-to-Model
MDA .... Model Driven Architecture
MDCM ...... Model-Driven-Configuration-Management
MDE .... Model Driven Engineering
MDSD .... Model Driven Software Development
MOF .... Meta Object Facility
OCL .... Object Constraint Language

PaaS .... Platform–as–a–Service
POM .... Physical Operational Model
QA .... Qualitätsanforderung
QVT .... Query/Views/Transformation
RB .... Rahmenbedingung
RSA .... IBM Rational Software Architect
SaaS .... Software–as–a–Service
SAP .... Systeme, Anwendungen, Produkte in der Datenverarbeitung
SOM .... Specification Level of Operational Model
TCO .... Total Cost of Ownership
TOGAF ...... The Open Group Architecture Framework
UML .... Unified Modeling Language
VLBA .... Very Large Business Application
XML .... Extensible Markup Language
XSD .... XML Schema Definition

Abstract

Enterprise architecture management (EAM) is the fundamental base to strategically design and control IT in organisations. IT service management (ITSM) constitutes a special IT domain, which provides IT services by operating an IT system landscape. A basic prerequisite for using IT services is, therefore, to configure the underlying IT system landscape (IT configuration management). While EAM addresses the logical design of an IT system landscape, IT configuration management supports the construction of a planned enterprise architecture for IT operations. Whereas fundamental elements of an enterprise architecture are considered in an aggregated manner at Enterprise Architecture Management (EAM), IT Operations (ITO) models are focused on specific systems or system components and are, therefore, considered in detail. Hence, a semantic gap exists due to different focal points of both disciplines (EAM — strategic; ITSM — operational). A seamless integration seems, thus, to be necessary to transform EAM models into IT system landscape models and finally to implement these models.

In software development model driven engineering approaches (MDE) are used to separate general application knowledge from specific implementation techniques. Here, defined transformers create software products automatically. Although common frameworks for enterprise architecture management (EAM) propose predefined artifacts and methods for this purpose, the transition between the design stage and the operating stage of software takes place manually. Time–consuming discovery procedures capture the current IT configuration after the transition, store it in configuration databases and allow further analysis on the basis of reconstructed models. This manual process inherits the danger that the quality of solutions is directly dependent on technician's individual knowledge. Additionally, due to potentially insuffcient integration the resulting IT configuration may not be aligned with business requirements. Furthermore, design is perhaps not transparent and not traceable.

The outcome of this thesis is the concept of model driven configuration management (MDCM). The fundamental idea is to use a MDE approach to seamlessly integrate enterprise architecture management and IT configuration management for IT operations. Hence, the objective is that the resulting IT configuration is aligned with business processes, designed transparently and traceably as well as quality is no longer dependent on individual knowledge.

Model driven configuration management (MDCM) contributes to model driven engineering, configuration management, enterprise architecture management and data center automation as well as IT service management. In detail, the presented research provides the following results: (1) a collection of requirements for integrating enterprise architecture management and configuration management of IT system landscapes and IT infrastructures, (2) a MDE–based process model for the automated configuration of IT system landscapes and IT infrastructures, (3) a validated MDCM tool architecture for the use in EAM and IT operations.

Model Driven Engineering, Configuration Management, Enterprise Architecture Management, IT system landscape, IT infrastructure

Zusammenfassung

Enterprise–Architecture–Management (EAM) stellt die Basis für die strategische Gestaltung und Steuerung der unternehmensweiten IT dar. Das IT– Service–Management (ITSM) dagegen ist eine spezialisierte IT–Domäne, welche IT–Dienstleistungen (IT–Services) durch den Betrieb von IT–Systemlandschaften (IT–Betrieb) zur Verfügung stellt. Bevor IT–Dienstleistungen genutzt werden können, muss die darunter liegende IT– Systemlandschaft konfiguriert werden. Während EAM das logische Design einer IT– Systemlandschaft adressiert, unterstützt das IT–Konfigurationsmanagement im IT–Betrieb die Konstruktion einer geplanten Unternehmensarchitektur. So müssen Beschreibungen von Unternehmensarchitekturen in konkrete Konfigurationen der IT–Systemlandschaft überführt werden. Traditionell ist die IT–Konfiguration im IT–Servicemanagement positioniert. So entsteht eine semantische Lücke, welche durch die unterschiedlichen Schwerpunkte beider Disziplinen zu erklären ist (EAM — strategisch; ITSM — operativ). Demnach erscheint eine nahtlose Integration notwendig, um Modelle von Unternehmensarchitekturen in Modelle von IT–Systemlandschaften zu überführen und diese letztendlich zu realisieren.

In der Softwareentwicklung werden Model–Driven–Engineering–Ansätze (MDE) verwendet, um allgemeines Anwendungswissen von spezifischen Implementierungstechniken zu trennen. Durch Transformatoren werden so automatisiert Software–Produkte erstellt. Rahmenwerke des Enterprise–Architecture–Managements (EAM) schlagen für die Umsetzung von Unternehmensarchitekturen in IT–Systemlandschaften zwar vordefinierte Artefakte und Vorgehensweisen vor. Die Migration und Transition aus dem Entwurf in den eigentlichen Betrieb erfolgt aber manuell. Erst aufwendige Discovery–Läufe erfassen die aktuelle Konfiguration im Nachhinein, speichern diese in Konfigurationsdatenbanken und lassen weitere Analysen für Änderungen auf Basis rekonstruierter Modelle zu. Zusätzlich ist die finale Umsetzung einer IT–Systemlandschaft damit abhängig vom individuellen Wissen von Personen des IT–Betriebs über die eingesetzten Technologien und deren Nutzung.

In dieser Arbeit wird das Konzept des Model–Driven–Configuration–Managements (MDCM) zur Schließung der oben genannte semantischen Lücke gezeigt. Die grundlegende Idee des vorgestellten MDCM-Konzepts zur nahtlosen Integration von Enterprise–Architecture–Management und IT–Konfigurationsmanagement im IT–Betrieb ist es, einen Model–Driven–Engineering–Ansatz zu entwickeln. Es wird das Ziel verfolgt, dass die resultierende IT–Konfiguration an den Geschäftsprozessen eines Unternehmens ausgerichtet, nachvollziehbar und transparent gestaltet und die Qualität unabhängig von individuellem Wissen ist.

Damit liefert diese Arbeit Beiträge in den Bereichen Model–Driven–Engineering, Konfigurationsmanagement, Enterprise–Architecture–Management, Rechenzentrumsautomatisierung und IT–Service–Management. Es werden insbesondere folgende Arbeitspakete bearbeitet: (1) Sammlung von Anforderungen für die Integration von EAM und Konfigurationsmanagement von IT–Systemlandschaften und IT–Infrastrukturen, (2) Entwicklung eines Vorgehensmodells auf Basis von MDE Techniken für die automatische Konfiguration von IT–Systemlandschaften, (3) Erstellung und Validierung einer MDCM– Werkzeugarchitektur für die Anwendung des MDCM im Bereich des EAM und IT–Betriebs.

Model Driven Engineering, Konfigurationsmanagement, Enterprise Architecture Management, IT–Systemlandschaft, IT–Infrastruktur

1

Kapitel 1

IT–Systemlandschaften im Spannungsfeld zwischen Strategie und Betrieb

Ein integrierter Ansatz zur Abstimmung von Unternehmensstrategie, Geschäftsprozessen und IT ist eine wesentliche Voraussetzung für den erfolgreichen Einsatz von IT in der aktuellen Geschäftswelt [Han11, 66 ff.; Ven94, 73 ff.]. IT wird nicht nur als reiner Kostenfaktor sondern vielmehr als Erfolgsfaktor angesehen und sollte daher an der Unternehmensstrategie ausgerichtet sein [Han11, 66; Zim08, 357; Lan05a, 10 ff.]. Die Bedeutung der IT für den Unternehmenserfolg zeigt sich vor allem dann, wenn IT ausfällt oder mangelhaft funktioniert. So bereitete der Ausfall des Buchungs– und Informationssystem für einen Tag im Rechenzentrum der Deutschen Bahn AG[1] im Jahr 2009 einen finanziellen Schaden von ca. 500.000 EUR [BM09; DT09]. Aber auch eine mit der Unternehmensstrategie und den Geschäftsprozessen schlecht abgestimmte IT–Systemlandschaft hat Auswirkungen auf den Unternehmenserfolg. So meldete die Firma Schiesser im Jahr 2009 Insolvenz an. Grund dafür waren finanzielle Probleme aus dem Lizenzgeschäft für andere Markenhersteller durch zu kleine Stückzahlen und auf Grund einer schlechten Lieferzuverlässigkeit. Letztere wurde allerdings durch massive Logistikprobleme durch die Einführung eines neuen IT–Systems maßgeblich mitverursacht [Sen04; Kes09]. Zudem ist die Komplexität von IT–Systemlandschaften in den letzten Jahren durch die Menge an verarbeiteten Daten, durch den Einsatz unternehmenskritischer Anwendungen und einer stärker an Geschäftsanforderungen ausgerichteten Informationsversorgung gestiegen[Sym10, 8]. Diese Komplexität führt zudem zu hohen Administrationsaufwänden, welche sich ebenfalls auf die Gesamtkosten der IT auswirken können [TSO07b, 94 ff.]. Andererseits wird die Unternehmens–IT

---

[1] Auch wenn nicht ausdrücklich gekennzeichnet, sind Marken und Namen Eigentum der jeweiligen Organisationen.

ebenfalls als „Enabler" angesehen, um innovative Unternehmensstrategien und Organisationsstrukturen zu ermöglichen [Ven94, 73 ff.]. Auf Grund dieser gegenseitigen Abhängigkeit ist eine transparente und nachvollziehbare Abstimmung von Unternehmensstrategie, Geschäftsprozessen und der unternehmensweiten IT notwendig und folglich die effiziente Gestaltung der unternehmensweiten IT–Systemlandschaft [Ven94, 32 ff.]. Unter einer unternehmensweiten IT–Systemlandschaft werden sämtliche betrieblichen Anwendungssysteme und die darunter liegende IT–Infrastruktur bezeichnet, die zur Leistungserbringung direkt oder indirekt benötigt werden. Als IT–Infrastruktur werden sämtliche materiellen und immateriellen Güter bezeichnet, die den Betrieb von Anwendungssoftware ermöglichen. Dabei können eine technische Sicht (*IT-Infrastruktur im engeren Sinne*) und die Sicht des Informationsmanagements (*IT-Infrastruktur im weiteren Sinne*) unterschieden werden. Letztere schließt neben den technischen Elementen der technischen Sicht ebenfalls institutionelle und personelle Gegebenheiten mit ein [PZH11]. In dieser Arbeit wird IT–Infrastruktur weiterhin aus der technischen Sicht betrachtet.

Im Bereich der *IT–Governance* (ganzheitliches Management von IT–Strukturen und IT–Prozessen [Pfr08, 489 ff.]) stellt *Enterprise–Architecture–Management (EAM)* die Basis für die strategische Steuerung und Gestaltung der unternehmensweiten IT dar [Nie06, 29]. Auf der anderen Seite ist das *IT–Service–Management (ITSM)* eine spezialisierte IT–Domäne, welche IT–Dienstleistungen (IT–Services) durch den Betrieb von IT–Systemlandschaften (IT–Betrieb) zur Verfügung stellt [Bon07, 16 ff.]. Bevor IT–Dienstleistungen genutzt werden können, muss die darunter liegende IT–Systemlandschaft konfiguriert werden. Während EAM das logische Design einer IT–Systemlandschaft adressiert, unterstützt das IT–Konfigurationsmanagement im IT–Betrieb die Konstruktion einer geplanten Unternehmensarchitektur. So müssen Beschreibungen von Unternehmensarchitekturen in konkrete Konfigurationen der IT–Systemlandschaft überführt werden. Traditionell ist die IT–Konfiguration im IT–Servicemanagement positioniert. So entsteht eine semantische Lücke, welche durch die unterschiedlichen Schwerpunkte beider Disziplinen zu erklären ist (EAM: strategisch; ITSM: operativ). Demnach erscheint eine nahtlose Integration notwendig, um Modelle von Unternehmensarchitekturen in Modelle von IT–Systemlandschaften zu überführen und diese letztendlich zu realisieren.

Hierfür werden in der Softwareentwicklung *Model–Driven–Engineering*–Ansätze (MDE) verwendet, um allgemeines Anwendungswissen von spezifischen Implementierungstechniken zu trennen. Durch Transformatoren werden so automatisiert Software–Produkte erstellt [CH03, 2 ff.]. Die Migration und Transition aus Unternehmensarchitekturen in den eigentlichen Betrieb von IT–Systemlandschaften erfolgt dagegen manuell. Erst aufwendige Discovery–Läufe erfassen die aktuelle Konfiguration im Nachhinein, speichern diese in Konfigurationsdatenbanken und lassen weitere Analysen für Änderungen auf Basis rekonstruierter Modelle zu [HP11, 1 f.]. Konfigurationsdatenbanken (*Configuration*

Management Database (CMDB)) beinhalten Informationen über so genannte Konfigurations-elemente von IT-Systemlandschaften [TSO07b, 84–85]. Zusätzlich ist die finale Umsetzung einer IT-Systemlandschaft damit abhängig vom individuellen Wissen von Personen des IT-Betriebs über die eingesetzten Technologien und deren Nutzung. In dieser Arbeit wird das Konzept des Model–Driven–Configuration–Managements (MDCM) gezeigt. Die ***grund-legende Idee*** des vorgestellten MDCM-Konzepts zur nahtlosen Integration von Enterprise-Architecture–Management und IT–Konfigurationsmanagement im IT-Betrieb ist es, einen Model–Driven–Engineering–Ansatz zu entwickeln. Dabei wird das ***Ziel*** verfolgt, dass die re-sultierende IT–Konfiguration an den Geschäftsprozessen eines Unternehmens ausgerichtet, nachvollziehbar und transparent gestaltet und die Qualität unabhängig von individuellem Wissen ist.

Die ***Forschungsfrage*** für die vorliegende Arbeit lautet demnach: *Wie kann durch die Verwen-dung eines Model–Driven–Engineering–Ansatzes die identifizierte semantische Lücke zwischen Enterprise–Architecture–Management und IT–Konfigurationsmanagement im IT-Betrieb ge-schlossen werden, damit die Verteilung von Software in einer Anwendungssystemlandschaft und die Konfiguration der darunterliegenden IT-Infrastruktur automatisiert und nachvollziehbar erfolgen kann?*

Das in dieser Arbeit entwickelte Model–Driven–Configuration–Management liefert daher ***Beiträge*** in den Bereichen Model–Driven–Engineering, IT–Konfigurationsmanagement, Transition von Unternehmensarchitekturen, Rechenzentrumsautomatisierung und IT–Service–Management.

Beim in dieser Arbeit vorgeschlagenen Model–Driven–Configuration–Management werden Techniken des Model–Driven–Engineerings für die Realisierung von Anforderungen an die Konfiguration von IT-Systemlandschaften verwendet. Das bedeutet, hier wird die Perspekti-ve der Entwicklung und Bereitstellung einer adäquaten IT-Systemlandschaft eingenommen. Auch wenn neuere Entwicklungen einen Trend abzeichnen, dass zukünftig vermehrt IT–Services bei externen Dienstleistern eingekauft werden (z.B. Cloud–Computing), so zeigt sich, dass zur Zeit 80% der Unternehmen diesem Trend nicht folgen und eine Bereitstellung von IT-Systemlandschaften auf dem „klassischen" Weg vollziehen [Sta11, 24 f.]. Deswegen wird in dieser Arbeit vornehmlich der „klassische" IT-Betrieb von IT-Systemlandschaften betrachtet. Konsequenzen von Entwicklungen wie z.B. Cloud–Computing für die Anwen-dung eines Model–Driven–Configuration–Managements werden trotzdem im Ausblick dieser Arbeit benannt.

Um das Ziel dieser Arbeit zu erreichen, sind die Erkenntnisse der Forschungsarbeit durch verschiedene Forschungsmethoden untersucht worden. Somit kann die Validität der For-schungsergebnisse aus den jeweiligen Sichtweisen der Forschungsmethoden sichergestellt werden. Diese Arbeit unterliegt dem Design–Science–Ansatz und ist daher konstruktions-orientiert aufgebaut [WH07, 28]. Zur Beantwortung der oben genannten Forschungsfrage, wird die vorliegende Arbeit von folgenden *Untersuchungsfragen (U1–U4* — s. Tabelle 1.1) geleitet.

Tabelle 1.1: *Untersuchungsfragen*

Nr.	Untersuchungsfrage
U1	Welche Anforderungen für eine nahtlose Integration ergeben sich aus den unterschiedlichen Perspektiven des Enterprise–Architecture–Managements und des IT–Konfigurationsmanagements im IT–Betrieb?
U2	Wie können Modelle des EAM automatisiert in IT–Konfigurationsmodelle des IT-Betriebs durch Techniken des Model–Driven–Engineerings transformiert werden?
U3	Wie muss eine unterstützende Entwicklungsplattform für das MDCM aufgebaut sein?
U4	Wie kann eine Entwicklungsplattform für das MDCM so genutzt werden, dass sie für den Umsetzungsprozess von einer strategischen Unternehmensarchitektur hin zur Konfiguration von IT–Systemlandschaften anwendbar ist?

Zunächst interessiert, welche Gründe für die identifizierte semantische Lücke zwischen Enterprise–Architecture–Management und IT–Konfigurationsmanagement im IT–Betrieb ursächlich sind. Durch die Analyse dieser Problemstellung aus beiden Perspektiven ergeben sich Anforderungen an die in der Forschungsfrage gestellte Zielstellung zur Schließung dieser Lücke (*U1*). Um die potenziellen Vorteile durch Automatisierung im Rahmen eines Model–Driven–Engineering–Ansatzes aus der Softwareentwicklung zu übertragen, ist zudem von Interesse, welche Techniken des MDEs für die nahtlose Integration von Enterprise–Architecture–Management und IT–Konfigurationsmanagement im IT–Betrieb eingesetzt werden können (*U2*). Um zu zeigen, wie die Möglichkeiten des MDE zur Schließung der semantischen Lücke genutzt werden können, ist zu klären wie eine Werkzeugunterstützung durch eine MDCM–Entwicklungsplattform aufgebaut sein müsste (*U3*). Zuletzt soll untersucht und gezeigt werden, wie das Konzept des Model–Driven–Configuration–Managements genutzt werden kann, damit die Verteilung von Software in einer Anwendungssystemland-schaft und zur Konfiguration der darunterliegenden IT–Infrastruktur automatisiert und nachvollziehbar erfolgen kann (*U4*).

Daraus ergeben sich folgende Arbeitspakete, die in den einzelnen Kapiteln dieser Dissertation zur Beantwortung der Untersuchungsfragen bearbeitet werden (*Gang der Arbeit*):

- Im **Kapitel 2 (Unternehmensarchitekturen und IT–Konfigurationen)** werden die theoretischen Grundlagen für eine nahtlose Integration von strategischen Unternehmensarchitekturen und operativen IT–Konfigurationen hergeleitet. Ziel ist es, Anforderungen aus dem Zusammenhang der beiden Disziplinen EAM und IT–Konfigurationsmanagement zu erfassen (*U1*).
- Im **Kapitel 3 (Empirische Anforderungsanalyse)** wird der Stand der Praxis bei der Integration von EAM und IT–Betrieb mit Hilfe von Experteninterviews und einer qualitativen Inhaltsanalyse erfasst. Daraus werden weitere Rahmenbedingungen sowie

funktionale und qualitative Anforderungen an eine nahtlose Integration von EAM und IT–Konfigurationsmanagement im IT–Betrieb gesammelt (*U1*).

- Im **Kapitel 4 (Konzept des Model–Driven–Configuration–Managements (MD-CM))** wird ein Lösungsansatz für eine nahtlose Integration von EAM und IT–Betrieb auf Basis des Model–Driven–Engineerings vorgestellt. Dieser Lösungsansatz setzt sich aus dem MDCM–Vorgehensmodell sowie der MDCM–Werkzeugarchitektur zusammen und basiert auf den in den vorherigen Kapiteln gesammelten Anforderungen (*U2–U4*).

- Im **Kapitel 5 (Prototypische Implementierung und Validierung)** wird die Anwendbarkeit des entwickelten MDCM–Vorgehensmodells und der MDCM–Werkzeugarchitektur nachgewiesen. Die Anwendbarkeit des MDCM–Konzepts wird hierbei durch eine prototypische Implementierung sowie dessen Anwendung im Rahmen einer Fallstudie zur Planung und Konfiguration komplexer IT–Systemlandschaften untersucht und bewertet (*U2–U4*).

- Im **Kapitel 6 (Zusammenfassung und Ausblick)** wird die Arbeit zusammengefasst, der Beitrag dieser Arbeit für das Forschungsgebiet vorgestellt, die Grenzen des Ansatzes aufgezeigt und Ideen für die zukünftige Forschung herausgestellt.

Im Forschungsgebiet des Model–Driven–Configuration–Managements existieren *verwandte Arbeiten* (*Stand der Forschung*). Diese können anhand folgender Kriterien im Hinblick auf die gestellte Forschungsfrage unterschieden werden:

- Wird eine **Integration von Enterprise–Architecture–Management und IT–Konfigurationsmanagement im IT–Betrieb** angestrebt?
- Wird die gesamte **IT–Systemlandschaft** betrachtet?
- Wird ein Model–Driven–Engineering–Ansatz mit **Metamodell, Transformatoren** und **Modellierung** vorgeschlagen?
- Wird eine **Werkzeugunterstützung** zur Automatisierung von Abläufen gezeigt?
- Wird ein **Vorgehensmodell** für die Beschreibung von Abläufen gezeigt?
- Wird eine **Implementierung** des jeweiligen Ansatzes gezeigt?
- Werden die Ergebnisse einer **Validierung** unterzogen?
- Sind die Ergebnisse **generalisierbar** und damit unabhängig von Produkten oder Einsatzgebieten?

Eine weitere Kategorie ist: *Wird Cloud–Computing eingesetzt?*, welche nicht direkt aus den Forschungsfragen abgeleitet werden kann, sondern als Unterscheidungsmerkmal aus den Arbeiten selbst identifiziert wurde.

Zunächst zeigt keine dieser Arbeiten eine *Integration von Enterprise–Architecture–Management und IT–Konfigurationsmanagement im IT–Betrieb* auf Basis eines durchgängigen

MDE-Ansatzes. In [Bet07] wird ein *generalisierbares* Entwurfsmuster mit dem Namen *Model-Driven Configuration Management* vorgeschlagen, welches beschreibt, dass Daten für das IT-Konfigurationsmanagement so früh wie möglich erfasst und automatisiert in CMDBs gespeichert werden sollen. Hier wird empfohlen, Beschreibungen von *IT-Systemlandschaften* auf Basis der Unified Modelling Language (UML) als Ausgangsmodell zu verwenden und durch XSLT-Transformatoren in CMDB-Daten zu überführen. Der *MDE-Ansatz* beschreibt zwar *Transformatoren*, lässt aber eine *Implementierung* und *Werkzeugunterstützung* offen. Zudem wird die Anwendbarkeit nicht *validiert* [Bet07, 332 ff.]. IBMs *Deployment-Topology-Model*-Ansatz [CCEK09] erweitert das Konzept der UML-basierten Verteilungsbeschreibung [OMG10, 193 ff.]. Verteilungsdiagramme visualisieren wie Systemkomponenten physikalisch umgesetzt werden und wie diese miteinander kommunizieren. Durch eine semantische Ungenauigkeit von UML-Verteilungsdiagrammen wird eine Automatisierung erschwert[2]. IBMs Ansatz bietet ein semantisch eindeutiges *Metamodell* und einen visuellen Editor als *Werkzeugunterstützung* (*Implementierung*), um genaue Verteilungsbeschreibungen für die Automatisierung von Softwareverteilungen in *IT-Systemlandschaften* zu *modellieren.* Diese Lösung ist als Patent angemeldet und daher *validiert,* allerdings zunächst nur auf die IBM-Anwendungsdomäne beschränkt [CCEK09, 4 ff.] (teilweise generalisierbar). Der Standard für verteilte Konfigurationsmanagementdatenbanken (*federated CMDB — CMDBf*) der Distributed Management Task Force (DTMF) stellt Servicedefinitionen zur Verfügung und beschreibt ein Konzept zur Integration heterogener und verteilter Datenrepositorys für das IT-Servicemanagement [DTM09, 7 ff.]. Durch die Verwendung dieses Standards können bestehende CMDBs angebunden werden. Erste prototypische *Implementierungen* und deren *Validierung* wurden in [GSV09] beschrieben und zeigen eine verteilte CMDB für Enterprise-Java-Beans-Server in IT-Systemlandschaften (Anwendungsdomäne (*Metamodell*) beschränkt - *teilweise generalisierbar*). Zusätzlich wird ein modellgetriebener Ansatz (*Transformatoren*) vorgestellt, welcher Soll/Ist-Konfigurationen für Analysen vergleichen kann [GSV09, 61 ff.]. In [LFM+11] wird ein Ansatz beschrieben, der darauf zielt, bestehende Anwendungen einer IT-Architektur geeignet in eine *Cloud*-Umgebung zu überführen. Damit wird teilweise das Ziel verfolgt, eine *Integration von EAM und IT-Konfigurationsmanagement im IT-Betrieb* herzustellen. Allerdings ist dieser Ansatz auf Anwendungssoftware beschränkt und deckt somit nicht die gesamte IT-Systemlandschaft ab. Es wird ein *Metamodell* angeboten, welches zur Beschreibung der Anwendungsverteilung mit Hilfe von Cloud-Computing genutzt werden kann. Zudem wird eine *Werkzeugunterstützung* zur *Modellierung* und automatischen Verteilung der Anwendung in Cloud-Umgebungen gezeigt. Der Ansatz sowie die präsentierte Werkzeugarchitektur wurden *validiert* und die *Generalisierbarkeit* in Bezug auf die Anwendungsverteilung gezeigt [LFM+11, 307 ff.]. Im Bereich der automatischen Bereitstellung von IT-Infrastrukturen gibt es Forschungsansätze für

---

[2] Detaillierte Ausführungen dazu befinden sich im Kapitel 4.1.

Service–Orientierte–Infrastrukturen [TOG09, 9 ff.], Service–Level–Agreement (SLA) getriebene Applikationskomposition [UML09, 369 ff.] oder, kombiniert, SLA–getriebene Service–Orientierte–Infrastrukturen [SLA11; CHA⁺10, 7 ff.]. Diese bieten zwar generalisierbare Ansätze mit Metamodellen für die Beschreibung von Infrastrukturen an, zeigen aber keine Implementierung eines MDE–Ansatzes (Transformatoren, Werkzeuge). Sie bleiben dagegen konzeptuell und ihre Anwendbarkeit ist demnach nur theoretisch validiert. Die vorgestellten Arbeiten zeigen jedoch interessante Ansätze zur Lösung des Problems zur Schließung der semantischen Lücke zwischen Enterprise–Architecture–Management und IT–Konfigurationsmanagement im IT–Betrieb. Sie werden daher beim Aufbau des MDCM–Konzepts wieder aufgegriffen und im Kapitel 6 (s. Abbildung 5.22) dem vorgestellten MDCM–Ansatz gegenüber gestellt.

Abschließend noch ein *Hinweis zur Verwendung von englischen Begriffen in dieser Arbeit*. Die Lingua Franca im Fachgebiet der Informatik und Wirtschaftsinformatik ist Englisch. Es konnte nicht vermieden werden, Begriffe im englischen Original zu verwenden. Hierbei handelt es sich meist um Fachbegriffe deren deutsche Übersetzung nicht gebräuchlich ist. Beschreibungen englischer Abbildungen sind jedoch grundsätzlich auf Deutsch, wobei der jeweilige englische Begriff in Klammern gesetzt wurde, wenn eine deutsche Übersetzung nicht ausreichend erschien.

2 Unternehmensarchitekturen und IT-Konfigurationen

2.1 Enterprise-Architecture-Management (EAM)

2.1.1 Unternehmensarchitektur und Management

Einerseits ist mit dem Begriff *Architektur* die Wissenschaft und Technik für das *Entwerfen und Entwickeln* von Systemen gemeint [Lan05a, 10; EHH⁺08, 78]. Andererseits bezeichnet Architektur die *Struktur eines Systems*, also die grundlegenden Systemelemente und deren Beziehungen zueinander und zur Systemumgebung [IEE00, 3; Sch08, 407]. Um Verwechselungen zu vermeiden, wird Architektur in dieser Arbeit als die Struktur eines Systems und als das Ergebnis eines Erstellungsprozesses (*Architektur-Management*) verstanden.

Laut ISO/IEC 42010:2007 (vormals IEEE STD. 1472:2000[1]) werden Architekturen mit Hilfe von Modellen beschrieben. Diese Modelle sind durch Abstraktion gebildet und zeigen das Grundgerüst einer Systemstruktur. Mit dem ISO-Standard wird ein formaler und konzeptueller Rahmen für Architekturbeschreibungen zur Verfügung gestellt. Zudem werden damit Grundprinzipien der Architekturgestaltung definiert. In Abbildung 2.1 ist dieser Zusammenhang als Klassendiagramm der Unified Modelling Language (UML) dargestellt.

Ein *System* befindet sich in einer Umwelt (*Environment*) und wird durch diese beeinflusst und abgegrenzt. Dabei besitzt ein System eine oder mehrere Anspruchsgruppen

---

[1] Der IEEE Standard wurde von der ISO übernommen. Beide Standards werden seit 2007 gemeinsam durch die IEEE und ISO weiterentwickelt [ISO07].

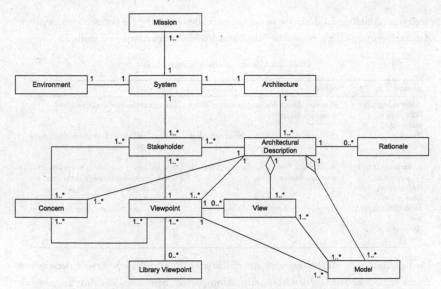

Abbildung 2.1: *Konzeptuelles Modell von Architekturbeschreibungen nach* ISO/IEC 42010:2007 *(UML-Klassendiagramm) [IEE00, 5; ISO07, 5]*

(*Stakeholder*). Jede Anspruchsgruppe besitzt mindestens ein bestimmtes Interesse (*Concern*) an diesem System. Dabei erfüllt ein System mindestens einen Zweck (*Mission*) innerhalb seiner Umwelt. Jedes System besitzt eine *Architektur* (grundlegende Elemente eines Systems und deren Beziehungen zueinander), welche durch Architekturbeschreibungen (*Architectural Description*) beschrieben wird. Innerhalb von Organisationen kann es Grundprinzipien (*Rationale*) für den Aufbau von Architekturen geben (z. B. welche Art von Vorgehen wird verwendet). Eine Architekturbeschreibung besteht aus mindestens einer Sicht (*View*), wobei jede Sicht ein oder mehrere Interessen von Anspruchsgruppen in einer bestimmten Sichtweise (*Viewpoint*) adressiert. Eine Sichtweise definiert die Perspektive, von der aus eine Sicht beschrieben wird [Sch04a, 5; LvP+05, 150ff.]. Dabei wird festgelegt, welche Daten eine Sicht enthalten sollte und durch welche Techniken (z. B. Sprachen) eine Sicht erstellt werden kann. Sichtweisen sind abstrakt und können mit der jeweiligen Architekturbeschreibung erstellt werden. Eine Sicht innerhalb einer Architekturbeschreibung ist konkret und repräsentiert eine Menge von Systemelementen (Systemausschnitt). Sie wird durch ein oder mehrere *Modelle* gebildet [ISO07, 4ff.]. Dabei ist jeder Sicht genau eine, zumindest implizite, Sichtweise zugeordnet. Im ISO Standard wird vorgeschlagen, dass Sichtweisen bei der Erstellung von Architekturen expliziert werden sollten, um eine Wiederverwendung und die gezielte Kommunikation zu fördern. Diese explizierten Sichtweisen stellen einen Katalog von Sichtweisen (*Library Viewpoints*) dar [ISO07, 4ff.]. So können mögliche Inkonsistenzen in der Beschreibung von Elementen über die gesamten Sichtweisen ausgeschlossen werden [TOG09, 413]. Eine Explikation für eine Sichtweise erfolgt demnach und ausgehend von Abbildung 2.1 durch die Benennung und Beschreibung der Beziehungen zwischen *Anspruchsgruppe, Zweck, erwarteter Inhalt* und *Modellierungstechnik* (s. Tabelle 2.1).

Tabelle 2.1: *Elemente einer Sichtweisenexplikation*

Element	Inhalt	Fragestellung
Anspruchsgruppe *(Viewpoint zu Stakeholder)*	Legt den Zweck fest und bestimmt Kommunikationspartner.	*Für wen ist diese Sichtweise nützlich?*
Zweck *(Viewpoint zu Concern)*	Interessen (Concerns) werden durch adressierte Anspruchsgruppe determiniert.	*Warum soll eine Architekturbeschreibung aus dieser Sichtweise erzeugt werden?*
Erwarteter Inhalt *(Viewpoint zu Architectural Description)*	Verdeutlicht Elemente, über die Aussagen getroffen werden sollen.	*Was soll gezeigt werden? Welchen Bereich einer Architekturbeschreibung deckt eine, aus dieser Sichtweise erstellte, Sicht ab?*
Modellierungstechnik *(Viewpoint zu Model)*	Determiniert Art und Weise der Beschreibung.	*Wie wird eine Sicht aus dieser Sichtweise erstellt?*

Die Benennung der *Anspruchsgruppe* einer Sichtweise ist erforderlich, da sie einerseits den Zweck festlegt und zudem den Kommunikationspartner bestimmt. Der *Zweck* ergibt sich aus den durch die adressierte Anspruchsgruppe determinierten Interessen (*Concerns*). Die Beschreibung des *erwarteten Inhalts* verdeutlicht, über welche Elemente des zu beschreibenden Systems Aussagen getroffen werden sollen. Dies ist vor allem für die Prüfung von Bedeutung, ob eine Architekturbeschreibung sämtliche Bereiche einer Architektur umfasst. Durch die Angabe der *Modellierungstechnik* wird die Art und Weise zur Beschreibung einer Sicht determiniert. Die Beziehung von der Sichtweise zur Sicht (s. Abbildung 2.1) ist nicht Bestandteil einer Sichtweisenexplikation, da eine Sicht eine konkrete Instanz einer abstrakten Sichtweise darstellt.

Ursprünglich für die Beschreibung von Softwarearchitekturen erstellt, kann der ISO/IEC STD. 42010:2007 und dessen Definition einer Architektur auf Grund seines allgemeingültigen Charakters ebenfalls für andere Fachbereiche adaptiert werden [Sch04a, 5; Lan05a, 2ff.]. Durch die Bedeutung der Informationsversorgung in Unternehmen ist die erfolgreiche strategische Abstimmung zwischen der *Unternehmensstrategie*, den *Geschäftsprozessen* und der effizienten Gestaltung der *unternehmensweiten IT-Systemlandschaft* eine wichtige Voraussetzung für den Unternehmenserfolg (Business/IT-Alignment) [Ven94, 73ff.; PB89, 14ff.]. Wenn Unternehmen als System betrachtet werden[2], dann ist mit dem Begriff *Unternehmensarchitektur* (*Enterprise Architecture*) die Struktur eines gesamten Unternehmens gemeint. Eine Beschreibung der Unternehmensarchitektur stellt dabei die Gesamtsicht auf ein Unternehmen dar und beschreibt dessen grundlegende Elemente, deren Beziehungen zueinander und zur Umwelt, um die Ziele eines Unternehmens zu erreichen (Systemzweck) [ARW08, 292; Lan05a, 2; Sch04b, 13]. Sie ist somit ein Grundgerüst, bestehend

---

[2] Unternehmen können als soziotechnische Systeme angesehen werden [Rop09, 58ff.].

aus den *Abstraktionsebenen*: *Strategie, Organisation, Integration, Anwendungssoftware* und *IT-Infrastruktur* und ihren *Gestaltungsobjekten* (s. Abbildung 2.2) [Win03, 93f.; WF06, 2ff.; FW07, 163ff.; ARW08, 292ff.; Sch08, 400ff.].

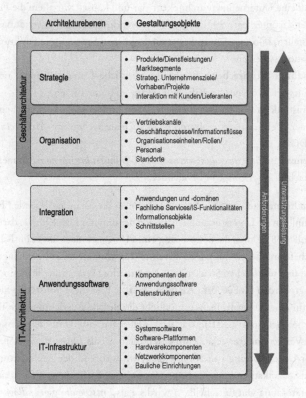

Abbildung 2.2: *Gestaltungsebenen und –objekte von Unternehmensarchitekturen [in Anlehnung an ARW08, 293, Wol88, 38, HZ11, 8 und PZH11]*

Nachfolgend werden die verschiedenen Gestaltungsebenen von Unternehmensarchitekturen beschrieben:

- **Strategieebene:** beschreibt die strategische Positionierung eines Unternehmens im Hinblick auf dessen Auftreten am Markt (Produkte, Dienstleistungen, Marktsegmente), strategische Unternehmensziele, Vorhaben und Projekte sowie seiner Interaktion mit Kunden und Lieferanten.
- **Organisationsebene:** enthält sämtliche organisatorischen (Organisationseinheiten, Rollen, Personal), funktionellen (Vertriebskanäle), prozessbezogenen (Geschäftsprozesse), geographischen (Standorte) und informatorischen Belange (Informationsflüsse) eines Unternehmens. Diese sind an der Unternehmensstrategie ausgerichtet.

- **Geschäftsebene:** ist die Zusammenfassung der *Strategieebene* und *Organisationsebene* und wird auch als *Geschäftsarchitektur (Business Architecture)* bezeichnet.

- **Integrationsebene:** stellt die Verbindung zwischen organisatorischer und technischer Sicht auf eine Unternehmensarchitektur dar und kapselt vor allem die Funktionalitäten der darunterliegenden Ebenen in Anwendungen und Anwendungsdomänen, Schnittstellen, Informationsobjekte sowie fachlichen Services und Funktionalität von Informationssystemen.

- **Anwendungssoftwareebene:** beschreibt sämtliche Datenstrukturen und Anwendungssoftware, um eine Geschäftsarchitektur zu unterstützen.

- **IT-Infrastruktur:** bildet die Elemente der Anwendungssoftwareebene auf Elemente der IT–Infrastruktur ab und wird auch als *Technology–Architecture* bezeichnet [TOG09, 10].

- **IT–Ebene:** fasst die *Anwendungsebene* und *IT–Infrastrukturebene* zusammen und wird daher auch als *IT-Architektur* bezeichnet.

Die jeweiligen Ebenen stellen dabei Anforderungen an die darunter liegende Ebene. Diese wiederum definieren die Unterstützungsleistungen der unteren Ebene für die darüber liegende Ebene [Wol88, 38]. Durch die Betrachtung eines Unternehmens über sämtliche Bereiche von der Geschäftsarchitektur bis zur IT–Architektur können Zusammenhänge zwischen der fachlichen und technischen Struktur der Informationsversorgung in einem Unternehmen aufgezeigt werden [WF06, 3ff.; ARW08, 292ff.]. Erst diese holistische Sicht auf die Gesamtstruktur eines Unternehmens ermöglicht die globale Ausrichtung der Teilbereiche an der Unternehmensstrategie [Lan05a, 3ff.]. Dabei hat eine Unternehmensarchitektur verschiedene Verwendungszwecke. Zum einen dient sie als *Entwurfs- und Spezifikationsgrundlage* zur Unterstützung von Architekten, um während der Architekturgestaltung Entwürfe und Spezifikationen zu erstellen sowie Designentscheidungen zu dokumentieren. Für die Unterstützung von Entscheidern wird sie als *Entscheidungsgrundlage* verwendet. Sie schafft Transparenz für bereichsübergreifende Teilarchitekturen und ermöglicht Analysen bezüglich ihrer Elemente und Verbindungen. Probleme und Konsequenzen sowie Möglichkeiten zur Veränderung lassen sich so erkennen. Als *Kommunikationsgrundlage* wird sie zur Information von Anspruchsgruppen eingesetzt, um ein generelles Verständnis über Unternehmensstrukturen zu erreichen und Unterstützung für eine geplante Unternehmensarchitektur sowie dessen Konsequenzen zu erlangen. Des Weiteren dient sie als Argumentationsgrundlage, um eventuelle Architekturgegner vom Nutzen einer geplanten Veränderung zu überzeugen [Lan05b, 168ff.; LPW+09, 63]. Daher ist die Beschreibung einer Unternehmensarchitektur für das Management eines Unternehmens von Bedeutung.

Ausgehend vom *funktionalen* Begriffsverständnis in der Betriebswirtschaftslehre[3], sind mit

---

[3]   Im Gegensatz dazu wird vom *institutionellen Managementbegriff* gesprochen, wenn damit sämtliche mit Führungstätigkeiten betrauten Personen gemeint sind [DS03, 342ff.; SS05, 6ff.; Krc05, 23f.].

Management sämtliche Aufgaben in Bezug auf die Leistungserstellung und –sicherung in arbeitsteiligen Organisationen gemeint [SS05, 7]. Die Managementaufgaben umfassen:

- **Planung:** beinhaltet die Entscheidungsvorbereitung durch Analyse der Ausgangslage, durch Zielformulierungen, Bestimmen von Handlungsalternativen und Treffen von Entscheidungen bzgl. aufgestellter Handlungsalternativen [DS03, 349ff.].
- **Organisation:** ist das Strukturieren der Managementaufgaben durch Gestalten der Aufbau– und Ablauforganisation eines Unternehmens [SS05, 11].
- **Führung:** umfasst die permanente, konkrete Veranlassung der Planrealisierung und zielkonforme Feinsteuerung im Rahmen des festegelegten Plans — Feinabstimmung der Mikro–Struktur aus Beteiligten und Maßnahmen zur optimalen Umsetzung der Arbeitshandlungen [SS05, 12]. Dazu gehört ebenfalls die Festlegung des Personaleinsatzes [DS03, 349].
- **Kontrolle:** dient der Überprüfung erreichter Ergebnisse im Hinblick auf den Erfüllungsgrad bzgl. geplanter Daten. Sie ist die Voraussetzung für eine Fehlererkennung und für das Anstoßen von Korrekturmaßnahmen [DS03, 350; SS05, 12].

Wie bereits gezeigt, ist ein System nur in Relation zu seiner Umwelt zu verstehen und wird explizit von dieser abgegrenzt (Systemdifferenzierung) [Luh84, 22, 34ff.]. Da diese Differenzierung durch eine sich ändernde, nicht vollständig erfassbare Umwelt beeinflusst wird, ist eine Planung mit Unsicherheit behaftet [Ber69, 189ff.; WK93, 119]. Die Managementaufgaben finden also unter Unsicherheit in einer komplexen Umwelt statt und werden daher als *Komplexitätsbewältigung* verstanden [SS05, 136; Luh06, 184; Rop09, 316; Ros77, 227ff.]. Zur Bewältigung von Komplexität kann *Abstraktion* eingesetzt werden, mit der bestimmte Relationen und Elemente gezielt ausgeblendet werden, um zum Beispiel Übersichtlichkeit in Bezug auf ein Struktursystem herzustellen [Sim97, 45]. Dazu dienen Sichtweisen und Architekturbeschreibungen. Der Zweck des Managements ist demzufolge, das Unternehmen in einer komplexen und wechselnden Umwelt zur Erfolgssicherung zu positionieren. Sämtliche Managementaufgaben haben daher das Ziel der permanenten Evolution eines Unternehmens [Luh84, 25ff.]. Die Aufgaben *Planung, Organisation, Führung* und *Kontrolle* sind dabei als gleichberechtigt anzusehen. Die *Planung* findet unter Unsicherheit statt (*Selektion* von Handlungsalternativen), mit dem Ziel die Struktur eines Unternehmens zu optimieren. Als *Risikokompensation* zur Planung wird *Kontrolle* gesehen, welche die Planrealisierung verfolgt und gegebenenfalls eine Umsteuerung auslöst. Damit ein Unternehmen auf Umweltveränderungen reagieren kann, benötigt es Umsteuerungspotenzial, in dem es sich weiterentwickelt (Systementwicklung). *Organisation* findet ebenfalls unter Unsicherheit statt (*Selektion* notwendiger Strukturen zur Planrealisierung). Dem gegenüber wird die *Führung* als *Kompensation* gesehen, welche insbesondere durch den Personaleinsatz das Unternehmen lenkt. *Planung/Kontrolle* und *Organisation/Führung* sind Selektions–

und Kompensationspaare, die durch das Management in Balance gehalten werden [SS05, 149ff.].

Demzufolge kann *Enterprise-Architecture-Management* definiert werden als die *strategische Optimierung der Evolution einer Unternehmensarchitektur durch eine unternehmensspezifische Abstimmung von Unternehmensstrategie, Geschäftsprozessen und Informationsversorgung durch IT.* Das Ziel ist es, in Bezug auf eine Unternehmensarchitektur eine holistische und transparente Beschreibung für sämtliche Anspruchsgruppen zu dokumentieren, zu analysieren und Maßnahmen zu ergreifen, um eine strategische Ausrichtung der Elemente einer Unternehmensarchitektur zur Leistungserstellung eines Unternehmens sicherzustellen [Sch04b, 30ff.]. Es ist Teil der Unternehmensführung und leistet damit einen Hauptbeitrag zum Informationsmanagement beim Einsatz der Ressource *Information* in einem Unternehmen[Krc05, 28ff.].

Die Ziele des Enterprise-Architecture-Managements können in die Bereiche *IT-Effektivität*, *IT-Effizienz* und *IT-Sicherheit* unterteilt werden. Unter IT-Effektivität wird die Ausrichtung der IT an der Unternehmensstrategie verstanden (z.B. Ziel-, Strategie- und Mittelkonformität). IT-Effizienz bedeutet, dass die Informationsversorgung eines Unternehmens durch IT nach wirtschaftlichen Kriterien erfolgt (z.B. Redundanzfreiheit, Integration, Konsistenz, Wiederverwendung). IT-Sicherheit dagegen zielt auf die Risikominimierung beim Einsatz von IT ab (z.B. Datensicherheit und -schutz durch Transparenz und Regelkonformität) [SF10, 97]. Ein Erfolg des Enterprise-Architecture-Managements ist demnach an der Wirkung der getroffenen Management-Maßnahmen in Bezug auf IT-Effizienz, IT-Effektivität und IT-Sicherheit zu bewerten.

2.1.2 Frameworks für das Enterprise-Architecture-Management

Für die Strukturierung von Aufgaben und Gestaltungsobjekten des Enterprise-Architecture-Managements werden eine Vielzahl von Frameworks angeboten. Sie enthalten Klassifikationsschemen und Gestaltungskonventionen, um zusammenhängende Architekturbeschreibungen zu strukturieren und die Vollständigkeit erstellter Architekturbeschreibungen sicherzustellen. Außerdem helfen sie Unternehmensarchitekturen zu verstehen [Sch04b, 21; TOG09, 30]. Dabei werden durch Klassifikationsschemen die für die Konstruktion von einzelnen Sichtweisen zulässigen Modellelementtypen und deren Beziehungen zueinander spezifiziert, während die Anwendung von Gestaltungskonventionen einen systematischen Konstruktionsprozess unterstützen soll [FW07, 169]. Weiterhin fördern eine einheitliche Terminologie und empfohlene Standards den Gestaltungsprozess. Optional können auch Referenzmodelle als Vorlagen oder Entwürfe für die Architekturgestaltung und -weiterentwicklung bereitgestellt werden [TOG09, 7,18; FW07, 7; Sch04c, 14ff.,85; Weg03, 18]. Enterprise-Architecture-Management-Frameworks sind demnach ein

Hilfsmittel für die Gestaltung und Weiterentwicklung von Unternehmensarchitekturen und sie erleichtern die Kommunikation zwischen beteiligten Anspruchsgruppen und Architekten durch Schaffung eines gemeinsamen Referenzrahmens [Lan05a, 3ff.; Sch04c, 16; ARW08, 292f.; LPW+09, 81ff.]. Sie geben damit Hinweise für die Gestaltung der Managementaufgaben mit dem Ziel der Komplexitätsbewältigung.

Auf Grund der Vielzahl von EAM–Frameworks wurde im Rahmen einer qualitativen Literaturanalyse ein Klassifikationsschema von Merkmalen entwickelt, um unterschiedliche EAM–Frameworks vergleichen zu können[4]. Für die Klassifikation von EAM–Frameworks wurden wissenschaftliche Artikel [ARW08; WF06; BW07] und Fachbücher [Lan05a; Nie06; LPW+09; Sch04b; Sch04c; FW07], Spezifikationen von EAM–Frameworks [SZ92; Zac87; Zac08; OMB07a; OMB07b; DoD09a; DoD09b; TOG09] sowie Standards und Normen [IEE00; ISO00; ISO07; OMG05] verwendet. Ausgehend von diesen Quellen wurden Möglichkeiten für die Beschreibung von EAM–Frameworks durch ihre Eigenschaften untersucht, um darauf basierend eine Klassifizierung der Merkmale (s. Abbildung 2.3) vornehmen zu können [HZ11, 3f.]. Diese werden nachfolgend beschrieben.

Merkmal	Merkmalsausprägungen				
Entstehung	Wissenschaft und Forschung	Wirtschaftliches Umfeld	Standardisierungs- und Zertifizierungs- institutionen	Öffentliche Verwaltung	
Umfang	Enterprise	Extended Enterprise			
Ebenen	Strategie	Organisation	Integration	Anwendungs- software	IT-Infrastruktur
Inhalt	Vorgehensmodell	Struktur	Modellierungs- sprache	Einheitliche Terminologie	Gestaltungs- prinzipien	Referenzmodelle
Phasen	Vorbereitung	Entwicklung	Implementierung und Einführung	Betrieb	Aufrechterhaltung

Abbildung 2.3: *Klassifikationsschema für Enterprise–Architecture–Management–Frameworks [HZ11, 6]*

Erste Frameworks sind ab den 1970-/80er–Jahren im Rahmen von *Wissenschaft und Forschung* entstanden (z.B. CIMOSA–Framework, 1985; GIM–GRAI–Framework, 1988; PERA–Framework, 1992). Zwar haben viele dieser umfangreichen Frameworks kaum noch Bedeutung in der praktischen Anwendung, jedoch waren sie Grundlage für später nachfolgende Arbeiten [ARW08, 292f.; Sch04c, 16f.]. Weitere Frameworks enstanden im *wirtschaftlichen Umfeld* (z.B. Unternehmensberatungen, große Unternehmen) und sind auf individuelle Anforderungen dieser Anbieter spezialisiert. Für eine allgemeine Verwendung eignen sie sich daher nur bedingt (z.B. Integrated Architecture Framework (IAF)

---

[4]   Die Ergebnisse wurden bereits in [HZ11] publiziert.

von Capgemini, Motion von Microsoft, SAP EAF von SAP) [Sch04c, 16f.; Lan05b, 23].
Auch *internationale Standardisierungs- und Zertifizierungsinstitutionen* entwickeln EAM–
Frameworks. So werden z.b. mit den Standards und Normen ISO 15704, IEEE 1471/I-
SO/IEC 42010:2007 Anforderungen an Unternehmens–Referenzarchitekturen und Me-
thodiken vorgegeben [IEE00, 1ff.; Sch04c, 16f.; ISO00, 1ff.; ISO07, 1ff.]. Seit Mitte der
1990er-Jahre werden ebenfalls EAM–Frameworks vor allem in US–amerikanischen Regie-
rungsprojekten definiert. Hauptsächlich durch den Clinger–Cohen Act 1996 angestoßen,
wurden sie zur Entwicklung von Architekturen für die *öffentliche Verwaltung* entwickelt.
Sie beschreiben deren IT–gestützte Arbeitsprozesse. Auch wenn sie für Organisationsstrukturen und Problemstellungen der öffentlichen Verwaltung entwickelt wurden, sind
sie umfassend erarbeitet worden und können so in einigen Fällen auch auf wirtschaftlich
orientierte Organisationen angewendet werden [Sch04c, 17; Sch04b, 57f.; Lan05a, 10].
Mit der *„BundOnline 2005 E–Administration–Initiative"* gibt es in Deutschland ähnliche
Entwicklungen für die deutsche Bundesverwaltung [Sch04c, 191ff.].

Der *Umfang* von Unternehmensarchitekturen erstreckt sich durch die Beschreibung der
grundlegenden Struktur von Organisationen über das gesamte Unternehmen (*Enterprise*).
Zusätzlich gibt es EAM–Frameworks, die eine erweiterte Sichtweise über Unternehmens-
grenzen hinweg anbieten (*Extended Enterprise*). Voraussetzung ist, dass betrachtete, unter-
nehmensübergreifende Bereiche einer Unternehmensarchitektur gleichen Zielen unterliegen
(z.B. Supply Chain Management) [Sch04b, 22ff.; BW07, 1215; FW07, 169; LPW⁺09, 74ff.;
TOG09, 5f.; IEE00, 6].

EAM–Frameworks werden zudem in Bezug auf den Grad der Abdeckung von *Architekturebenen* und Gestaltungsobjekten unterschieden. Sie reichen von der *Strategie* über die *Organisation, Integration, Anwendungssoftware* bis hin zur *IT–Infrastruktur* (s. Abschnitt 2.1.1,
Abbildung 2.2).

Inhalte sind vor allem *Vorgehensmodelle* als zeitlich und sachlogische Abfolge von Aktivitäten zur Gestaltung einer Architektur [HZ09, 3ff.]. Sie beschreiben, wie Architekturmodelle
erstellt werden, basierend auf einer *Grundstruktur* von Gestaltungsobjekten. Dabei kann
eine *Modellierungssprache* vorgegeben sein [Eks04, 8; Lan05b, 33ff.,85ff.]. Zusätzlich können
EAM–Frameworks eine *einheitliche Terminologie* sowie *Gestaltungsprinzipien* zur Verfügung
stellen. Zudem können *Referenzmodelle* als Vorlagen für die individuelle Architekturgestaltung existieren [TOG09, 5ff.].

Für die systematische (Weiter–)entwicklung einer Unternehmensarchitektur wird ein Architekturlebenszyklus angenommen [Krc08; KHL⁺08, 16]. Ein Lebenszyklus kennzeichnet
alle *Phasen* eines Produktes von dessen *Vorbereitung, Entwicklung, Implementierung, Betrieb* bis zur *Aufrechterhaltung* (oder Ablösung und Beseitigung) [Dum03, 18; Krc05, 129;

HNB+94, 37ff.; LPW+09, 85ff.; Lan05b, 123ff.; Nie06, 36ff.]. Mit der *Vorbereitungsphase* wird der Verwendungszweck einer Unternehmensarchitektur festgelegt sowie relevante Anspruchsgruppen und ihre Sichtweisen. Des Weiteren werden die zu modellierenden Gestaltungsobjekte im Rahmen von Anforderungsanalysen identifiziert und definiert. Mängel in der bestehenden Unternehmensstruktur werden so aufgedeckt und Handlungsbedarf identifiziert [Nie06, 123ff.,156]. In der *Entwicklungsphase* wird eine strategische Unternehmensarchitektur entworfen. Dazu werden jeweils für den aktuellen Zustand (IST–Architektur) und den geplanten Zustand (SOLL–Architektur) des Unternehmens Teilarchitekturen für jede Architekturebene erstellt [Lan05b, 125; Nie06, 75ff.]. Dabei sollen alle an der Entwicklung Beteiligten ein gemeinsames Verständnis vom aktuellen und geplanten Zustand, von vorzunehmenden Schritten, einzuhaltenden Restriktionen sowie bereits erreichten und noch zu erreichenden Architekturergebnissen erlangen [LPW+09, 86f.]. Dafür werden detailliertere Modelle für einzelne Sichtweisen geschaffen [Nie06, 75ff.]. Das Ziel der Entwicklung ist es, Heterogenität und Redundanz in der IT–Systemlandschaft zu eliminieren sowie IT–Systeme zu standardisieren [Nie06, 153]. Änderungsprozesse werden durch das Enterprise–Architecture–Management ausgelöst, um eine erfolgreiche *Implementierung* einer geplanten Unternehmensarchitektur durchzuführen [LPW+09, 87ff.]. Dafür werden Umsetzungsszenarios erarbeitet, bewertet und in einem Umsetzungsplan festgehalten. Auf Grundlage eines mit den Anspruchsgruppen abgestimmten Szenarios werden notwendige Veränderungen implementiert und eine veränderte IT–Systemlandschaft eingeführt und betriebsbereit gestellt [LPW+09, 87ff.; Nie06, 156ff.]. In der *Betriebsphase* werden diese IT–Systeme produktiv genutzt. Während des aktiven Betriebs eines IT–Systems werden Nutzer bei auftretenden Problemen durch das IT–Fachpersonal unterstützt [Krc08]. Eine Unternehmensarchitektur muss permanent gepflegt und gewartet werden (*Aufrechterhaltung*). Dazu wird regelmäßig überprüft, ob die aktuelle Struktur der IT–Systemlandschaft die Informationsversorgung im Unternehmen optimal sicherstellen kann [Nie06, 157; LPW+09, 92]. Mit der Zeit entsteht eine unbefriedigende überholte Unternehmensarchitektur, die aktualisiert werden muss. Damit wird der Prozess, beginnend mit der Vorbereitung, wiederholt [LPW+09, 91ff.; KHL+08, 16ff.].

Vorgehensmodelle von EAM–Frameworks decken diese Phasen unterschiedlich ab. Neben diesen Phasen wird durch ein Vorgehensmodell für jede Aktivität angegeben, welche Eingangsdaten benötigt werden und welche Ergebnisse resultieren [OMG05, 3–2]. So werden Arbeitsschritte und damit die Management–Aufgaben Planung, Organisation, Führung und Kontrolle strukturiert [JG06, 15]. Durch die systematische Herangehensweise können Mängel in den Ergebnissen der Architekturgestaltung minimiert werden. Die Wiederverwendung von Zwischenergebnissen wird durch die gezielte Führung eines Vorgehensmodells geleitet [AGWW08, 128]. Da mit einer Unternehmensarchitektur eine Vielzahl von Anspruchsgruppen berücksichtigt werden müssen, sind sämtliche Phasen des Lebenszyklus durch Kommunikation der Anspruchsgruppen untereinander beeinflusst [LvP+05, 147ff.].

2.1.3 Bedeutung für die Gestaltung von IT–Systemlandschaften

Viele EAM–Frameworks haben eine gemeinsame Entwicklungsgeschichte und beeinflussen sich gegenseitig [HZ11, 4f.]. Für einen Vergleich von EAM–Frameworks und für die Einschätzung der Bedeutung auf die Gestaltung von IT–Systemlandschaften werden daher die EAM–Frameworks herangezogen, die zu den aktuellsten gehören, sich durch hohe Akzeptanz in der Praxis auszeichnen und deren Spezifikationen verfügbar sind. Diese Kriterien treffen auf das *Zachman–Framework, Department of Defence Architecture Framework (DoDAF), Federal Enterprise Architecture (FEA)* Framework sowie *The Open Group Architecture Framework (TOGAF)* zu [Ses07, 6ff.; Sch04c, 17ff.; UM06, 18ff.]. Die zeitliche Entwicklung der betrachteten EAM–Frameworks ist in Abbildung 2.4 dargestellt.

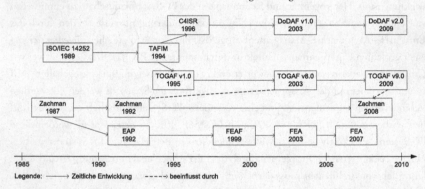

Abbildung 2.4: *Zeitliche Entwicklung von TOGAF, Zachman–Framework, DoDAF und FEA–Framework (durchgehende Linien bedeuten Weiterentwicklung; gestrichelte Linien bedeuten Abhängigkeiten) [Sch04b, 89; TOG01; TOG09, 18]*

Das Zachman–Framework ist das erste publizierte EAM–Framework und hatte dadurch mittelbaren Einfluss auf die Entwicklung weiterer Frameworks. Direkten Einfluss hatte es auf die Entstehung des FEA und wird von verschiedenen Versionen des TOGAF direkt referenziert. Insbesondere der Bestandteil *Technical Reference Model* des TAFIM–Frameworks, eine Weiterentwicklung des POSIX–Standards (ISO/IEC 14252), war grundlegend für die Entwicklung des DoDAF (über C4ISR) und TOGAF [Sch04b, 89; TOG09, 18]. Die Ergebnisse des Vergleichs von EAM–Frameworks auf Basis des Klassifikationsschemas ist in Abbildung 2.5 dargestellt.

Alle betrachteten EAM–Frameworks bieten einen erweiterten Umfang (*Extended Enterprise*) an und sind aus unterschiedlichen Richtungen entstanden (*wirtschaftliches Umfeld, Standardisierungs- und Zertifizierungsinstitutionen* sowie *öffentliche Verwaltung*). Keines der Frameworks ist dem Bereich *Wissenschaft und Forschung* zugeordnet. Die umfassendste

Framework	Entstehung				Umfang		Ebenen					Inhalt						Phasen				
	Wissenschaft und Forschung	Wirtschaftliches Umfeld	Standardisierungs- und Zertifizierungseinstitutionen	Öffentliche Verwaltung	Enterprise	Extended Enterprise	Strategie	Organisation	Integration	Anwendungssoftware	IT-Infrastruktur	Vorgehensmodell	Struktur	Modellierungssprache	Einheitliche Terminologie	Gestaltungsprinzipien	Referenzmodelle	Vorbereitung	Entwicklung	Implementierung und Einführung	Betrieb	Aufrechterhaltung
Zachman	○	●	○	○	○	●	●	●	●	●	●	○	●	○	◑	◑	○	○	●	◑	○	○
DoDAF	○	○	○	●	○	●	◑	●	●	●	●	●	●	○	●	●	○	●	●	◑	○	○
FEA	○	○	○	●	○	●	◑	◑	○	◑	◑	●	●	○	●	●	●	◑	●	◑	○	○
TOGAF	○	○	●	○	○	●	◑	●	●	●	●	●	●	◑	●	●	◑	●	●	◑	○	○

○ keine Übereinstimmung; ◑ teilweise Übereinstimmung; ● umfassende Übereinstimmung

Abbildung 2.5: *Vergleich der Eigenschaften untersuchter Frameworks [HZ11, 16]*

Abdeckung der möglichen *Architekturebenen* bietet das Zachman-Framework an. DoDAF und TOGAF decken bis auf die *Strategieebene* ebenfalls alle weiteren Architekturebenen vollständig ab. Dies lässt sich darauf zurückführen, dass eine Unternehmensarchitektur zwar an der Unternehmensstrategie ausgerichtet werden soll, diese jedoch als externe Einflussgröße angesehen wird [TOG09, 67ff.]. Im FEA-Framework werden zwar Referenzmodelle benannt (Performance Reference Model, Business Reference Model, Service Component Reference Model, Technical Reference Model und Data Reference Model), die sich den Architekturebenen allerdings nur indirekt zuordnen lassen, da eine Beschreibung der (ebenenübergreifenden) Zusammenhänge von Gestaltungsobjekten offen bleibt [OMB07a, 5ff.; OMB07b, 2-10ff.]. Das Zachman-Framework ist vorrangig auf die *Strukturierung* von Architekturebenen und Gestaltungsebenen ausgerichtet und weist daher den geringsten *Inhalt* der untersuchten EAM-Frameworks auf. Als Ordnungsrahmen stellt es allerdings mit seiner umfassenden Struktur indirekt eine einheitliche *Terminologie* und *Gestaltungsprinzipien* zur Verfügung [Zac87, 284]. DoDAF, FEA-Framework und TOGAF enthalten umfangreichen Inhalt mit *Vorgehensmodellen, Strukturen, einheitlicher Terminologie, Gestaltungsprinzipien* und *Referenzmodellen*. Alleinig das TOGAF bietet mit *Archimate* eine eigene *Modellierungssprache* an. Diese ist jedoch nicht explizit an den Standard [TOG09] gekoppelt, sondern stellt vielmehr eine von der Open Group standardisierte Ergänzung dar[5]. DoDAF, FEA-Framework und TOGAF decken nahezu sämtliche Phasen eines Architekturlebenszyklus ab. Da Enterprise-Architecture-Management auf die strategische Optimierung der Evolution einer Unternehmensarchitektur ausgerichtet ist (s. Abschnitt 2.1.1), werden folglich die Phasen der Implementierung und des Betriebs nur teilweise bzw. gar nicht abgedeckt. Die Phase der Implementierung endet meist mit der Definition eines strategischen Umsetzungsplans für favorisierte Architekturszenarios und dem Auslösen von nachgelagerten Änderungsprozessen [HZ11, 11, 16ff.].

Da eine Unternehmensarchitektur demnach das strukturelle Grundgerüst eines Unternehmens beschreibt, enthalten sämtliche Architekturbeschreibungen grundlegende und

---

[5]　http://www3.opengroup.org/subjectareas/enterprise/archimate　—　Letzter　Abruf: 24.08.2011.

aufeinander abgestimmte Gestaltungsobjekte auf einem hohen Abstraktionsniveau und in
aggregierter Form (s. Abbildung 2.6).

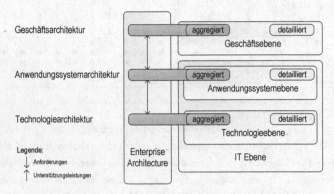

Abbildung 2.6: *Detaillierungsebenen von Architekturbeschreibungen*

Sämtliche detaillierten Beschreibungen von dekomponierten Gestaltungsobjekten sind
dann nicht mehr Bestandteil einer Unternehmensarchitektur, sondern Betrachtungsgegenstand von spezialisierten Detailbeschreibungen [WF06, 3]. Diese werden nicht durch
das Enterprise–Architecture–Management erstellt, sondern in teilautonomen Unterneh-
mensabteilungen (z.B. IT–Organisation) [SS05, 136]. Aufgabe des Enterprise–Architecture–
Managements ist es daher, primär auf Umweltveränderungen zu reagieren, die Grundstruktur zu planen und unternehmensinterne Änderungsprozesse auszulösen.

2.2   IT–Konfigurationsmanagement

2.2.1   Konfiguration und Management

Im Gegensatz zur Architektur, in der eine holistische und abstrakte Sicht auf ein System
angenommen wird, werden konkrete Detailbeschreibungen als Konfiguration bezeichnet.
Unter *Konfiguration* wird die Gesamtheit aller funktionellen und physikalischen Eigenschaften (Beschaffenheit) eines bestimmten Systems oder Systembestandteils verstanden,
die durch Konfigurationsanforderungen definiert und in einem Endprodukt umgesetzt
sind [ISO03, 5]. Da Unternehmen ebenfalls als Systeme mit physikalischen und funktionellen Eigenschaften angesehen werden (s. Abschnitt 2.1), kann der Begriff Konfiguration
auch auf die Geschäftsebene bezogen werden. Eindeutig identifizierbare Elemente einer
Konfiguration (Merkmalsträger) werden als Konfigurationseinheiten[6] (*Configuration Items
(CI)*) bezeichnet [II08, 3; ISO03, 5; IBM00b, 1].

---

[6]   Werden einer Konfigurationseinheit buchhalterische Daten zugeordnet, wird auch von *Asset* gesprochen [Bon07, 73].

Mit dem Begriff *Konfigurationsmanagement (KM)* werden sämtliche abgestimmte technische und organisatorische Aufgaben verstanden, um eine Konfiguration auf Basis von Konfigurationsanforderungen innerhalb eines Produktlebenszyklus herzustellen und aufrecht zu erhalten [ISO03, 7; CW98, 233f.]. Das Ziel ist es, die Integrität eines Produktes sicherzustellen, wobei der Schwerpunkt auf den Phasen Implementierung, Einführung, Betrieb und Aufrechterhaltung liegt [Buc96, 7]. Dabei werden die Aufgabengebiete *Konfigurationsmanagementplanung, Konfigurationsidentifizierung, Änderungslenkung, Konfigurationsbuchführung* und *Konfigurationsaudit* unterschieden (s. Abbildung 2.7) [ISO03, 7ff.; IEE05, 4ff.; BHS80, 20; IEE88, 10f.]. Je nach Art des Produktes wird noch zusätzlich das Aufgabengebiet *Konfigurationserstellung und -freigabe* als Teil der Änderungslenkung abgegrenzt [Dar91, 2; CW98, 233; SN01, 7–2ff.].

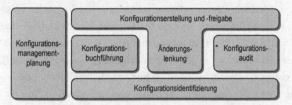

Abbildung 2.7: *Aufgabengebiete des Konfigurationsmanagements*

Die *Konfigurationsmanagementplanung* ist eine Voraussetzung des Konfigurationsmanagements und umfasst die effektive Koordination sämtlicher Konfigurationsmanagementaktivitäten für ein Produkt während des Produktlebenszyklus. Das Ergebnis ist ein Konfigurationsmanagementplan. Während der *Konfigurationsidentifizierung* wird eine geforderte Produktstruktur mit Hilfe von zu diskreten Zeitpunkten definierten Konfigurationseinheiten und deren Beziehung zueinander beschrieben. Dieses Aufgabengebiet umfasst ebenfalls die Erstellung von definierten Produktversionen in Form von Bezugskonfigurationen (*configuration baseline*). Die *Änderungslenkung* umfasst sämtliche Aktivitäten zur Umsetzung und Überwachung von Änderungen einer Konfiguration. Dies beinhaltet die Identifizierung, das Auslösen und die Dokumentation von Änderungsbedarfen, welche hierbei bezüglich des erwarteten Nutzens und der Risiken der Änderung bewertet werden. Auf Basis dieser Bewertung werden Entscheidungen getroffen und eine Konfigurationserstellung und -freigabe veranlasst [ISO03, 7ff.; IEE05, 5ff.; II08, 38ff.]. Ziel der *Konfigurationserstellung und -freigabe* ist es, die optimale Implementierung einer Konfiguration sicherzustellen, unter Beachtung von Abhängigkeiten zwischen Konfigurationseinheiten. Darunter fällt optional die Wiederherstellung von alten Konfigurationen sowie das Erzeugen von abgeleiteten Objekten [Dar91, 2; CW98, 233; SN01, 7–2ff.]. Nach der Erstellung wird verifiziert, ob die aktuelle Produktkonfiguration den Änderungsanforderungen entspricht — wenn ja, wird die aktuelle Produktkonfiguration freigegeben. Um ein effizientes, nachvollziehbares und transparentes Konfigurationsmanagement zu ermöglichen und sicherzustellen, werden durch das Aufgabengebiet *Konfigurationsbuchführung* sämtliche Konfigurationsaktivitäten aufgezeichnet und dokumentiert. Zudem werden benötigte Berichte für andere Aufgabengebiete erstellt, z.B. für die Entscheidungsfindung bei Änderungsanforderungen oder für Konfigurationsaudits. *Konfigurationsaudits* werden durchgeführt, um zu prüfen, ob eine Konfigurationseinheit den an sie gestellten Konfigurationsanforderungen in Bezug auf funktionelle bzw. physikalische Produkteigenschaften entspricht [ISO03, 7ff.; IEE05, 5ff.; II08, 38ff.].

2.2.2   Bedeutung für die Gestaltung von IT-Systemlandschaften

Auf Grund der Bedeutung für die Unterstützung von Geschäftsprozessen in Unternehmen wird IT vermehrt als *IT-Dienstleistung (IT-Service)* zwischen Fachabteilungen und IT-Abteilungen gekapselt. Dabei gehen diese Abteilungen eine Kunden-Lieferanten-Beziehung ein, so dass IT-Dienstleistungen Markt- und Wettbewerbsmechanismen unterliegen [Dis09, 530; Bon07, 28]. Dies führt dazu, dass IT-Dienstleistungen sowohl intern erbracht als auch von externen IT-Anbietern eingekauft werden können (Outsourcing). Als IT-Dienstleistungen werden immaterielle und unteilbare Güter auf Basis von Informationstechnologie verstanden, die zeitlich begrenzt und individuell in Anspruch genommen werden, standortbezogen sind und nicht zurückgerufen werden können [Olb08, 12]. Durch die Nutzung von IT-Dienstleistungen soll ein Mehrwert für Kunden geschaffen werden, ohne dass diese gleichzeitig die Kosten und Risiken der Leistungserstellung tragen [CHR+07, 6; TSO07b, 5]. Unter *IT-Service-Management (ITSM)* sind sämtliche Aufgaben zur zielgerichteten und effektiven Erbringung von IT-Dienstleistungen zu verstehen, damit Kunden bei der Nutzung dieser IT-Dienstleistungen einen Mehrwert erhalten [Olb08, 8ff.; CHR+07, 6; ISO11, 1f.]. Dabei stellt das IT-Service-Management IT-Dienstleistungen durch den Betrieb von IT-Systemlandschaften zur Verfügung [Bon07, 16ff.]. Bevor diese IT-Dienstleistungen genutzt werden können, muss die darunter liegende IT-Systemlandschaft konfiguriert werden. Demnach ist der Aufbau und die Aufrechterhaltung der notwendigen IT-Systemlandschaft und damit das IT-Konfigurationsmanagement eine wesentliche Voraussetzung für das IT-Service-Management [Dis09, 532; ISO11, 1].

Wie im Kapitel 1 gezeigt, ist eine IT-Systemlandschaft aus Anwendungssoftware und deren Infrastruktur, bestehend aus Software, Hardware und baulichen Einrichtungen, zusammengesetzt. Dies sind daher die Betrachtungsgegenstände eines IT-Konfigurationsmanagements[7]. Bauliche Einrichtungen werden nur insoweit betrachtet, dass Hardware einem bestimmten Standort zugeordnet wird. Die Konfiguration eines Gebäudes ist indes nicht Betrachtungsge-

---

[7]   Zusätzlich kann *Firmware* als Betrachtungsgegenstand abgegrenzt werden. Da dies allerdings eine spezifische Kombination aus Hardware und Software ist [Buc96, 267] und Software dabei ein inhärenter Bestandteil von Hardware, wird dies in dieser Arbeit nicht weiter unterschieden, sondern ebenfalls als Hardware angesehen.

genstand dieser Arbeit[8]. Zusätzlich unterliegen sämtliche zu erstellende Dokumentationen als Artefakte der Systementwicklung ebenfalls dem Konfigurationsmanagement [Buc96, 11]. Unter Hinzunahme der Produktlebenszyklusphasen *Implementierung*, *Einführung*, *Betrieb* und *Aufrechterhaltung* (Schwerpunkte des Konfigurationsmanagement), ergibt sich der in Abbildung 2.8 dargestellte Zusammenhang zwischen *Betrachtungsgegenständen*, *Konfigurationsmanagementaufgaben* und *Lebenszyklusphasen*.

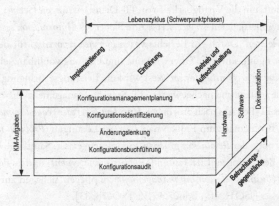

Abbildung 2.8: *Zusammenhang zwischen Betrachtungsgegenständen, KM-Aufgaben und Lebenszyklusphasen [in Anlehnung an Buc96, 11]*

Auch wenn das IT-Konfigurationsmanagement in klassischen Ansätzen der IT-Leistungserstellung ebenfalls benötigt wird [Buc96, 10ff.; BHS80, 13ff.; Bab86, 8ff.], nimmt es gerade für die Verwaltung komplexer IT-Systemlandschaften durch das IT-Service-Management eine zentrale Sonderstellung ein (s. Abbildung 2.9 — *Control processes*) [ISO11, 4; Dis09, 532; TSO07b, 12].

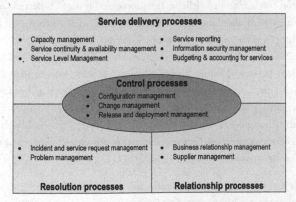

Abbildung 2.9: *IT-Service-Management-Prozesse nach ISO 20000:2011-1 [ISO11, 1]*

---

[8] Weitere Informationen zu baulichen Einrichtungen bei IT-Systemlandschaften, insbesondere Rechenzentren, finden sich in [Sne01].

Nach ISO STD 20000:2011 werden vier Prozessgruppen für das IT-Service-Management unterschieden. Die Gruppe der Lenkungsprozesse (*Control processes*) bildet dabei den Kern des IT-Service-Managements. Sie umfasst die Prozesse *Konfigurationsmanagement, Änderungsmanagement* sowie das *Management für die Erstellung und Freigabe*. Mit der Gruppe der Service-Auslieferungsprozesse (*Service delivery processes*) werden sämtliche Prozesse zusammengefasst, die für die Planung von optimalen IT-Kapazitäten (*Capacity management*) verantwortlich sind, um die Verfügbarkeit von IT-Dienstleistungen (*Service continuity & availability management*), deren *Service-Level* und Sicherheit (*Information security management*) zu gewährleisten. Durch ein Berichtswesen (*Service reporting*) für den Nachweis der Leistungserbringung sowie die Überwachung und Planung von finanziellen Gesichtspunkten (*Budgeting & accounting for services*) wird die Leistungserbringung sowie deren Wirtschaftlichkeit geplant und nachgewiesen. IT-Service-Management-Prozesse zur Wiederherstellung des IT-Betriebs nach Störungen (*Incident & service request management*) und zur Analyse von Problemen zum Finden nachhaltiger Lösungen (*Problem management*) werden in der Gruppe der *Resolution processes* zusammengefasst. Sämtliche Prozesse mit der Aufgabe, die Beziehung zu Lieferanten (*Supplier management*) und zu den jeweiligen Fachabteilungen (*Business relationship management*) zu pflegen, gehören zur Gruppe der *Relationship processes* [ISO11, 4ff.; Bon07, 97ff.; TSO07b, 83].

Mit der *IT Infrastructure Library (ITIL)* existiert ein Framework für die Umsetzung des IT-Service-Managements auf Basis des ISO STD 20000. ITIL geht auf eine Initiative der britischen Regierung aus dem Jahr 1989 zurück, mit dem Ziel die Geschäftsprozesse einer IT-Organisation zu analysieren und zu beschreiben [TSO07b, 3]. Daraus wurde ein De-facto-Industriestandard entwickelt, der Richtlinien zum systematischen Aufbau und den Betrieb von durchgängig abgestimmten, an Geschäftsprozessen ausgerichteten IT-Dienstleistungen sowie eine einheitliche Terminologie für den IT-Betrieb anbietet. Mit diesen Richtlinien wird allerdings nur definiert, was für den Aufbau und Betrieb von IT-Dienstleistungen getan werden muss. Die konkrete Umsetzung ist dann an den unternehmensspezifischen Anforderungen auszurichten [TSO07b, 3f.; Olb08, 1ff.]. ITIL basiert auf einem Lebenszyklusmodell (*IT-Service-Lifecycle*), bestehend aus den Phasen Design und Implementierung (*Service Design*), Einführung (*Service Transition*), Betrieb und Aufrechterhaltung (*Service Operation*). Den Kern des IT-Service-Lifecycle bildet die strategische Ausrichtung des IT-Service-Management (*Service Strategy*). Durch einen kontinuierlichen Verbesserungsprozess (*Continual Service Improvement*) wird eine servicebasierte IT-Organisation stetig weiterentwickelt [TSO07b, 11].

Auf Grund der Komplexität der Konfigurationsmanagementaufgaben für das IT-Service-Management wurden die klassischen Konfigurationsmanagementaufgaben auf einzelne Prozesse aufgeteilt. Daher existiert für den Begriff IT-Konfigurationsmanagement eine *enge* und eine *erweiterte Sichtweise*. Das IT-Konfigurationsmanagement im *engeren Sinne* ist begrenzt auf das *Configuration Management* nach ISO 20000 und ITIL. Im Gegensatz zur ursprünglichen Definition wird IT-Konfigurationsmanagement in diesem Kontext nicht als die Disziplin verstanden, um Konfigurationen von IT-Systemen herzustellen und aufrechtzuerhalten, sondern dient vor allem der *Dokumentation* von Konfigurationen und Änderungen [TSO07b, 83; Olb08, 70]. Dabei liefert das IT-Konfigurationsmanagement für abhängige IT-Service-Management-Prozesse vor allem die Datengrundlage für Analysen und Entscheidungen mit Hilfe eines Configuration-Management-Systems (CMS). Die primäre Aufgabe des IT-Konfigurationsmanagements ist hierbei die Konsistenz und Aktualität der Konfigurationsdaten sicherzustellen. Den Kern eines Configuration-Management-Systems stellt eine Configuration-Management-Datenbank (CMDB) dar. Eine CMDB fasst alle aktuellen und historischen Eigenschaften von Konfigurationseinheiten (CI) und deren Zusammenhänge in einer oder mehreren Applikationen zusammen [TSO07b, 84f.; TSO07a, 194f.]. Änderungen von CI-Eigenschaften bedürfen einer vorherigen Autorisierung im Rahmen des Change Managements [TSO07a, 195].

In der *erweiterten Sichtweise* wird IT-Konfigurationsmanagement im klassischen Sinn nach DIN ISO 10007:2004-12 verstanden (s. Abschnitt 2.2.1). Um den gleichen Funktionsumfang zu erreichen, müssen dafür die Aufgabengebiete *Configuration Management*, *Change Management*, *Release and Deployment Management* und zum Teil *Problem* sowie *Incident Management* einbezogen werden. In Tabelle 2.2 ist die Abdeckung der IT-Service-Management Prozesse für das IT-Konfigurationsmanagement (erweiterte Sichtweise) dargestellt.

Tabelle 2.2: *Abdeckung der Konfigurationsmanagementaufgaben durch Prozesse nach ISO 20000:2011 und ITIL (erweiterte Sichtweise)*

Klassisches Konfigurationsmanagement	ISO 20000:2011	ITIL
Konfigurationsplanung	Configuration Management	Service Asset and Configuration Management
Konfigurationsidentifizierung	Configuration Management	Service Asset and Configuration Management
Änderungslenkung	Change Management	Change Management
Konfigurationserstellung und -freigabe (Teil der Änderungslenkung)	Release and Deployment Management	Release and Deployment Management
Konfigurationsbuchführung	Configuration Management	Service Asset and Configuration Management
Konfigurationsaudit	Configuration Management, Problem Management, Incident and Service Request Management	Configuration Management, Problem Management, Incident Management, Service validation and testing

Dabei deckt das *(Service Asset and) Configuration Management* nach ISO 20000 bzw. ITIL die klassischen Aufgabengebiete *Konfigurationsplanung*, *Konfigurationsidentifizierung* und *Konfigurationsbuchführung* ab [TSO07a, 71, 72 und 80]. Die Aufgaben der *Änderungslenkung* werden durch das *Change Management* [TSO07a, 42ff.] sowie im Speziellen die *Konfigurationserstellung und -freigabe* durch das *Release- and Deployment-Management* abgedeckt [TSO07a, 84ff.]. Die Dokumentation von Änderungen erfolgt wiederum in einer CMDB [TSO07a, 79]. Da in den Prozessen *Incident-* und *Problem-Management* bestehende Konfigurationen untersucht werden, können diese dem *Konfigurationsaudit* teilweise zugeordnet werden [TSO07b, 96ff. und 101ff.]. In ITIL existiert explizit noch ein Prozess zur Validierung und zum Test von IT-Dienstleistungen (*Service validation and testing*), der ebenfalls dem Konfigurationsaudit zugerechnet werden muss [TSO07a, 115ff.]. Zudem liefert das Configuration Management selbst die Datengrundlage für Konfigurationsaudits und muss daher ebenfalls hinzugenommen werden [TSO07a, 81].

Zusammenfassend ist festzustellen, dass Beschreibungen von IT-Konfigurationen detailliert sind, um sämtliche für die Umsetzung notwendigen Angaben zu dokumentieren. Eine Konfiguration einer IT-Systemlandschaft ist dabei aus detaillierten Beschreibungen (Konfigurationsmodelle) der spezifischen Betrachtungsobjekte (Hardware und Software) einer IT-Systemlandschaft zusammengesetzt. Das IT-Konfigurationsmanagement bildet somit die Basis für den Betrieb von IT-Systemlandschaften und kann damit als Ergänzung zum Enterprise-Architecture-Management angesehen werden. Der Zusammenhang beider Disziplinen wird im folgenden Abschnitt thematisiert.

2.3   Zusammenhang von Unternehmensarchitektur und IT-Konfiguration

Während Enterprise-Architecture-Management das logische Design einer Organisation oder eines Unternehmens adressiert (Differenzierung von System und Umwelt durch Strategiebildung), unterstützt das Konfigurationsmanagement die Lebenszyklusphasen Implementierung, Einführung, Betrieb und Aufrechterhaltung eines Systems. Wie im Abschnitt 2.1.3 gezeigt, fehlt beim Enterprise-Architecture-Management die Betrachtung dieser Phasen oder sie werden nur zum Teil abgedeckt, obwohl manche EAM-Frameworks hierfür auf strategischer Ebene Unterstützung anbieten[9]. Auch wenn sich beide Bereiche getrennt voneinander entwickelt haben, sind sie dennoch eng miteinander verbunden, da die strategischen Vorgaben, ausgedrückt durch eine Unternehmensarchitektur, letztendlich realisiert werden müssen [HHW98, 1; TSO07b, 3]. Eine Integration von Enterprise-Architecture-Management und IT-Konfigurationsmanagement erscheint daher sinnvoll. Demzufolge muss eine geplante Unternehmensarchitektur durch die Erstellung geeigneter Konfigurationen umgesetzt werden. In der Abbildung 2.10 wird dieser Zusammenhang dargestellt. Dabei werden die *aggregierten* Beschreibungen der Unternehmensarchitektur für die Implementierung einer Konfiguration *detailliert*. Eine Konfiguration ist dann geeignet, wenn sie den Vorgaben der Architekturbeschreibungen entspricht.

---

[9]   Zum Beispiel in TOGAF die Phasen *migration planning* und *implementation governance* [TOG09, 54ff.].

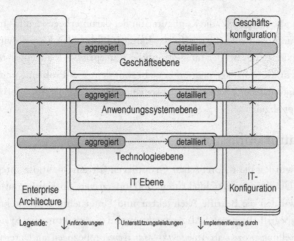

Abbildung 2.10: *Von der Unternehmensarchitektur zur IT-Konfiguration*

Übertragen auf den Betrieb von IT-Systemlandschaften bedeutet dies, dass die *IT-Architektur-Ebene* in eine konkrete Konfiguration der IT-Systemlandschaft (*IT-Konfiguration*) überführt wird. Da mit der IT-Architektur die Grundstruktur einer IT-Systemlandschaft strategisch festgelegt wird, definieren Architekturbeschreibungen eine Invariante für alle abgeleiteten IT-Konfigurationen [Bee93, 1ff.] — nach der Umsetzung einer IT-Konfiguration muss die definierte Grundstruktur erhalten bleiben. Die operative Aufgabe des IT-Konfigurationsmanagements ist daher der effiziente Vollzug der strategischen Vorgaben sowie das Abarbeiten vielfältiger Einzelprobleme die im strategischen Plan auf Grund von Abstraktion nicht berücksichtigt werden konnten. Somit existiert eine *semantische Lücke* zwischen aggregierter Beschreibung von IT-Architekturen und dazugehörigen detaillierten IT-Konfigurationen. Dies wiederum führt zum Problem der Schließung dieser semantischen Lücke durch Detaillierung von Modellen.

Die Überführung von EAM-Modellen in Konfigurationsmodelle erfolgt zumeist manuell, wie auch die Umsetzung der Konfiguration [ARW08, 300; BH04, 1]. Diese manuelle Umsetzung führt, auf Grund der Komplexität dieser Aufgabe zu signifikanten Personalkosten und beeinflusst damit die Gesamtbetriebskosten (*Total Cost of Ownership (TCO)*) einer IT-Systemlandschaft [BKH05, 1]. Zusätzlich birgt diese manuelle Umsetzung die Gefahr, dass die Qualität einer IT-Systemlandschaft vom individuellen Wissen von Technikern abhängig und mit einer mangelhaften Integration die resultierende IT-Konfiguration nur ungenügend an Geschäftsanforderungen ausgerichtet, transparent und nachvollziehbar gestaltet ist.

Die grundlegende Idee der vorliegenden Arbeit ist, eine Integration von Enterprise-Architecture-Management und IT-Konfiguration durch den konsistenten und automatisierten Einsatz von Modellen zu schaffen, damit (1) die Verteilung von Software in einer Anwendungssystemlandschaft und (2) die Konfiguration der darunterliegenden IT-Infrastruktur automatisiert und nachvollziehbar erfolgen kann. Im folgenden Kapitel wird daher der aktuelle Stand der Praxis bei der Integration von Enterprise-Architecture-Management und IT-Konfigurationsmanagement untersucht, mit dem Ziel Probleme und Lösungsansätze für eine automatisierte Schließung der semantischen Lücke als Anforderungen für ein Lösungskonzept abzuleiten.

2.4 Zusammenfassung

Im Kapitel 2 wurden die theoretischen Grundlagen für eine nahtlose Integration von strategischen Unternehmensarchitekturen und operativen IT-Konfigurationen hergeleitet. Dafür wurden die Begriffe Architektur und Unternehmensarchitektur zum IT-Konfigurationsbegriff abgegrenzt. Als *Architektur* wird die Struktur eines Systems bezeichnet, dessen Erstellungsprozess als *Architektur-Management*. Bezogen auf Unternehmen wird von *Unternehmensarchitekturen (Enterprise-Architecture)* und deren Management (*Enterprise-Architecture-Management*) gesprochen. Das Enterprise-Architecture-Management kann *als strategische Optimierung der Evolution einer Unternehmensarchitektur durch eine unternehmensspezifische Abstimmung von Unternehmensstrategie, Geschäftsprozessen und Informationsversorgung durch IT* bezeichnet werden. Eine Unternehmensarchitektur stellt damit das Grundgerüst eines Unternehmens dar. Somit adressiert das EAM das logische Design einer Organisation. Mit Hilfe eines Vergleichs von EAM-Frameworks konnte gezeigt werden, dass daher die Phasen Implementierung und IT-Betrieb nur teilweise betrachtet werden. Konkrete Detailbeschreibungen der Unternehmens-IT werden als *IT-Konfigurationen* bezeichnet (Gesamtheit aller funktionellen und physikalischen Eigenschaften, die durch Konfigurationsanforderungen definiert und in einem Endprodukt umgesetzt sind). Das *IT-Konfigurationsmanagement* umfasst damit sämtliche Aufgaben, um eine IT-Konfiguration herzustellen und aufrechtzuerhalten. Der Schwerpunkt liegt daher auf den Phasen Implementierung, Einführung, Betrieb und Aufrechterhaltung. Es konnte gezeigt werden, dass beide Aufgabengebiete EAM und IT-Konfigurationsmanagement eng miteinander verbunden sind. Dennoch konnte eine semantische Lücke zwischen beiden als Problemstellung identifiziert werden, deren Schließung das Ziel dieser Arbeit darstellt.

3 Empirische Anforderungsanalyse für die Integration von EAM und ITKM

3.1 Gewählter Untersuchungsansatz für die empirische Anforderungsanalyse

Als Anforderungen werden nach IEEE STD 610.12–1990 Bedingungen oder Eigenschaften bezeichnet, welche eine Person oder ein System zur Lösung eines Problems benötigt [IEE90, 62; Poh08, 13]. Dabei werden *funktionale Anforderungen* (Funktionalität eines geplanten Systems), *Qualitätsanforderungen* (Qualitätsmerkmale eines geplanten Systems) und *Rahmenbedingungen* (organisatorische und technologische Restriktionen) unterschieden [Poh08, 14 ff.]. Zur Lösung des im Kapitel 2 vorgestellten Problems, der Umsetzung einer Unternehmensarchitektur durch das IT–Konfigurationsmanagement im IT–Betrieb, sollen Anforderungsartefakte erhoben und dokumentiert werden. Ziel dieser Anforderungsanalyse ist es, den Problem- und Lösungskontext (Rahmenbedingungen) und den Bedarf einer automatisierten Lösung sowie funktionale Anforderungen und Qualitätsanforderungen zu erfassen.

Neben der im Kapitel 2 verwendeten Literatur sind ebenfalls Erfahrungen von Personen (Empirie) eine relevante Quelle für die Erfassung dieser Anforderungen [Poh08, 311 ff.; HÖ6, 22; Att08, 3]. Diese Form der Untersuchung fällt somit in den Bereich der empirischen Forschung, dessen Ziel die systematische Erfassung und Deutung sozialer Sachverhalte in Organisationen ist [SHE99, 5 ff.; HÖ6, 20; Att08, 4; WH07, 280 ff.]. Dabei werden *quantitative* und *qualitative Vorgehen* unterschieden. Im Gegensatz zur quantitativen Forschung werden bei der qualitativen Forschung nicht–standardisierte Methoden der Datenerhebung und interpretative Methoden der Datenauswertung auf Einzelfälle als Datenquellen angewendet [SHE99, 82 ff., 100; BD06, 295 ff.]. Nicht–standardisiert bedeutet in diesem Zusammenhang, dass bei der Datenerhebung keine Antwortmöglichkeiten (wie z.B. bei Fragebögen — „1 - sehr gut" und „5 - sehr schlecht") vorgegeben werden, sondern die inhaltliche Variabilität der individuellen Antworten erhoben werden soll. Daher liegen Daten bei der qualitativen Datenerfassung als verbalisierte (qualitative) Daten vor, wohingegen sie bei der quantitativen Datenerfassung als nummerische (quantitative) Messwerte vorliegen. Dieser Unterschied führt dazu, dass für die Auswertung der quantitativen Messwerte standardisierte statistische Verfahren angewendet werden können, um als Ergebnis Häufigkeiten und Zusammenhänge aufzuzeigen. Da die Daten bei qualitativen Methoden hingegen offen und nicht–standardisiert erhoben werden, ist eine Interpretation notwendig, um subjektive Deutungen und Sichtweisen fallbezogen zu rekonstruieren [BD06, 295 f.]. Die Ergebnisse liegen dann je Einzelfall vor und sind daher nicht direkt vergleichbar. Es bedarf deshalb einer Kategorisierung und Zuordnung der Einzelfälle auf Basis dieser Einzelinterpretationen [Hö6, 66].

Quantitative und qualitative Verfahren sind zwar unterschiedlich in ihren Eigenschaften, können jedoch als bipolare Dimensionen der Forschung aufgefasst werden [BD06, 298]. Wann welche Forschungsmethode zum Einsatz kommt, ist abhängig von Annahmen über das Forschungsziel, der Beschaffenheit des Forschungsgegenstandes und über aktuelle Gegebenheiten, wie verfügbares geschultes Personal zur Auswertung, verfügbare Zeit für die Untersuchung, sowie die Bereitschaft und Anzahl von Personen, die an einer Untersuchung teilnehmen und fachlich dafür in Frage kommen [Att08, 4].

Das Ziel einer Anforderungsanalyse ist es, weitere Datenquellen für Anforderungen zu identifizieren, existierende Anforderungen zu erfassen und neue Anforderungen zu entdecken [Poh08, 324]. Qualitative Untersuchungen dienen der Bildung von Kategorien und adäquater Operationalisierung in der explorativen Phase eines Forschungsprojektes. Sie lassen sich auf Grund ihrer offenen und nicht–standardisierten Vorgehensweise der Datenerhebung und Auswertung besonders für die Erfassung des gesamten Informationsgehalts möglicher Anforderungen verwenden [Lam05, 507]. Daher sind für die Erfassung von Anforderungen zur Lösung des in Kapitel 2 vorgestellten Problems, der Integration von Enterprise–Architecture–Management und IT–Konfigurationsmanagement, qualitative Methoden geeignet. Daraus folgt, dass die Untersuchung auf Einzelfällen basiert, aus denen induktiv Anforderungen abgeleitet werden.

Eine Verallgemeinerung auf Basis einer kleinen Anzahl von Datenquellen birgt die Gefahr der Unsicherheit über den Wahrheitsgehalt der geschlussfolgerten Aussagen (*Induktionsproblem*) [Ste74, 5]. Daher gibt es Gütekriterien, um die Qualität der eingesetzten Erhebungs- und Messinstrumente zu testen [SHE99, 143 ff.; BD06, 192 ff., 326 ff.; Hö6, 108 ff.; PWS09,

36 ff.]: *Objektivität (Anwenderunabhängigkeit)* und *Reliabilität (Zuverlässigkeit)* der Erhebung sowie *Validität (Gültigkeit)* der gewonnenen Daten. Die unterschiedlichen Ausprägungen der Gütekriterien bezüglich qualitativer und quantitativer Forschung sind in Tabelle 3.1 zusammenfassend dargestellt und nachfolgend erläutert.

Tabelle 3.1: *Gütekriterien qualitativer und quantitativer Forschung*

Gütekriterium	Qualitative Forschung	Quantitative Forschung
Objektivität	interpersonaler Konsens durch Transparenz und Standardisierung	Durchführungs-, Auswertungs- und Interpretationsobjektivität
Reliabilität	implizit durch Wiederholung; schwer messbar	Grad der Genauigkeit; Ausschluss von Messfehlern
Validität	Authentizität und Ehrlichkeit von Aussagen; valide Abbildung des Geschehens durch Protokolle; Validität der Interpretation (Gültigkeit und Generalisierbarkeit)	Inhalts-, Kriteriums- und Konstruktvalidität

Unter *Objektivität* wird das Ausmaß der Unabhängigkeit der ermittelten Ergebnisse von Personen verstanden, welche die Untersuchung durchführen [BD06, 194; HÖ6, 109]. Dies bedeutet, dass für Forschungsergebnisse eine intersubjektive Überprüfbarkeit gewährleistet werden muss [BD06, 326; HÖ6, 109; PWS09, 40]. Dabei wird bei quantitativer Forschung explizit zwischen *Durchführungsobjektivität* (Daten sind unbeeinflusst vom Forscher), *Auswertungsobjektivität* (Kategorisierung von Daten ist unbeeinflusst vom Forscher) und *Interpretationsobjektivität* (Ergebnisse sind durch individuelle Deutungen unbeeinflusst) unterschieden [BD06, 194]. Objektivität wird durch die standardisierte Verwendung und Dokumentation von Untersuchungsregeln erreicht [HÖ6, 109; PWS09, 40]. Dies ist bereits beim Einsatz quantitativer Forschungsmethoden implizit abgesichert[BD06, 327]. Da bei der qualitativen Forschung hingegen nicht–standardisierte und offene Verfahren eingesetzt werden, ist eine explizite Beschreibung (*Transparenz*) der zugrunde liegenden Regeln der Untersuchung notwendig, was zu einer gewissen *Standardisierung* führt [BD06, 327; PWS09, 42]. Sie ist dadurch für andere Forscher überprüfbar, auch wenn diese Standardisierung nur für die jeweilige Untersuchung Gültigkeit besitzt. Auswertungs- und Interpretationsobjektivität werden bei qualitativer Forschung eher als Validitätsproblem aufgefasst [BD06, 327].

Als *Reliabilität* wird in der quantitativen Forschung der Grad der Messgenauigkeit bezeichnet. Die Reliabilität ist um so höher, je geringer ein Messfehler ausfällt [BD06, 195 ff.]. Sie gibt die Möglichkeit der Reproduzierbarkeit von Messergebnissen einer Untersuchung an [HÖ6, 109; PWS09, 38]. Für den Nachweis der Reliabilität bei quantitativen Forschungsmethoden existieren standardisierte Tests (z.B. Paralleltest, Test–Retest–Design, Testhalbierung oder Konsistenzanalyse) [SHE99, 145]. In der Literatur ist strittig, ob die Reliabilität für qualitative Forschungsmethoden ebenfalls ein Gütekriterium ist [BD06, 327; PWS09, 38]. LAMNEK argumentiert zum Beispiel, dass auf Grund der Charakteristik einer qualitativen Untersuchung (z.B. Einzelfall, Unwiederholbarkeit von Situationen oder kontextabhängige Untersuchung) Reliabilitätsprüfungen abzulehnen sind [Lam93, 177]. PRZYBORSKI UND WOHLRAB-SAHR sprechen sich dagegen für eine Reliabilitätsprüfung aus, wenn sie auf die Reproduzierbarkeit der Untersuchung an sich zielt und nicht, wie bei quantitativen Verfahren, auf den Beweis der Reproduzierbarkeit von Messergebnissen [PWS09, 38]. BORTZ UND DÖRING weisen zudem darauf hin, dass die Reliabilität qualitativer Daten durch wiederholte Befragungen oder Variation von Untersuchungsbedingungen dennoch nachgewiesen werden kann[1]. Weiterhin merken sie allerdings an, dass dies mit Aufwand für die Untersuchung aber auch für die untersuchte Person verbunden ist [BD06, 327]. Dies bedeutet, eine mögliche Bestimmung der Reliabilität einer qualitativen Untersuchung ist abhängig von der spezifischen Untersuchungssituation.

Als *Validität* wird das Ausmaß bezeichnet, in dem eine Untersuchung das erfasst, was sie erfassen soll [SHE99, 148; HÖ6, 114]. Es gilt als das wichtigste Gütekriterium einer Datenerhebung und setzt dafür Objektivität und Reliabilität voraus [BD06, 327]. In der quantitativen Forschung werden hierfür *Inhaltsvalidität* (sämtliche Aspekte werden erhoben), *Kriteriumsvalidität* (Überprüfung mit extern gemessenen Ergebnissen) und *Konstruktvalidität* (Bestätigung von Hypothesen aus zu messendem Zielkonstrukt) unterschieden [HÖ6, 114 f.]. Auf Grund der Eigenschaften qualitativer Untersuchungen lassen sich diese Validitätskriterien nicht direkt anwenden [BD06, 327; PWS09, 36]. Vielmehr wird die Validität durch den Nachweis erbracht, dass Äußerungen von befragten Personen authentisch und ehrlich sind sowie weder verfälscht noch verändert in Protokollen erfasst wurden. Des Weiteren muss die Validität von Interpretationen nachgewiesen werden und die Generalisierbarkeit gewährleistet sein [BD06, 327 ff., 335 ff.].

Um Objektivität zu erreichen, wird nachfolgend der Untersuchungsaufbau beschrieben (standardisiert). Zudem kann so der Untersuchungsablauf reproduziert werden (Reliabilität). Validität soll durch eine unverfälschte Erfassung bei der Datenerhebung erreicht werden sowie durch eine nachvollziehbare und lückenlose Dokumentation der Auswertungsschritte. Die gewählte Vorgehensweise der Anforderungsanalyse ist zunächst in zwei Teile gegliedert: *Datenerhebung* und *Auswertung*. Für die qualitative Datenerhebung können Befragung, Beobachtung oder nicht-reaktive Verfahren verwendet werden [BD06, 307 ff.; HÖ6, 185 ff.; Att08, 49]. Da im Rahmen der vorliegenden Anforderungsanalyse die subjektive Sichtweise von Experten auf die Integration von Enterprise-Architecture-Management und IT-Konfigurationsmanagement im IT-Betrieb ermittelt werden sollte, wurde eine qualitative Befragung in Form von Experteninterviews durchgeführt. Beobachtung und nicht-reaktive Verfahren sind dagegen nicht geeignet, da sie keine, auf die Zielstellung der Anforderungsanalyse, validen Ergebnisse liefern würden [BD06, 307]. Die Interviews wur-

---

[1] Zum Beispiel in der Diagnostik von Krankheitssymptomen in mehreren Gesprächen [AA94, 381].

den als leitfadengestützte Interviews durchgeführt, um eine Vergleichbarkeit der gegebenen Antworten zu erreichen [Fli07, 224].

Die Auswertung der so gewonnenen Daten wurde mit Hilfe qualitativer inhaltsanalytischer Techniken durchgeführt. Das Ziel einer Inhaltsanalyse ist es, fixierte Kommunikation systematisch zu analysieren, um Rückschlüsse auf bestimmte Sachverhalte dieser Kommunikation zu ziehen [May08, 13]. Hierbei wurde die qualitative Inhaltsanalyse nach MAYRING gewählt, da sie auf die Untersuchung der manifesten Kommunikationsinhalte ausgerichtet ist, was dem Untersuchungsziel dieser Anforderungsanalyse entspricht [May08, 42 ff.]. Weitere inhaltsanalytische Techniken zur Untersuchung objektiver Bedeutungsmöglichkeiten, für Untersuchungen in der Biographieforschung oder Gruppendiskussionen wurden dagegen als nicht valide für das angestrebte Untersuchungsziel eingestuft [Lam05, 513 ff.; Fli07, 227 ff.].

Die Kombination der verwendeten Techniken (leitfadengestütztes Experteninterview und qualitative Inhaltsanalyse nach MAYRING) ist in der Tabelle 3.2 als allgemeines Ablaufmodell zusammengefasst und in den nachfolgenden Abschnitten genauer beschrieben.

Tabelle 3.2: *Allgemeines Ablaufmodell der Untersuchung [nach Lam05, 402 ff. und May08, 42 ff.]*

Prozessschritte bei der Durchführung der Untersuchung	*Kapitel*	*Seite*
Entwicklung des Interviewleitfadens	3.2.1	33
Auswahl der Interviewpartner, Analyse der Enstehungssituation (Durchführung) und Transkription	3.2.2	35
Bestimmung der Fragestellungen der Analyse	3.2.3	37
Bestimmung des Ablaufmodells, der Analysetechnik und Definition der Analyseeinheiten	3.2.3	37
Durchführung der Analyse mittels Kategoriensystem (Einzelanalyse)	3.3	40
Interpretation der Ergebnisse (Generalisierende Analyse)	3.4	60
Bestimmung inhaltsanalytischer Gütekriterien	3.5	65

Legende: E — Erhebung; A — Auswertung

3.2 Datenerhebung und Auswertung

3.2.1 Interviewleitfaden

In Bezug auf das Themengebiet der Integration von Enterprise–Architecture–Management und IT–Konfigurationsmanagement im IT–Betrieb sollten Erfahrungen und Ansichten durch Einzelgespräche mit Experten erfragt werden. Für die Vergleichbarkeit der Interviews wurde ein Interviewleitfaden als strukturelle Orientierung verwendet. Ein Leitfaden enthält Stichpunkte zu abzuarbeitenden Themenkomplexen, Schlüsselfragen, welche jedem Befragten gestellt werden und Eventualfragen, welche im Verlauf des Interviews relevant werden könnten [SHE99, 355 f.]. Er ist in fünf verschiedene Themenkomplexe gegliedert: *Enterprise–Architecture–Management, Dokumentation der Unternehmensarchitektur und IT–Systemlandschaft, Änderungen an der Unternehmensarchitektur, Umsetzung im IT–Betrieb* und *Probleme.* Die jeweiligen Schlüssel- und Eventualfragen der Themenkomplexe für die unterschiedlichen Interviewpartner sind in der Tabelle 3.3 dargestellt und werden nachfolgend zusammenfassend erläutert.

Tabelle 3.3: *Verwendeter Interviewleitfaden*

Themenkomplex (A): Enterprise–Architecture–Management	SF	EF
Welche Bedeutung hat das Enterprise–Architecture–Management für Sie und Ihr Unternehmen?	X	–
Wie ist Ihr Unternehmen/Behörde strukturiert?	–	X
Wie groß ist Ihre IT–Abteilung?	–	X
Wie viele IT–Systeme werden ca. betrieben?	–	X
Welche Bedeutung hat das Enterprise–Architecture–Management für Sie und Ihre Kunden?	X	–
Gibt es einen Zusammenhang zwischen der Größe eines Unternehmens und der Bedeutung des EAM?	X	–
Welche Unternehmensgröße haben Ihre Kunden?	–	X
Wie viele IT–Systeme betreibt Ihr Kunde?	–	X
Themenkomplex (B): Dokumentation der Unternehmensarchitektur und IT–Systemlandschaft		
Wie dokumentieren Sie Ihre/die Unternehmensarchitektur?	X	–
Wie wird Ihre/die aktuelle IT–Systemlandschaft dokumentiert?	X	–
Welche Rolle spielen Modellierungssprachen?	–	X
Welche Modellierungssprachen verwenden Sie?	–	X
Welche Werkzeuge benutzen Sie für die Dokumentation?	–	X
Themenkomplex (C): Änderungen an der Unternehmensarchitektur		
Wie häufig werden strategische Änderungen an der Unternehmensarchitektur durchgeführt?	X	–
Was sind Ursachen für Änderungen?	–	X
Wie werden diese dokumentiert?	–	X
Themenkomplex (D): Umsetzung im IT–Betrieb		
Wie wird die Unternehmensarchitektur (und Änderungen) in den IT–Betrieb überführt?	X	–
Wie stellen Sie die Abstimmung zwischen EA und IT–Betrieb sicher?	–	X
Welche Rolle spielen Modelle?	–	X
Welche Modelle werden erstellt?	–	X
Welche Werkzeuge benutzen Sie dafür?	–	X
Themenkomplex (E): Probleme		
Was sind Ihrer Meinung nach die größten Probleme bei der Integration des Managements der Unternehmensarchitektur und des IT–Betriebs?	X	–
Welche Lösungen schweben Ihnen dafür vor?	–	X
Könnte die Umsetzung der Unternehmensarchitektur in den IT–Betrieb Ihrer Meinung nach automatisiert werden?	–	X

Legende: *SF: Schlüsselfrage; EF: Eventualfrage; B: Interviewpartner ist Berater; O: Interviewpartner aus einer Organisation*

Im Themenkomplex (A) *Enterprise–Architecture–Management* sollten die Arbeits- und Entscheidungsumgebung des Experten erfasst werden. Ziel war es die charakteristischen Eigenschaften des Arbeitsumfeldes des Experten zu dokumentieren. Daraus können Rückschlüsse über Tauglichkeit und Gültigkeit einer automatisierten Problemlösung gefolgert werden. Als Einstieg sollte der Befragte dazu angeregt werden, über sein Arbeitsumfeld zu sprechen. Für die Befragung von Unternehmensberatern[2] musste dieser Themenkomplex

---

[2] Mehr zur Typisierung der Befragten im Kapitel 3.2.2.

generalisierter betrachtet werden. Hier sollten Aussagen erfasst werden, welche für eine Gruppe von Kunden gültig sind.

Mit dem Themenkomplex (B) *Dokumentation der EA und IT-Systemlandschaft* sollte die Art und Weise der Dokumentation der Unternehmensarchitektur und der IT-Systemlandschaft erfasst werden. Des Weiteren sollte erfragt werden, welche Rolle Modellierungssprachen und Werkzeuge hierbei besitzen. Für die Befragung von Beratern wurden die Fragen generalisierter in Bezug auf ihre Kunden gestellt.

Die Änderungshäufigkeit einer Unternehmensarchitektur und die Ursachen für Änderungen sowie die Art und Weise der Dokumentation sollte im Themenkomplex (C) *Änderungen an der Unternehmensarchitektur* erfasst werden.

Die im Kapitel 2 als Problemstellung identifizierte Umsetzung/Überführung einer Unternehmensarchitektur in eine IT-Konfiguration wurde im Themenkomplex (D) *Umsetzung im IT-Betrieb* thematisiert. Insbesondere war hier die Abstimmung des Enterprise-Architecture-Managements mit dem IT-Konfigurationsmanagement im IT-Betrieb von Interesse. Beratern wurden diese Fragen ebenfalls in generalisierter Form gestellt.

Im letzten Themenkomplex (E) *Probleme* sollte der Befragte aus seiner Sicht die größten Probleme bei der Integration von Enterprise-Architecture-Management und IT-Konfigurationsmanagement im IT-Betrieb schildern und Lösungsvorschläge unterbreiten. Des Weiteren sollte ergründet werden, ob für den Befragten eine automatisierte Lösung sinnvoll erscheint.

3.2.2 Auswahl der Interviewpartner

Als Experte wird im Zusammenhang der Untersuchung eine Person als Erkenntnisquelle angesehen, die in einer Organisation eine spezifische Funktion hat und somit über Spezialwissen in einem bestimmten, zu untersuchenden Fachgebiet verfügt, welches nicht jeder Person zugänglich ist [MN09, 37; GL09, 12]. Ein Experte wird daher nicht als Einzelfall sondern als Repräsentant einer Gruppe befragt [Fli07, 214]. Wie im Kapitel 2.1.1 beschrieben sind verschiedene Anspruchsgruppen an der Erstellung und Umsetzung der Unternehmensarchitektur beteiligt, die als Experten in Frage kommen könnten. Für die vorliegende empirische Untersuchung wurden gezielt Unternehmensarchitekten als Experten sowie Experten aus dem IT-Betrieb gewählt, um den Problembereich von beiden Seiten zu erfassen. Dabei wurde angenommen, dass Unternehmensarchitekten auf Grund ihres holistischen Fachgebiets umfassendes Spezialwissen bezüglich des Untersuchungsfeldes besitzen. Weiterhin wurde angenommen, dass Experten aus dem IT-Betrieb ebenfalls umfassendes Spezialwissen bezüglich der Umsetzung von IT-Architekturen in IT-Konfigurationen besitzen und Aussagen zur Integration treffen können. Somit wurden fünf Experten mit langjähriger Erfahrungen in ihren Fachgebieten (drei Unternehmensarchitekten und zwei Experten aus dem IT–Betrieb) für die Untersuchung herangezogen.

Die Auswahl der Interviewpartner erfolgte hierbei auf Basis des Erkenntnisinteresses der Untersuchung und nach dem Prinzip der Kontrastierung, d. h. sie wurden nach Typen isoliert und konnten so gezielt analysiert werden [Lam05, 240]. Dabei wurde vor allem auf eine Streuung nach den Merkmalen *Art der Organisation* (öffentliche Verwaltung (Behörde), Beratungsunternehmen, sonstige Unternehmen) und damit *Art der ausgeübten Rolle* des Experten (beratend, verantwortlich) und der *Reichweite der Expertise* (weltweit, regionsspezifisch, organisationsspezifisch) geachtet. Die Typisierung der gewählten Interviewpartner ist in Tabelle 3.4 dargestellt und wird nachfolgend beschrieben.

Tabelle 3.4: *Typisierung der Interviewpartner*

Interviewpartner	Organisation			Rolle		Reichweite			Land
	Unt	Ber	Beh	ber	ver	wel	reg	org	ISO
Experte 1: Unternehmensarchitekt einer Behörde	–	–	X	–	X	–	X	X	CH
Experte 2: Beratender Unternehmensarchitekt	–	X	–	X	–	X	–	–	DE
Experte 3: Beratender Unternehmensarchitekt	–	X	–	X	–	X	–	–	CH
Experte 4: Hosting–Experte	X	–	–	–	X	X	–	X	DE
Experte 5: RZ–Experte einer Behörde	–	–	X	–	X	–	X	X	DE

Legende: Unt: *sonstige Unternehmen;* Ber: *Beratungsunternehmen;* Beh: *Behörde;* ber: *beratend;* ver: *verantwortlich;* wel: *weltweit;* reg: *regional;* org: *organisationsweit;* ISO: *2–buchstabiger Ländercode nach* ISO NORM 3166–1 ALPHA–2

Die Typisierung nach der Art der Organisation erscheint insofern sinnvoll, da zunächst zwischen Organisationen unterschieden werden kann, die IT einsetzen (öffentliche Verwaltung und sonstige Unternehmen) und Organisationen, die andere Organisationen beim Einsatz von IT beraten (Beratungsunternehmen). Organisationen, die IT einsetzen, lassen sich weiterhin in Behörden und Wirtschaftsunternehmen unterscheiden, was wiederum zu unterschiedlichen Erfahrungen bei den befragten Experten führen kann. Von Unternehmensarchitekten aus Beratungsunternehmen ist zudem zu erwarten, dass sie generalisiertes Wissen über ihre Kunden besitzen und dies somit die Validität der induktiv gewonnenen und generalisierenden Interpretationen erhöht. Weiterhin ist zu vermuten, dass beratende Unternehmensarchitekten auf Grund ihrer Art der ausgeübten Rolle andere Erfahrungen besitzen als Unternehmensarchitekten, die für die Unternehmensarchitektur ihres Unternehmens entscheidend verantwortlich sind. Das Spezialwissen eines Experten kann entweder regional beschränkt oder weltweit sowie auf eine spezifische Organisation zugeschnitten oder organisationsunabhängig sein. Diese Streuung führt dazu, dass eine größtmögliche Bandbreite von Erfahrungen der Experten erfasst werden kann. Daraus sollen trotz verschiedener beruflicher und rollenspezifischer Erfahrungen mit den Themen Enterprise–Architecture–Management und IT–Konfigurationsmanagement im IT–Betrieb heraus gefunden werden, ob ähnliche Deutungsschwerpunkte vorliegen und wie sich Ähnlichkeiten sowie Abweichungen darstellen.

Der Befragte 1 arbeitet als leitender Unternehmensarchitekt im Stab des Chief-Information-Officer (CIO) eines Schweizer Ministeriums und ist verantwortlich für die strategische Planung der IT-Versorgung von mehreren Zuständigkeitsbereichen des Ministeriums (Ämter) (Anhang A.1.1; Z. 60 ff.). Die Befragten 2 und 3 sind beratende Unternehmensarchitekten aus zwei weltweit agierenden Unternehmensberatungen aus den Niederlassungen in Deutschland (Befragter 2) bzw. in der Schweiz (Befragter 3). Sie haben in dieser Position bereits mehrere Unternehmen bei der Planung und Umsetzung von Unternehmensarchitekturen beraten. Der Befragte 2 ist als *Master Certified IT-Architect* von der Open Group zertifiziert und damit in leitender Funktion in Projekten tätig, zum Zeitpunkt der Befragung bei einem Versicherungskonzern (A.1.2; Z. 3 ff unf 95 ff.). Der Befragte 3 ist der Leiter der Abteilung IT-Transformation-Management und damit verantwortlich für sämtliche Unternehmensarchitekten seines Beratungsunternehmens. Zum Zeitpunkt der Befragung war er leitender Unternehmensarchitekt bei einem Medienunternehmen (A.1.3; Z. 11 ff.). Der Befragte 4 arbeitete 2010 als Experte für die strategische Planung in der Hosting-Abteilung eines deutschen Unternehmens mit über 30.000 gehosteten Servern (A.1.4; Z. 38 ff.) und war direkt an der Umsetzung von IT-Architekturen im IT-Betrieb zuständig. Seit Mitte 2010 hat er andere Aufgaben im IT-Betrieb in leitender Funktion übernommen (A.1.4; Z. 48 ff.). Der Befragte 5 arbeitet in einem Rechenzentrum eines bayerischen Landesamtes und ist dort für die Koordination der Bereiche Datenbanken, Middleware und Technik verantwortlich (A.1.5, Z. 201 ff.). Mit dieser Aufgabe ist er direkt an der Umsetzung von IT-Architekturen in IT-Konfigurationen beteiligt (A.1.5; Z. 38 ff.).

Der erste Kontakt zu den Experten wurde via Email hergestellt, wobei das übergeordnete Ziel der Dissertation, sowie auch der Ablauf der Interviews beschrieben wurden. Die Gespräche fanden per Telefon statt und dauerten ca. 20 – 35 Minuten. Sie wurden mit Hilfe eines digitalen Audio-Rekorders aufgezeichnet und für die Auswertung in Schriftform übertragen (Transkriptionen siehe Anhang A). Die eingesetzten Transkriptionsregeln sind in Tabelle 3.5 zusammengefasst. Hierbei wurde eine einfache Transkription angewendet, da das Ziel der Anforderungsanalyse die inhaltliche Interpretation ist und Lautäußerungen, Füllworte oder Pausen nicht in die Auswertung einfließen sollten. Für die Transkription wurden zudem Zeilennummern vergeben und Zeitangaben als zusätzliche Meta-Daten erfasst.

3.2.3 Qualitative Inhaltsanalyse

Nach MAYRING existieren drei Grundformen des Interpretierens für die qualitative Inhaltsanalyse: *Zusammenfassung* (Material reduzieren), *Explikation* (Material durch zusätzliches

Tabelle 3.5: *Transkriptionsregeln [nach Kuc10, 44 ff.]*

Nr.	Transkriptionsregel
1.	Wörtliche Transkription: keine Lautsprache oder zusammenfassend, keine Dialekte.
2.	Leichte Glättung der Sprache und Interpunktion (Schriftdeutsch).
3.	Personen werden anonym behandelt. Angaben, die Rückschlüsse zulassen, werden ausgelassen und gekennzeichnet.
4.	Kennzeichnung deutlicher und längerer Pausen durch ...
5.	Unterstreichung von besonders betonten Begriffen.
6.	Keine Transkription für Lautäußerungen für Zustimmung oder Bestätigung des Interviewers, außer der Redefluss wird dadurch unterbrochen.
7.	Zwischenbemerkungen werden in Klammern gesetzt.
8.	Aussageunterstützende Lautäußerungen der befragten Person werden in Klammern gesetzt.
9.	Der Interviewer wird durch „I" und die befragte Person durch „B" markiert.
10.	Sprecherwechsel werden durch eine Leerzeile markiert.

Material anreichern) und *Strukturierung* (nach Ordnungskriterien einschätzen) [May08, 58]. Für die Analyse der Experteninterviews wurde hauptsächlich die Analysetechnik *Zusammenfassung* gewählt, um das Interviewmaterial so auf einen überschaubaren Korpus zu reduzieren, dass die Kerninhalte erhalten bleiben und das Basismaterial immer noch repräsentiert wird [May08, 58]. Dieses abstrakte Material wird in einem Kategoriensystem zusammengefasst und zur Auswertung der Einzelfälle verwendet [BD06, 520]. Die anderen Formen wurden für die Interpretation der resultierenden Ergebnisse und die Ableitung der Anforderungen ebenfalls angewendet, um zum Beispiel unverständliche Textpassagen oder Aussagen durch zusätzliche Informationen anzureichern[3] oder um die abgeleiteten Anforderungen in einer Struktur zu ordnen.

Die durchgeführte qualitative Inhaltsanalyse ist darauf ausgerichtet Aussagen über funktionale Anforderungen, Qualitätsanforderungen und Rahmenbedingungen abzuleiten. Wie im Kapitel 2 gezeigt, weisen die Bereiche Enterprise–Architecture–Management und IT–Service–Management (insbesondere IT–Konfigurationsmanagement im erweiterten Sinn) die Zielsetzung auf, eine unternehmensspezifische Abstimmung der Informationsversorgung in einer Organisation durch IT sicherzustellen (*Business/IT–Alignment*). Beim Enterprise–Architecture–Management soll dies durch eine holistische und strategische Optimierung der grundlegenden Elemente zur Leistungserstellung auf Basis von Architekturbeschreibungen für alle Anspruchsgruppen erreicht werden. Beim IT–Konfigurationsmanagement dagegen sollen die spezifischen Konfigurationen der Systeme oder Systembestandteile so umgesetzt werden, dass sie den in Anforderungsdokumenten definierten funktionellen und physikalischen Eigenschaften entsprechen. Es konnte weiterhin gezeigt werden, dass beide Themengebiete einen funktionellen Zusammenhang aufweisen und daher voneinander abhängig sind (s. Kapitel 2.3). Zudem unterscheiden sich die daraus resultierenden Modelle. Während beim EAM grundlegende Elemente

---

[3] Dient ebenfalls zur Überprüfung der Validität der Analyse (s. Kapitel 3.1).

einer Architektur aggregiert betrachtet werden (s. Kapitel 2.1.3), sind Modelle des IT–Konfigurationsmanagements auf einzelne Systeme oder Systembestandteile begrenzt und werden detailliert betrachtet (s. Kapitel 2.2.2). In diesem Zusammenhang ist nun von Interesse wie Unternehmensarchitekten und Experten der IT–Organisation (IT–Betrieb) aus der Praxis bei der Planung und Umsetzung von Unternehmensarchitekturen mit diesem Detaillierungsunterschied der Modelle und dem funktionellen Zusammenhang umgehen. Vor allem wurde untersucht wie die Angaben aus der *IT-Architektur* durch das IT–Konfigurationsmanagement umgesetzt werden. Daraus ergeben sich drei hauptsächliche Analysegegenstände für die Auswertung der Experteninterviews (s. Tabelle 3.6).

Tabelle 3.6: *Analysegegenstände der Experteninterviewauswertung*

Nr.	Analysegegenstand
1.	Was sind die hauptsächlichen Erfahrungen bei der Integration von Enterprise–Architecture–Management und IT–Konfigurationsmanagement? (Rahmenbedingungen)
2.	Welche Rolle spielen Modelle, Werkzeuge und Modellierungssprachen bei der Dokumentation der Unternehmensarchitektur und der IT–Systemlandschaft? (Rahmenbedingungen und funktionelle Anforderungen)
3.	Welche Lösungen für eine Verbesserung der Integration von Enterprise–Architecture–Management und IT–Konfigurationsmanagement lassen sich daraus ableiten? (funktionelle Anforderungen und Qualitätsanforderungen)

Um die Präzision der Inhaltsanalyse zu erhöhen, werden zunächst Analyseeinheiten festgelegt (*Schritt 1*)[4]. Das Material wird anschließend paraphrasiert — nicht–inhaltstragende Textstellen werden gestrichen und auf eine einheitliche Sprachebene übersetzt (*Schritt 2*). Des Weiteren werden diese Paraphrasen den jeweiligen Themenkomplexen (s. Tabelle 3.3) zugeordnet, um eine grobe Vorsortierung für die Auswertung zu erhalten. Danach werden diese Paraphrasen generalisiert (*Schritt 3*) und zusammengefasst (*Schritt 4*). Durch eine weitere Verallgemeinerung (*Schritt 5*) wird die Zusammenfassung immer abstrakter [May08, 58] und ein Kategoriensystem induktiv zusammengestellt (*Schritt 6*). Dieses wird am Ausgangsmaterial rücküberprüft (*Schritt 7*) [May08, 60].

Das Kategoriensystem ermöglicht bei der Auswertung die intersubjektive Nachvollziehbarkeit der Analyse und dient der Abschätzung der Reliabilität [May08, 43 f.]. Eine Kategorie wird als Oberbegriff verstanden, welchem die in den Analyseeinheiten vorhandenen Inhalte zugeordnet werden können [Kro09, 308]. Die Vielfalt der sprachlichen Ausdrucksmöglichkeiten wird somit reduziert. Ein Kategoriensystem ist dabei stets selektiv in Bezug auf die Fragestellungen, d. h. dass nur relevante Analyseinhalte erfasst werden. Kategorien müssen sich gegenseitig ausschließen und damit klassifizierend sein, d. h. jede Analyseeinheit darf sich nur einer Kategorie zuordnen lassen. Ein Kategoriensystem muss zudem erschöpfend sein, so dass jede relevante Analyseeinheit auch einer Kategorie zugeordnet werden kann [Kro09, 314 f.]. Wie bereits benannt, wurden die Themenkomplexe des In-

---

[4] Im ersten Durchlauf (*Schritt 4*) entsprechen diese dem einzelnen Experteninterview und im zweiten Durchlauf (*Schritt 5*) dem gesamten Material.

terviewleitfadens als Oberkategorien verwendet. Während der qualitativen Inhaltsanalyse wurden weitere Kategorien zu jedem dieser Themenkomplexe aus dem Datenmaterial extrahiert. Eine vollständige Aufstellung des extrahierten Kategoriensystems mit sämtlichen 336 Themenkomplexen, Kategorien und Merkmalsausprägungen ist im Anhang A.2 zu finden. Zur Übersichtlichkeit besitzt jede Merkmalsausprägung einen alpha–nummerischen Code. Dieser setzt sich aus dem Themenkomplex, gekennzeichnet durch einen Buchstaben (A–E), einer folgenden Ziffer für die Kategorie sowie einer Ziffer für die jeweilige Merkmalsausprägung in dieser Kategorie (z.B. A.1.2 bedeutet: die Merkmalsausprägung ist dem Themenkomplex A sowie der Kategorie 1 zugeordnet, in der Kategorie 1 ist dies die zweite Merkmalsausprägung).

3.3 Zusammenfassung der Interviewergebnisse

3.3.1 Themenkomplex A: Enterprise–Architecture–Management

Tabelle 3.7: *Übersicht der Ergebnisse im Themenkomplex A*

	Kategorien							
	A.1	A.2	A.3	A.4	A.5	A.6	A.7	A.8
Experte 1	1, 4	1, 5, 7, 9, 12, 14, 15	1–3, 8, 9	1–4	1	1, 2, 5–10	1	1, 2
Experte 2	2, 5	2, 6, 10, 17, 18	4	5	2	5, 7, 11, 13–15	1, 2, 5–7	3, 4
Experte 3	2, 6, 7	7, 10, 11, 13, 16–18	5	6	2, 3	5, 11, 13–15	3, 8	4, 5
Experte 4	3	3, 8, 10, 13, 18	1, 6	7	1	1, 3, 12, 16–18	4, 9	6, 7
Experte 5	2	4, 8, 10, 12	7	8, 9	1	1, 4, 12, 16	10, 11	6, 7

Bedeutung (A.1)

Während die Befragten 2, 3 und 5 die Architekturplanung als grundsätzlich wichtig (A.1.2)[5] erachten, ist für den Befragten 1 Enterprise–Architecture–Management wichtig um Kosteneinsparungen beim Einsatz von IT zu erzielen (A.1.1). Er besitzt auf Grund der heterogenen Struktur seiner Behörde keine Machtposition als Unternehmensarchitekt (A.1.4). Der Befragte 4 weist darauf hin, dass EAM insbesondere eine Bedeutung für die Übersetzung von Geschäftsprozessen in IT–Systeme hat, da das Wissen über den Aufbau von IT–Systemen nicht in den Geschäftsbereichen vorhanden sei (A.1.3). Für den beratenden Unternehmensarchitekten in Fall 2 ist das Aufsetzen einer strategischen Unternehmensarchitektur[6] ohne EAM unmöglich (A.1.5). Unter einer strategischen Unternehmensarchitektur wird

---

[5] Entspricht: Themenkomplex A, Kategorie 1, Mermalsausprägung 2. Die detaillierten Interviewergebnisse sind in tabellarischer Form im Anhang A.4.1 in Tabelle A.7 zu finden.

[6] Der Befragte spricht eigentlich von einer unternehmensinternen Referenzarchitektur. Um Verwechslungen mit externen Referenzarchitekturen von z.B. EA–Frameworks zu vermeiden, wird in dieser Arbeit weiterhin von einer *strategischen Unternehmensarchitektur* gesprochen.

die produktunabhängige, fachliche Strukturierung aller Elemente einer Architektur aufgefasst, welche zum Aufbau einer IT-Systemlandschaft benötigt werden. Sie wirkt somit langfristig standardisierend auf die Realisierung von aufeinander abgestimmten, fachlichen Bausteinen und IT-Infrastrukturelementen [EHH+08, 234; Der06, 51]. Der beratende Unternehmensarchitekt in Fall 3 sieht EAM vor allem als Planungsdisziplin (A.1.7), welche insbesondere bei der Konsolidierung von IT-Systemen, IT-Organisationen und Standorten eingesetzt werden kann (A.1.6).

Aufgaben (A.2)

Im Fall 1 existiert lediglich eine minimale Umsetzung einer Architekturentwicklung (A.2.1). Eine Zielarchitektur ist für ihn in seiner Behörde nicht erstellbar (A.2.15), da eine Festlegung einer Zielarchitektur, auf Grund der fehlenden Machtposition, zur Einschränkung des eigenen Handlungsspielraums führt (A.4.3). Die Fachbereiche würden, sollte es eine fest vorgeschriebene Zielarchitektur geben, Ausnahmen definieren und diese wären dann nicht mehr steuerbar (Anhang A.1.1, Z. 299—301). Folgende Aufgaben des Enterprise-Architecture-Managements werden durch die befragten Experten benannt:

- Einflussnahme auf laufende IT-Projekte (A.2.5),
- Festlegung einer strategischen Unternehmensarchitektur und der benötigten Infrastruktur (A.2.9, A.2.12) auf Basis von Analysen zu Kosteneinsparpotenzialen (A.2.7),
- Schnittstellenmanagement in Bezug auf Daten und Services (A.2.14),
- Erstellung einer Zielarchitektur (A.2.4, A.2.10) ist eine Kernaufgabe,
- Abstimmung der Unternehmensarchitektur mit der Unternehmensstrategie (A.2.2),
- Erfassen von Geschäftsprozessen (A.2.3) und Zuordnung zu IT-Systemen (A.2.8),
- Erstellen einer passenden Zielorganisation (A.2.11),
- Planung der IT-Infrastruktur (A.2.12),
- Protokollieren und Bewerten von getroffenen Entscheidung (A.2.6),
- IST-Analyse durch das Erfassen von Kosten und Nutzen von Architekturelementen.

Die Erstellung einer Zielarchitektur ist zudem Grundlage für weitere Aufgaben:

- Bewertung von Architekturelementen nach Business-Relevanz (A.2.13),
- Umsetzung der Zielarchitektur (A.2.17),
- Übersetzung der Zielarchitektur in IT-Infrastrukturanforderungen (A.2.18).

Ziele und Rahmenbedingungen (A.3 und A.4)

Als Ziele des Enterprise-Architecture-Managements benennen die befragten Experten

- die Vermittlung zwischen den Geschäftsbereichen und der IT-Abteilung (A.3.1),

- Beratung von Anspruchsgruppen (A.3.2),
- die Schaffung von Transparenz (A.3.3) und von Vergleichbarkeit von Architekturelementen und deren Zusammenhänge (A.3.5),
- die Übersetzung von Anforderungen (Geschäftsbereiche zu IT–Abteilung) (A.3.6),
- die Schaffung von Verständnis für die Unternehmensarchitektur in den IT–Projekten (A.3.8) und
- die ganzheitliche Betrachtung und Kontrolle[7] der Architekturelemente (A.3.9).

Dafür muss die Unternehmensarchitektur eine vergleichende Grundlage darstellen (A.4.6). Der Befragte 2 äußert sich ähnlich und wertet das Verstehen der Architektur auf, wenn er sagt, dass ein Verstehen der Unternehmensarchitektur immer zur richtigen Lösung führe (A.3.4). Dafür muss die Unternehmensarchitektur offen und erweiterbar sein (A.4.5). Der Befragte 5 benennt zudem, aus seiner IT–Betriebssicht, das Ziel der Planung des Aufbaus eines Rechenzentrums (RZ) (A.3.7). Teile der IST–Architektur im RZ sind historisch gewachsen (A.4.9), also ohne EAM entstanden. Dabei betrachtet er die Unternehmensarchitektur aus Sicht der IT–Architektur (A.4.8), welche nach Kapitel 2 lediglich einen Teil der Unternehmensarchitektur darstellt. Nach Einschätzung des Befragten 4 sind IT–Systeme nach ihrer Einsatzart verschieden (Demonstrationszwecke, Schulungen, Entwicklung, Geschäftsbetrieb) (A.4.7). Weiterhin schätzt er, dass in seinem Unternehmen unter 10 Prozent für den Geschäftsbetrieb verwendet und damit durch das EAM betrachtet würden (Anhang A.1.4, Z. 40—43). Die heterogene Struktur im Fall 1 wird dadurch verursacht, dass die jeweiligen Fachbereiche über eigene IT–Budgets verfügen (A.4.1) und deswegen die Verantwortlichkeiten für benötigte Applikationen bei den Fachbereichen liegen (A.4.2). Verordnungen und Weisungen, welche die Machtposition des Unternehmensarchitekten anweisen, existieren, sind jedoch nicht argumentationsfähig (A.4.4).

Unternehmensgröße (A.5)

Die Befragten aus Fall 2 und 3 gaben an, dass die Planung von Unternehmensarchitekturen für Unternehmen unabhängig von deren Größe wichtig ist (A.5.2). Einschränkend gab der Befragte 3 jedoch zu bedenken, dass sich die Notwendigkeit unterscheide. Denn je größer ein Unternehmen ist, desto größer ist dessen Komplexität und desto größer ist der Nutzen durch den Einsatz von Enterprise–Architecture–Management (A.5.3). Das bedeutet, dass sich die Art des Umfangs, abhängig von der Unternehmensgröße, sehr wohl unterscheidet (Anhang A.1.3, Z. 122—128).

---

[7] Könnte auch als Lenkung interpretiert werden, da der Befragte in diesem Zusammenhang von „Zusammenarbeit" und „Kommunikation" spricht und dies, wie im Kapitel 2.1 gezeigt, über die Aufgaben der reinen Kontrolle hinaus geht (Anhang A.1.1, Z. 305—306).

Instrumente (A.6)

Die befragten Unternehmensarchitekten geben den Einsatz des Architekturboards als wesentliches Instrument des Enterprise–Architecture–Managements an (A.6.5). Es erzeugt einen Mehrwert und erleichtert die Rolle des Unternehmensarchitekten durch die Schaffung von Transparenz, durch die Festlegung von Verbindlichkeiten und durch die Kommunikation der Teilnehmer (A.6.6). Das Architekturboard trifft dabei Entscheidungen über die Art und Weise von Lösungen (A.6.7) und nimmt die Ergebnisse von IT–Projekten ab (A.6.8). Das Gremium kann z.B. aus IT–Managern der jeweiligen Fachbereiche zusammengesetzt sein (A.6.9). Das spezifische System– oder Service–Design wird dagegen vom befragten Unternehmensarchitekten direkt abgenommen (A.6.10). Ein weiteres Instrument ist der Einsatz von definierten standardisierten oder individuellen Methoden (A.6.11, A.6.12)[8]. Die befragten Unternehmensberater geben die Dokumentation von Architekturentscheidungen (A.6.14) und das Festlegen einer Umsetzungsreihenfolge von Architekturbestandteilen mit Hilfe eines Portfoliomanagements (A.6.15) als Instrumente an. Dazu passen die Aussagen der anderen Befragten, dass die Architekturentwicklung in IT–Projekten stattfindet (A.6.1). Zudem wird die Architekturplanung und -entwicklung durch unterschiedliche Rollen (A.6.2 — A.6.4; mehr im Abschnitt 3.3.4) und Teams mit verschiedenen Aufgaben (A.6.17 — A.6.18) durchgeführt. Die Befragten aus dem Bereich des IT–Betriebs gaben Gespräche mit Anspruchsgruppen in mehreren Iterationen als Instrument an (A.6.16). Zusätzlich ist die IST-Analyse ein weiteres Instrument (A.6.13).

Erfolgsfaktoren (A.7)

Als Voraussetzungen für den Erfolg des Enterprise–Architecture–Managements werden folgende Faktoren benannt:

- Zusammenarbeit und Kommunikation einerseits zwischen den Mitgliedern des Architekturboards (A.7.1) und
- andererseits zwischen den Fachbereichen, den Teams für die Übersetzung von Geschäftsanforderungen in IT–Infrastrukturanforderungen (Enterprise–Architecture–Team und Technical–Design–Authority–Team) und der IT–Abteilung (A.7.4),
- Einsatz der genannten Instrumente (A.7.5),
- Protokollieren von Entscheidungen (A.7.7),
- konsequente Umsetzung von Entscheidungen (A.7.6),
- Koordination der Instrumente Architekturboard und Portfoliomanagement (A.7.2),
- Betrachtung der Business–Relevanz (A.7.3),

---

[8] Zum Beispiel The Open Group Architecture Framework (TOGAF) im Fall 3 (A.6.11) oder eine an das beratende Unternehmen angepasste Form von TOGAF im Fall 2 (A.6.12).

- Betrachtung des Kosten–Nutzen–Verhältnisses für den Einsatz von EAM (A.7.8)[9],
- Einsatz eines iterativen Planungsprozesses (A.7.9),
- Planungsprozess mit wenigen beteiligten Personen (A.7.10),
- Planungsprozess, der aus technischer Sicht heraus entsteht und gesteuert wird (A.7.11).

Entscheidungen (A.8)

Als typische Entscheidungen, welche im Enterprise–Architecture–Management getroffen werden, benannten die Unternehmensarchitekten die Festlegung über den Einsatz von zu verwendenden Standards und Protokollen (A.8.1, A.8.3), die Wiederverwendung von bestehenden IT–Komponenten in anderen Fachbereichen (A.8.2) sowie Entscheidungen über In- und Outsourcing (A.8.4). Die Experten aus dem IT–Betrieb gaben an, dass die Zuordnung von IT–Systemen zu Geschäftsprozessen (A.8.6) typische Entscheidungen sind. Der befragte Unternehmensarchitekt aus Fall 3 und die Experten aus dem IT–Betrieb gaben ähnliche Aussagen bezüglich der Verwendung von Architekturelementen an. Zum einen werden Entscheidungen über die Verwendung von Architekturelementen auf Basis von Zielerreichungsgraden (Kosten/Investment) getroffen (A.8.5) und zum anderen auf Basis von bewerteten (Kosten für) IT–Infrastrukturanforderungen (A.8.7).

3.3.2 Themenkomplex B: Dokumentation der Unternehmensarchitektur und der IT–Systemlandschaft

Tabelle 3.8: *Übersicht der Ergebnisse im Themenkomplex B*

	Kategorien							
	B.1	*B.2*	*B.3*	*B.4*	*B.5*	*B.6*	*B.7*	*B.8*
Experte 1	1, 2, 4, 5	1	1, 6	1–3	1	1–4	1	2, 4
Experte 2	1, 3, 6, 7	2–5, 7	2–4	4–7	2, 3	1, 5, 10	2	2, 5
Experte 3	1, 3, 6, 7	2, 6, 8	1–3, 5	5–8, 12	2, 4–6	1, 5, 7, 10	3, 6, 7, 9	2, 6
Experte 4	3, 7	3, 7	1, 9	10, 13, 14	3, 5–7	1, 5, 8–10	5, 7, 8	3, 6
Experte 5	3, 9	3, 6, 9	1, 5–8	9, 11, 15, 16	3, 5–7	1, 5, 6, 10	4, 8, 10, 11	1

Arbeitsprodukte (B.1)

Als Ergebnis der Dokumentation der Unternehmensarchitektur und der IT–Systemlandschaft benannten die Befragten folgende Arbeitsprodukte:

- Dokumentation einer strategischen Unternehmensarchitektur (B.1.1)[10],
- Zielarchitektur auf Basis von Architekturentscheidungen (B.1.3),

---

[9] Der erzeugte Nutzen durch den Einsatz von EAM sollte höher sein als die anfallenden Kosten für die Ausbildung von Unternehmensarchitekten, den Einsatz von EAM–Prozessen und die Verwendung von EAM–Werkzeugen.

[10] Die Interviewergebnisse sind in tabellarischer Form im Anhang A.4.2 in Tabelle A.8 zu finden.

- Dokumentation der IST–Architektur (B.1.6) als Grundlage für Entscheidungen,
- Dokumentation der bestehenden und zukünftigen IT–Systemlandschaft (B.1.7),
- Pattern werden zur Lösung wiederkehrender Probleme in IT–Projekten gesammelt und dokumentiert (B.1.4),
- wesentliche Business–Domänen werden (B.1.5) für Projektleiter und IT–Architekten in den Projekten dokumentiert,
- Grob- und Feinkonzepte für die Umsetzung dokumentiert (B.1.9),
- Erstellung eines Capability–Frameworks (B.1.8) für das EAM.

Unter einem Capability–Framework wird die Definition von Organisationsstrukturen, Prozessen, Rollen und Verantwortlichkeiten verstanden, um eine erfolgreiche Architekturplanung und -umsetzung zu gewährleisten [TOG09, 629].

Der Befragte im Fall 1 dagegen gab explizit an, dass in seinem Verantwortungsbereich keine Zielarchitektur erstellt wird (B.1.2). Dies ist auf die Rahmenbedingungen in seiner Organisation zurückzuführen[11]. Eine Zielarchitektur dient in diesem Zusammenhang als Beschreibung von zukünftigen Zuständen einer Unternehmensarchitektur. Im Rahmen des Enterprise–Architecture–Managements können mehrere Zielarchitekturen existieren, welche nacheinander umgesetzt werden, um einen Zielzustand (strategische Unternehmensarchitektur) evolutionär zu erreichen [TOG09, 38].

IST–Architektur (B.2)

Während die Experten der Fälle 2 bis 5 Aussagen über die Erfassung der IST–Architektur trafen, war keine Aussage im Fall 1 zu finden (B.2.1). Die Erfassung der IST–Architektur ist je nach Unternehmen unterschiedlich (B.2.2). So existieren zum Beispiel spezielle Werkzeuge zur automatischen Erfassung der Elemente einer existierenden IT–Systemlandschaft (B.2.3). Des Weiteren gibt es nicht–automatisierte Möglichkeiten zur Erfassung (z.B. Interviews (B.2.4) oder Workshops (B.2.5)). Mit Hilfe der Erfassung von Elementen einer IT–Systemlandschaft wird die IST–Architektur manuell rekonstruiert (B.2.6). Die nichtautomatisierte Erfassung von Elementen dient ebenfalls zur Korrektur von Differenzen, welche bei der automatischen Erfassung entstehen können (B.2.7). So können nur technische Elemente automatisch erfasst werden. Informationen, wie Verantwortlichkeiten, bleiben dagegen verborgen. Da die Erfassung der IST–Architektur durch verschiedene Quellen (automatisch oder manuell) erfolgt und somit die Informationen in verschiedenen Formen vorliegen (z.B. Ausdrucke; Anhang A.1.3; Z. 37), ist es notwendig, dass diese Informationen in eine standardisierte Form übertragen werden (B.2.8). Wie der Fall 5 zeigt, kann die Dokumentation der IST–Architektur auch ausschließlich in einer CMDB abgelegt sein (B.2.9).

---

[11] Siehe dazu auch Abschnitt 3.3.1, A.2.15.

Art (B.3)

Die Art der Dokumentation ist je nach Unternehmen unterschiedlich (B.3.2). So gibt
es Unternehmen, bei denen keine Dokumentation der Unternehmensarchitektur und
IT–Systemlandschaft vorliegt (B.3.4) und Unternehmen bei denen es diese gibt (B.3.3).
Wenn eine Dokumentation vorhanden ist, so liegt diese meist in nicht–formaler Form vor
(B.3.1). Das heisst, dass diese Dokumentationen keiner Vorschrift entsprechen können (z.B.
textuelle Beschreibungen mit Visualisierungen (B.3.8)). Formalisierte Formen der Doku-
mentation werden durch den Einsatz von Repositorys (B.3.5) oder Standardformularen
(B.3.9) erreicht. Eine Dokumentation kann zum Zweck der Transparenz an einem zentralen
Punkt veröffentlicht werden (B.3.6). In Unternehmen existieren zudem dezentral abgelegte
Dokumentationen (B.3.7), wo zum Beispiel jedes Team für den eigenen Zuständigkeitsbe-
reich spezifische Dokumentationen anfertigt und diese anderen nicht zur Verfügung stellt
(Anhang A.1.5, Z. 139–142).

Inhalte (B.4)

Es wurden eine Reihe verschiedener Inhalte durch die befragten Experten benannt. So
werden in der strategischen Unternehmensarchitektur mehrschichtige Komponenten und
deren Abhängigkeiten festgehalten, ohne dabei eine spezifische Produktauswahl zu treffen
(B.4.1). Dokumentierte Pattern enthalten zudem abstrakte Beschreibungen für wiederkehrende Problemlösungen, ohne spezifische Produkte zu definieren. Die Dokumentation der
Business–Domänen umfasst die Definitionen für Daten, Datenobjekte und Datenstrukturen.
Bei dieser Dokumentation werden zusätzlich Verantwortlichkeiten für Datenobjekte erfasst
(B.4.3). Die Verwendung von Sichtweisen zur Beschreibung von Architekturen erzeugt ein
einheitliches Bild von Architekturelementen und deren Beziehungen (B.4.4). Die Dokumen-
tation einer Unternehmensarchitektur enthält Elemente der geplanten oder existierenden
IT–Systemlandschaft, welche mit Bausteinen der Facharchitektur verbunden sind (B.4.5).
Eine Besonderheit ist der Fall 5, in dem beschrieben wird, dass die IT–Systemlandschaft in
der Dokumentation nicht explizit mit der Architektur verbunden ist (B.4.9). Während der
Entwicklung von Zielarchitekturen werden zusätzlich Architekturentscheidungen dokumentiert (B.4.6). Die Dokumentation einer Zielarchitektur enthält verschiedene Elemente
und deren Beziehungen (B.4.7) (z.B. Standorte, Sourcing[12], wichtige Applikationen (B.4.8)).
Architekturdarstellungen verdeutlichen dabei einzelne Sachverhalte visuell (B.4.13) (z.B. Systeme, Verbindungen, Datenflüsse (B.4.12)). Die Dokumentation einer IT–Systemlandschaft
kann Elemente wie Hardware, Software, Server, Storage, Service–Level und Ansprechpartner (B.4.10) sowie Datenbanken und Netzwerkstrukturen (B.4.11) beinhalten. Eine visuelle

---

[12] Dokumentation der Elemente, die durch Drittanbieter angeboten oder durch den eigenen IT–Betrieb
angeboten werden (In-/Outsourcing) (Anhang A.1.3, Z. 131–135).

Abbildung der gesamten IT–Systemlandschaft wird dagegen vom Experten im Fall 4, auf Grund der Größe einer IT–Systemlandschaft (Anhang A.1.4 Z. 178–179)[13], als nicht sinnvoll angesehen (B.4.14). In Bezug auf die existierende IT–Systemlandschaft werden zusätzlich zu den o.g. Elementen Finanzdaten für die Buchhaltung erfasst (B.4.15) (z.B. Abschreibungen von Hardware (Anhang A.1.5, Z. 107–108)). Zudem wird im Fall 5 die Dokumentation von Funktionstests für eine Qualitätssicherung vor Inbetriebnahme angegeben (B.4.16).

Werkzeuge (B.5)

Für die Dokumentation der Unternehmensarchitektur und IT–Konfiguration werden verschiedene Werkzeuge eingesetzt:

- Werkzeuge zur Definition der Business–Domänen (B.5.1),
- nicht–spezialisierte Werkzeuge für die Architekturdokumentation und -modellierung, z.B. Office–Produkte (B.5.5),
- spezialisierte Werkzeuge zur Planung und Dokumentation von Unternehmensarchitekturen (B.5.4) und
- Modellierungswerkzeuge (B.5.2).

Zur automatischen Erfassung von IST–Architekturen werden spezielle Werkzeuge (z.B. sogenannte Scanner oder Agenten) insbesondere für IT–Systemlandschaften (B.5.3) eingesetzt, welche die gewonnenen Daten in Repositorys oder Konfigurationsdatenbanken (CMDB) ablegen (B.5.6). Daten in Repositorys und Konfigurationsdatenbanken können ebenfalls manuell gepflegt werden. In den Fällen 4 und 5 werden zusätzlich noch explizit Werkzeuge für die Zusammenarbeit von Personen (Workflow, E–Mail) erwähnt (B.5.7).

Zweck (B.6)

Als Hauptzweck einer Dokumentation von Unternehmensarchitekturen und IT–Systemlandschaften wird in allen Fällen Transparenz genannt (B.6.1). So bildet eine strategische Unternehmensarchitektur ein Konzept für die Systementwicklung in IT–Projekten (B.6.2). Da im Fall 1 hier die eigentliche Architekturentwicklung stattfindet, ist die Dokumentation der strategischen Unternehmensarchitektur essentiell für den Erfolg einer strategischen Planung im Rahmen des Enterprise–Architecture–Managements. Ebenso bietet der Patternkatalog eine Möglichkeit, Vorschriften für die Lösung von wiederkehrenden Problemen in den IT–Projekten vorzugeben (B.6.3). Die Dokumentation der Business–Domänen (B.6.4) dient der Vermeidung von redundanten Definitionen von Datenobjekten, welche in der gesamten Organisation (auch über Abteilungsgrenzen hinweg) wiederverwendet werden sollen. Durch eine Definition von Datenobjekten und

---

[13] Mehr als 30.000 Systeme im Fall 4 (Anhang A.1.4, Z. 40).

deren Verantwortlichkeiten wird zudem das Schnittstellenmanagement für die Integration von verschiedenen IT–Systemen unterstützt. Des Weiteren zeigt diese Dokumentation Überschneidungen und Schwierigkeiten bei der Wiederverwendung von Datenobjekten auf. In diesem Zusammenhang wird erwähnt, dass eine Dokumentation das Erkennen von Zusammenhängen ermöglicht (B.6.8). In den Fällen 2 bis 5 wird zudem davon gesprochen, dass erst eine Dokumentation der IST–Architektur Analysen ermöglicht, um so Änderungsentscheidungen vorzubereiten und eine Zielarchitektur erstellen zu können (B.6.5, B.6.10). Hierbei hilft der Einsatz einer Configuration–Management–Database (CMDB) im Sinne eines Data–Warehouse (B.6.6). Insbesondere im Fall 3 wird hervorgehoben, dass erst durch die Zuordnung von Kosten für Architekturelemente eine Vergleichbarkeit von Varianten einer Zielarchitektur auf Kostenbasis ermöglicht wird (B.6.7). Eine Dokumentation dient zuletzt auch der Erfassung von Elementen, die nicht automatisiert erfasst werden können (B.6.9).

Modellierungssprachen (B.7)

Für die Dokumentation von Unternehmensarchitekturen und IT–Systemlandschaften werden unterschiedliche Modellierungssprachen eingesetzt. Aus der Sicht der Unternehmensarchitekten[14] werden hauptsächlich standardisierte Modellierungssprachen eingesetzt. Die Auswahl der Modellierungssprache wird beispielsweise durch das verwendete Modellierungswerkzeug bestimmt (B.7.2)[15]. Zudem wird hauptsächlich die Unified Modelling Language (UML) verwendet (B.7.3). Ebenfalls wird die Business Process Modelling Notation (BPMN) eingesetzt (B.7.6). Des Weiteren finden Modelle mit selbst definierter Syntax (B.7.7) Verwendung, wobei diese auch Ähnlichkeiten zu UML aufweisen (B.7.9). Aus Sicht der Experten aus dem IT–Betrieb ergibt sich ein vollständig anderes Bild. Hier werden Modelle hauptsächlich durch die Verwendung einer eigenen Syntax erstellt (B.7.7, B.7.8). UML ist mitunter zu umfangreich (B.7.5) und kann somit nicht verwendet werden. So werden UML–Modelle nur sehr selten erstellt (B.7.4) sowie gelegentlich auch Entity–Relationship (ER) (B.7.10). Wenn allerdings standardisierte Modellierungssprachen verwendet werden, dann UML oder ER (B.7.11).

Abstraktionsgrad (B.8)

In Bezug auf den Abstraktionsgrad von Architekturbeschreibungen gaben die Unternehmensarchitekten an, dass für die Dokumentation ein hoher Abstraktionsgrad gilt und nur ausgewählte Elemente dokumentiert werden (B.8.2). Im Fall 4[16] wurde ausgesagt, dass der

---

[14] Bis auf Fall 1, hier wurden keine Aussagen zu Modellierungssprachen getroffen (B.7.1).

[15] Im Fall 2 wird der IBM Rational Software Architect eingesetzt (Anhang A.1.2; Z. 90), welcher zum Beispiel UML und BPMN unterstützt — http://www.ibm.com/software/de/rational/ (Letzter Abruf: 27.03.2012).

[16] Im Fall 5 wurden zum Abstraktionsgrad keine Angaben identifiziert (B.8.1).

Abstraktionsgrad auch davon abhängig ist, in welcher Phase der Übersetzung von Kundenanforderungen zu IT-Infrastrukturanforderungen die Dokumentation erstellt wird (B.8.3). Die Entscheidung, welche Elemente in die Dokumentation aufgenommen werden, richtet sich nach der Relevanz dieser Elemente. Hierzu konnten folgende Aussagen identifiziert werden:

- Elemente sind nur relevant, wenn sie wiederverwendet werden können (B.8.4),
- Elemente sind nur relevant, wenn für sie Architekturentscheidungen vorliegen (B.8.5),
- Elemente sind nur relevant, wenn sie eine hohe Business–Relevanz besitzen (B.8.6).

3.3.3 Themenkomplex C: Änderungen an der Unternehmensarchitektur

Tabelle 3.9: *Übersicht der Ergebnisse im Themenkomplex C*

| | Kategorien | | |
	C.1	*C.2*	*C.3*
Experte 1	1	1	1
Experte 2	1, 2	1	1, 2
Experte 3	1, 3, 7	1, 2	1, 4–6
Experte 4	1, 4–6	1, 3	1, 3, 5, 7, 8, 10
Experte 5	1, 7–9	1, 4, 5	1, 4, 5, 9

Gründe (C.1)

Die Befragten geben als Hauptgrund für die Veränderung von Architekturen neue oder geänderte Anforderungen (C.1.1) an[17]. Geänderte Anforderungen entstehen durch die Hinzunahme von Komponenten (C.1.2) auf Grund von Betrachtungen weiterer Bereiche eines Unternehmens (Anhang A.1.2, Z. 31—33) oder Veränderungen des Unternehmens und dessen Umwelt (C.1.3). Dazu gehören auch aktuelle Trends (C.1.8), wie zum Beispiel Cloud–Computing und Virtualisierung (Anhang A.1.5, Z. 217—220). Als weiterer Grund für geänderte Anforderungen werden organisatorische und technische Konsolidierung (C.1.7) genannt. Konsolidierungen werden zum Beispiel durchgeführt, wenn Unternehmen andere Unternehmen aufkaufen (Merger) und dessen Organisation und IT-Systemlandschaft mit der eigenen verschmelzen müssen (Anhang A.1.3, Z. 15, 213—215). Aber auch unternehmensintern können technische und organisatorische Konsolidierungen auftreten, wenn zum Beispiel die aktuelle IT–Abteilung auf mehrere Standorte verteilt ist und diese ebenfalls zusammengeführt werden sollen (Anhang A.1.5, Z. 201—210). Des Weiteren treten Änderungen von Architekturen auf, wenn Anwendungen wachsen (C.1.4) oder in neuen Einsatzfeldern eingesetzt werden sollen (C.1.5). Beides kann zu neuen IT-Infrastrukturanforderungen führen, woraufhin die IT-Architektur aktualisiert werden muss (z.B. Hochverfügbarkeitslösungen; Anhang A.1.4, Z. 118—121). Ebenfalls führt eine

---

[17] Die Interviewergebnisse sind in tabellarischer Form im Anhang A.4.3 in Tabelle A.9 zu finden.

veränderte Relevanz von Architekturelementen zu Veränderungen der Unternehmensarchitektur (C.1.6). Der Befragte 5 gab zudem an, dass Änderungen an Konfigurationen zum Zwecke der Optimierung, Fehlerbeseitigung oder Updates nicht zu Änderungen der Architektur führen (C.1.9). Vielmehr werden diese Konfigurationen innerhalb bestehender Architekturen durchgeführt, um diese zu erhalten (Anhang A.1.5, Z. 228—233).

Häufigkeit (C.2)

In Bezug auf die Häufigkeit von Architekturänderungen gaben sämtliche Befragten an, dass eine Unternehmensarchitektur kontinuierlichen Änderungen unterliegt (C.2.1), sich aber nicht zwangsläufig eine Regelmäßigkeit bei allen Kunden des Befragten 3 erkennen lässt (C.2.3). Weiterhin kann festgestellt werden, dass eine Unternehmensarchitektur, trotz kontinuierlichen Veränderungen, relativ statisch ist und vor allem langfristig geändert wird (C.2.5). Dies betrifft, nach Aussagen des Befragten 4, vor allem Kernsysteme (C.2.4) wie ERP–Systeme oder CRM–Systeme (Anhang A.1.4, Z. 128—129). Zudem besitzen Konfigurationen eine höhere Änderungsrate als die IT–Architektur (C.2.6).

Auslöser (C.3)

Als Auslöser für die Durchführung von Architekturänderungen gaben die Befragten gleichsam an, dass, wenn die Notwendigkeit für Änderungen besteht, diese durchgeführt werden (C.3.1). Notwendigkeit entsteht, wenn Architekturentscheidungen getroffen wurden (C.3.2) oder wenn ein Verschleiß der Hardware vorliegt (C.3.3). Der Grund C.3.3 ist insofern von Bedeutung, da der Austausch von Hardware (z.B. Festplatten etc.) als Anlass genommen wird, gleichfalls anstehende Architekturänderungen mit durchzuführen (Anhang A.1.4, Z. 132—135). Ein weiterer Auslöser für Änderungen an der Architektur ist die Verfügbarkeit von Ressourcen, vor allem Zeit (C.3.4). Somit werden Änderungen nur durchgeführt, wenn dafür ausreichend Zeit vorhanden ist. Die Befragten 3, 4 und 5 gaben ebenfalls regelmäßige Zyklen als Auslöser für die Durchführung von Architekturänderungen an (C.3.5). Diese regelmäßigen Zyklen können willkürlich festgelegt sein (C.3.6). Nach Aussage des Befragten 3 wird die Architektur in manchen Unternehmen zum Beispiel jährlich angepasst (Anhang A.1.3, Z. 221—222). Auch die Orientierung an Lebenszyklen von Architekturelementen (C.3.7) oder die Orientierung an Release–Wechseln von Applikationen (C.3.8) führen zu regelmäßigen Zyklen, in denen Architekturänderungen durchgeführt werden. Der Befragte 5 weist zudem darauf hin, dass regelmäßige Zyklen ebenfalls an Trends orientiert sein können (C.3.9). Er beschreibt dies am Beispiel der beobachteten wellenartigen Trendänderungen bezüglich zentraler Architekturen und dezentraler Architekturen, die dazu führten, dass die einst dezentralisierten Architekturen zur Zeit wieder zentralisiert werden (Anhang A.1.5. Z. 215—216). Als weiterer Auslöser für die Durchführung von Änderungen, wurden Änderungen an Konfigurationen genannt (C.3.10). Ähnlich wie in der Kategorie C.3.3 werden technische Änderungen dazu genutzt, Änderungen an der Architektur durchzuführen. Dies bedeutet, dass Konfigurationsänderungen zwar kein Grund für Architekturänderungen sind, sehr wohl aber als Auslöser angesehen werden können.

3.3.4 Themenkomplex D: Umsetzung im IT-Betrieb

Tabelle 3.10: *Übersicht der Ergebnisse im Themenkomplex D*

	Kategorien								
	D.1	*D.2*	*D.3*	*D.4*	*D.5*	*D.6*	*D.7*	*D.8*	*D.9*
Experte 1	1, 3, 5	1–4, 6	1	1, 2	1	6	1	1, 3	1, 2
Experte 2	2–4, 6, 7	4, 5	2	3, 5	2–5, 8	1, 2	2, 3, 7–10	1, 3	3, 4
Experte 3	2–4, 8	4, 5	1	4	5–7	3	3, 4	1, 3	5, 6
Experte 4	2–4, 9	5	3	6–8	8, 9	3	5	2–4	7–10
Experte 5	2–4, 10	5	4	9, 10	7, 8, 10, 11	3–5	3, 6	2–4	11–14

Art und Weise (D.1)

Für den Befragten 1 existiert keine direkte Verantwortung für die Überführung der Unternehmensarchitektur in den IT-Betrieb durch den Unternehmensarchitekten (D.1.1)[18], da die Projektführung und -abwicklung durch die HERMES-Methode[19] vorgeschrieben ist (D.1.3). Die HERMES-Methode schreibt allerdings keine Verbindung zum Enterprise-Architecture-Management vor, so dass die Umsetzung der Unternehmensarchitektur nur durch den jeweiligen IT-Architekten im Projekt begleitet wird (D.1.5). In den anderen Fällen werden zwar ebenfalls IT-Architekten eingesetzt, um die Überführung in Projekten zu begleiten, dennoch ist hier der Unternehmensarchitekt direkt an der Umsetzung beteiligt (D.1.2), welche nicht automatisiert erfolgt (D.1.4). Für die Softwareentwicklung im Rahmen der Architekturentwicklung kann ein standardisierter Software-Entwicklungsprozess eingesetzt werden (D.1.6). Zudem bildet ein Betriebshandbuch, welches die benötigte IT-Systemlandschaft und den Betriebsprozess beschreibt (Anhang A.1.2; Z. 98 ff.), eine Schnittstelle zum IT-Betrieb (D.1.7). Mit der Umsetzung einer Unternehmensarchitektur im IT-Betrieb wird die Organisation des IT-Betriebs ebenfalls umstrukturiert (D.1.8). Der Prozess zur Umsetzung der Unternehmensarchitektur im IT-Betrieb kann durch eigene Standardformulare vorgeschrieben sein (D.1.9). Durch das Ausfüllen dieser Standardformulare wird sukzessive die geplante Unternehmensarchitektur verfeinert und sie beschreibt am Ende die geplante IT-Systemlandschaft im IT-Betrieb (Anhang A.1.4; Z. 64—67). Es können zudem noch Inbetriebnahme- und Betriebsprozesse unterschieden werden, welche sich an der IT-Infrastructure Library (ITIL) orientieren (D.1.10).

---

[18] Die Interviewergebnisse sind in tabellarischer Form im Anhang A.4.4 in Tabelle A.10 zu finden.
[19] Vom deutschen V-Modell abgeleitet (Anhang A.1.1; Z. 153—155).

Grundlage (D.2)

Obwohl der Unternehmensarchitekt im Fall 1 die Umsetzung nicht direkt begleitet (Einsatz der HERMES-Methode, welche keine Referenz auf eine Architektur besitzt (D.2.6)), kann er dennoch, durch die Schaffung von Grundlagen, indirekt Einfluss nehmen. Folgende Grundlagen für die Umsetzung von Unternehmensarchitekturen im IT-Betrieb konnten demnach identifiziert werden:

- Festlegen einer strategischen Unternehmensarchitektur (D.2.1),
- Vorgeben von Patterns, Standards und Standardprotokollen (D.2.2),
- Definition von Business-Domänen (D.2.3),
- Entscheidungen des Architekturboards (D.2.4),
- Architekturentscheidungen führen auf Basis von Analysen zur Planung von Zielarchitekturen (D.2.5).

Dokumente (D.3)

Als Dokumente, welche bei der Umsetzung der Unternehmensarchitektur im IT-Betrieb benötigt werden, wurden von den Befragten Betriebshandbücher (D.3.2), Standardfomulare (D.3.3) sowie Grob- und Feinkonzepte (D.3.4) angegeben.

Instrumente (D.4)

Für die Umsetzung der Unternehmensarchitektur im IT-Betrieb gaben die Befragten unterschiedliche Instrumente an. So nimmt der Unternehmensarchitekt im Fall 1 indirekt Einfluss auf die Umsetzung (D.4.1). Die eigentliche Architekturentwicklung und Umsetzung findet dann mit Hilfe der HERMES-Methode statt (D.4.2). Der Befragte 1 gibt zwar an, dass seine Aufgaben als Unternehmensarchitekt auf die Vorgaben der standardisierten Methode The Open Group Architecture Framework (TOGAF) abbildbar sind, der direkte Einsatz ist aber auf Grund der mangelnden Verbindung von HERMES-Methode und TOGAF nicht möglich (Anhang A.1.1; Z. 151—155). Die beratenden Unternehmensarchitekten richten sich bei der Überführung direkt nach standardisierten Methoden, wie TOGAF (D.4.4) oder eine an TOGAF orientierte, unternehmensweite Methode (D.4.3). Die Festlegung einer *Roadmap* (D.4.5) mit zu erreichenden Zielzuständen einer Unternehmensarchitektur ist für den Befragten 2 ein weiteres Instrument. Aus Sicht des IT-Betriebs können der Einsatz von standardisierten Formularen (D.4.6), die Kostenbewertung von IT-Infrastrukturanforderungen (D.4.7) und begleitende Gesprächstermine als Instrumente gesehen werden (D.4.8). Die Kostenbewertung von Infrastrukturanforderungen kann zu erneuten Änderungen von Architekturen führen, da die technischen Lösungsmöglichkeiten Kostenrestriktionen aus IT-Betriebssicht verursachen können (z.B. wenn aus Architektursicht eine Hochverfügbarkeitslösung für ein IT-System angefordert wird, aber die technische Realisierung das eingeplante Budget überschreitet, so dass diese technische Umsetzung nicht gewählt wird (Anhang A.1.4; Z. 202–203)). Definierte Prozesse auf Basis von ITIL (Beschaffung und Einsatz neuer IT-Systeme) (D.4.9) sowie eine Qualitätssicherung (D.4.10) zur Abnahme der konfigurierten IT-Systeme anhand der geplanten IT-Architektur sind weitere Instrumente.

Gestaltungsobjekte (D.5)

Bei der Überführung einer Unternehmensarchitektur im IT-Betrieb werden verschiedene Gestaltungsobjekte betrachtet. Lediglich im Fall 1 konnten, auf Grund der besonderen Situation des Befragten, keine Gestaltungsobjekte identifiziert werden (D.5.1). So sind in einer Roadmap Meilensteine und Pakete dokumentiert (D.5.2). Ein Paket beinhaltet dabei einen Teil einer Zielarchitektur (D.5.3), der zu einem bestimmten Zeitpunkt (Meilenstein) umgesetzt werden soll. Je Paket werden dabei Software-Komponenten und die dazu benötigte IT-Infrastruktur beschrieben (D.5.4). Diese IT-Infrastruktur kann dann auf verschiedene Standorte verteilt werden (D.5.5). Zusätzlich wird erwähnt, dass gerade die Applikationen ausgelagert werden (Outsourcing), welche eine niedrige Business-Relevanz besitzen und der Outsourcer in dem Fall höhere Skaleneffekte erzielen kann, als beim eigenen Betrieb (D.5.6). Ebenfalls können die Prozesse für den IT-Betrieb als Gestaltungsobjekte gesehen werden (D.5.7), so dass ein neu aufgesetztes System in den laufenden Betrieb eingebunden werden kann. Außerdem werden IT-Infrastrukturelemente (D.5.8) als Gestaltungsobjekte (z.B. Hauptspeicher, Festplattengröße, Storage-Systeme, Hardware und Netzwerk) benannt. Aus der IT-Betriebssicht werden zusätzlich Service-Level-Agreements (SLA) (D.5.9) sowie der Energieverbrauch (Kühlung, Abwärme) (D.5.10) gestaltet. Für die Zuordnung von IT-Infrastrukturelementen zu Netzwerken und deren Beziehungen untereinander werden Netzwerkpläne erstellt (D.5.11).

Werkzeugeinsatz (D.6)

Während für den Experten 2 der Werkzeugeinsatz bei der Umsetzung der Unternehmensarchitektur im IT-Betrieb (vom Design zur Lösung, Sizing), eine Pflicht darstellt (D.6.1), ist dies im Fall 1 nicht werkzeugunterstützt (D.6.6), da der Unternehmensarchitekt nicht direkt beteiligt ist. Werkzeuge werden für unterschiedliche Zwecke bei der Umsetzung der Unternehmensarchitektur im IT-Betrieb eingesetzt:

- Erstellung von Versionen und Releases von Software in der Softwareentwicklung (D.6.2),
- Change-Management, Release-Management oder Configuration-Management (D.6.3),

- Beschaffungsprozesse (D.6.4)[20] unterstützen,
- Kommunikation (D.6.5).

Modelle (D.7)

Auf Grund der besonderen Situation im Fall 1, werden keine Modelle (D.7.1) für die Umsetzung der Unternehmensarchitektur im IT–Betrieb erstellt. Für den Unternehmensarchitekten im Fall 2 dagegen sind Modelle bei diesem Vorgang wichtig (D.7.2). Im Besonderen sind dies Standortmodelle (D.7.3) auf verschiedenen Abstraktionsebenen (z.b. geographische Standorte von Rechenzentren; Hardware im Rechenzentrum; Hardware im Rack). Als eine besondere Form von Standortmodellen wurden Sourcingmodelle (D.7.4) genannt, in denen festgehalten wird, welche Teile einer IT–Infrastruktur durch Drittanbieter eingekauft werden. Zudem werden Kostenmodelle für die geplante IT–Infrastruktur (D.7.5) genannt, auf deren Basis Realisationsentscheidungen getroffen werden. Für die Planung von Rechenzentren werden darüber hinaus Modelle für Netzwerke, für Gebäude und Kabel (Strom, Netzwerk) erstellt (D.7.6). Der Unternehmensarchitekt im Fall 2 erstellt für jedes Paket in einer Roadmap ein Betriebsmodell (D.7.7) für die Elemente der in diesem Paket umzusetzenden Zielarchitektur. Ein Betriebsmodell (*Operational Model*) besteht aus zwei Sichtweisen (D.7.8): *Logical Operational Model (LOM)* und *Physical Operational Model (POM)*. Mit Hilfe eines LOM werden logisch zusammengehörige IT–Infrastrukturelemente zusammengefasst und mit einem POM auf physikalische, konkrete Hardware–Einheiten verteilt. Ein LOM (D.7.9) besteht darüber hinaus aus einem *Conceptual Operational Model (COM)* und einem *Specification Level of Operational Model (SOM)*. Mit einem COM wird eine Verbindung von Software–Komponenten zu IT–Infrastrukturelementen hergestellt (D.7.10) und es stellt somit die Verteilung von Software auf die IT–Infrastruktur dar. Dabei bleibt die Beschreibung der IT–Infrastruktur zunächst abstrakt und ist produktunspezifisch. Vom COM über SOM zum POM wird die Beschreibung der IT–Infrastrukturelemente dann immer konkreter (Anhang A.1.2; Z. 119–127) [IBM00c, 14].

Rollen (D.8)

Es wurden unterschiedliche Rollen von Personen benannt, die an der Umsetzung der Unternehmensarchitektur im IT–Betrieb direkt oder indirekt beteiligt sein können:

- Unternehmensarchitekten (D.8.1),
- (Enterprise-)Architecture-Teams (D.8.2),
- Fachleute, für die Aufgabe der Überführung von der Unternehmensarchitektur zum IT–Betrieb (D.8.3)[21],

---

[20] Fall 5.
[21] Zum Beispiel IT-Architekt, Technical Solution Manager, Technical Design Authority

- Fachleute (Spezialisten aus Technik–Team) für den Aufbau und den Betrieb der Technik (D.8.4).

Die beiden Gruppen der Fachleute sind auf die Umsetzung bestimmter Teile einer IT–Lösung spezialisiert und führen eine Übersetzungsarbeit zwischen dem Unternehmensarchitekten und dem IT–Betrieb durch.

Erfolgsfaktoren (D.9)

Der Erfolg der Umsetzung von Unternehmensarchitekturen im IT–Betrieb ist an eine Reihe von Erfolgsfaktoren geknüpft. So ist die Kommunikation innerhalb des Architekturboardes (D.9.1) wichtig, damit der Experte 1 indirekt auf die Überführung Einfluss nehmen kann. Des Weiteren ist die Schaffung von Transparenz wichtig (D.9.2), damit sämtliche beteiligte Personen die gleiche Vorstellung von der zu entwickelnden Architektur besitzen. Zudem ist die Erstellung und die Übergabe eines Betriebshandbuchs (D.9.3) wichtig für die erfolgreiche Umsetzung einer Unternehmensarchitektur im IT–Betrieb. Dabei ist darauf zu achten, dass die Modelle von den Applikationskomponenten bis zum Betriebsmodell der IT–Infrastruktur durchgängig gestaltet sind (D.9.4). Somit bleibt der Zusammenhang zwischen IT–Infrastruktur und fachlichen Anforderungen gegeben. Ein fließender Übergang (D.9.5) zwischen der Planung einer Unternehmensarchitektur und der Überführung in den IT–Betrieb ist ein weiterer Erfolgsfaktor. Außerdem ist die Wiederverwendung von organisatorischen und architekturellen Strukturen (D.9.6) wichtig. Es wurde auch geschildert, dass gerade ein iteratives Vorgehen (D.9.7) bei der Planung der benötigten IT–Infrastruktur zum Erfolg führt. Dabei wird immer wieder Rücksprache zwischen dem beteiligten Enterprise–Architecture–Team und dem Technical–Design–Authority–Team gehalten. Für die Entscheidungsfindung einer endgültigen IT–Infrastruktur ist der Vergleich auf Basis von Kosten notwendig (D.9.8). Zudem wird darauf hingewiesen (Experte 4), dass das Wissen zum Aufbau von IT–Infrastrukturen bei den Fachleuten des IT–Betriebs liegt und nicht bei der Fachabteilung oder bei den Unternehmensarchitekten (D.9.9). Zusätzlich können Budget und Technik den Lösungsraum so begrenzen, dass aus Sicht von Unternehmensarchitekten die endgültig gewählte Lösung suboptimal erscheint (D.9.10). Für die erfolgreiche Umsetzung einer Unternehmensarchitektur im IT–Betrieb ist es wichtig (Experte 5), dass Betriebsprozesse auf Basis von ITIL strukturiert sind (D.9.11). Dazu zählt auch der Einsatz von Konfigurationsdatenbanken (CMDB) (D.9.12). Zusätzlich ist die Kommunikation zwischen allen notwendigen Teams (von Planung bis Realisierung) vor der Realisierung einer geplanten IT–Infrastruktur ein Erfolgsfaktor (D.9.13), da nur so sämtliche Beteiligte die gleichen Vorstellungen vom Aufbau der IT–Infrastruktur teilen. Ausschließlich so kann sichergestellt werden, dass die Konfiguration einer IT–Infrastruktur auch den Anforderungen entspricht (Anhang A.1.5; Z. 309). Ebenfalls sollte eine Prüfung der technischen Realisierbarkeit vor der Umsetzung erfolgen (D.9.14).

3.3.5   Themenkomplex E: Probleme und Lösungen

Tabelle 3.11: *Übersicht der Ergebnisse im Themenkomplex E*

	Kategorien					
	E.1	E.2	E.3	E.4	E.5	E.6
Experte 1	1–4	1	1, 2	1, 2	2, 6	1
Experte 2	5, 6	2–4	3–7, 9	3	1	2, 4–6, 14
Experte 3	6–8	1	3, 8–10	4	3–6	7, 8, 11
Experte 4	9–12	4	3, 11–14	5	1	2, 8–10
Experte 5	13	5	3, 15–19	6–11	7	3, 6, 8, 9, 12, 13

Komplexität und Aufwand (E.1)

Im Umfeld der befragten Experten konnten sechs Problembereiche identifiziert werden[22].
Von allen Befragten konnten Probleme in Bezug auf die Komplexität und den Aufwand
bei der Planung und Umsetzung von Unternehmensarchitekturen vorgefunden werden.
So wird auf Grund der Komplexität des Aufgabengebietes die Steuerung (Governance) der
Planung und Umsetzung einer Unternehmensarchitektur (Experte 1) erschwert (E.1.1).
Durch die Struktur des Enterprise–Architecture–Managements im Fall 1, mit der Konzen-
tration auf Zusammenarbeit und Kommunikation, erweisen sich durch diese Komplexität
Abstimmungen als schwierig (E.1.2). Die Aufgabe des Unternehmensarchitekten ist somit
die Vermeidung von Wildwuchs in der IT–Systemlandschaft (E.1.3) und der Versuch, die
grobe Ausrichtung auf eine homogenisierte Systemlandschaft zu erhalten, auch wenn die
Fachbereiche für ihre Applikationen selbst verantwortlich sind (E.1.4). Aufwand entsteht
auch durch unflexible, nicht–erweiterbare Architekturen (E.1.5) und durch den Einsatz
unterschiedlicher Systeme mit gleichen fachlichen Aufgaben (E.1.6). Des Weiteren gibt
der Experte 3 an, dass auch Aufwand durch den Einsatz des Enterprise–Architecture–
Managements selbst entsteht (E.1.7). So müssen EAM–Prozesse im Unternehmen etabliert
werden, Unternehmensarchitekten müssen ausgebildet werden. Auch die Planung und Umsetzung von Unternehmensarchitekturen bindet Ressourcen (Anhang A.1.3; Z. 116—119).
Aufwand für das Enterprise–Architecture–Management entsteht ebenfalls durch die Komplexität von Unternehmensstrukturen (E.1.8). Aus Sicht des IT–Betriebs (Fall 4) entsteht
Aufwand auf der einen Seite auch durch die Verwendung nicht–standardisierter Modellierungssprachen, da sich die am Prozess beteiligten Personen erst in die Syntax der Sprache
einarbeiten müssen (E.1.9). Auf der anderen Seite ensteht nach seiner Ansicht auch Aufwand durch die Verwendung komplexer standardisierter Modellierungssprachen (E.1.10).
So nennt er zum Beispiel den Einarbeitungsaufwand bei der Verwendung von UML (Anhang A.1.4; Z. 86—89). Er gibt zu Bedenken, dass durch den Einsatz nicht–standardisierter
Modellierungssprachen Informationsverlust auftreten kann (E.1.11), was Ursachen für

---

[22]   Die Interviewergebnisse sind in tabellarischer Form im Anhang A.4.5 in Tabelle A.11 zu finden.

Missverständnisse auslösen kann (Anhang A.1.4; Z. 83—84). Dennoch hält er eine gewisse Standardisierung für sinnvoll, lehnt die Verwendung einer komplexen Fachsprache dagegen ab (Anhang A.1.4; Z. 84—85). Seiner Auffassung nach sollte hier ein Mittelweg bei der Verwendung von Modellierungssprachen gefunden werden (E.1.12). Im Fall 5 führt eine Verteilung von Wissen über die bestehende IT–Systemlandschaft bei der Analyse für Optimierungen oder Fehlersuche zu vermeidbaren Aufwänden (E.1.13).

Fachlicher Kontext fehlt (E.2)

Der fehlende fachliche Kontext der Systeme einer IST–Architektur wurde ebenfalls als Problembereich benannt. Das Fehlen des fachlichen Kontextes in Form einer Facharchitektur[23] hat erhebliche Auswirkungen auf die IT–Lösungen und damit auf die benötigten Aufwände (Anhang A.1.2; Z. 176—177). So ist eine IST–Analyse einer Unternehmensarchitektur nur dann sinnvoll, wenn der fachliche Kontext erfasst und einer IT–Systemlandschaft zugeordnet ist (E.2.2). Dieser fachliche Kontext und die Zuordnung in Form einer Facharchitektur fehlt oft in Unternehmen (E.2.3), so Experte 2. Diese ist zudem nicht automatisiert erfassbar (E.2.4), wie dies zum Beispiel bei der automatischen Erfassung von IT–Systemlandschaften möglich ist. Eine Zuordnung von IT–Infrastrukturelementen zur fachlichen Bedeutung der IT–Systeme ist im Nachhinein notwendig, wenn dies bei der Planung noch nicht geschehen ist (Anhang A.1.2; Z. 158—163). Wenn Facharchitekturen nicht in einer Konfigurationsdatenbank abgelegt sind (E.2.5), muss im Falle von Analysen der fachliche Kontext rekonstruiert werden.

Integration (E.3)

Sämtliche befragten Experten gaben an, dass kein fließender Übergang zwischen Enterprise–Architecture–Management und IT–Konfigurationsmanagement im IT–Betrieb vorhanden (E.3.3) ist oder zumindest keine Integration zwischen EAM und Projektabwicklung existiert (E.3.1, E.3.2). Ein fließender Übergang wird dabei als ideal angesehen, weil die Handhabbarkeit des Aufgabengebiets vereinfacht werden kann, je mehr Durchgängigkeit erreicht wird (Anhang A.1.3; Z. 173 und 174). Dabei wäre eine Formalisierung der Prozesse des EAM und des IT–Betriebs sinnvoll (E.3.11). Die beratenden Unternehmensarchitekten sagen gleichermaßen aus, dass sogar eine Lücke zwischen diesen beiden Fachgebieten existiert (E.3.9). So endet die Verantwortung des Unternehmensarchitekten bei der Definition des Betriebshandbuches (E.3.4) und für die eigentliche Umsetzung ist die IT–Organisation zuständig (E.3.5). Beim Experten 5 ist sowohl die Architekturplanung nicht mit dem IT–Betrieb abgestimmt (E.3.15) als auch die Bereiche des IT–Betriebs selbst (E.3.16). Nach Ansicht der Unternehmensarchitekten (Fälle 2 und 3) existieren unterschiedliche Detaillierungslevel

---

[23] Auch als *Business Architecture* oder *Geschäftsarchitektur* bezeichnet, siehe dazu Kapitel 2.1.1.

zwischen der Unternehmensarchitektur und der Konfiguration von IT–Systemen (E.3.8) sowie für deren Modelle (E.3.6), so dass Architekturbeschreibungen für den IT–Betrieb nicht ausreichen (E.3.7). Aus der IT–Sicht fehlt manchmal das Verständnis für die Unternehmensarchitektur (E.3.10). Dies kann auf fehlendes Wissen über die Fachseite beim IT–Betrieb zurückgeführt werden (E.3.19). Gleichzeitig kann Unternehmensarchitekten das Wissen über die Betriebsprozesse fehlen (E.3.18). Zudem wurde die fehlende Synchronisation der Lösungsentwicklung aus verschiedenen Sichtweisen der System–Teams (z.B. Datenbanken, Betriebssysteme etc.) als Problem (E.3.17) benannt. Für den Befragten 4 stellt sich die Architekturplanung manchmal als realitätsfern dar (E.3.12). So erstellen seiner Meinung nach Unternehmensarchitekten optimale Lösungen (E.3.13) und weichen damit von den Vorstellungen im IT–Betrieb, auf Grund von Budget- und Technikrestriktionen, ab (E.3.14).

Verwaltung von Wissen und Erfahrungen (E.4)

Aufwand entsteht durch die Pflege von erstellten Dokumentationen (E.4.1). Auch die rechtzeitige Versorgung mit Informationen aus den IT–Projekten ist für die Entscheidungsfindung und Kommunikation von Bedeutung (E.4.2). Der Unternehmensarchitekt im Fall 2 sieht es als Problem an, dass viele seiner Kunden keine Übersicht über die bei ihnen eingesetzten IT–Systeme haben (E.4.3) und dies zu ungenauen Planungen führen kann (Anhang A.1.2; Z. 176—177). Zudem kann auch der Fall eintreten, dass bei einigen der Unternehmen Wissen über die Unternehmensarchitektur und IT–Systemlandschaft redundant abgelegt ist (E.4.4). Dies hat dann Auswirkungen auf die Aktualität dieser Daten und bedeutet Aufwand bei der Pflege. Daten in Konfigurationsdatenbanken (CMDB) müssen ebenfalls aktuell gehalten und gepflegt werden (E.4.5). Im Fall 5 wird berichtet, dass es in dieser Organisation schwer ist, einen konsistenten Überblick über das eigene Rechenzentrum zu erhalten (E.4.6). Dies wird verursacht durch nicht aktuelle Daten in einer CMDB (E.4.7), und dadurch, dass das Wissen über die IT–Systemlandschaft nicht konsolidiert ist (E.4.8) sowie dezentral verwaltet wird (E.4.9). Zudem ist der Zugang zu Wissen über die aktuelle IT–Systemlandschaft aus anderen Teams erschwert, was die Arbeit verzögern kann (E.4.10). Als Grund für die Zugangsbeschränkung gibt er Sicherheitsgründe (E.4.11) an, die er für vorgeschoben hält, wenn er sagt, dass diese obskur seien (Anhang A.1.5; Z. 144).

Reifegrad des Enterprise–Architecture–Managements (E.5)

In den Fällen 1, 3 und 5 wurden Probleme in Bezug auf den Reifegrad des Enterprise–Architecture–Managements in Organisationen genannt[24]. Dies zeigt zum Beispiel, dass der Experte 1 keine Machtposition besitzt und daher die Architekturentwicklung nur

---

[24] In den Fällen 2 und 4 konnten dazu keine Aussagen gefunden werden (E.5.1).

indirekt durch ihn beeinflusst werden kann (E.5.2). Er muss in seiner Rolle als Unternehmensarchitekt als „Missionar" auftreten und regelmäßig für die strategische Planung einer Unternehmensarchitektur werben (E.5.6). Enterprise-Architecture-Management ist zudem noch nicht in Unternehmen etabliert (E.5.5) und besitzt daher einen geringen Reifegrad (E.5.3). So werden die Planung und die Umsetzung von Unternehmensarchitekturen nur durchgeführt, wenn es für ein Unternehmen notwendig erscheint (E.5.4). Experte 3 prognostiziert für die Zukunft eine zunehmende Bedeutung dieses Fachgebiets, wenn er sagt, dass EAM eine Disziplin sei, die noch am Entstehen ist (Anhang A.1.3; Z. 252—253). Im Fall 5 wird geschildert, dass es in dieser Organisation keinen definierten übergreifenden Prozess für die Planung und Umsetzung von Unternehmensarchitekturen gibt (E.5.7). Zur Zeit geschieht dies ad-hoc, so dass er einen übergreifenden Prozess für seine Organisation fordert (Anhang A.1.5; Z. 14 und 20).

Automatisierung (E.6)

Der letzte identifizierte Problembereich betrifft die Möglichkeit der Automatisierung von Abläufen während der Planung und Umsetzung von Unternehmensarchitekturen[25]. So wird eine Vollautomatisierung für nicht möglich gehalten (E.6.2) oder als nicht sinnvoll erachtet (E.6.3). Eine Teilautomatisierung zur Unterstützung von Prozessen wird dagegen nicht ausgeschlossen (E.6.8, E.6.12). Der Einsatz eines modellgetriebenen Ansatzes wird vom Experten 3 für brauchbar gehalten (E.6.11). Die Experten des IT-Betriebs sind der Meinung, dass sämtliche Standardaufgaben automatisiert werden können (E.6.9). Das Thema Automatisierung wird in der Zukunft einen hohen Stellenwert erhalten (E.6.7). So lässt sich die Erfassung der IST-Architektur teilweise automatisieren (E.6.4), obwohl die automatisierte Erfassung des fachlichen Kontextes nicht möglich ist (E.6.5). Zudem lässt sich der Inbetriebnahmeprozess teilweise automatisieren (E.6.6), wenn die notwendigen Informationen in einer einheitlichen Sprache abgelegt sind (Anhang A.1.5; Z. 358—367). Derart lassen sich die Verteilung und Konfiguration von Softwarekomponenten auf der IT-Infrastruktur (E.6.14) und die Inbetriebnahme von Services nach der Auswahl aus einem Servicekatalog (E.6.10) automatisieren. Eine Automatisierung von Architekturänderungen hält der Befragte 5 ausdrücklich für nicht sinnvoll (E.6.13), da hier aus Sicherheitsgründen Entscheidungen durch den Menschen gefällt werden sollten, um klare Verantwortlichkeiten zu besitzen (Anhang A.1.5; Z. 376—382).

---

[25] Im Fall 1 konnten dazu keine Aussagen gefunden werden (E.6.1).

3.4 Anforderungen an eine Integration von Enterprise-Architecture-Management und IT-Konfigurationsmanagement

3.4.1 Rahmenbedingungen

Aus den Erkenntnissen der Interviewergebnisse (s. Abschnitt 3.3) und den theoretischen Betrachtungen (s. Kapitel 2) konnten folgende Rahmenbedingungen für die Integration von Enterprise-Architecture-Management und IT-Konfigurationsmanagement identifiziert werden (s. Tabelle 3.12).

Tabelle 3.12: *Rahmenbedingungen für eine Integration von Enterprise-Architecture-Management und IT-Betrieb*

Nr.	Rahmenbedingung	Kategorien
RB.1	Es existiert eine Übersetzung von fachlichen Anforderungen zu geplanten IT-Infrastrukturelementen.	A.2.2, A.2.8, A.2.18, A.3.6, A.6.17, A.6.18, B.6.2, D.5.2 — D.5.5, D.7.10
RB.2	Es existieren zwei Schnittstellen (EAM zu IT-Infrastrukturmanagement und IT-Infrastrukturmanagement zu IT-Betrieb).	ergibt sich aus RB.1
RB.3	Es werden unterschiedliche Modelltypen, Modellierungssprachen und Dokumentationsformate verwendet.	B.3.*, B.4.*, B.7.3 — B.7.11
RB.4	In jedem Aufgabengebiet werden unterschiedliche Werkzeuge verwendet.	B.2.2, B.5.*, D.6.*
RB.5	In jedem Aufgabengebiet werden unterschiedliche Vorgehensmodelle verwendet.	A.4.9, A.6.11, A.6.12, B.2.4, B.2.5, B.2.7, D.9.7

Es existiert eine Übersetzung (*RB.1*) zwischen den Fachbereichen einer Organisation zum Betrieb von notwendigen IT-Systemlandschaften (s. Abbildung 3.1)[26]. Dabei werden *fachliche Anforderungen* IT-unterstützter Fachbereiche einer Organisation in geplante *IT-Infrastrukturelemente* übersetzt. Diese Anforderungen entstehen durch geänderte Umweltbedingungen oder Anpassungsnotwendigkeiten von Organisationen. Der IT-Betrieb stellt daraufhin IT-Konfigurationen für benötigte IT-Systeme in Form von IST-Systemlandschaften zur Verfügung. Dies führt zu einer Unternehmensarchitektur, welche wiederum eine Grundlage für erneute Analysen und Verbesserungen darstellt. Die Übersetzung findet dabei in zwei Stufen statt. In Abbildung 3.1 sind die rekonstruierten Input und Outputbeziehungen der beteiligten Aufgabengebiete ohne eventuelle Rückflüsse dargestellt, eine Prozessbeschreibung stellt diese nicht dar. Ebenfalls sind die Grenzen zwischen den Funktionseinheiten (*Enterprise-Architecture-Management, Software-Entwicklung, IT-Infrastruktur-Management* und *IT-Betrieb*) keine starren Organisationsgrenzen. Diese können anders als abgebildet strukturiert sein, wie es zum Beispiel im Fall 5 vorliegt, wo sämtliche funktionalen Bereiche organisatorisch dem IT-Betrieb zugeordnet sind (s. Abschnitt 3.3.1).

---

[26] Abbildung 3.1 ist aus den Rahmenbedingungen RB.1 und RB.2 sowie aus den Ergebnissen A.2.6 u. 12, A.2.16–18, A.6.5 u. 15, A.6.17–18, B.4.1 u. 6–8, D.1.6, D.1.10 D.2.4–5, D.3.2 u. 4, D.5.*, D.7–8.*, D.9.3 u.14 sowie Kapitel 2 rekonstruiert

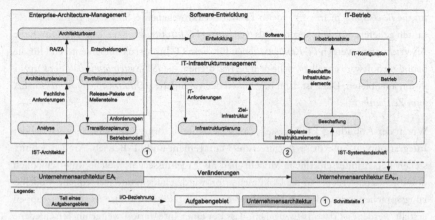

Abbildung 3.1: *Rekonstruierte Funktionsweise der Übersetzung*

Die *erste Stufe* der Übersetzung bildet das *Enterprise-Architecture-Management*. *Fachliche Anforderungen* werden hierbei durch Analysen der *IST-Architektur* einer *Unternehmensarchitektur EA zum Zeitpunkt* t und Prüfung auf deren Gültigkeit in Bezug auf eventuell geänderte Umweltbedingungen erfasst. Auf Basis dieser fachlichen Anforderungen werden die *strategische Unternehmensarchitektur (SU)* oder *Zielarchitekturen (ZA)* erstellt. Das *Architekturboard* entscheidet über die Durchführung und die zeitliche Abhängigkeit von Architekturänderungen. Diese *Entscheidungen* sind wiederum Grundlage für das *Portfoliomanagement*, welches die verschiedenen Zielarchitekturen in *Release–Pakete* zusammenfasst und eine Zeitplanung auf Basis von *Meilensteinen* bereitstellt. Für jedes dieser Release– Pakete wird ein *Betriebsmodell* erstellt, welches die Zielarchitektur der IT-Infrastruktur dokumentiert und Verknüpfungen zur Geschäftsarchitektur enthält. Sollte eine individuelle *Softwareentwicklung* notwendig sein, werden ebenfalls *Anforderungen* an die Software– entwicklung aufgestellt. Der Zusammenhang zwischen IT–Infrastruktur und benötigter Individual– oder Standard–Software ist ebenfalls im Betriebsmodell dokumentiert.

Die *zweite Stufe* der Übersetzung bilden die *Softwareentwicklung* und das *IT–Infrastruktur– Management (IT–IM)*. Die Software–Entwicklung stellt Individualsoftware, entsprechend der geplanten Zielarchitektur, als *Software–Pakete* bereit[27]. Das Betriebsmodell wird *analysiert* und in *IT–Anforderungen* übersetzt. Mit Hilfe der IT–Anforderungen werden technische Lö– sungen durch die Spezialisten der *IT–Infrastrukturplanung* (z.B. Storage, Netzwerk, Betriebs– systeme, Middleware oder Datenbanken etc.) entwickelt und in *Zielinfrastrukturmodellen* festgehalten. Auf Basis der technischen und wirtschaftlichen Realisierbarkeit wird durch das *Entscheidungsboard* entschieden, welche IT–Infrastrukturelemente für die Umsetzung der Zielarchitektur benötigt werden. Diese dienen dann innerhalb des IT–Betriebs als Vorgabe

---

[27] Vereinfachte Darstellung, da nicht Kernthema der vorliegenden Arbeit.

für die *Beschaffung* nicht vorhandener IT–Infrastrukturelemente. Sind diese durch die Lieferanten geliefert worden, liegen sie als *(beschaffte) IT–Infrastrukturelemente* vor. Durch die *Inbetriebnahme* werden *IT–Konfigurationen* für diese IT–Infrastrukturelemente und für die benötigte Software erstellt, welche dem *Betrieb* dienen, die *IST–Systemlandschaft* der Organisation anzubieten. Diese ist dann Bestandteil der veränderten *Unternehmensarchitektur* EA *zum Zeitpunkt* $t + 1^{28}$.

Wie in der Abbildung 3.1 dargestellt *(RB.2)*, existieren somit zwei Schnittstellen bei der Integration von Enterprise–Architecture–Management und IT–Betrieb. An den Schnittstellen liegen unterschiedliche Modelltypen als Ergebnisse vor, welche unterschiedlich dokumentiert werden. Für die Dokumentation werden zudem unterschiedliche Modellierungssprachen verwendet. Da Modelle zweckbezogen für bestimmte Anspruchsgruppen erstellt werden, ist davon auszugehen, dass bei einer Integration weiterhin verschiedene Modelltypen in verschiedenen Modellierungssprachen und in verschiedenen Dokumentationsformen verwendet werden *(RB.3)*. Weiterhin kann als Rahmenbedingung festgehalten werden, dass für jedes Aufgabengebiet verschiedene Werkzeuge im Einsatz sind *(RB.4)*. Auf Grund der Spezialisierung dieser Werkzeuge ist davon auszugehen, dass diese auch bei einer Integration weiter Verwendung finden werden. In jedem Aufgabengebiet werden eigene Methoden eingesetzt *(RB.5)*. Diese sind auf bewährte Vorgehensweisen zurückzuführen und teilweise standardisiert. In einigen Organisationen können standardisierte Methoden und Prozesse für bestimmte Aufgabenbereiche vorgegeben sein (siehe Fall 1 im Abschnitt 3.3.4). Auf Grund dieser Standardisierung und Spezialisierung der Vorgehensmodelle ist davon auszugehen, dass diese auch bei einer Integration beibehalten werden können bzw. müssen.

3.4.2 Qualitätsanforderungen

Durch die Auswertung der Fälle 1 bis 5 konnten Anforderungen an die Qualität einer Integration von Enterprise–Architecture–Management und IT–Betrieb erfasst werden (s. Tabelle 3.13).

So ist der Aufwand bei der Bewältigung der Komplexität der Aufgabengebiete zu reduzieren *(QA.1)*. Dies kann durch die Reduktion von eingesetzten Ressourcen oder der Verrichtungszeit erreicht werden [HGRZ06, 14]. Des Weiteren soll die Informationsversorgung bei der Entscheidungsfindung und damit die Kommunikation zwischen Anspruchsgruppen verbessert werden *(QA.2)*. Somit sollen Missverständnisse bei der Umsetzung von Zielarchitekturen im IT–Betrieb vermieden werden, was wiederum die Qualität des Übersetzungsprozesses und damit auch der entwickelten technischen Lösung erhöhen kann. Neben der Informationsversorgung ist eine weitere Anforderung, dass die Aktualität der Daten

---

[28] Neben einer eigenen IT–Systemlandschaft besteht eine IST–Systemlandschaft ebenfalls aus externen Systemen z.B. durch Outsourcing und Cloud–Computing (s. Kapitel 2.2).

Tabelle 3.13: *Qualitätsanforderungen für eine Integration von Enterprise-Architecture-Management und IT-Betrieb*

Nr.	Qualitätsanforderung	Kategorien
QA.1	Der Aufwand bei der Bewältigung der Komplexität der Aufgabengebiete soll reduziert werden.	E.1.1 — E.1.4, E.1.7, E.1.8
QA.2	Die Kommunikation und damit die Informationsversorgung zwischen Anspruchsgruppen soll verbessert werden.	A.3.8, A.6.6, A.7.1, A.7.4, D.9.1, D.9.13, E.1.9, E.1.10, E.4.2
QA.3	Die Aktualität von Daten über Unternehmensarchitektur und IT-Systemlandschaft soll erhöht werden.	A.4.6, B.6.9, E.4.1, E.4.5, E.4.7
QA.4	Erhöhung der Transparenz und Nachvollziehbarkeit von Entscheidungen.	A.3.3, A.3.4, A.7.7, B.6.1, B.6.4, D.9.2, E.1.13, E.3.10
QA.5	Der Reifegrad der Aufgabengebiete EAM, IT-Infrastrukturmanagement und IT-Konfiguration soll erhöht werden.	A.2.4, E.1.5, E.5.2 — E.5.6
QA.6	Die Qualität von technischen Lösungen zur Umsetzung von Zielarchitekturen soll unabhängig von individuellem Wissen sein.	B.2.6, B.6.3, B.6.4, E.1.3, E.3.18 — E.3.19

über die Unternehmensarchitektur und die IT-Systemlandschaft erhöht wird (*QA.3*). Somit lassen sich Fehler bei der Entscheidungsfindung vermeiden, welche auf nicht-aktuellen und damit falschen Ausgangsdaten beruhen würden. Eine weitere Anforderung ist die Erhöhung der Transparenz und Nachvollziehbarkeit von Entscheidungen (*QA.4*). Dies kann zu einem besseren Verständnis der Zusammenhänge sowohl zwischen als auch innerhalb einer Unternehmensarchitektur und IT-Konfiguration führen. Dies hat positive Auswirkungen auf die Vermeidung von Fehlern bei Folgeentscheidungen. Demnach lässt sich der Aufwand für die nachträgliche Fehlerkorrektur vermindern. Durch eine Verbesserung der Integration von Enterprise-Architecture-Management und IT-Konfigurationsmanagement im IT-Betrieb soll der Reifegrad der Aufgabengebiete erhöht werden (*QA.5*). So ist es wichtig einen übergreifenden Prozess für die Planung und Umsetzung von Unternehmensarchitekturen zu etablieren. Dabei soll die Unabhängigkeit der Qualität technischer Lösungen von individuellem Wissen zur Umsetzung von Zielarchitekturen gewährleistet sein (*QA.6*)[29].

3.4.3 Funktionale Anforderungen

Für die Integration von Enterprise-Architecture-Management und IT-Betrieb wurden folgende funktionalen Anforderungen identifiziert (s. Tabelle 3.14). Diese müssen innerhalb der Rahmenbedingungen realisiert werden und die aufgestellten Qualitätsanforderungen erfüllen.

Eine mangelnde Durchgängigkeit bei der Integration der Bereiche Enterprise-Architecture-Management und IT-Konfigurationsmanagement im IT-Betrieb konnte bei allen Befragten festgestellt werden. Daher muss ein Lösungsansatz zur Verbesserung dieser Integration einen fließenden Übergang ohne Medienbrüche bei der Übersetzung von fachlichen Anforderungen zu IT-Infrastrukturelementen schaffen (*FA.1*). Gleichzeitig muss die Rahmenbedingung

---

[29] Mehr zur Prozessgüte und Reifegraden siehe Capability Maturity Model (CMM) [Dum03, 232 f.] oder Architecture Maturity Model [TOG09, 683ff.].

Tabelle 3.14: *Funktionale Anforderungen für eine Integration von Enterprise-Architecture-Management und IT-Betrieb*

Nr.	Funktionale Anforderung	Kategorien
FA.1	Es muss ein fließender Übergang durch Vermeidung von Medienbrüchen geschaffen werden (EAM zu IT-KM).	D.9.5, E.3.1, E.3.3, E.3.9
FA.2	Beim Übergang müssen Zusammenhänge über alle Ebenen erhalten bleiben, es darf währenddessen keinen Informationsverlust geben.	D.7.8 – D.7.10, D.9.4, E.1.11, E.2.2, E.3.17
FA.3	Zielarchitekturen und IT-Konfigurationen müssen stets konsistent sein.	E.2.3, E.2.5, E.4.8
FA.4	Auswirkungen von Entscheidungen und Vermeidung von unrealistischen Planungen müssen frühzeitig erkannt werden.	A.2.13, A.2.16, A.3.5, B.6.5, B.6.7, B.6.8, D.9.10, D.9.14, E.3.12 – E.3.15
FA.5	Die Vorgehensmodelle, Werkzeuge und Modelle für verschiedene Anspruchsgruppen müssen aufeinander abgestimmt werden.	B.6.6, B.8.*, E.3.4 – E.3.8, E.3.16, E.5.7
FA.6	Eine Integration sollte unabhängig von einer konkreten Modellierungssprache sein und vielmehr durch Adapter mehrere Sprachen unterstützen.	B.7.2, B.7.4, B.7.5, B.7.8, B.7.10, E.1.12
FA.7	Anspruchsgruppen müssen jederzeit eine aktuelle und konsistente Übersicht über die für sie relevanten Elemente einer Unternehmensarchitektur und IT-Konfiguration erhalten können.	E.4.3, E.4.6, E.4.9 – E.4.11
FA.8	Wiederkehrende, manuelle Aufgaben müssen so weit wie möglich vermieden werden.	B.2.3, D.9.5, E.2.4, E.6.2 – E.6.14
FA.9	Der Verlust von Wissen, durch Ausscheiden von Spezialisten aus Organisationen, muss verhindert werden.	B.2.6, B.2.8, D.9.9

RB.4 gelten, so dass eine Realisierung von *FA.1* auf eine Integration der verwendeten Werkzeuge hinausläuft.

Informationsverluste bei der Übersetzung müssen vermieden werden, um so die Zusammenhänge zwischen der IT-Systemlandschaft und den fachlichen Anforderungen aufrechtzuerhalten (*FA.2*). Somit ist es möglich, den Aufwand für Analysen zur Erfassung und Rekonstruktion von IST-Architekturen zu reduzieren. Des Weiteren erhöht dies die Transparenz über Zusammenhänge von Unternehmensarchitektur und IT-Konfiguration und kann somit ein geteiltes Verständnis für die Aufgabengebiete des Enterprise-Architecture-Managements und IT-Konfigurationsmanagement im IT-Betrieb schaffen. Zielarchitekturen und IT-Konfigurationen müssen daher stets konsistent und aufeinander abgestimmt sein (*FA.3*).

Auswirkungen von Entscheidungen und die Vermeidung von unrealistischen Planungen durch Verletzen von Budget- und Technikrestriktionen müssen frühzeitig erkannt werden (*FA.4*). So können auch rechtzeitig Fehler vermieden und der Aufwand für die Korrektur von Fehlentscheidungen vermindert werden. Dies wirkt positiv auf die in der Qualitätsanforderung geforderte Transparenz und Nachvollziehbarkeit von Entscheidungen (*QA.4*).

Auf Grund der Rahmenbedingung (RB.3 bis RB.5) müssen die Vorgehensmodelle, Werkzeuge und Modelle für die verschiedenen Anspruchsgruppen aufeinander abgestimmt werden (*FA.5*). Eine Integration sollte dabei unabhängig von einer speziellen Modellierungssprache sein und vielmehr die Möglichkeit bieten, mehrere Sprachen zu unterstützen (*FA.6*). Diese Sprachen können so ihrem Einsatzzweck am besten gerecht werden .

Um eine ausreichende Informationsversorgung zu ermöglichen (*QA.3*), müssen Anspruchs-gruppen jederzeit eine aktuelle und konsistente Übersicht über die für sie relevanten Elemente einer Unternehmensarchitektur und IT–Konfigurationen erhalten können (*FA.7*).

Zur Verringerung von Aufwand sollen wiederkehrende, manuelle Aufgaben so weit wie möglich vermieden werden. Diese sollen vielmehr automatisiert werden. Eine vollständige Automatisierung der Umsetzung von Zielarchitekturen in IT–Konfigurationen ist jedoch nicht möglich (*FA.8*).

Zudem muss der Verlust von Wissen, durch Ausscheiden von Spezialisten aus der Organisation, verhindert werden, um so die Qualität technischer Lösungen aufrechtzuerhalten (*FA.9*).

3.5 Kritische Diskussion der Untersuchung

3.5.1 Objektivität der Erhebung

Wie im Abschnitt 3.1 bereits angemerkt, lassen sich die Gütekriterien für eine qualitative Untersuchung nur schwer bestimmen. So gibt es für die Bewertung der Objektivität einer Erhebung nur die Möglichkeit, den interpersonalen Konsens durch Transparenz und Standardisierung der Durchführung einer Erhebung (*Durchführungsobjektivität*), nachzuweisen. Die Durchführungsobjektivität gibt in diesem Zusammenhang an, inwieweit die Erhebung vom Interviewer unbeeinflusst war.

Um die Durchführungsobjektivität zu gewährleisten, wurde das angewendete Verfahren der *leitfadengestützten Experteninterviews* vor der Durchführung festgelegt und damit für die vorliegende Untersuchung standardisiert (s. Abschnitt 3.2). Als Orientierung diente der entwickelte Interviewleitfaden (s. Abschnitt 3.2.1), um alle Befragten mit den gleichen Fragen zu konfrontieren. Bei der Durchführung wurden diese Fragen zwar umformuliert oder abgeändert. Dies war allerdings notwendig, um sie an den jeweiligen Befragten und den Gesprächsverlauf anzupassen [BD06, 326]. Damit konnte gewährleistet werden, dass sämtliche Interviews unter vergleichbaren Rahmenbedingungen durchgeführt wurden (20 – 35 Minuten per Telefon). Um die Auswahl der Interviewpartner so weit wie möglich zu objektivieren, wurde auf das Prinzip der Kontrastierung zurückgegriffen (s. Abschnitt 3.2.2) und die Auswahl der Interviewpartner an diesen objektiven Kriterien ausgerichtet. Nach der Transkription der aufgezeichneten Interviews, auf Basis gleicher und vorher festgelegter Regeln (s. Abschnitt 3.2.2, Tabelle 3.5), lag das auszuwertende Datenmaterial in einheitlicher Form vor. Für die vorliegende Erhebung kann demnach von gegebener Durchführungsobjektivität ausgegangen werden.

3.5.2   Reliabilität der Erhebung

Mit dem Nachweis der Reliabilität wird angegeben, ob Messergebnisse reproduzierbar sind
(s. Abschnitt 3.1). Eine Wiederholung der Interviews unter gleichen Rahmenbedingungen ist
allerdings ausgeschlossen. So ist auf Grund des gewählten qualitativen Forschungsansatzes
der vorliegenden Untersuchung der Nachweis der Reliabilität nicht direkt möglich. Da
das gewählte Vorgehen der Untersuchung mit Hilfe eines Interviewleitfadens, Dokumentation der Transkriptionsregeln sowie Auswahl der Interviewpartner dokumentiert ist (s.
Abschnitt 3.2), kann davon ausgegangen werden, dass zumindest die Erhebung mit den
gleichen Vorgaben reproduzierbar ist. Auch das gewählte Auswertungsverfahren (s. Abschnitt 3.2.3) der qualitativen Inhaltsanalyse nach MAYRING ist mit jedem Schritt dokumentiert (Anhang A). Daher kann angenommen werden, dass die Reliabilität der vorliegenden
qualitativen Untersuchung gegeben ist.

3.5.3   Validität der Erhebung und Analyse

Objektivität und Reliabilität sind Voraussetzungen für die Validität einer Untersuchung.
Da sowohl Objektivität als auch Reliabilität vorliegen, kann nun die Validität untersucht
werden. Die Validität (Gültigkeit) der Ergebnisse wird als wichtigstes Gütekriterium qualitativer Untersuchungen angesehen (s. Abschnitt 3.1). Auf Grund des Untersuchungsaufbaus
(qualitative Erhebung und Analyse) ist Validität für beide Bereiche nachzuweisen.

Für die *Erhebungsvalidität* ist zu belegen, dass die Aussagen der Befragten authentisch und
ehrlich abgegeben und weder verfälscht noch verändert erfasst wurden [BD06, 327]. Bei
der vorliegenden Untersuchung ist davon auszugehen, dass die Befragten authentische und
ehrliche Angaben über ihre Arbeit als Experten in den Bereichen Enterprise–Architecture–
Management und IT–Betrieb abgegeben haben. Zunächst sind sie auf Grund ihrer Positio-
nen in Organisationen als Experten anerkannt (s. Abschnitt 3.2.2). Zudem kennen sich die
Experten untereinander nicht und arbeiten jeweils in verschiedenen Organisationen, was
Absprachen oder organisatorische Verfälschungen durch einseitige Meinungen ausschließt.
Weiterhin lassen sich in den Interviews Aussagen über Kunden, interne Strukturen sowie
eigene Meinungen erkennen, welche auch Missstände oder Probleme in ihren Aufgabengebieten beinhalten. So untermauern sämtliche Befragten ihre Aussagen mit Praxisbeispielen
aus der eigenen Organisation oder bei Kunden, was ebenfalls für die Authentizität der
getätigten Angaben spricht. Des Weiteren konnten keine sich widersprechenden Aussagen
in den Experteninterviews identifiziert werden. Stattdessen konnten übereinstimmende
Aussagen gefunden werden. Da die Aufzeichnung der Interviews mit Hilfe eines digitalen Aufzeichnungsgerätes erfolgte, sind die Aussagen der befragten Experten unverändert
und unverfälscht erfasst worden. Die Transkriptionen basieren auf allgemein anerkannten
Regeln (s. Abschnitt 3.2.2, Tabelle 3.5), so dass auch hier von unveränderten und unver-

fälschten Daten ausgegangen werden kann. So sind, durch die bedingungslose Zusicherung der Anonymität für die Befragten, allerdings Teile der Interviews angepasst worden. Diese Anonymisierung hat jedoch keine Auswirkungen auf die Validität der Daten, da Aussagen dennoch inhaltlich zusammengefasst wurden (Anhang A.1.1; Z. 62). Auf Grund der unterschiedlichen Sprachqualität der Telefone und Telefonverbindungen[30] gab es bei der Transkription der Interviews Verständnisprobleme, die zu drei unverständlichen Passagen führten[31]. In den Fällen 1 und 4 hatten diese technischen Probleme keine Auswirkungen auf die inhaltlichen Aussagen der Befragten. Lediglich im Fall 3 musste das Interview unterbrochen werden, um das technische Problem des Telefons des Interviewpartners zu beheben. Danach konnte das Interview ohne technische Probleme fortgeführt werden, wobei die unverständliche Passage wiederholt wurde.

Für die Bestimmung der Validität von Interviewergebnissen müssen die *Gültigkeit von Interpretationen (interne Validität)* und die *Generalisierbarkeit von Interpretationen (externe Validität)* dargelegt werden [BD06, 335 f.]. Da die interpretierten Ergebnisse ebenfalls mit theoretischen Erkenntnissen übereinstimmen, kann auch von einer internen Validität ausgegangen werden. So lassen sich Vorgehensmodelle (z.B. TOGAF, ITIL), Architekturtypen (z.B. Zielarchitektur, strategische Unternehmensarchitektur) oder die Ebenen von Unternehmensarchitekturen in den Interpretationen wiederfinden. Zudem ist die Ableitung von Anforderungen aus den Interviews lückenlos dokumentiert[32]. Somit herrscht Transparenz und Nachvollziehbarkeit bei der Interpretation der Interviewergebnisse. Im Gegensatz zur qualitativen Inhaltsanalyse nach MAYRING, welche die Ableitung eines Kategoriensystems anhand von 10–15 Prozent des Datenmaterials vorschlägt [May08, 58 ff.], wurde dies für die vorliegende Untersuchung auf 100 Prozent ausgeweitet. Dies hatte zur Folge, dass die Aussagen im Kategoriensystem anhand sämtlicher Fälle entwickelt wurden und sie daher eine höhere Gültigkeit (externe Validität) besitzen, als wenn nur ein Fall als Grundlage gedient hätte. Zudem handelt es sich bei den Befragten um Experten mit Spezialwissen in ihren Fachgebieten. Experten werden daher nicht als Einzelfall befragt, sondern als Repräsentanten einer Gruppe (s. Abschnitt 3.2.2). Durch die Befragung von beratenden Unternehmensarchitekten, die ebenfalls Aussagen über mehrere Kunden treffen können, wurde die Generalisierbarkeit der Aussagen nochmals erhöht.

Für die vorliegende qualitative Untersuchung lässt sich daher festhalten, dass Validität für die Erhebung und für die Analyse gegeben sind. Dennoch basieren die abgeleiteten Anforderungen auf einem Induktionsschluss, so dass nicht ausgeschlossen ist, dass zusätzliche oder veränderte Anforderungen vorliegen könnten. Da die Aussagen der Experten allerdings

---

[30] Befragte 1 und 3 waren in der Schweiz, Befragter 4 zum Zeitpunkt des Interviews in den USA.
[31] Anhang A.1.1; Z. 247, Anhang A.1.3; Z. 7 und Anhang A.1.4; Z. 22.
[32] Interviews (A.1), extrahiertes Kategoriensystem (A.2), Zwischenergebnisse der Interviews (A.3), Ergebnisse der Interviews (A.4) und Ableitung der Anforderungen (3.4).

in vielen Bereichen mit den theoretischen Betrachtungen (s. Kapitel 2) übereinstimmen und die externe Validität der Interviews gegeben ist, wird davon ausgegangen, dass in wesentlichen Punkten keine Abweichungen vorhanden sind. Die Validität der generalisierten Anforderungen kann damit angenommen werden.

3.6   Zusammenfassung

Im Kapitel 3 wurden der Ablauf und die Ergebnisse einer empirischen Anforderungsanalyse zur Integration von Enterprise–Architecture–Management und IT–Konfigurationsmanagement im IT–Betrieb vorgestellt. Ziel war es, Rahmenbedingungen, funktionale Anforderungen und Qualitätsanforderungen dafür zu erfassen. Der Untersuchungsansatz besteht aus leitfadengestützten Experteninterviews zur Datenerhebung und einer qualitativen Inhaltsanalyse. Es wurde eine qualitative Untersuchungsform gewählt, um somit den gesamten Informationsgehalt möglicher Anforderungen zu erfassen. Als Experte wird in dieser Arbeit eine Person als Erkenntnisquelle angesehen, die in einer Organisation eine spezifische Funktion hat und somit über Spezialwissen in einem bestimmten, zu untersuchenden Fachgebiet verfügt, welches nicht jeder Person zugänglich ist. Es konnten fünf Experten mit langjähriger Erfahrung in den Bereichen Enterprise–Architecture–Management und IT–Betrieb einbezogen werden. Die Ergebnisse der Interviews konnten fünf Themengebieten zugeordnet werden: *Enterprise–Architecture–Management, Dokumentation der Unternehmensarchitektur und der IT–Systemlandschaft, Änderungen an der Unternehmensarchitektur, Umsetzung im IT–Betrieb* sowie *Probleme und Lösungen*. Aus den erfassten Ergebnissen der qualitativen Inhaltsanalyse konnte die aktuelle Situation bei der Integration von EAM und IT–Konfigurationsmanagement im IT–Betrieb rekonstruiert, funktionale Anforderungen an eine Problemlösung sowie Qualitätsanforderungen abgeleitet werden. Abschließend wurden die Gütekriterien *Objektivität der Erhebung, Reliabilität der Erhebung* sowie *Validität der Erhebung und Analyse* eingeschätzt und nachgewiesen.

4 Konzept des Model–Driven– Configuration–Managements

4.1 Motivation für einen modellgetriebenen Ansatz zur Integration von Enterprise–Architecture–Management und IT–Konfigurationsmanagement

4.1.1 Model–Driven–Engineering

Model–Driven–Engineering (MDE)[1] ist ein *modell–getriebener* Entwicklungsansatz aus dem Software–Engineering mit dem Ziel, die Effizienz des Software–Entwicklungsprozesses zu steigern, bei gleichzeitiger Erhöhung der Software–Produktqualität. Hierbei wird mit Hilfe von formalen Modellen und Transformationen automatisch lauffähige Software erzeugt [Löc06, 40; SVEH07, 11 ff.].

MDE ist aus dem *modell–basierten* Computer–Aided–Software–Engineering (CASE) entstanden [Tel93, 9; SVEH07, 43; Sch06, 26]. Beim CASE bildet die Phase der Konstruktion den Schwerpunkt der Software–Entwicklung, die durch Methoden und Werkzeuge unterstützt werden soll (Lösungsraum) [Dum03, 147; Löc06, 41]. Die Grundidee ist es, mit Hilfe von allgemeingültigen Modellierungssprachen (General Purpose (Modelling) Languages[2]) das System–Design und Analyseergebnisse in Modellen zu dokumentieren. Für Entwickler gelten sie als Richtlinie für die Implementierung [Mar89, 29; Sch06, 26].

---

[1] Wird auch synonym zu Model–Driven–Development (MDD) [Löc06] oder Model–Driven–Software–Development (MDSD) [SVEH07] verwendet.
[2] Zum Beispiel mit der Unified Modelling Language (UML) [OMG10].

Beim MDE dagegen bildet der Entwurf den Schwerpunkt der Software-Entwicklung. Der Software-Entwicklungsprozess wird hierbei durch *formale Modelle gesteuert*, welche im Zusammenhang mit *Transformationen* die Grundlage für die automatische Erzeugung von Implementierungen bilden. Modelle sind damit nicht nur eine Dokumentation des System-Designs, sondern vielmehr Bestandteil des Entwicklungsprozesses [SVEH07, 31 ff.; Löc06, 41]. Die verwendeten formalen Sprachmittel für die Erstellung von Modellen sind, im Gegensatz zur Verwendung einer allgemeingültigen Modellierungssprache im CASE, auf entsprechende Problemräume (Domäne) ausgerichtet und werden als domänenspezifische Modellierungssprachen (Domain Specific Language — DSL)[3] bezeichnet [SVEH07, 30; KT08, 4 ff.]. Transformatoren analysieren spezifische Modellbestandteile und synthetisieren verschiedene Artefakte der Software-Entwicklung anhand von Transformationsregeln [Ken02, 292; SVEH07, 33; KT08, 17]. Sie erzeugen aus Quellmodellen weitere Modelle (Zielmodelle) in der gleichen oder in einer anderen Modellierungssprache (Modell-zu-Modell-Transformation) oder Quell-Code (Modell-zu-Code-Transformation) [CH03, 9]. Durch die Möglichkeit verschiedene Artefakte aus Modellen zu synthetisieren, wird die Konsistenz zwischen Implementierung und Modellen aufrecht erhalten. Zudem kann durch wiederholbare Transformationen die gleiche Qualität der Artefakte gewährleistet werden, da durch die Sicherstellung der Korrektheit und Fehlerfreiheit von Transformationen (bereits im Entwurf) ebenfalls die Korrektheit und Fehlerfreiheit der Produkte angenommen werden kann [Sch06, 28]. Dies bedeutet aber im Umkehrschluss, dass eine fehlerbehaftete Transformation zu inkorrekten Produkten führen kann. Sie stellt damit auch ein Risiko dar. Des Weiteren sind die Möglichkeiten zur Optimierung von Code durch die Generierung beschränkt, so dass die Performance des generierten Codes, aber auch die Generierung selbst, ein Problem darstellen kann [KM05, 302]. Somit sind Zwischenmodelle zur Optimierung oder Tests notwendig [CH03, 10].

Mit dem Standard *Model-Driven-Architecture (MDA)* der Object Management Group (OMG) wurde ein Konzept zur Umsetzung des Model-Driven-Engineerings vorgelegt, unterstützt durch aufeinander abgestimmte Spezifikationen[4] [MM03; Bez06, 37]. Mit der MDA werden drei Modelltypen unterschieden: *Computation Independent Model (CIM)*, *Platform Independent Model (PIM)* und *Platform Specific Model (PSM)*. Daneben wird das Konzept der *Plattform* beschrieben. Eine Plattform ist eine abgeschlossene Menge von Softwarekomponenten oder -technologien, welche zusammenhängende Funktionalität über spezifizierte Schnittstellen und Anwendungsmuster anbieten (*Platform Model — PM*). Plattformen können durch Anwendungen benutzt werden, ohne konkrete Details der Plattformimplementierung zu besitzen [MM03, 13; KWB03, 5 f.].

---

[3]   Domänenspezifische Modellierungssprachen können trotzdem auf allgemeingültigen Modellierungssprachen basieren und diese erweitern — z.B. durch UML-Profiles [OMG10].
[4]   Unified Modelling Language (UML), Meta Object Facility (MOF), Object Constraint Language (OCL), Query/Views/Transformation (QVT) [MM03, 51 f.].

In Abbildung 4.1 sind die Merkmale des Model–Driven–Engineerings auf Basis der MDA als morphologischer Kasten dargestellt.

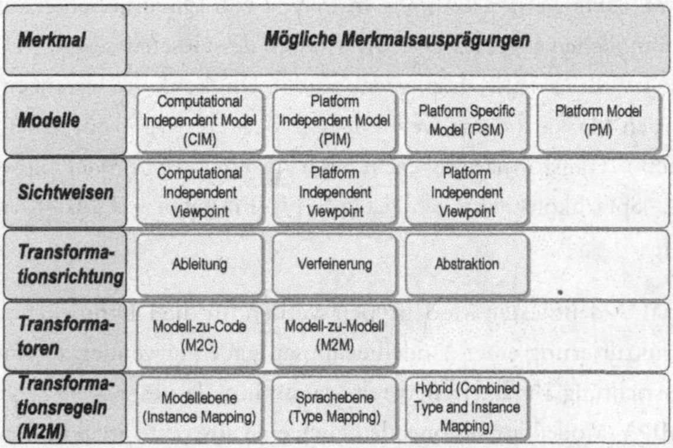

Merkmal	Mögliche Merkmalsausprägungen			
Modelle	Computational Independent Model (CIM)	Platform Independent Model (PIM)	Platform Specific Model (PSM)	Platform Model (PM)
Sichtweisen	Computational Independent Viewpoint	Platform Independent Viewpoint	Platform Independent Viewpoint	
Transforma-tionsrichtung	Ableitung	Verfeinerung	Abstraktion	
Transforma-toren	Modell-zu-Code (M2C)	Modell-zu-Modell (M2M)		
Transforma-tionsregeln (M2M)	Modellebene (Instance Mapping)	Sprachebene (Type Mapping)	Hybrid (Combined Type and Instance Mapping)	

Abbildung 4.1: *Merkmale des Model–Driven–Engineerings auf Basis der MDA*

Mit einem *Computation Independent Model (CIM)* wird ein Softwaresystem aus fachlicher Sicht in einer für den fachlichen Anwender verständlichen Sprache beschrieben. Es dient damit der Abstimmung von Anforderungen zwischen Softwarearchitekten und Anwendern, wobei Details zur Funktionalität und Struktur der Software verborgen bleiben (z.B. UML–Anwendungsfalldiagramm oder UML–Aktivitätsdiagramm). Durch ein *Platform Independent Model (PIM)* wird die Funktionalität einer Softwaresystemkomponente unabhängig von technischen Details einer bestimmten Plattform formal spezifiziert. Dafür wird eine auf die entsprechende Domäne passende Modellierungssprache verwendet (z.B. UML–Klassendiagramm der Geschäftsobjekte). Ein PIM kann demnach für die Implementierung mit mehreren gleichartigen Plattformen genutzt werden, da hiermit Systemteile beschrieben werden, ohne die genaue Zielplattform zu kennen. Mit einem *Platform Specific Model (PSM)* wird die Umsetzung eines zuvor definierten PIM mit einer speziellen Plattform beschrieben (z.B. UML–Klassendiagramm von Java–Klassen mit Methoden), wobei die von der Plattform zur Verfügung gestellten Schnittstellen (*Platform Model — PM*) verwendet werden. Ein PSM wird benutzt, um eine plattformspezifische Implementierung (z.B. Java–Code) zu erzeugen [MM03, 15; KM05, 299]. Transformationen zwischen den Modellen werden dabei durch Werkzeuge unterstützt, um eine Automatisierung zu gewährleisten [SVEH07, 33]. Dabei werden drei verschiedene Arten der Transformation in Abhängigkeit zur Transformationsrichtung unterschieden: *Ableitung* (PIM ↦ PSM), *Verfeinerung* des Designs (PIM ↦ PIM und PSM ↦ PSM) und *Abstraktion* (PSM ↦ PM). Des Weiteren werden zwei grundlegende Arten von Transformationsregeln unterschieden: *Abbildung auf Modellebene (Model Instance Mapping)* — die direkte Abbildung von einem Modell in ein anderes Modell — und *Abbildung auf Sprachebene (Model Type Mapping)* — die Abbildung zwischen unterschiedlichen Sprachen, mit gleichem Metamodell oder mit unterschiedlichem Metamodell.

Zudem gibt es noch einen *Hybriden Ansatz (Combined Type and Instance Mapping)*, eine Kombination aus beiden [Ken02, 289; MM03, 20 ff.]. Bei Transformationsregeln des Typs *Model Instance Mapping* werden konkrete Instanzen von Quellmodellen auf konkrete Instanzen von Zielmodellen abgebildet (UML-Klassen der Geschäftslogik ↦ UML-Klassen einer Enterprise Java Beans (EJB)-Implementierung). Um konkrete Instanzen identifizieren zu können werden Marker *(Marks)* verwendet (z.b. Stereotypen für UML-Klassen wie «Business Object»). Transformationsregeln des Typs *Model Type Mapping* werden auf der Ebene der (DSL-)Sprachkonstrukte gebildet (z.b. ER-Entitäten ↦ UML-Klassen)[5] [MM03, 20; KM05, 300].

Die durch die MDA definierten Modelltypen werden für die Definition von Sichtweisen und für die Strukturierung einer Modellierungsaufgabe verwendet. Dennoch weist die Transformationsrichtung *Verfeinerung* bereits darauf hin, dass es weitere Sichtweisen geben kann und die MDA-Modelldimensionen lediglich eine abstrakte Strukturierung darstellen können. Die Verwendung des MDE in einem speziellen Aufgabengebiet setzt demnach eine genaue Abgrenzung von Sichtweisen voraus [TOHS99, 107]. Darüber hinaus ergeben sich weitere Anforderungen an die Verwendung eines MDE-Ansatzes in einem spezifischen Aufgabengebiet [Ken02, 296]:

- **Modellierungssprachen und Modelltypen:** Neben der Explikation von Sichtweisen sind die zu verwendenden Modellierungssprachen und Modelltypen zu spezifizieren[6].
- **Übersetzungen zwischen Modellen und Sprachen:** Transformationsregeln zwischen den verschiedenen Modellen und Sprachen müssen ebenfalls explizit definiert werden.
- **Prozess und Werkzeuge:** Modelle und Transformationen stellen Artefakte dar, welche im Laufe eines Prozesses enstehen. Daher ist die Gestaltung eines Vorgehensmodells für jeden spezifischen modellgetriebenen Entwicklungsansatz zu definieren. Hierbei müssen die Reihenfolge der Modellerzeugung (Makro-Prozess) und Regeln für die Erstellung spezifischer Modelle (Mikro-Prozess) definiert werden [Ken02, 296]. Damit die Vorteile der Automatisierung bei der Modellbearbeitung im MDE ausgeschöpft werden können, müssen Werkzeuge eingesetzt werden, deren Nutzen den Aufwand der Modellpflege überwiegen [Eva04, 12 f.; SVEH07, 14 f.].

Der direkte Vergleich der Aufgabengebiete *Enterprise-Architecture-Management (EAM)* und *Computer-Aided-Software-Engineering (CASE)* zeigt, dass beide Bereiche starke Ähnlichkeit aufweisen (s. Tabelle 4.1[7]).

---

[5] Eine detaillierte Klassifikation von Transformationen ist in [CH03] zu finden.
[6] Siehe dazu auch Sichtweisenexplikation Kapitel 2.1.1, Tabelle 2.1.
[7] Vergleiche dazu auch die erfassten Ergebnisse der Anforderungsanalyse in Kapitel 3.3.

Tabelle 4.1: *Vergleich von MDE, CASE und EAM*

	Computer-Aided-Software-Engineering (CASE)	Enterprise-Architecture-Management (EAM)	Model-Driven-Engineering (MDE)
Zweck von Modellen	System-Design und Analyseergebnisse dokumentieren	Architektur-Design und Analyseergebnisse dokumentieren (B.1.*, K.3.3.2)	Softwareentwicklung steuern (formale Modelle) und Dokumentation
Integration zwischen Design und Umsetzung	manuelle Implementierung — Modell dient als Richtlinie (semantische Lücke)	manuelle Konfiguration — Modell dient als Richtlinie (semantische Lücke) (D.1.*, K.3.3.4; E.3.9, K.3.3.5)	automatische Erzeugung der Umsetzung durch Transformatoren
Änderungen	an Implementation vollzogen	an Konfiguration vollzogen (C.2.6, K.3.3.3)	durch Modelle gesteuert
Konsistenz Modell und Umsetzung	Rückkopplung fehlt — keine Konsistenz (E.4.6, K.3.3.5)		stets konsistent
Modellierungssprache	allgemeingültig — kann darunter liegende Komplexität nur ungenau abbilden (B.7.5, K.3.3.2)		domänenspezifische Sprachen (DSL) und formale Transformationen
Aufwand	rechtfertigt nicht Aufwand zur Erstellung und Pflege von Modellen (E.3.3, K.3.3.5)		Kompensation durch Automatisierung
Roundtrip-Engineering	Informationen gehen verloren; visuelle Modelle auf gleicher Abstraktionsebene wie Umsetzung (E.2.4, K.3.3.5)		nicht notwendig
Qualität der Endprodukte	nicht reproduzierbar; abhängig von individuellem Wissen (E.4.10, K.3.3.5)		reproduzierbar, unabhängig von individuellem Wissen

Angaben in Klammern sind Referenzen auf Interviewergebnisse für das EAM z.B. (B.1.*, K.3.4.3) verweist auf die Ergebnisse der Kategorie B.1 im Kapitel 3.4.3

So werden Modelle hauptsächlich für die Dokumentation und das Design von Architekturen bzw. Software-Systemen verwendet. Für Entwickler gelten diese Modelle als Richtlinie für die manuelle Umsetzung, welche somit abhängig vom individuellen Wissen von Entwicklern ist. Die Implementierung erfolgt manuell, da eine allgemeingültige Modellierungssprache die Komplexität von darunter liegenden technischen Plattformen nur ungenau abbilden kann. Es entsteht somit eine semantische Lücke zwischen Design und Umsetzung [Sch06, 26]. Daraus folgt, dass die Qualität der jeweiligen Endprodukte von individuellem Wissen abhängig und nicht reproduzierbar ist [Sch06, 28]. Des Weiteren wird die Weiterentwicklung von Architekturen bzw. SW-Systemen durch Änderungen an der Umsetzung (Konfiguration bzw. Implementierung) vollzogen. Daraus folgt, dass eine Rückkopplung zur Modellierung fehlt und somit Umsetzung und Dokumentation (Modelle) nicht mehr konsistent sind [Löc06, 41]. Modelle werden so unbrauchbar und rechtfertigen in dieser Form nicht den Aufwand zur Erstellung und Pflege. Auch durch Verfahren wie das Roundtrip-Engineering (Erstellen von Visualisierungen der Architektur bzw. Software aus der Umsetzung) bleibt das Grundproblem erhalten: Gründe für Entwurfsentscheidungen und zusätzliche Informationen (z.B. fachlicher Kontext) können so nicht dokumentiert werden — die visuellen Modelle befinden sich auf der gleichen Abstraktionsebene wie die Umsetzung selbst [SVEH07, 44 ff.].

Demnach erscheint ein Model–Driven–Engineering–Ansatz (s. Tabelle 4.1) für die Verbesserung der Umsetzung von Unternehmensarchitekturen in IT–Konfigurationen geeignet. Da zudem das Software–Engineering ebenfalls eine Schnittstelle zum Enterprise–Architecture–Management besitzt (siehe Abbildung 3.1 in Kapitel 3.4), stellt ein solcher MDE–Ansatz eine konzeptuelle Vervollständigung des Model–Driven–Software–Developments in Bezug auf die gesamte Kette von fachlichen Anforderungen bis zur Konfiguration von Software– und IT–Systemen dar. Ein solcher Lösungsansatz ist das in dieser Arbeit vorgeschlagene Model–Driven–Configuration–Management (MDCM). Dies wird in den folgenden Abschnitten beschrieben.

4.1.2 Lösungsansatz des Model–Driven–Configuration–Managements

Die grundlegende Idee für das vorliegende Konzept zur Integration von Enterprise–Architecture–Management und IT–Betrieb ist es, einen Model–Driven–Engineering–Ansatz zu entwickeln, um die Verteilung von Software in einer Anwendungslandschaft und die Konfiguration der darunterliegenden IT–Infrastruktur automatisiert und nachvollziehbar zu gestalten. Das Ziel des Model–Driven–Configuration–Managements (MDCM) ist es, dass die resultierende IT–Konfiguration an den Geschäftsprozessen ausgerichtet, nachvollziehbar und transparent gestaltet und die Qualität unabhängig von individuellem Wissen ist [Her09]. Auf Basis der erfassten Anforderungen (s. Kapitel 3.4) und im Hinblick auf einen Lösungsansatz mit Hilfe des Model–Driven–Engineerings (s. Abschnitt 4.1.1), werden neun Prinzipien für das Model–Driven–Configuration–Management abgeleitet (s. Tabelle 4.2).

Tabelle 4.2: *MDCM-Prinzipien und Wirkung auf Anforderungen*

Nr.	Prinzip	Anforderungen (s. Kapitel 3.4)
P.1	Verwendung eines zentralen Modell-Repositorys	QA.4, FA.1, FA.2, FA.7, FA.9
P.2	Integration existierender Systeme durch Adapter (*Toolchain*)	RB.1–RB.4, QA.1, QA.5, FA.1, FA.5, FA.6
P.3	Transformatoren und Modellanalyse	RB.2, RB.3, QA.4–QA.6, FA.2–FA.4, FA.8, FA.9
P.4	Übergreifendes Vorgehensmodell durch Integration bestehender Vorgehensmodelle	RB.1, RB.2, RB.5, QA.5, FA.1
P.5	Dokumentation aus Modellen erstellen	RB.3, QA.2, QA.3, FA.7
P.6	Frühzeitiges Ausschließen nicht-valider Konstrukte	QA.1, QA.4, QA.6, FA.4
P.7	Modelle sind für Menschen und Maschinen lesbar	RB.3, QA.2, FA.6
P.8	Beachtung von Sichtweisen verschiedener Anspruchsgruppen	QA.2, FA.7
P.9	Vermeidung wiederkehrender, manueller Aufgaben durch Automatisierung	QA.1, QA.5, QA.6, FA.8, FA.9

(**P.1**) Um einem Informationsverlust bei der Übersetzung von Modellen des Enterprise–Architecture–Managements zum IT–Konfigurationsmanagement vorzubeugen, wird der Einsatz eines eigenen zentralen Modell–Repositorys für das Model–Driven–Configuration–Management vorgeschlagen. Unter einem Repository wird eine zentrale Bibliothek zur Verwaltung und Speicherung von Daten verstanden [Mar89, 14; Dar91, 7; Dum03, 47]. Dieses Prinzip erfüllt damit die funktionalen Anforderungen zur Vermeidung von Informationsverlusten und dem Schaffen von Konsistenz zwischen Zielarchitekturen und IT-Konfigurationen (*FA.2, FA.3*). Dadurch haben Anspruchsgruppen jederzeit die Möglichkeit, eine aktuelle und konsistente Übersicht über relevante Elemente einer Unternehmensarchitektur und der Konfiguration einer IT-Systemlandschaft zu erhalten (*FA.7*). Hierbei wird zudem Wissen über diese Elemente und deren Zusammenhänge zentral abgelegt, wodurch der Verlust von Wissen, durch Ausscheiden von Spezialisten, vermieden werden kann (*FA.9*). Zusätzlich sollte es eine Versionierung der Daten anbieten, um so die Transparenz und Nachvollziehbarkeit von Entscheidungen zu erhöhen (*QA.4*).

(**P.2**) Die Entwicklung neuer Werkzeuge für das Enterprise–Architecture–Management oder für den IT–Betrieb erscheint in Anbetracht der Möglichkeiten existierender Werkzeuge nicht sinnvoll (*RB.1–RB.4*). Daher sollte ein Lösungsansatz diese, durch die Benutzung geeigneter Adapter und Schnittstellen, integrieren können (*FA.5, FA.6*). Während der Überführung von Unternehmensarchitekturen in IT–Konfigurationen entsteht so, entlang des Übersetzungsprozesses, eine Kette von Werkzeugen (*Toolchain*). Diese ermöglicht einen fließenden Übergang durch Vermeidung von Medienbrüchen (*FA.1*). Da die entsprechenden Akteure weiterhin mit ihren spezialisierten Werkzeugen arbeiten können, wird dadurch der Aufwand innerhalb der Aufgabengebiete nicht erhöht (*QA.1*). Vielmehr verspricht die Möglichkeit einer lückenlosen Verwendung von Werkzeugen und der fließende Übergang ohne Medienbrüche den Reifegrad der Aufgabengebiete zu erhöhen (*QA.5*).

(**P.3**) Transformatoren stellen die Konsistenz zwischen Zielarchitektur und IT–Konfiguration sicher (*FA.3*), indem sie bestimmte Teile aus Modellen analysieren, um dann verschiedene Artefakttypen zu synthetisieren. In Anlehnung an das Model–Driven–Engineering gibt es für das Model–Driven–Configuration–Management eine Transformationskette von Modellen, wie sie in Abbildung 4.2 dargestellt ist.

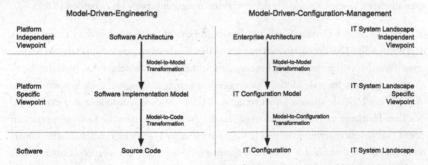

Abbildung 4.2: *Transformationskette des Model–Driven–Configuration–Managements in Anlehnung an das Model–Driven–Engineering*

Dabei existieren zwei Kategorien von Transformationsregeln: *Modell–zu–Modell* und *Modell–zu–Konfiguration*[8]. Mit Hilfe von Modell–zu–Modell–Transformationen werden Zwischenmodelle (*IT Configuration Model*) erzeugt, um größere Abstraktionslücken zwischen Modellen der *Unternehmensarchitektur* und der *IT–Konfiguration* zu schließen [CH03, 9 ff.]. Für die automatische Konfiguration von IT–Systemlandschaften werden Modell–zu–Konfiguration–Transformationen verwendet. So können Modelle an den Schnittstellen zwischen den Aufgabengebieten (s. Abbildung 3.1) in andere Modelle oder Dokumentationsformate und letztendlich in IT–Konfigurationen überführt werden (*RB.2, RB.3*). Durch das Explizieren und Ablegen von Übersetzungsregeln in Modelltransformatoren kann zudem die Transparenz und Nachvollziehbarkeit von Übersetzungen erhöht werden (*QA.4, FA.2*). Außerdem sind die Übersetzungen und dadurch die Qualität der Ergebnisse nicht von individuellem Wissen von Spezialisten abhängig (*QA.6*), was ebenfalls den Verlust dieses Wissens verhindern kann (*FA.9*). Vielmehr kann angenommen werden, dass die Qualität der Ergebnisse somit reproduzierbar ist und damit der Reifegrad der Aufgabengebiete erhöht werden kann (*QA.5*). Des Weiteren können so wiederkehrende, manuelle Übersetzungsaufgaben vermieden werden (*FA.8*). Um das Prinzip auch bei menschlichen Entscheidungen während der Modellierung zu erhalten, sind Modellanalysen notwendig, zum Beispiel um das Einhalten von Budget– oder Technikrestriktionen zu gewährleisten (*FA.4*).

(P.4) Für die Integration der Aufgabenbereiche Enterprise–Architecture–Management, IT–Infrastrukturmanagement und IT–Betrieb (*RB.1, RB.2*) ist ein übergreifendes Vorgehensmodell notwendig. Dieses Vorgehensmodell steuert das Zusammenspiel dieser Aufgabenbereiche und schafft somit einen fließenden Übergang bei der Umsetzung von Zielarchitekturen im IT–Betrieb (*FA.1*). Durch ein festgelegtes und dokumentiertes Vorgehensmodell kann der Reifegrad der Aufgabengebiete erhöht werden (*QA.5*). Das übergreifende Vorgehensmodell muss dabei die Flexibilität besitzen, die verschiedenen bereits vorhandenen und spezialisierten Vorgehensmodelle der einzelnen Aufgabengebiete einzubinden (*RB.5*).

(P.5) Für das Model–Driven–Configuration–Management soll zusätzlich das Prinzip gelten, dass notwendige Dokumentationen mit textuellen Beschreibungen aus formalen Modellen erstellt werden und nicht umgekehrt. An den Schnittstellen zwischen den Aufgabenbereichen werden dann formale Modelle weitergereicht anstatt umfangreiche Dokumentationen (*RB.3*). Diese Modelle können sofort weiterverarbeitet werden. Nur so lässt sich das Prinzip der Transformatoren nutzen. Zudem ist damit gewährleistet, dass die Dokumentationen über Unternehmensarchitektur und Konfiguration einer IT–Systemlandschaft stets konsistent sind (*QA.3*) und für jede Anspruchsgruppe individuell erstellt werden können (*FA.7*).

---

[8] Im Gegensatz zum Model–Driven–Engineering wird hier von *Modell–zu–Konfiguration* gesprochen, da *Modell–zu–Code* als Bezeichnung, mit dem Ursprung in der modellgetriebenen Software–Entwicklung, unpassend erscheint.

Gleichzeitig wird die Kommunikation und Informationsversorgung der Anspruchsgruppen verbessert (*QA.2*).

(**P.6**) Ein weiteres Prinzip für das Model–Driven–Configuration–Management ist das frühzeitige Ausschließen nicht–valider oder irrelevanter Modellkonstrukte. Modellierungswerkzeuge sollten daher bei der Auswahl von Modellelementen nur noch diejenigen anbieten, die zulässig oder relevant sind. Durch diese Einschränkung von Modellierungsmöglichkeiten kann der Aufwand bei der Modellerstellung reduziert (*QA.1*) und gleichzeitig unrealistische Planungen vermieden werden (*FA.4*). Zudem sollten frühzeitig Abhängigkeiten von Elementen angezeigt werden (*FA.4*). Dies kann die Nachvollziehbarkeit und Transparenz von Entscheidungen erhöhen (*QA.4*). Als eine weitere Möglichkeit, nicht–valide Konstrukte frühzeitig zu vermeiden, wird die Verwendung von Pattern gesehen. Pattern stellen Lösungen für wiederkehrende Probleme dar und enthalten somit Fachwissen über wiederkehrende Strukturen [Coa92, 152], welche unabhängig von individuellem Wissen sind (*QA.6*). Pattern dienen damit der Standardisierung der Aufgabenbereiche. Da ein Pattern mehrere Modellelemente und deren Zusammenhänge enthalten kann, hat die Verwendung von Pattern eine positive Auswirkung auf die Komplexitäts- und Varietätsreduktion[9]. Durch die Verwendung von Pattern kann demnach die Entwicklungszeit verkürzt werden und sie dienen somit der Aufwandsreduktion (*QA.1*) [HGRZ06, 66].

(**P.7**) Da sowohl Menschen als auch Maschinen an der Überführung von Zielarchitekturen in IT-Konfigurationen beteiligt sind, müssen Modelle für beide lesbar sein. Durch die Lesbarkeit von Modellen kann die Kommunikation zwischen den Anspruchsgruppen verbessert werden (*QA.2*). Des Weiteren sind solche Modelle für mehrere Einsatzzwecke wiederverwendbar und formalisiert. Die Formalisierung ermöglicht dabei die Validation von Modellen mittels Analysen. Um dabei der heterogenen Umgebung bei der Integration (*RB.3*) gerecht zu werden, sollte das Model–Driven–Configuration–Management unabhängig von einer konkreten Modellierungssprache sein, sondern vielmehr auf Basis existierender Standards[10] mehrere Sprachen unterstützen (*FA.6*).

(**P.8**) Architekturen lassen sich unter verschiedenen Sichtweisen betrachten und beschreiben (s. Kapitel 2.1.1). Dadurch treten einzelne Details in den Vordergrund, um damit die Informationsversorgung und die Kommunikation zu verbessern (*QA.2*). Beim Model-Driven-Configuration-Management sollen Sichtweisen verschiedener Anspruchsgruppen beachtet werden, um ihnen die für sie relevanten Informationen zur Verfügung zu stellen (*FA.7*).

---

[9] An Stelle von X Elementen mit Y Beziehungen, wird nur noch 1 Element verwendet.
[10] Zum Beispiel eXtendable Markup Language (XML).

(P.9) Wiederkehrende, manuelle Aufgaben sollen durch Automatisierung vermieden werden *(FA.8)*, um die gleichen Aufgaben effizienter *(QA.1)* und weniger fehleranfällig *(QA.6, FA.9)* auszuführen. Auf Grund der wiederholt gleichen Qualität durch eine Automatisierung kann zudem der Reifegrad der Aufgabengebiete erhöht werden *(QA.5)*.

Unter Einhaltung der Prinzipien (P.1 – P.9) wird der, in Abbildung 4.3 als *System-Context-Diagram*[11] dargestellte Lösungsansatz für eine MDCM–Werkzeugarchitektur vorgeschlagen. Das *Model-Driven-Configuration-Management* besitzt zwei Konnektoren *(EAM- und ITO-Konnektor)* und verbindet damit die *Werkzeuge* des Enterprise–Architecture–Managements und des IT–Betriebs[12]. Eine Übersicht der ausgetauschten Daten *(A–M)* ist in der Tabelle 4.3 zu finden.

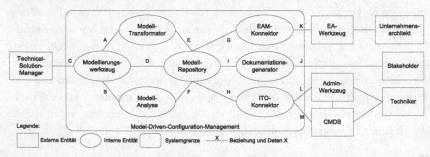

Abbildung 4.3: *MDCM–Werkzeugarchitektur als System-Context-Diagram*

Tabelle 4.3: *Spezifikation der Datenflüsse aus Abbildung 4.3*

ID	Beschreibung
A, C, D, G, H, I	Modelle als XML–Daten
B	Modelle als XML–Daten (Input für Analyse) und Kennzahlen als XML–Daten (Output der Analyse)
C	Visualisierungen von Modellen
E	Transformationsregeln
F	Analysemodelle
J	Dokumentation in verschiedenen Ausgabeformaten
K	IT–Architektur in EA–Sprache
L, M	IT–Konfigurationen in spezialisierten Datenformaten

Die Anspruchsgruppe der *Technical-Solution-Manager* arbeitet mit einem für das Model–Driven–Configuration–Management spezifischen *Modellierungswerkzeug*. Dieses bietet, neben der Modellierung, die Möglichkeiten der Modellanalyse und Modelltransformation. Dafür benutzt das Element *Modell-Transformator* Regeln, welche im Modell–Repository hinterlegt sind. Dadurch können diese Regeln ebenfalls bei weiteren Übersetzungen wieder verwendet werden. An das Modellierungswerkzeug werden die Ergebnisse der Transformation zurück geliefert, wenn diese visualisiert werden sollen. Den Kern des Model–Driven–Configuration–Management–Systems bildet ein zentrales *Modell-Repository*, welches die

---

[11] Mehr zu Context–Diagrammen in [Tel93, 161].
[12] Englisch: *IT Operations* (ITO).

Modelle zur Überführung von Zielarchitekturen zu IT-Konfigurationen enthält. Externe Werkzeuge werden von den Anspruchsgruppen *Unternehmensarchitekt* und *Techniker* des IT-Betriebs benutzt. Die beiden Konnektoren *EAM-Konnektor* und *ITO-Konnektor* sind mit dem Modell-Repository verbunden und tauschen Modelldaten aus. Entstehende IT-Konfigurationen werden über die *ITO-Konnektor*-Komponente an den IT-Betrieb weiter gereicht. Das Element *Modell-Analyse* liefert Kennzahlen auf Basis von Analysemodellen an das Modellierungswerkzeug zurück. Analysemodelle sind ebenfalls im Modell-Repository abgelegt und können so wiederverwendet werden.

4.2 Modelle und Transformationen

4.2.1 Metamodell des Model-Driven-Configuration-Managements

Wie im Kapitel 2 gezeigt, besitzt ein System eine Architektur (*abstrakte Struktur*), die durch eine holistische Architekturbeschreibung definiert wird. Außerdem besitzt es ebenfalls eine Konfiguration (*konkrete Struktur*), die durch detaillierte Konfigurationsbeschreibungen definiert wird. Übertragen auf eine *IT-Systemlandschaft* als System, bestehend aus Anwendungssystemen, System-Software und IT-Infrastruktur [PZH11], ergibt sich der in Abbildung 4.4 dargestellte Zusammenhang von *IT-Architektur*, *IT-Konfiguration* und deren Beschreibungen (*IT Architecture Description* und *IT Configuration Description*).

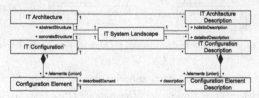

Abbildung 4.4: *MDCM-Metamodell Abgrenzung zur Architektur (UML-Klassendiagramm) [Her12, 1]*

Eine *IT-Konfiguration* enthält eine Menge von *Konfigurationselementen*, welche die *konkrete Struktur* darstellen. Jedes Konfigurationselement wird hierbei durch eine entsprechende Beschreibung (*IT Configuration Description*) spezifiziert. Damit besteht die *IT-Konfigurationsbeschreibung* aus einer Menge von *Elementbeschreibungen*. In Abbildung 4.5 sind diese Elemente detaillierter dargestellt.

Konfigurationselemente können in *nicht-physikalische* (*Anwendungen (Application)*, *System-Software*) und *physikalische* (*Hardware*, *bauliche Einrichtungen (Facility)*) Elemente unterschieden werden [PZH11]. Korrespondierend existieren entsprechende Beschreibungen der jeweiligen Konfigurationselemente (*Application Description*, *System Software Description*, *Hardware Description* und *Facility Description*). Gemäß ISO STD 10007:2003 besitzen Konfigurationselemente *Eigenschaften (Characteristics)*, welche das entsprechende Element charakterisieren. Des Weiteren stehen diese Elemente in Abhängigkeitsbeziehung (*Dependen-*

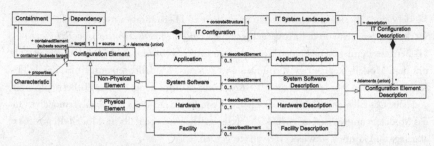

Abbildung 4.5: *MDCM–Konfigurations*elemente *(UML–Klassendiagramm)*

cy) [ISO03, 5]. Eine spezialisierte Art einer Beziehung stellen Zugehörigkeitsbeziehungen (*Containment*) dar (siehe D.7.3 und D.7.4, Kapitel 3.3.4). Dabei ist jedes Element (*containedElement*) einem umschließenden *Container* zugeordnet[13]. Der Zusammenhang zur entsprechenden Konfigurationsbeschreibung ist in Abbildung 4.6 dargestellt.

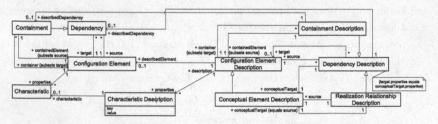

Abbildung 4.6: *MDCM–Metamodell* Beziehungen und Beschreibungen *(UML–Klassendiagramm)*

Dabei besitzen Elementbeschreibungen zunächst Beschreibungen für Eigenschaften eines Konfigurationselements (*Characteristics Description*). Diese bestehen jeweils aus einem Schlüssel (*key*) und der Ausprägung (*value*) für diese Eigenschaft. Für die Beschreibung einer IT–Konfiguration können *konzeptuelle Elementbeschreibungen* verwendet werden, um zum Beispiel noch nicht realisierte Elemente darzustellen oder diese durch eine schrittweise Verfeinerung später zu spezifizieren. Konzeptuelle Elemente werden ebenfalls bei der Beschreibung von Beziehungen zwischen Konfigurationselementen implizit verwendet. Dabei beschreiben diese wie das Ziel einer Beziehungsrelation gestaltet werden soll (*conceptual target*). Auch wenn konzeptuelle Elemente bei der Beschreibung von Beziehungen nicht expliziert werden müssen, so wird doch eine implizite Existenz vorausgesetzt, um zu prüfen, ob das beschriebene Ziel der Zielvorstellung entspricht, also die Beschreibung der Elementeigenschaften übereinstimmt (Restriktion `target.properties` `equals` `conceptualTarget.properties` — s. Abbildung 4.6). Sollte demnach einer Beziehung eine Zielelementbeschreibung (*target*) explizit zugeordnet sein, so müssen konzeptuelle

---

[13] Zum Beispiel Anwendungssoftware zu Betriebssystem, Datenbankmanagementsystem zu Betriebssystem, Betriebssystem zu Rechner, Rechner zu Rack, Rack zu Gebäude etc. [FR08, 6; HRZ10, 7].

Elementbeschreibung und zugeordnete Elementbeschreibung gleich sein. Für die explizite Verwendung einer *konzeptuellen Konfigurationsbeschreibung* wird eine zusätzliche Beziehungsart notwendig, welche — wie konzeptuelle Elementbeschreibungen auch — nur als Beschreibung existiert (*Realization Relationship Description*). Mit dieser wird ausgedrückt, dass ein bestimmtes konzeptuelles Element durch ein anderes konkretisiert wird. Dabei entspricht die implizite konzeptuelle Elementbeschreibung der Quelle (*source*) der Beziehung. Auch hier gilt, dass die Eigenschaften des zugeordneten Zielelements der Beziehung mit den definierten Eigenschaften des konzeptuellen Elements übereinstimmen müssen[14].

Auf Basis des technischen IT–Infrastrukturbegriffs lassen sich vier verschiedene Sichtweisen auf eine IT–Systemlandschaft ableiten (s. Abbildung 4.7): *Application Landscape*, *System Software Landscape*, *Hardware Landscape* und *Virtualization*. Letztere ist eine Spezialisierung einer IT–Systemlandschaft, da innerhalb einer virtualisierten Umgebung ebenfalls Anwendungssystemlandschaften, System Software Landschaften und Hardwarelandschaften erstellt werden können [PZH11][15].

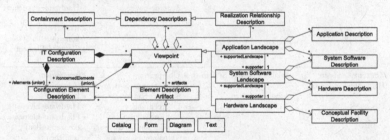

Abbildung 4.7: *MDCM-Metamodell* Sichtweisen *(UML–Klassendiagramm)*

Eine *IT-Konfigurationsbeschreibung* besteht demnach aus einer Menge von *Sichtweisen* (z.B. *Application Landscape*, *System Software Landscape*, *Hardware Landscape*), welche eine Konfiguration einer IT–Systemlandschaft aus unterschiedlichen Perspektiven beschreiben (s. Tabelle 4.4).

---

[14] Vererbt von *Dependency Description*.
[15] Aus Gründen der Vereinfachung nicht in Abbildung 4.7 dargestellt.

Tabelle 4.4: *Sichtweisen des Model-Driven-Configuration-Managements*

Sichtweise	Anspruchsgruppe	Zweck	Erwarteter Inhalt
Application Landscape (Anwendungssystemlandschaft)	Unternehmensarchitekt, Technical Solution Manager, Configuration Manager	• Verteilung Anwendungssysteme auf Systemsoftware • Ableitung System-Software-Anforderungen • Ableitung Hardware-Anforderungen	*Eigenschaften, Abhängigkeiten:* • konkrete Anwendungssystemelemente • Anwendungssystemelemente zu (konzeptuellen) System-Software-Elementen • (konzeptuelle) System-Software-Elemente zu (konzeptuellen) Hardware-Elementen
System Software Landscape (System-Software-Landschaft)	Configuration Manager, Technical Solution Manager, System Team, Techniker, Administratoren	• Überprüfung Konsistenz zu Application Landscape • Verteilung Systemsoftware auf Hardware-Elemente • Ableitung Hardware-Anforderungen	*Eigenschaften, Abhängigkeiten:* • konkrete System-Software-Elemente • System-Software-Elemente zu (konzeptuellen) Hardware-Elementen • Realisierung konzeptueller System-Software-Elemente
Hardware Landscape (Hardware-Landschaft)	Facility Manager, System Team, Techniker, Administratoren	• Überprüfung Konsistenz zu System Software Landscape • Überprüfung Konsistenz zu Application Landscape • Verteilung Hardware auf Standorte • Ableitung Anforderungen: bauliche Einrichtungen (Gebäude, Stromkabel, Netzwerkkabel etc.)	*Eigenschaften, Abhängigkeiten:* • konkrete Hardware-Elemente • Hardware-Elemente zu (konzeptuellen) baulichen Einrichtungen • Realisierung konzeptueller Hardware-Elemente

Dabei werden die entsprechenden *Elementbeschreibungen* (*Application Description, System Software Description, Hardware Description, Conceptual Facility Description*) und deren Beziehungen (*Containment Description, Dependency Description, Realization Relationship Description*) zueinander berücksichtigt. Eine Sichtweise setzt sich dabei aus einer Menge von Artefakten (z.B. *Elementkataloge, Diagramme, Text, Formulare* etc.[16]) zusammen. Artefakte dokumentieren dabei bestimmte IT-Konfigurationselementbeschreibungen.

---

[16] Siehe Anforderungen in Kapitel 3.3.

4.2.2 Modell–Transformationen des Model–Driven–Configuration–Managements

Bei der Überführung der IT–Architektur in eine IT–Konfiguration werden Architekturbeschreibungen schrittweise konkretisiert (IT–Konfigurationsmodelle). Ausgangspunkt sind Modelle der IT–Architektur, welche im Rahmen des Enterprise–Architecture–Managements erstellt wurden.

Das ideale Vorgehen im Rahmen eines Model–Driven–Engineering–Ansatzes (s. Abschnitt 4.1.1) ist es, Modelle von Unternehmensarchitekturen mit Hilfe von Transformatoren automatisiert in Konfigurationsmodelle der angestrebten IT–Systemlandschaft zu überführen. Dabei lädt der Transformator unter Kenntnis des entsprechenden Metamodells den Quellcode der IT–Architektur und transformiert es stufenweise, durch Anreicherung von Details bis zur Umsetzung [Boh06, 53]. Auch wenn das ideale Vorgehen ein angestrebtes Ziel ist (*FA.8*), so unterliegt diese Transformation Restriktionen, die eine vollautomatisierte Überführung einschränken (*E.6.**). Zunächst liegt ein Grund dafür in den Modellen der Unternehmensarchitektur selbst begründet, deren Ziel es ist, grundlegende Strukturen aufzuzeigen (s. Kapitel 2.1.1). In diesen abstrakten Modellen werden Elemente ausgeblendet oder nicht betrachtet. Damit entstehen Entscheidungssituationen, die nur schwer vollautomatisiert werden können (*E.6.**). Auch wenn formalisierbare Entscheidungsparameter eine Teilautomatisierung zulassen — z.B. Richtlinien in Unternehmen zur Auswahl von Betriebssystemen — so können dennoch manuelle Entscheidungssituationen nicht vollständig ausgeschlossen werden. Ein weiterer Grund liegt in der Verwendung allgemeingültiger Modellierungssprachen für Modelle der Unternehmensarchitektur (z.B. UML oder ArchiMate[17]). Diese besitzen zwar allgemeingültige Sprachkonstrukte für die Abbildung von IT–Architektur–Elementen, ihnen fehlt allerdings die semantische Genauigkeit bezogen auf spezielle Problemräume, wie dies domänenspezifische Sprachen (DSL) leisten (s. Abschnitt 4.1). So können zum Beispiel, auf Grund des UML–Metamodells für Verteilungsdiagramme, lediglich zwei verschiedene Elementtypen unterschieden werden (*device, execution environment*) [OMG10, 218]. Die angestrebte Semantik eines Modells wird demnach durch die gebotene Syntax nur ungenügend ausgedrückt. Das Prinzip *P.7* der Lesbarkeit von Modellen für Menschen und Maschinen kann in dieser Form nicht ausreichend erfüllt werden. Die Transformation und Bearbeitung von Modellen im Model–Driven–Configuration–Management erfolgt daher in einer teilautomatisierten Transformationskette (s. Abbildung 4.8). Sie ist eine Kombination aus automatisierten Transformationen (T) und manueller Modellierung (M). Schritte der Modellierung werden dennoch durch die MDCM–Werkzeugarchitektur unterstützt (P.6 — P.8). Sollten Entscheidungsregeln während der Modellierungsschritte formalisierbar sein, so können diese ebenfalls automatisiert werden.

---

[17] Offizielle Modellierungssprache für TOGAF (siehe Kapitel 2.1.2).

Die Abbildung 4.8 mit den Transformations- und Modellierungsschritten wird nachfolgend
beschrieben.

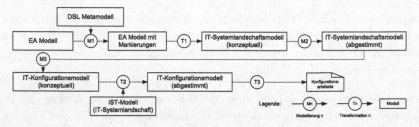

Abbildung 4.8: *Modelle und Transformationen*

Im ersten manuellen Schritt (*M1*) werden dem *EA-Modell* Markierungen hinzugefügt, welche die zu verwendenden Elemente der zukünftigen IT–Systemlandschaft kennzeichnen
und konkretisieren. Das Ergebnis ist ein *EA-Modell mit Markierungen*, welches als Quelle
für die erste Transformation (*T1*) verwendet wird. So werden nur die Elemente in der
Transformation verarbeitet, welche für den Transformator relevant sind. Die Relevanzent-
scheidung trifft hierbei der Technical–Solution–Manager (s. Abschnitt 4.1.2) auf Basis eines
DSL–Metamodells. Während der Transformation *T1* werden diese Markierungen somit
dazu verwendet, um die Elemente der IT–Architektur in Elemente eines *konzeptuellen IT-
Systemlandschaftsmodells* zu überführen. Dabei kann das Zielmodell um fehlende Elemente
erweitert werden. Auch wenn das Konzept des Model–Driven–Configuration–Managements
unabhängig von einer spezifischen Modellierungssprache sein soll (*FA.6*), so sind doch
grundlegende Eigenschaften für die Modellierung von IT–Systemlandschaftsmodellen
und IT–Konfigurationsmodellen vorhanden (s. Abschnitt 4.2.1). Um eine für die Konfiguration notwendige Detailgenauigkeit zu erreichen, sind zur konkreten Verwendung
im MDCM jedoch domänenspezifische oder produktspezifische Erweiterungen (*DSL Extension*) notwendig (starke Typisierung). Das Ergebnis der ersten Transformation ist ein
konzeptuelles IT–Systemlandschaftsmodell, welches im Gegensatz zum ursprünglichen
EA–Modell durch starke Typisierung semantisch eindeutiger ist. Die Elemente des konzeptuellen IT–Systemlandschaftsmodells müssen im folgenden Modellierungsschritt *M2*
konkretisiert werden, so dass ein abgestimmtes IT–Systemlandschaftsmodell resultiert.
Abgestimmt bedeutet, es wurde aus einer Reihe von erstellten, möglichen Varianten für
ein IT–Systemlandschaftsmodell die finale Variante ausgewählt. Dieses abgestimmte IT-
Systemlandschaftsmodell wird im Modellierungsschritt *M3* zu einem *konzeptuellen IT-
Konfigurationsmodell* verfeinert. Die daraus resultierenden Anforderungen an darunterliegende Elemente einer IT–Infrastruktur werden dabei als konzeptuelle Konfigurationselemente definiert. Mit Hilfe eines IST–Systemlandschaftsmodells (inkl. aktueller Anwendungssysteme, System–Software und IT–Infrastruktur) werden in der Transformation *T2*
die geplanten IT–Konfigurationselemente auf bestehende Elemente zugeordnet und es ent-

steht ein abgestimmtes IT-Konfigurationsmodell. An diesem IT-Konfigurationsmodell lassen sich die zu konfigurierenden Elemente ablesen — sämtliche Elemente, welche im Gegensatz zur existierenden IT-Systemlandschaft hinzugefügt, entfernt oder verändert werden müssen [HRZ10, 7]. Daraus können benötigte Konfigurationsartefakte (z.B. Bedarfsanforderungen, Skripte, Checklisten, Konfigurationsdateien etc.) durch Modell-zu-Konfigurationstransformationen generiert werden. Der vorgestellte modellgetriebene Ansatz soll im Rahmen des Model-Driven-Configuration-Managements durch einen organisatorischen Prozess strukturiert und durch eine Werkzeugarchitektur unterstützt werden. Beide Teile des MDCM-Konzeptes werden in den nachfolgenden Kapiteln detailliert beschrieben.

4.3 Konzeption eines Vorgehensmodells für das Model–Driven–Configuration–Management

4.3.1 Herleitung des MDCM-Vorgehensmodells

Den meisten Vorgehensmodellen zur Systementwicklung liegen vier Prinzipien zugrunde, welche für ein Vorgehensmodell für das Model–Driven–Configuration–Management ebenfalls verwendet werden sollen. Diese sind: das *Top–Down–Prinzip*, das *Prinzip der Variantenbildung*, das *Prinzip der Phasengliederung* und der *Problemlösungszyklus* [HNB+94, 23 ff.; KHL+08, 11 ff.].

Unter dem *Top–Down–Prinzip* wird das schrittweise Einengen und Verfeinern eines zunächst weiter gefassten Betrachtungsfeldes (Problem oder Lösung) verstanden. Dabei werden Problemfelder grob strukturiert, in eine Umwelt eingebettet und abgegrenzt sowie Schnittstellen definiert. Bei der Gestaltung einer Lösung wird darunter verstanden, dass zunächst generelle Ziele (Lösungsrahmen) erstellt werden und der Detaillierungs– und Konkretisierungsgrad während der Systementwicklung schrittweise erhöht wird. Konzepte höherer Ebenen dienen dann als Orientierungshilfen bei der Betrachtung der nachfolgenden Ebenen [Mar89, 2 ff.; HNB+94, 33]. Bei der Anwendung des *Top–Down–Prinzips* für ein Vorgehensmodell des Model-Driven-Configuration-Managements wird der Detaillierungs– und Konkretisierungsgrad stufenweise, ausgehend von einer strategischen Unternehmensarchitektur über die Entwicklung von Zielarchitekturen und IT-Konfigurationsmodellen bis zur eigentlichen IT-Konfiguration der IT-Systemlandschaft, erhöht (siehe Ergebnisse B.8.2–B.8.3 sowie funktionale Anforderungen FA.2 und FA.3). Grundstrukturen von höheren Ebenen bleiben auf den nachfolgenden Ebenen erhalten. So dienen die höheren Ebenen nicht nur als Orientierungshilfe, sondern können vielmehr dazu verwendet werden, die Validität der Modelle von nachfolgenden Ebenen zu überprüfen. Durch diesen Zusammenhang bleiben Zielarchitekturen und IT-Konfiguration stets konsistent (FA.3, S. 64).

Mit dem *Prinzip der Variantenbildung* ist gemeint, dass zunächst ein umfassender Überblick über Lösungsmöglichkeiten geschaffen werden muss. In Kombination mit dem Top-Down-Prinzip gilt das Prinzip der Variantenbildung ebenfalls für die nachfolgende Ebene. Somit wird durch Entscheidungen für Varianten die Variantenvielfalt stufenweise und systematisch reduziert. Dafür sind Kenntnisse über die Konsequenzen von Entscheidungen notwendig. Da Entscheidungen trotzdem unter Unsicherheit in Bezug auf Detaillösungen erfolgen, können Fehlentscheidungen auftreten. Diese werden aber erst eine Detaillierungsebene tiefer evident. In diesem Fall sollte auf eine höhere Ebene zurückgekehrt und eine erneute Entscheidung getroffen werden [HNB+94, 33 ff.; Sim97, 281]. Daher ist anzunehmen, dass die Möglichkeit von Fehlentscheidungen Auswirkungen auf die Gestaltung der Phasen und der einzelnen Schritte innerhalb der Phasen hat. So wird das Überschreiten von Budget- oder Technikrestriktionen bei der Planung von IT-Lösungen ein Überarbeiten von Zielarchitekturen zur Folge haben (E.3.12–E.3.14, S. 56). Des Weiteren werden Entscheidungen über die Auswahl von Varianten nicht durch die Organisationseinheit allein entschieden, welche die Varianten erstellt. Vielmehr wird dies durch einen (internen oder externen) Auftraggeber erfolgen (A.6.*, S. 40). Somit müssen Wiederholungszyklen (Abstimmungsphasen und Rückflüsse) in das Vorgehensmodell einfließen (A.8.*, S. 40; D.9.*, S. 51). Damit können Auswirkungen von Entscheidungen frühzeitig erkannt werden (FA.4, S. 64).

Das *Prinzip der Phasenbildung* stellt eine Konkretisierung und Erweiterung der beiden ersten Prinzipien dar. Die Grundidee ist es, die Entwicklung und Realisierung einer Lösung in einzelne, zeitlich und logisch voneinander getrennte Phasen zu untergliedern (Makro-Prozess) [Dum03, 18 ff.]. Damit wird ein stufenweiser Planungs-, Entscheidungs- und Konkretisierungsprozess mit vordefinierten Korrekturpunkten geschaffen. Somit werden die Komplexität der Entwicklung und das Risiko einer Fehlentscheidung systematisch reduziert. Es muss zwischen Lebensphasen eines Systems und Projektphasen zur Entwicklung eines Systems unterschieden werden [HNB+94, 37 ff.; KHL+08, 16]. Zum Lösen von Problemen in den einzelnen Phasen werden wiederum Teilschritte angewendet, die als *Problemlösungszyklus* bezeichnet werden (Mikro-Prozess). Diese Teilschritte sind: *Zielsuche und –konkretisierung (Situationsanalyse, Zielformulierung), Lösungssuche (Synthese von Lösungen, Analyse von Lösungen)* und *Auswahl (Bewertung, Entscheidung)* [Sim97, 293 ff.]. Innerhalb des Problemlösungszyklus werden ebenfalls Wiederholungszyklen verwendet. Das Ergebnis eines Problemlösungszyklus einer Phase kann wiederum der Auslöser für das Ausführen einer nachfolgenden Phase sein [HNB+94, 47 ff.; DS03, 27]. Auf Basis der Rahmenbedingungen RB.1 und RB.2 aus Kapitel 3.4 können bereits fünf Phasen für das Model-Driven-Configuration-Management identifiziert werden: *IST-Analyse, Architekturplanung, IT-Systemlandschaftsplanung, Beschaffung* und *Inbetriebnahme von Konfigurationen.* Des Weiteren existieren die Aufgabengebiete: *Enterprise-Architecture-Management, IT-Infrastrukturmanagement* und *IT-Betrieb.* Um einen fließenden Übergang zwischen den

Aufgabengebieten und den Phasen zu schaffen (FA.1) und um die Vorgehensmodelle, Werkzeuge und Modelle für verschiedene Anspruchsgruppen zu integrieren, entsteht so das Phasenmodell des Model–Driven–Configuration–Managements (s. Abbildung 4.9).

Zunächst existiert die Lebensphase der *Unternehmensarchitektur in Entwicklung* (siehe Kapitel 3.4.1, S. 60–61), welche durch das Aufgabengebiet *Enterprise–Architecture–Management* gestaltet wird. Dieser Lebensphase sind die Projektphasen *IST–Analyse, Architekturgrobplanung* und *Architekturfeinplanung* zugeordnet, welche auf Basis einer existierenden Unternehmensarchitektur und auf Grund eines äußeren Anreizes (*Anstoß*) zur Änderung neue *fachliche Anforderungen* erstellen, eine *strategische Architektur* entwickeln und für die Umsetzung *Pakete* im Rahmen eines Projektportfolios definieren (s. Kapitel 3.3.4, S. 47). Innerhalb eines Pakets gibt es eine Zielarchitektur, welche beschreibt, wie mit diesem Paket ein weiterer Schritt zur Erreichung der strategischen Architektur umgesetzt wird. Durch das Enterprise–Architecture–Management wird dann die Umsetzung der Pakete in der richtigen Reihenfolge angestoßen. In Bezug auf eine IT–Systemlandschaft bedeutet dies, dass die Lebensphase *IT–Systemlandschaft in Entwicklung* beginnt (siehe Kapitel 3.4.1, S. 61–62). Für diese Lebensphase ist das IT–Infrastrukturmanagement zuständig, welches mit Hilfe der Projektphasen *IT–Systemlandschaftsgrobplanung* und *IT–Systemlandschaftsfeinplanung* Modelle für eine *IT–Systemlandschaft* (Gesamtkonzept) und *IT–Konfigurationen* (Detaillmodelle zur IT–Systemlandschaft) erstellt (s. Kapitel 4.2). Sind diese Modelle valide und abgestimmt, werden diese an den *IT–Betrieb* zur Realisierung übergeben und die Lebensphase *IT–Systemlandschaft in Realisierung* startet (siehe Kapitel 3.4.1, S. 62). Diese Lebensphase umfasst die Projektphasen *Beschaffung* und *Inbetriebnahme*, welche auf Basis der Modelle der vorherigen Phase IT–Infrastrukturelemente und zu installierende Software beschafft sowie diese in eine konfigurierte IT–Systemlandschaft umsetzt (s. Kapitel 3.3.4, S. 47). In der Lebensphase *Betrieb* wird durch die Projektphase *Einführung und Übergabe* eine konfigurierte IT–Systemlandschaft in eine produktive überführt und durch die Projektphase *Projektabschluss* das Projekt abgeschlossen. Mit der Zeit entsteht eine *unbefriedigende überholte IT–Systemlandschaft* (siehe Kapitel 3.3.3), welche durch ein *eventuell neues Projekt* verändert wird (*Umbau, Neubau, Abschaltung, Entsorgung*)[18].

Gemäß Prinzip *P.4* sollen bereits existierende Vorgehensmodelle zur Unternehmensarchitekturentwicklung und zum IT–Betrieb integrierbar sein. Das hat zur Folge, dass vor allem die Phasen der *Architekturentwicklung* und des *IT–Betriebs* durch bereits vorhandene Vorgehensmodelle geprägt sein werden (z.B. TOGAF oder ITIL). Somit ist lediglich die Einhaltung eines Standards an den Schnittstellen der Aufgabengebiete (Modelle und Entscheidungen) von Bedeutung. Das vorliegende Vorgehensmodell stellt hierbei eine allgemeingültige Referenz dar, um die Aufgaben des Model–Driven–Configuration–Managements zu strukturieren,

---

[18] Dem Kern der Arbeit entsprechend, sind die betrachteten Phasen in Abbildung 4.9 grau hinterlegt.

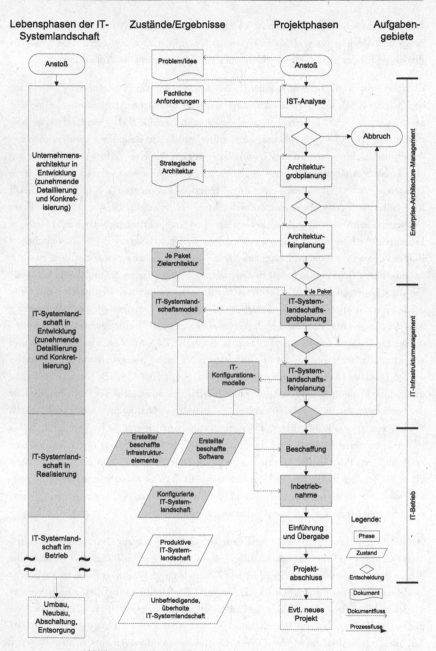

Abbildung 4.9: *Phasenmodell des Model–Driven–Configuration–Managements*

für die Erstellung von notwendigen Modellen einen Rahmen zu schaffen und damit die Integration bestehender Vorgehensmodelle zu ermöglichen. Die Abgrenzung der Phasen stellt daher keine starre lineare Abfolge dar, genauer entsprechen sie einer rein logischen Klassifikation von Aufgaben während des Erstellungsprozesses einer IT-Systemlandschaft. So kann der Prozess, wie zum Beispiel im Fall 4 (s. Kapitel 3.3.4) explizit als Erfolgsfaktor benannt, auch iterativ gestaltet werden (RB.3 bis RB.5).

Das Phasenmodell wird in den folgenden Kapiteln detailliert beschrieben, wobei dem Kern der vorliegenden Arbeit entsprechend, nur die Lebensphasen *IT-Systemlandschaft in Entwicklung* und *IT-Systemlandschaft in Realisierung* betrachtet werden. Hierbei sind auch die entsprechenden Schnittstellen zum Enterprise-Architecture-Management und zum IT-Betrieb von Bedeutung, da sie den Anstoß und das Ergebnis der Überführung darstellen.

4.3.2 IT-Systemlandschaftsgrobplanung (IT-Systemlandschaft in Entwicklung)

In Bezug auf das Enterprise-Architecture-Management werden in dieser Phase Teile der Unternehmensarchitektur isoliert betrachtet. Der Zweck dieser Phase ist es, Lösungskonzepte für eine Umsetzung der Zielarchitektur zu entwickeln und deren Struktur zu verfeinern. Für die Gestaltung einer IT-Systemlandschaft werden in dieser Phase Varianten erarbeitet, um diese in Bezug auf technische und wirtschaftliche Restriktionen zu beurteilen. Das Ergebnis ist ein abgestimmtes IT-Systemlandschaftsmodell (*System Landscape Model*) in dem die groben logischen Strukturen einer IT-Systemlandschaft enthalten sind. Darunter fallen sämtliche Produktentscheidungen für Anwendungssoftware und, wenn möglich, sind diese bereits auf Elemente einer IT-Infrastruktur abgebildet. Ein *System Landscape Model* beschreibt demnach aus fachlicher Sicht, welche Architekturelemente durch welche Produkte umgesetzt werden und welche Auswirkungen diese auf die darunterliegende IT-Infrastruktur besitzen. Sollten im Rahmen der Unternehmensarchitekturentwicklung bereits Modelle der IT-Architektur mit dem gleichen Inhalt erstellt worden sein[19], so sind sie mit einem *System Landscape Model* semantisch deckungsgleich. Dennoch hat die Anforderungsanalyse gezeigt, dass durch die Prüfung weiterer Restriktionen durch Überführungsexperten Entscheidungen von Unternehmensarchitekten verändert werden (s. Kapitel 3.3.4). Somit ist auch in diesem Fall die Phase für die Entwicklung von IT-Systemlandschaften notwendig.

Ausgangspunkt für die IT-Systemlandschaftsgrobplanung ist eine Zielarchitektur (*Target Architecture*), die in der Phase *Architekturfeineinplanung* entworfen wurde (s. Abbildung 4.10). Mit einer *IT-Architektur* als Bestandteil einer *Unternehmensarchitektur* wird die grundle-

---

[19] Zum Beispiel Operational Model in UML (s. Kapitel 3.3.4) oder Technology Modelle in ArchiMate [Lan05b, 317].

gende Struktur einer *IT-Systemlandschaft* bezeichnet. Deren konkrete Struktur dagegen stellt eine *IT-Konfiguration* dar (s. Kapitel 2.2.1). Mit einer *Architekturbeschreibung* werden Bestandteile (*Architecture Element Description*) einer Unternehmensarchitektur beschrieben. In Bezug auf die Zeit lassen sich drei grundlegende Sichtweisen identifizieren. Dazu gehören die *IST-Architektur*, *strategische Architektur* und Zielarchitektur (*Target Architecture*). Zur Umsetzung einer strategischen Architektur werden für jedes Projekt eines *Projektportfolios* Arbeitspakete (*Work Packages*) festgelegt. Diese können dann eine zu implementierende Zielarchitektur definieren [TOG09, 168 ff.](s. Kapitel 3.3.4). Eine Zielarchitektur besitzt dabei Elementbeschreibungen, welche eine Teilmenge der Elemente einer strategischen Architektur (subsets StrategicArchitecture.elements) darstellen.

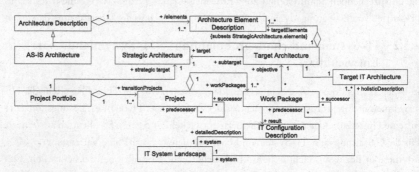

Abbildung 4.10: *Zusammenhang von IT-Architektur, IT-Konfiguration und IT-Systemlandschaft (UML-Klassendiagramm)*

Für die Realisierung einer IT-Systemlandschaft wird insbesondere die Beschreibung der gewünschten IT-Architektur (*Target IT Architecture*) verwendet. Sämtliche Elementbeschreibungen (*IT Architecture Element Description*) beziehen sich hierbei auf IT-Architekturelemente. Das Resultat der MDCM-Arbeitspakete, mit dem Ziel eine IT-Systemlandschaft zu verändern, ist die Beschreibung der IT-Konfiguration (*IT Configuration Description*) als Grundlage für die Umsetzung. In Abbildung 4.11 sind die Teilschritte dieser Phase auf Basis des Problemlösungszyklus [HNB+94, 39 ff.] dargestellt.

Durch die Analyse (*W1*) der Zielarchitektur und weiterer Vorgaben aus der Architekturplanung werden Rahmenbedingungen (z.B. Service Level Agreements) für die Entwicklung einer IT-Systemlandschaft abgeleitet. Daraus werden in einem weiteren Schritt (*W2*) konkrete IT-Anforderungen als konzeptuelles Modell der IT-Systemlandschaft formuliert (*M1* und *T1*, Kapitel 4.2), auf deren Basis Analysemodelle für die spätere Bewertung von Lösungsvarianten erstellt werden. Im Schritt *W3* werden für die geplanten Anwendungssysteme Softwareprodukte ermittelt sowie davon abhängige Elemente und Abhängigkeiten der IT-Infrastruktur (*M2*). Im folgenden Schritt (*W4*) werden daraus passende Lösungsvarianten erstellt. Diese Varianten werden als logische Modelle möglicher IT-Systemlandschaften erfasst.

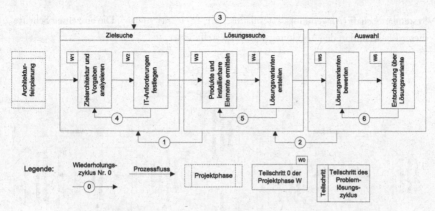

Abbildung 4.11: *Abfolge der Aktivitäten zur Projektphase IT-Systemlandschaftsgrobplanung*

Mit Hilfe dieser Modelle und von Analysemodellen werden diese IT–Systemlandschaften hinsichtlich Budget- und Technikrestriktionen bewertet (*W5*). Auf Basis dieser Bewertungen wird eine Entscheidung über Lösungsvarianten getroffen und in einem abgestimmten IT–Systemlandschaftsmodell dokumentiert, welches dann Gegenstand einer Detailplanung im nächsten Schritt ist. Zusätzlich existieren Wiederholungszyklen, wie sie in der Tabelle 4.5 dokumentiert sind.

Tabelle 4.5: *Beschreibung der Wiederholungszyklen nach [HNB⁺ 94, 97 ff.]*

Nr.	Beschreibung
1	*Lösungssuche zu Zielsuche:* ursprünglich festgelegte Ziele führen zu keiner brauchbaren Lösung; Ziele müssen angepasst werden; Situation evtl. erneut analysieren
2	*Auswahl zu Lösungssuche:* durch Bewertung festgestellte Lösungsvarianten ungenügend ausgearbeitet oder untersucht; neue Wünsche von Auftraggebern
3	*Auswahl zu Zielsuche:* Auftraggeber bei Entscheidung nicht zufrieden oder hat neue Erkenntnisse über Systemabgrenzung, Zielsetzungen etc.; Wiederholung des gesamten Problemlösungszyklus der Phase notwendig
4	*Innerhalb Zielsuche:* neue Ziele erfordern weitere Situationsanalysen
5	*Innerhalb Lösungssuche:* iterative Lösungssuche im Wechsel von Lösungssynthese und –analyse
6	*Innerhalb Auswahl:* iterative Entscheidungsfindung durch Anpassen von Gewichtungen oder Kriterien

4.3.3 IT–Systemlandschaftsfeinplanung (IT–Systemlandschaft in Entwicklung)

In dieser Phase werden Elemente eines IT–Systemlandschaftsmodells isoliert und detailliert betrachtet. Dadurch wird das Betrachtungsfeld eingeengt, um Teillösungen (*IT-Konfigurationen*) so weit zu konkretisieren, dass sie in der Folge umgesetzt werden können. Dabei werden konkrete Konfigurationsprobleme bearbeitet, so dass sie den Anforderungen des IT–Systemlandschaftsmodells genügen. Das Ergebnis ist ein konkretes *IT-Konfigurationsmodell* in dem sämtliche konzeptuelle Elemente eines Systemteils auf konkrete Elemente abgebildet sind. Damit beschreibt es die zukünftige Gestalt der IT–

Systemlandschaft (Anwendungssystemlandschaft, IT–Infrastruktur). Die einzelnen Schritte
dieser Phase sind in der Abbildung 4.12 dargestellt.

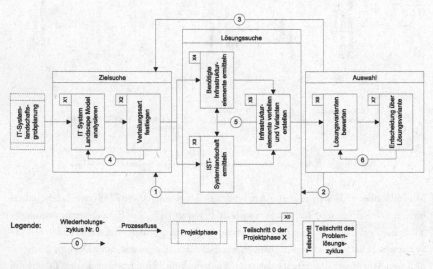

Abbildung 4.12: *Abfolge der Aktivitäten zur Projektphase IT-Systemlandschaftsfeinplanung*

Ausgangspunkt ist ein abgestimmtes IT–Systemlandschaftsmodell, welches hinsichtlich der
zu lösenden Aufgabe in sinnvolle Teilprobleme (Sichtweisen) zerlegt und analysiert wird
(*X1*). Trotz Zerlegung bleibt die Konsistenz der Teilmodelle untereinander erhalten, da sie
einen konsistenten Bezug zum IT–Systemlandschaftsmodell haben. Daraufhin wird für
jedes Anwendungssystem aus dem IT–Systemlandschaftsmodell im Schritt *X2* festgelegt,
welche Möglichkeiten der Konfiguration (z.B. monolithisches System, verteiltes System,
ausfallsicheres System durch Cluster etc.) existieren (*Verteilungsart*). Im Rahmen des Schritts
X3 wird die aktuelle IT–Systemlandschaft ermittelt und als IST–Modell zusammengefasst.
Parallel dazu werden im Schritt *X4* die benötigten IT–Infrastrukturelemente, die sich aus der
jeweiligen Verteilungsart ergeben, ermittelt und als konzeptuelles IT–Konfigurationsmodell
modelliert (*M3*). Diese Modelle werden dann auf das IST–Modell abgebildet (*X5*), wodurch
erkennbar ist, welche Elemente verändert, hinzugefügt oder entfernt werden müssen (*T2*).
Für jedes Teilproblem entstehen so Lösungsvarianten (je Verteilungsart), die wiederum
für eine Entscheidungsfindung mit Hilfe von Analysemodellen hinsichtlich Budget– und
Technikrestriktionen bewertet werden (*X6*). Die Phase ist abgeschlossen, wenn eine abgestimmte Lösungsvariante für eine IT–Konfiguration existiert, in der sämtliche konzeptuelle
Elemente durch konkrete Elemente realisiert sind. Auch in dieser Phase existieren Wiederholungszyklen (s. Tabelle 4.5) analog zur vorherigen Phase. Die IT–Konfigurationsmodelle
werden in den nächsten Phasen für die Realisierung verwendet.

4.3.4 Beschaffung von Elementen der IT–Systemlandschaft (IT–Systemlandschaft in Realisierung)

Grundlage für eine Bedarfsplanung fehlender Anwendungssystem- und IT–Infrastruktur-Elemente ist das in der vorangegangenen Phase abgestimmte IT–Konfigurationsmodell. Dadurch können Bedarfe für den Einkauf ermittelt werden. Der grundsätzliche Ablauf der Beschaffung ist in der Abbildung 4.13 zusammengefasst.

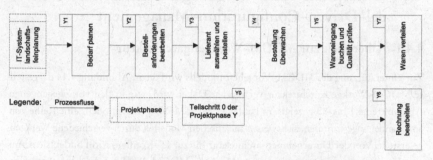

Abbildung 4.13: *Abfolge der Aktivitäten zur Projektphase Beschaffung [Sch98, 426; Sch09]*

Nach der Bedarfsplanung auf Basis eines abgestimmten IT–Konfigurationsmodells werden Bestellanforderungen erstellt (Y1, Y2). Daraufhin werden mögliche Lieferanten ermittelt und Angebote eingeholt (Y3). Hierunter fallen ebenfalls interne Lieferanten, wenn bestimmte Elemente der IT–Systemlandschaft intern erstellt werden sollen (z.B. Individualentwicklung oder Anpassung von Software). Nach der Auswahl eines Angebots wird eine Bestellung an den Lieferanten übermittelt und der Bestellvorgang bis zur Lieferung überwacht (Y4). Sind die bestellten Elemente der IT–Systemlandschaft (Software, Hardware) geliefert, so werden diese nach einer Qualitätsprüfung (Y5) an die entsprechenden Fachabteilungen verteilt (Y7) oder die Ware reklamiert [20]. Parallel dazu wird der Wareneingang verbucht und die Rechnung verarbeitet (Y6). Die Buchung des Wareneingangs erfolgt, neben betriebswirtschaftlichen Systemen (z.B. ERP–System), ebenfalls in einer Configuration Management Database zur Inventarisierung im IT–Betrieb.

4.3.5 Inbetriebnahme der IT–Systemlandschaft (IT–Systemlandschaft in Realisierung)

Das Ziel dieser Phase ist es, anhand von abgestimmten IT–Konfigurationsmodellen die geplante IT–Systemlandschaft zu konfigurieren. Um die Konfiguration von IT–Systemen so weit wie möglich zu automatisieren, werden aus IT–Konfigurationsmodellen verschiedene Artefakte abgeleitet (z.B. individualisierte und angepasste Installationsskripte, Konfigurationsdateien oder Checklisten für Administratoren) [HRZ10, 7 f.]. Dazu gehört ebenfalls die

---

[20] Reklamationsabwicklung wird hier nicht weiter betrachtet — siehe dazu [Sch98].

Aktualisierung von Konfigurationsdatenbanken (CMDB). Neben der Erstellung und Tests der zukünftigen IT–Systemlandschaft gehört zu dieser Phase, im weitesten Sinn, auch die Erstellung von Dokumentationen und Bedienungsanleitungen, Planung von Maßnahmen bei Störung und Ausfall, Planung von Schulungen und die Festlegung von Wartungszyklen [HNB+94, 43; IBM00a].

4.4 Konzeption einer Werkzeugarchitektur für das Model–Driven–Configuration–Management

4.4.1 Überblick zur MDCM–Werkzeugarchitektur

Zur Unterstützung des MDCM–Vorgehensmodells wird die in Abbildung 4.14 dargestellte MDCM–Werkzeugarchitektur verwendet. Dabei wird, wie in den vorangegangenen Abschnitten 4.1 bis 4.3 gezeigt, im Laufe des MDCM–Vorgehensmodells eine Reihe von aufeinander abgestimmten, sichtweisen-spezifischen Modellen durch verschiedene Werkzeuge erstellt. Von der Unternehmensarchitektur bis zur IT–Konfiguration bilden sie damit eine Transformationskette ab, in deren Mitte die MDCM–Werkzeugkomponenten eine lückenlose Überführung gewährleisten. Die MDCM–Werkzeugkomponenten werden in drei Hauptbestandteile unterteilt: *MDCM Client* (Komponenten für die Benutzerinteraktion), *MDCM Core* (Kernkomponenten der MDCM–Werkzeugarchitektur) und *Backend* (Anbindung externer Systeme).

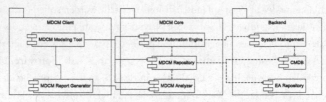

Abbildung 4.14: *MDCM–Werkzeugarchitektur (UML–Komponentendiagramm)*

Gemäß Prinzip *P.8* werden Sichtweisen verschiedener Anspruchsgruppen mit Hilfe des *MDCM–Client*-Pakets beachtet. So erhalten Technical–Solution–Manager und andere am Entwicklungsprozess beteiligte Anspruchsgruppen über sie Zugriff auf die Kernfunktionalität eines MDCM–Werkzeugs[21], wobei nur Technical–Solution–Manager, als Verantwortliche der Überführung einer IT–Architektur in eine IT–Konfiguration, die Möglichkeit erhalten, aktiv Modelle zu verändern (*MDCM Modelling Tool*). Weiteren Anspruchsgruppen werden automatisierte, sichtweisen-spezifische Dokumentationen auf Basis von formalen Modellen (P.5, P.7) zur Verfügung gestellt (*MDCM Report Generator*). Den Kern der MDCM–Werkzeugarchitektur bildet die Komponente *MDCM Repository* (P.1) mit den zusätzlichen Komponenten *MDCM Automation Engine* (P.3, P.7) und *MDCM Analyzer* (P.3,

---

[21] Siehe auch Abbildung 4.3.

P.6). Die *MDCM Automation Engine* führt Modelltransformationen durch und speichert die generierten Artefakte (Modelle oder Konfigurationen) im *MDCM Repository* oder stößt die Konfiguration durch externe *System–Management–Komponenten* an. Neben der Ablage von Modellen und Transformationen wird das *MDCM Repository* für die Anbindung externer Systeme (Backend) des Enterprise–Architecture–Managements (*EA–Repository*) und des IT–Betriebs (*CMDB*) verwendet (P.2). Die Komponente *System–Management* dient der Weiterverarbeitung von IT–Konfigurationsmodellen während der Realisierung von IT–Konfigurationen. Neben der Möglichkeit, Modelle gemäß vorher festgelegter Analysemodelle zu untersuchen, bietet die Komponente *MDCM Analyzer* ebenfalls die Möglichkeit an, Modelle zu validieren, um so frühzeitig Fehler zu erkennen. Die ermittelten Analyseergebnisse stehen der *MDCM–Report–Generator*-Komponente zur Verfügung. Die MDCM–Werkzeugarchitektur-Komponenten werden in den folgenden Abschnitten detaillierter beschrieben. Eine Zuordnung der MDCM–Werkzeugkomponenten zu Prinzipien und Phasen des MDCM–Vorgehensmodells ist im Anhang B.1 und B.2 zusammengefasst.

4.4.2 Aufbau eines MDCM–Clients

Ein *MDCM Client* verwendet die Komponente *MDCM Repository*, welche eine interne Repräsentation (abstrakte Syntax[22]) des zu verarbeitenden *Modells* erzeugt und den weiteren Komponenten *MDCM Modelling Tool* und *MDCM Report Generator* zur Verfügung stellt (s. Abbildung 4.15).

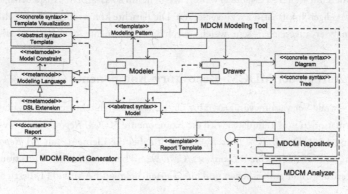

Abbildung 4.15: *MDCM Client (UML-Komponentendiagramm)*

Die Komponente *MDCM Modelling Tool* besteht aus einer Komponente zum Zeichnen (*Drawer*) verschiedener Visualisierungen eines formalen Modells in unterschiedlich konkreter Syntax (z.B. *Diagramme* oder *Baumdarstellungen*) und einer Modellierer-Komponente (*Modeler*). Mit Hilfe der *Modeler*-Komponente werden dem Benutzer des *MDCM-Clients* verschiedene *Modellierungssprachen* zum Erstellen von formalen Modellen angeboten. Dabei

---

[22] Zur Abgrenzung von konkreter und abstrakter Syntax siehe [SVEH07, 28 f.].

kann das Modellierungswerkzeug um weitere Modellierungssprachen oder Spracherweiterungen (*DSL Extension*) ergänzt werden. Neben der Definition von Sprachkonstrukten
werden durch *Modelling Constraints* Regeln und Bedingungen formuliert, welche die Korrektheit von Modellen beschreiben. Unter Beachtung dieser Bedingungen und Regeln können bereits während der Modellierung nicht-valide Konstrukte erkannt werden. Weiterhin
werden durch die *Modeler*-Komponente eine Reihe vordefinierter und wiederverwendbarer
Modellkonstrukte als Muster (*Modelling Pattern*) zur Verfügung gestellt. *Modelling Pattern*
enthalten somit Expertenwissen (Empfehlungen) für die Erstellung von Modellen für komplexe IT–Systemlandschaften und deren IT–Konfigurationen und bieten damit ebenfalls
eine Möglichkeit, die Vollständigkeit und Korrektheit von Modellen sicherzustellen. Ein
Modelling Pattern stellt einen Ausschnitt eines zu erstellenden Modells dar und besitzt
somit eine Definition der inhaltlichen Struktur (*Template*) als abstrakte Syntax und eine
vordefinierte *Template–Visualisierung* als konkrete Syntax in einer vorgegebenen Modellierungssprache. Diese Visualisierung ist zwar dem Template zugeordnet, wird aber durch die
Drawer-Komponente gezeichnet.

Neben der Modellbearbeitung und Visualisierung enthält ein *MDCM Client* eine Komponente zur Erzeugung von Dokumentationen (*MDCM Report Generator*). Dieser erzeugt
Berichte auf Basis der erstellten *Modelle* und unter Verwendung von Vorlagen für die Bericht-
generierung (*Report Template*). Die Vorlagen sind ebenfalls im *MDCM Repository* abgelegt
und können um weitere Berichte erweitert werden, um so sämtliche Anspruchsgruppen
mit notwendigen Informationen zu versorgen. Die Berichte können durch Kennzahlen aus
Modellanalysen angereichert sein, welche durch die Komponente *MDCM Analyzer* erstellt
werden.

4.4.3   Aufbau der MDCM–Repository–Komponente

Für die zentrale Verwaltung von Daten für Unternehmensarchitekturen, Konfigurationen,
Transformationen und Templates wird die Komponente *MDCM Repository* verwendet (s.
Abbildung 4.16). Das *MDCM Repository* kapselt dabei die Elemente aus *EA Repositorys*
und *Configuration Management Databases (CMDB)* und bietet zusätzliche Funktionen zur
Gewährleistung einer einheitlichen und integrierten Sicht auf EAM und IT–Betrieb an.

Dem Benutzer werden vier Verzeichnisse angeboten: *EA Dictionary, Configuration Dictionary, Model Dictionary* und *Transformation Dictionary*. Durch die Komponente *EA Dictionary*
werden die Elemente der Technologiearchitektur aus einem *EA Repository* angebunden.
Das Konfigurationsverzeichnis (*Configuration Dictionary*) ist mit einer *CMDB* verbunden und bietet damit eine Sicht auf die aktuelle Konfiguration der IT–Systemlandschaft
(IST–Modell). Sämtliche mit dem *MDCM Client* erstellten Modelle werden im Modellver-
zeichnis (*Model Dictionary*) abgelegt und permanent gespeichert (*Data Persistence*). Das

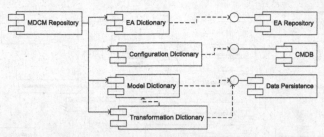

Abbildung 4.16: *MDCM Repository (UML-Komponentendiagramm) [in Anlehnung an Her09, 9]*

Transformationsverzeichnis speichert Transformationsregeln ebenfalls permanent. Da im *Model Dictionary* auch Informationen über Modellierungssprachen abgelegt sind, ist die Komponente *Transformation Dictionary* von dieser abhängig.

4.4.4 Aufbau der MDCM-Automation-Engine-Komponente

Gemäß Prinzip *P.3* werden für das Model–Driven–Configuration–Management zwei Transformationsarten unterschieden. Folglich besitzt die *MDCM-Automation-Engine*-Komponente zwei verschiedene Arten von Transformatoren: *Model-to-Model Transformer* und *Model-to-Configuration Transformer* (s. Abbildung 4.17). Des Weiteren existiert eine Abhängigkeit zur Komponente *System Management*, welche die Verbindung zum IT–Betrieb gewährleistet. Während die anderen Komponenten die Lebensphase *IT-Systemlandschaft in Entwicklung* des Vorgehensmodells unterstützten, wird mit der Komponente *System Management* die Lebensphase *IT-Systemlandschaft in Realisierung* abgedeckt (s. Abschnitt 4.3). Benötigte Daten für die Verarbeitung durch die *MDCM-Automation-Engine*-Komponente (z.B. Modelle, Transformationsregeln und Sprachspezifikationen) werden aus dem *MDCM Repository* geladen.

Modell–zu–Modell–Transformationen werden durch Transformationsregeln (*Model-to-Model Transformation*) gesteuert. Dabei wird zunächst festgelegt, welche Art von Ausgangsmodellen (*Source*) in welche Art von Zielmodellen (*Target*) überführt werden sollen. Damit wird gleichzeitig die Gültigkeit einer Transformation festgelegt. Mit Hilfe von Bedingungen (*Constraint*) können Eigenschaften der Modelle angegeben werden. Anschließend werden Abbildungsrelationen (*Mapping*) für Ausgangselemente auf Zielelemente definiert. Hierbei werden die verschiedenen Arten des Mappings berücksichtigt (s. Abschnitt 4.1.1). Zudem können direkt manipulative Verfahren der Modell–zu–Modell–Transformation eingesetzt werden [CH03, 11], bei der mit Hilfe von Software eine interne Modellrepräsentation direkt verarbeitet wird [Boh06, 52].

In Anlehnung an Modell–to–Code–Transformationen werden *Modell–zu–Konfiguration–Transformationen* in Visitor-basierte und Template-basierte Ansätze unterschieden [CH03,

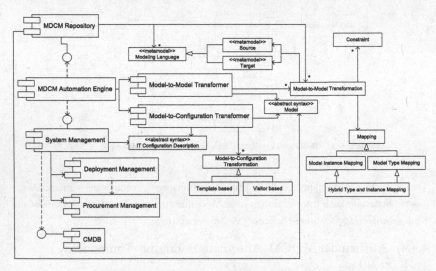

Abbildung 4.17: *MDCM Automation Engine (UML-Komponentendiagramm)*

9]. Visitor–basierte Transformatoren erzeugen Zielartefakte, indem sie die interne Modellrepräsentation traversieren und das resultierende Ergebnis erzeugen. Bei Template–basierten Ansätzen werden Vorlagen verwendet, welche Text für die resultierende Konfiguration enthalten. Dieser Text ist mit Meta–Code angereichert, um Informationen aus dem Quellmodell in Konfigurationsdokumente zu übernehmen.

Die resultierende IT-Konfigurationsbeschreibung wird durch die Komponente *System Management* unterschiedlich verarbeitet. Zum einen wird durch die Komponente *Procurement Management* ein Bedarf (z.B. Bestellanforderung für die Bedarfsplanung eines Materialwirtschaftssystems oder Enterprise–Resource–Planning–System (ERP–System)) an zu beschaffenden Elementen erzeugt, welche durch den Beschaffungsprozess eingekauft werden müssen. Durch das *Deployment Management* wird die Inbetriebnahme organisiert, die eine konfigurierte IT-Systemlandschaft zur Verfügung stellt.

4.4.5   Aufbau der MDCM–Analyzer–Komponente

Die *MDCM-Analyzer*-Komponente besteht aus den Komponenten *Validation and Resolution* und *Metrics Analyzer* (s. Abbildung 4.18).

Die Komponente *Validation and Resolution* führt syntaktische und semantische Überprüfungen während der Modellierung durch und signalisiert dem Modellierer, wenn im *Modell* Anforderungen oder Bedingungen (*Model Contraint*) verletzt werden (z.B. MySQL–Versionsnummer muss angegeben werden). Auch in Templates können Bedingungen hin-

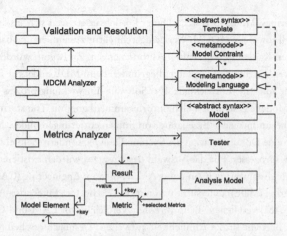

Abbildung 4.18: *MDCM Analyzer (UML–Komponentendiagramm)*

terlegt sein, welche durch die Komponente *Validation and Resolution* geprüft werden (z.B. Microsoft SQL Server muss auf einem Windows–Betriebssystem installiert werden). Neben der Erkennung von nicht–validen Zuständen eines Modells werden dem Modellierer durch diese Komponente ebenfalls Lösungen angeboten, die wiederum zu validen Zuständen führen (z.B. Auflistung aller Maschinen mit Windows–Betriebssystem) [ZHHM11, 7 f.].

Für die Entscheidungsfindung in den Projektphasen *IT–Systemlandschaftsgrobplanung (W5, W6)* und *IT–Systemlandschaftsfeinplanung (X6, X7)* werden Kennzahlen über die erstellten Modelle benötigt (s. Abschnitt 4.3). Die Komponente *Metrics Analyzer* ermittelt diese Kennzahlen auf Basis von Metriken (*Metric* — z.B. Größenmetriken, wie Anzahl der Kanten und Knoten). Die Komponente *Metrics Analyzer* ist flexibel konfigurierbar. Zu jeder Metrik wird zudem ein Messinstrument festgelegt (*Tester*), wobei mit einem Tester mehrere Metriken ermittelt werden können. Ein Benutzer kann dann mit Hilfe eines *Analysemodells* festlegen, welche Messungen durchgeführt werden sollen. Analysemodelle können ebenfalls im *MDCM Repository* zur Wiederverwendung abgelegt werden. Auf Basis eines durch den Benutzer festgelegten Analysemodells werden dann durch die Komponente *Metrics Analyzer* die entsprechenden *Tester* aufgerufen [ED07, 83]. Diese erzeugen anhand der ausgewählten Metriken für Modellelemente eine Menge von *Testergebnissen*. Eine prototypische Implementierung und Validierung des MDCM–Vorgehensmodells und der MDCM–Werkzeugarchitektur wird im folgenden Kapitel gezeigt.

4.5 Zusammenfassung

In Kapitel 4 wurde ein Lösungsansatz (Model–Driven–Configuration–Management (MD-CM)) für eine nahtlose Integration von EAM und IT–Betrieb auf Basis des Model-

Driven-Engineerings (MDE) vorgestellt. Dieser Lösungsansatz setzt sich aus dem MDCM-Vorgehensmodell sowie der MDCM-Werkzeugarchitektur zusammen und basiert auf den in den vorherigen Kapiteln gesammelten Anforderungen. Zu Beginn wurde die Wahl eines Model-Driven-Engineering-Ansatzes begründet. Beim MDE bildet der Entwurf den Schwerpunkt der Software-Entwicklung. Der Software-Entwicklungsprozess wird hierbei durch formale Modelle gesteuert, welche im Zusammenhang mit Transformationen die Grundlage für die automatische Erzeugung von Implementierungen bilden. Modelle sind damit nicht nur eine Dokumentation des System-Designs, sondern vielmehr Bestandteil des Entwicklungsprozesses. Für die Auswahl des Ansatzes wurden existierende Ansätze aus dem Software-Engineering (Computer Aided Software Engineering (CASE), Model-Driven-Engineering (MDE)) untersucht und mit dem Fachgebiet Enterprise-Architecture-Management (EAM) verglichen. Beim direkten Vergleich von EAM und CASE zeigte sich, dass beide Bereiche starke Ähnlichkeit aufweisen. Demnach erscheint ein Model-Driven-Engineering-Ansatz für die Verbesserung der Umsetzung von Unternehmensarchitekturen in IT-Konfigurationen geeignet. Zudem besitzt das Software-Engineering ebenfalls eine Schnittstelle zum Enterprise-Architecture-Management. Das Model-Driven-Configuration-Management (MDCM) ist somit eine konzeptuelle Vervollständigung des Model-Driven-Software-Developments in Bezug auf die gesamte Kette von fachlichen Anforderungen bis zur Konfiguration von Software- und IT-Systemen. Der Lösungsansatz des MDCM (MDCM-Konzept) basiert auf neun Prinzipien, die systematisch aus den erfassten Anforderungen abgeleitet wurden. Er fußt auf der Idee einer Transformationskette von IT-Systemlandschaftsunabhängigen Modellen bis zur konfigurierten IT-Systemlandschaft. Dafür wurde ein organisatorischer Prozess hergeleitet (MDCM-Vorgehensmodell), der EAM und IT-Konfigurationsmanagement im IT-Betrieb verbindet. Des Weiteren umfasst das MDCM-Konzept eine Werkzeugarchitektur auf Basis des MDCM-Metamodells. Die MDCM-Werkzeugarchitektur besteht aus den Komponenten: MDCM-Client, MDCM-Repository, MDCM-Automation-Engine und MDCM-Analyzer.

5

Kapitel 5

Prototypische Implementierung und Validierung der Ergebnisse

5.1 Ansatz für die prototypische Implementierung und Validierung

5.1.1 Zielstellung und Anforderungen an eine prototypische Implementierung und Validierung

Im vorangegangenen Kapitel wurde ein Model-Driven-Engineering-Ansatz zur Konfiguration von IT-Systemlandschaften (MDCM-Vorgehensmodell und MDCM-Werkzeugarchitektur) vorgestellt. Mit Hilfe der MDCM-Werkzeugarchitektur ist es möglich, Modelle des EAM schrittweise mit Detailinformationen anzureichern, um diese für den IT-Betrieb nutzbar zu machen. Das vorgeschlagene Konzept eines Vorgehensmodells für das Model-Driven-Configuration-Management definiert dabei den Einsatz der MDCM-Werkzeugarchitektur im Umsetzungsprozess von einer strategischen Unternehmensarchitektur hin zur Konfiguration von IT-Systemlandschaften.

Die Anwendbarkeit des entwickelten MDCM-Vorgehensmodells und der MDCM-Werkzeugarchitektur soll in diesem Kapitel nachgewiesen werden[1]. Im Rahmen der vorliegenden Arbeit wurde die Anwendbarkeit des MDCM-Konzepts durch eine prototypische Implementierung und durch eine Fallstudie zur Planung komplexer IT-Systemlandschaften untersucht. Dabei standen die Untersuchung der Eignung von Modellen als Grundlage für

---

[1] Inhalte dieses Kapitels wurden bereits in [PHZ09], [HPZ09] und [HRZ10] veröffentlicht.

die Integration von EAM und IT–Betrieb sowie die Einschätzung der Durchführbarkeit und Komplexität eines modellgetriebenen Konfigurationsmanagements im Vordergrund.

Basierend auf den erfassten Anforderungen (s. Kapitel 3.4) und des Konzepts einer MDCM–Werkzeugarchitektur (s. Kapitel 4.4) präzisieren folgende Anforderungen die prototypische Implementierung:

I.1 Mit Hilfe des Prototypen soll gezeigt werden, dass die MDCM–Transformationskette (s. Kapitel 4.2) durch MDCM–Komponenten erfolgreich durchführbar ist (z.B. Ressourceneinsparungen, Zeiteinsparungen oder Fehlervermeidung).

I.2 Die im Kapitel 4.4.5 vorgestellte Modellanalyse zur Unterstützung der Entscheidungsfindung im MDCM–Vorgehensmodell soll prototypisch realisiert werden. Es soll gezeigt werden, wie die Komponenten *Validation and Resolution* und *Metrics Analyzer* die Arbeit mit IT–Systemlandschaftsmodellen und IT–Konfigurationsmodellen unterstützen.

I.3 Es soll gezeigt, werden inwieweit das vorgestellte MDCM–Metamodell (s. Kapitel 4.2.1) für die Implementierung des Prototypen anwendbar ist.

I.4 Der Prototyp soll durch formal definierte und standardisierte Schnittstellen in einer Entwicklungsumgebung für die Planung und Umsetzung von IT–Systemlandschaften integrierbar sein.

I.5 Die Implementierung der MDCM–Komponenten soll erweiterbar gestaltet sein, um neben einer prototypischen Umsetzung weitere Funktionalität hinzufügen zu können.

I.6 Die Implementierung eines Prototypen soll möglichst auf existierenden Softwarekomponenten und Standards basieren, um den Aufwand der Implementierung so gering wie möglich zu halten und gleichzeitig für eine breite Menge von potenziellen Nutzern, welche diese Softwarekomponenten bereits kennen, zugänglich zu machen.

5.1.2 Lösungsmöglichkeiten und gewählter Ansatz für die Implementierung und Validierung

Für die Umsetzung der Anforderung an eine prototypische Implementierung des MDCM–Konzepts ergeben sich folgende Aufgaben:

1. Auswahl einer erweiterbaren Plattform, basierend auf existierenden Standards und formal definierten Schnittstellen (Anforderung *I.3–I.6*),

2. Abbildung des MDCM–Metamodells (*I.3*),

3. Analyse der Lösungsmöglichkeiten für eine Implementierung von MDCM–Komponenten (*I.1–I.2*) und Implementierung,

4. Anwendung des MDCM-Werkzeugs auf Basis einer Fallstudie (*I.1–I.2*).

Im ersten Schritt hat sich herausgestellt, dass das am besten geeignete, im praktischen Einsatz befindliche Werkzeug für die Modellierung der Verteilung von Geschäftsanwendungen die *IBM Deployment Architecture Platform (DAP)* der Werkzeugplattform *IBM Rational Software Architects (RSA)* ist. Sie basiert auf einer erweiterbaren Werkzeugplattform (*eclipse*) und beinhaltet eine Reihe von vordefinierten Technologiedomänen um heterogene IT-Systemlandschaften zu modellieren. Sie erscheint daher als Basis für die Implementierung der MDCM-Werkzeugarchitektur geeignet, da so existierende Softwarekomponenten wiederverwendet werden können [PHZ09, 3; HRZ10, 5 f.]. Daher wurde die DAP für die prototypische Implementierung des MDCM-Konzepts gewählt. In Abbildung 5.1 sind die wesentlichen Komponenten dargestellt, welche nachfolgend beschrieben werden.

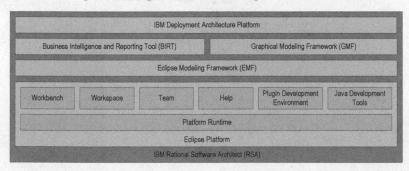

Abbildung 5.1: *Überblick IBM Rational Software Architect (basierend auf [SBPM09, 4ff.] und Produkthilfe)*

Der RSA basiert auf der modularen *Eclipse*-Werkzeugplattform. Die Basis bildet eine Laufzeitumgebung (*Platform Runtime*), welche durch Plugins um weitere Funktionalität erweiterbar ist (*Plugin Development Environment* und *Java Development Tools*). Neben dieser Erweiterungsmöglichkeit bietet die Eclipse-Plattform die Basiskomponenten *Workbench*, *Workspace*, *Team* und *Help* an [SBPM09, 4 ff.]. Mit der Komponente Workspace wird der Zugriff auf Projekte, Ordner und Dateien in Form eines Repositorys gekapselt, welche mit Hilfe der Komponente Workbench über eine grafische Benutzeroberfläche bearbeitet werden können. Durch die Komponente Team ist es möglich, Elemente des Repositorys zu versionieren und gleichzeitig von mehreren Teammitgliedern zu bearbeiten. Eine erweiterbare Hilfsfunktionalität wird durch die Komponente Help angeboten. Darauf aufbauend basiert die *IBM Deployment Architecture Platform* auf dem *Eclipse Modelling Framework (EMF)* als Plattform zur Bearbeitung von Modellen und dem *Graphical Modelling Framework (GMF)* als Plattform für die Visualisierung von Modellen. Dadurch sind sämtliche Modelle als *XML*-, *Java*- und *Ecore*[2]-Daten vorhanden. Durch deren Visualisierung sind

---

[2]   Ecore ist ein Sub-Standard von UML und ist an die *Meta-Object Facility (MOF)* der *Object Management Group (OMG)* angelehnt [SBPM09, 39].

diese Modelle für Menschen und Maschinen lesbar [SBPM09, 11 ff.]. Zudem lassen sich mit der Komponente *Business Intelligence and Reporting Tool (BIRT)* Berichte auf Basis von Modellen generieren. Damit basiert die prototypische Implementierung auf existierenden und erweiterbaren Standards und Softwarekomponenten (*I.4–I.6*).

Mit der IBM Deployment Architecture Platform werden vordefinierte Technologiedomänen angeboten, um die Verteilung von Software in heterogenen IT–Systemlandschaften zu planen (z.B. Anwendungssoftware, Betriebssysteme und Hardware). Modelle zur Verteilung von Software werden hierbei als Topologien bezeichnet [Mak08; CCEK09]. In der Abbildung 5.2 sind die Kernelemente von Topologien dargestellt. Diese werden nachfolgend erläutert.

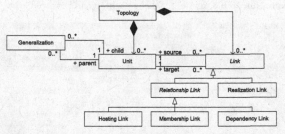

Abbildung 5.2: *Kernelemente der IBM Deployment Architecture Platform [basierend auf PHZ09, 3 f.; Mak08 und der API]*

Eine Topologie besteht aus Elementen (*Unit*) und Verbindungen (*Link*). Mit Hilfe von Generalisierungsbeziehungen können Hierarchien von Elementen definiert werden. Verbindungen zwischen Elementen werden in Beziehungen (*Relationship Link*) und Realisationsbeziehungen (*Realization Link*) unterschieden [Mak08; PHZ09, 3]. In Abbildung 5.3 sind die Beziehungsarten sowie ihre Bedeutung detailliert dargestellt und werden nachfolgend erläutert.

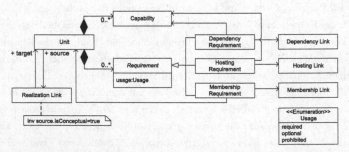

Abbildung 5.3: *Abhängigkeiten in der IBM Deployment Architecture Platform [basierend auf PHZ09, 3 f.; Mak08 und der API]*

Jede Unit besitzt Eigenschaften (*Capability*), die anderen Units zur Verfügung gestellt werden können. Zudem besitzt eine Unit Anforderungen (*Requirements*), die für ein valides Modell zur Softwareverteilung erfüllt sein müssen. Anforderungen beziehen sich einerseits auf bestimmte Eigenschaften (*Dependency Requirement, Hosting Requirement*) oder andererseits auf bestimmte Typen von Units (*Membership Requirement*). Eine Anforderung kann hierbei als notwendig (*required*), *optional* oder ausgeschlossen (*prohibited*) eingestuft werden. Eine Anforderung einer Unit gilt als erfüllt, wenn sie eine Verbindung (*Link*) zu einem validen Ziel aufweisen kann. Ein *Dependency Link* verbindet eine anfordernde Unit mit einer anderen Unit, welche die angeforderte Eigenschaft besitzt und drückt damit eine funktionale Abhängigkeit aus. Mit einem *Hosting Link* wird ausgedrückt, dass eine Unit in einer bestimmten anderen Unit mit einer spezifischen Eigenschaft läuft (z.B. Web–Applikationen in einem J2EE–Container). Mit Hilfe von *Membership Links* können logische Gruppierungen von Units beschrieben werden (z.B. Web–Application–Server–Instanzen X und Y gehören zum gleichen Switchover–Cluster). Durch *Realization Links* kann beschrieben werden, dass eine bestimmte konzeptuelle Unit (`inv source.isConceptual=true`) durch eine andere Unit mit mindestens den gleichen Eigenschaften realisiert wird [Mak08; PHZ09, 4]. Im zweiten Schritt wurde geprüft, ob das MDCM–Metamodell mit der DAP realisiert werden kann. In der Tabelle 5.1 ist die Abbildung von Metamodell–Elementen des Model–Driven–Configuration–Managements (s. Kapitel 4.2.1) auf Metamodell–Elemente der IBM Deployment Architecture Platform zusammengefasst (*I.3*). Diese Abbildung wird nachfolgend erläutert.

Tabelle 5.1: *Abbildung der Metamodelle MDCM und IBM Deployment Architecture Platform*

MDCM–Metamodell	IBM–DAP–Metamodell
Diagram	Topology
Characteristic Description	Capability
Conceptual Element Description	Unit mit Attribut `conceptual=true`
Configuration Element Description	Unit
Containment Description	Hosting Link
Dependency Description	Dependency Link
Realization Description	Realization Link
–	Membership Link
–	Requirement

1. Teil der Tabelle: MDCM ↦ Topology; 2. Teil der Tabelle: Topology ↦ MDCM — siehe auch Erläuterungen zum MDCM–Metamodell im Kapitel 4.2.1

In der IBM Deployment Architecture Platform werden zwei zusätzliche Metamodell–Elemente definiert, welche keine direkte Entsprechung im MDCM–Metamodell besitzen. So beschreibt *Membership Link* lediglich eine Zugehörigkeitsbeziehung (*Containment*) und entspricht daher einer *Containment Description*, in der das Ziel der Beziehung eine *konzeptuelle Elementbeschreibung* ist (s. Kapitel 4.2.1). Auch wird das Konzept der *Anforderung* aus der IBM Deployment Architecture Platform bereits durch die Verwendung von konzeptuellen Zielen (`conceptualTarget`) bei der Beschreibung einer Beziehung (*Dependency Description*) im MDCM–Metamodell abgedeckt.

Im dritten Schritt wurde untersucht, welche Lösungsmöglichkeiten und Einschränkungen für die Implementierung der MDCM-Komponenten durch die Wahl der DAP als Basisplattform vorhanden sind. In [PHZ09] konnte gezeigt werden, dass die IBM Deployment Architecture Platform für die Modellierung der Verteilung von Geschäftsanwendungen geeignet ist, aber ebenfalls Einschränkungen besitzt. Zunächst können keine Unternehmensarchitekturen für die Modellierung von IT-Systemlandschaften verwendet werden, um den Zusammenhang zwischen fachlichen Anforderungen und IT-Systemlandschaft aufrechtzuerhalten. Zudem führen die von IBM vorgeschlagenen Sichtweisen (*Logical View, Physical View, Infrastructure View, Deployment Instance View* [IBM09]) bei der Modellierung zu redundantem Inhalt in den Modellen [PHZ09, 11]. Auch wenn diese Sichtweisen eine Kette von Modellen zur Detaillierung einer IT-Konfiguration darstellen (analog zur Transformationskette des MDCM-Konzepts; Kapitel 4.2.2), so ist die Transformation dieser Modelle nicht durch das Werkzeug unterstützt und muss daher manuell erfolgen [PHZ09, 11]. Die IBM Deployment Architecture Platform wird zwar mit vordefinierten Technologiedomänen ausgeliefert [Mak08], ist aber auf IBM- und J2EE-spezifische Units limitiert [PHZ09, 10]. Units anderer Domänen (z.B. Anwendungssoftware anderer Hersteller), welche in heterogenen IT-Systemlandschaften auch verwendet werden, können nur durch generische Units und generische Eigenschaften beschrieben werden [Mak08]. Dies widerspricht allerdings dem im Model-Driven-Engineering geforderten Einsatz domänenspezifischer Sprachen (s. Kapitel 4.1.1) und reduziert damit den potenziellen Nutzen, den der Einsatz einer solchen Sprache stiften kann [HPZ09, 37]. Durch diese Einschränkung ist ebenfalls die Validierung von Modellen nur auf generische Bedingungen beschränkt, so dass spezifische Modellanalysen nicht durchgeführt werden können. Die Umsetzung der MDCM-Werkzeugarchitektur als MDCM-Werkzeug ist in der Tabelle 5.2 beschrieben.

Tabelle 5.2: *Umsetzung der MDCM-Komponenten*

MDCM-Komponente	Umsetzung
CP 1.1 MDCM Modelling Tool	IBM Deployment Architecture Platform mit eigenen Technologiedomänen (Units, Capabilitys, Modellierungsmuster).
CP 1.2 MDCM Report Generator*	Wird durch Eclipse-Plugin *Business Intelligence and Reporting Tool (BIRT)* abgedeckt.
CP 2.1 MDCM Automation Engine	EMF-basierte und erweiterbare Eigenentwicklung.
CP 2.2 MDCM Repository*	Eclipse-basiertes Repository mit Versionskontrolle (*Workbench* und *Team*).
CP 2.3 MDCM Analyzer	*Validation and Resolution (CP 2.3.1)* werden mit eigenen Technologiedomänen definiert. *Metrics Analyzer (CP 2.3.2)* ist eine erweiterbare Eigenentwicklung auf *EMF*-Basis.

Mit * gekennzeichnete MDCM-Komponenten werden durch Funktionalitäten der darunterliegenden Plattform abgedeckt und bedürfen keiner weiteren Implementierung.

Die Umsetzung der vorgeschlagenen MDCM-Werkzeugarchitektur (s. Kapitel 4.4) auf Basis der IBM Deployment Architecture Platform ist auf Grund der zuvor genannten Einschränkungen nur für die MDCM-Komponenten *CP 1.2* und *CP 2.2* direkt möglich. Für die weiteren MDCM-Komponenten (*CP 1.1, 2.1, 2.3*) bedarf es weiterer Anpassungen.

Für die *DAP* wird zusätzlich ein optionaler Erweiterungsmechanismus (*IBM Technology Domain Generator*) angeboten, der Erweiterungen für eigene Technologiedomänen mit eigenen Validierungsregeln erzeugt, um somit eigene domänenspezifische Modelle für IT-Systemlandschaften zu modellieren [ZHHM10; ZHHM11]. Eine Erweiterung wird notwendig, wenn benötigte Units für eine Beschreibung von IT-Systemlandschaften und IT-Konfigurationen mit strenger Typisierung nicht durch den vorhandenen Vorrat an Units abgedeckt werden (s. Kapitel 4.4.2 — *DSL Extension* in den Komponenten *MD-CM Client*). Für die DAP ist dies grundsätzlich der Fall, wenn in Modellen nicht nur IBM- oder J2EE-spezifische Units verwendet werden sollen. Eine Erweiterung um weitere Technologie-Domänen (DSL-Extension) enthält grundlegende *Units* und *Capabilities* [IBM10]. Zusammenfassend werden dafür folgende Schritte durchlaufen [ZHHM10, 3 ff.]:

1. Erstellen eines Modells der abstrakten Syntax einer Technologie-Domäne, abgelegt als XML Schema Definition (XSD).

2. Generierung des Java-Quell-Codes aus der XML Schema Definition für die Erweiterung der IBM Deployment Architecture Platform auf Basis von EMF und GMF.

3. Manuelle Anpassungen zur Erzeugung von Plugins und Paletteneinträgen zur Benutzung im Modellierungswerkzeug.

4. Erstellen von Plugins für das MDCM-Werkzeug.

Mit Hilfe dieser Spracherweiterungen können dann heterogene IT-Systemlandschaften und IT-Konfigurationen modelliert und transformiert werden. Damit ist das MDCM-Metamodell für die Implementierung des Prototypen anwendbar (*I.3*).

Durch die Auswahl der Plattform, insbesondere durch die *Eclipse Modelling Platform*, stehen für die Implementierung der fehlenden Modell-Transformationen verschiedene Möglichkeiten zur Verfügung. So können die *ATL Transformation Language*, *Procedural QVT* und *Declarative QVT* neben der Java-basierten Transformation für Modell-zu-Modell-Transformationen verwendet werden. Allerdings ist die Implementierung des QVT-Standards der OMG nur in Teilen umgesetzt und kann daher nicht verwendet werden[3]. Für die Modell-zu-Konfiguration-Transformationen kann neben Java-basierten Transformationen zudem die Technologie *Java Emitter Templates (JET)* eingesetzt werden [Pop03][4]. Für die Implementierung dieser Transformationen stehen demnach ATL, JET und Java als Technologien zur Verfügung (*I.1–I.2*).

---

[3] http://www.eclipse.org/m2m/ — Letzer Abruf: 25.03.2012.
[4] http://www.eclipse.org/modeling/m2t/ — Letzter Abruf: 25.03.2012

Im folgenden Abschnitt wird die prototypische Implementierung der MDCM–Systemarchitektur schrittweise auf Basis des MDCM–Vorgehensmodells mit einem Fallbeispiel detailliert beschrieben (Schritt 4). Dabei werden insbesondere die Möglichkeiten der Erstellung und Verwendung geeigneter domänenspezifischer Sprachen für die Modellierung von heterogenen IT–Systemlandschaften (*MDCM Modelling Tool*) und deren Transformationen (*MDCM Automation Engine*) gezeigt. Dabei werden die MDCM–Phasen *IT–Systemlandschaftsgrobplanung, IT–Systemlandschaftsfeinplanung, Beschaffung* und *Inbetriebnahme* gezeigt. Darauf aufbauend wird zudem die Funktionalität der implementierten Modellanalyse (*MDCM Analyzer*) gezeigt[5]. Am Ende des Kapitels werden sowohl die prototypische Implementierung als auch die Anwendbarkeit des MDCM–Konzepts eingeschätzt. In Tabelle 5.3 sind die Phasen des MDCM–Vorgehensmodells nochmals zusammengefasst.

Tabelle 5.3: *Zusammenfassung der Phasen des MDCM–Vorgehensmodells*

Nr.	Phase	Eingang	Ergebnis	Kapitel	Seite
W	*IT–Systemlandschaftsgrobplanung (IT–Systemlandschaft in Entwicklung)*			4.3.2	89
W1	Zielarchitektur und Vorgaben analysieren	Zielarchitektur	konzeptuelles IT–Systemlandschaftsmodell; Vorgaben für Auswahlentscheidungen (Analysemodell)		
W2	IT–Anforderungen festlegen	Ergebnis W1	angereichertes konzeptuelles IT–Systemlandschaftsmodell		
W3	Produkte und installierbare Elemente ermitteln	Ergebnis W2	Sammlung von Produkten und installierbaren Elementen		
W4	Lösungsvarianten erstellen	Ergebnis W2, W3	IT–Systemlandschaftsmodelle über Lösungsvarianten		
W5	Lösungsvarianten bewerten	Ergebnis W4, Analysemodell W1	bewertete Lösungsvarianten		
W6	Entscheidung über Lösungsvarianten	Ergebnis aus W5	abgestimmtes IT–Systemlandschaftsmodell		
X	*IT–Systemlandschaftsfeinplanung (IT–Systemlandschaft in Entwicklung)*			4.3.3	91
X1	IT–Systemlandschaftsmodell analysieren	abgestimmtes IT–Systemlandschaftsmodell	in Teilprobleme zerlegtes IT–Systemlandschaftsmodell; Vorgaben für Auswahlentscheidungen (Analysemodell)		
X2	Verteilungsart festlegen	Ergebnis X1	konzeptuelles IT–Konfigurationsmodell		
X3	IST–Systemlandschaft ermitteln	–	IST–Modell der IT–Systemlandschaft		
X4	Benötigte IT–Infrastrukturelemente ermitteln	Ergebnis X2	verfeinertes konzeptuelles IT–Konfigurationsmodell		
X5	IT–Infrastrukturelemente verteilen und Varianten erstellen	Ergebnisse X3, X4	Varianten von IT–Konfigurationsmodellen		

Fortsetzung auf der nächsten Seite

---

[5] Im Anhang B.1 und B.2 sind die MDCM–Komponenten zusammengefasst und den entsprechenden Phasen des MDCM–Vorgehensmodells zugeordnet.

Nr.	Phase	Eingang	Ergebnis	Kapitel	Seite
X6	Lösungsvarianten bewerten	Ergebnis X5, Analysemodell X1	bewertete Lösungsvarianten		
X7	Entscheidung über Lösungsvarianten	Ergebnis X6	abgestimmtes IT-Konfigurationsmodell		
Y	*Beschaffung (IT-Systemlandschaft in Realisierung)*			4.3.4	93
Z	*Inbetriebnahme (IT-Systemlandschaft in Realisierung)*			4.3.5	93

5.2 Beispielszenario: MDCM-basierte Planung und Aufbau von SAP-NetWeaver-Systemlandschaften

Als Fallstudie für die Analyse der Anwendbarkeit dienen SAP-NetWeaver-Systemland-schaften, um die Vorteile des MDCM-Konzepts anhand eines realweltlichen, komplexen und weit verbreiteten Beispiels zu untersuchen. SAP-NetWeaver stellt die technische Basis für den Betrieb der SAP Business Suite und anderer SAP-Anwendungen (z.B. SAP xApps) dar. Für die Fallstudie wurde SAP-NetWeaver in dem Bewusstsein gewählt, dass für die Konfiguration proprietäre SAP-Werkzeuge vorhanden sind. Diese Werkzeuge sind jedoch auf SAP spezifische Elemente einer IT-Systemlandschaft beschränkt. Zudem lässt sich am Beispiel der Planung von SAP-basierten IT-Systemlandschaften die reale Komplexität von IT-Systemlandschaften in Unternehmen untersuchen, da beim Aufbau und der Planung von SAP-NetWeaver-Systemlandschaften komplexe Entscheidungen getroffen werden. So erscheint es als Beispiel für die Analyse der Anwendbarkeit des MDCM-Konzepts geeignet [SAP09d, 17 ff.; PHZ09, 7; HRZ10, 5]. Auf diesen Sachverhalt wird im Laufe der Auswertung der Fallstudie nochmals eingegangen.

Beim Aufbau von SAP-NetWeaver-Systemlandschaften werden folgende Schritte durchlaufen [SAP09d, 47 ff.; SAP11, 10 ff.]:

1. Auswahl von IT-Szenarios und IT-Szenario-Varianten[6] und Ableitung von zu installierenden SAP-Softwareelementen (entspricht MDCM-Phase *Architekturplanung*).

2. Planung einer *SAP-Systemlandschaft*, welche die zu installierenden SAP-Softwareelemente enthält und deren Beziehungen untereinander und zu Softwareelementen anderer Anbieter aufzeigt (entspricht MDCM-Phase *W: IT-Systemlandschaftsgrobplanung*).

3. Daraus werden Hardwareanforderungen abgeleitet und die Verteilung von benötigten SAP-NetWeaver-Systemen auf Hardware-Elemente beschrieben (entspricht MDCM-Phase *X: IT-Systemlandschaftsfeinplanung*).

---

[6] Eine Auflistung der IT-Szenarios und -varianten sowie deren Anforderungen an SAP-Softwareelemente ist in [SAP09d, 18 ff. und SAP11, 8 ff.] zu finden.

4. Installation und Konfiguration der geplanten SAP–NetWeaver–Systemlandschaft auf einer IT–Infrastruktur (entspricht den MDCM–Phasen *Y/Z: Beschaffung und Inbetriebnahme*).

Der erste Schritt kann als Ergebnis der Unternehmensarchitekturplanung angesehen werden, wenn durch die Abstimmung von Geschäftsprozessen resultierende SAP–Softwareelemente abgeleitet werden (s. Kapitel 2.1 und Kapitel 4.3). Demnach sind für die vorliegende Fallstudie die Schritte 2–4 relevant. Die prototypische Implementierung unterstützt daher vor allem die Erstellung von IT–Systemlandschaftsmodellen (*W: IT–Systemlandschaftsgrobplanung*), konzeptuellen IT–Konfigurationsmodellen (*X: IT–Systemlandschaftsfeinplanung*) sowie deren Umsetzung (Schritt 4). Nach der Zuordnung zu bestehenden Elementen der IST–Systemlandschaft entstehen abgestimmte IT–Konfigurationsmodelle, welche zur Unterstützung des Schrittes 4 in Konfigurationen transformiert werden (*Y: Beschaffung* und *Z: Inbetriebnahme*).

Um die Anwendbarkeit des MDCM–Konzepts zu prüfen, wird in diesem Kapitel an einem Beispiel gezeigt, wie SAP–Systemlandschaften und deren Konfiguration mit Hilfe der prototypischen Implementierung des *MDCM–Werkzeugs* geplant, modelliert und umgesetzt werden. Ausgangspunkt ist ein gegebenes Modell der IT–Architektur einer geplanten Unternehmensarchitektur (s. Kapitel 4.2.2). Wie in den erfassten Anforderungen (s. Kapitel 3.4) festgestellt, werden zur Erstellung und Umsetzung von Unternehmensarchitekturen unterschiedliche Modellierungssprachen mit verschiedenen Werkzeugen eingesetzt (*RB.3* und *RB.4*). Um diesen Anforderungen gerecht zu werden, soll die Zielarchitektur für das Beispielszenario in *Archimate* als Modellierungssprache für Unternehmensarchitekturen vorliegen. Archimate erscheint insofern als vorteilhaft, da es zum EAM–Standard TOGAF definiert wurde. In Abbildung 5.4 ist diese Zielarchitektur dargestellt, welche als Beispiel aus [Hil11] entnommen ist.

Hierbei soll zu bestehenden Systemen (*SAP ERP*, *Oracle EBA*, *PeopleSoft*) die Business–Data–Warehouse–Lösung von SAP (*SAP BW*) eingeführt werden, welche auf SAP NetWeaver basiert. Mit Hilfe des *Sybase Replication Server* werden Daten aus diesen Systemen extrahiert und über den Dienst *Data Server* dem SAP NetWeaver BW zur Verfügung gestellt. Dieses wiederum versorgt durch die Dienste *Direct Access* und *Universe Based Access* verschiedene SAP–Business–Objects–Anwendungen (z.B. *Crystal Reports for Enterprise* etc.), welche wiederum die Anwendungsdienste *Enterprise Reporting, Self Service Reporting, Data Visualization* und *Analysis* für Unternehmensprozesse anbieten[7]. In der vorliegenden Fallstudie wurde das Werkzeug *Archi* der Universität Bolton als externes Enterprise–Architecture–Repository (*CP 3.3*) und zur Erstellung von *Archimate*–Modellen verwendet, da es ebenfalls

---

[7]   Weitere Informationen zum SAP NetWeaver BW sind zum Beispiel in [Hil11 und SAP09d] zu finden.

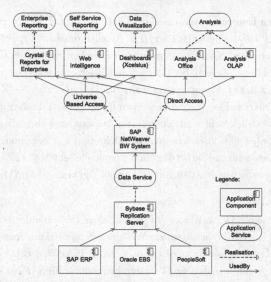

Abbildung 5.4: *EA–Modell — SAP ERP und nicht-SAP Applikationen mit SAP NetWeaver BW (Archimate Application View) [in Anlehnung an Hil11]*

auf EMF–basierend XML–Repräsentationen der Modell–Daten zur Verfügung stellt und frei verfügbar ist[8]. Das Modell wird als XML–Daten abgelegt (s. Listing 5.1) und kann daher auf Basis von EMF/GMF für Transformationen durch das MDCM–Werkzeug verarbeitet werden. Das Listing wird nachfolgend kurz beschrieben.

Listing 5.1: *Quell–Code–Ausschnitt des Beispiels in XML*

```
1 <?xml version="1.0" encoding="UTF-8"?>
2 <archimate:model ... xmlns:archimate="..." ...> ...
3  <folder ... type="application">
4   <element xsi:type="archimate:ApplicationService" ... name="Enterprise
        Reporting"/>
5   <element ...="... ApplicationService" ... name="Direct Access"/>
6   <element ...="... ApplicationService" id="e7eb9044" name="Universe Based
        Access"/>
7   <element ...="... ApplicationComponent" id="630d023a" name="Crystal Reports for
        Enterprise"/>
8   <element ...="... ApplicationComponent" id="0d2cf64a" name="SAP NetWeaver BW
        System"/> ...
9  </folder> ...
10  <folder ... type="relations">
11   <element ...="... RealisationRelationship" ... source="0d2cf64a"
        target="e7eb9044"/>
12   <element ...="... UsedByRelationship" ... source="e7eb9044" target="630d023a"/>
        ...
13  </folder>
14 </archimate:model>
```

---

[8] http://archi.cetis.ac.uk/ — Letzter Abruf: 02.08.2011.

Die verschiedenen Unternehmensarchitekturebenen (s. Kapitel 2.1.1) werden in diesem *EA-Repository (CP 3.3)* als Ordner (`folder`) (z.B. Applikationsebene `type="application"` — Zeile 3 bis 9) abgelegt. Sämtliche Beziehungen zwischen Elementen sind im Ordner `relations` eingeordnet (Zeile 10 bis 13). Für Modellelemente wird eine strenge Typisierung verwendet (z.B. `xsi:type="archimateApplicationService"` — Zeile 4), was das Erkennen und Unterscheiden von Elementtypen für mögliche Transformationen erleichtert[9]. Für jedes Modellelement wird neben einem Attribut `name` ebenfalls eine eindeutige ID verwendet (Zeilen 4 bis 8), welche auch der Definition von Beziehungen dient. Zum Beispiel beschreiben `source="0d2cf64a"` und `target="e7eb9044"` in Zeile 11 die Realisationsbeziehung zwischen dem `SAP NetWeaver BW System` und dem Dienst `Universe Based Access`.

Das neue IT-System *SAP NetWeaver BW* soll in einer IT-Systemlandschaft betrieben werden. Dafür stehen vier Betriebsarten zur Verfügung (*Single Machine Scenario, Distributed Scenario, Virtualisierung* und *Switch-Over-Clustering*) [SAP08, 4 ff.]. Für das Beispielszenario wird angenommen, dass die IT-Systembestandteile für *SAP NetWeaver BW* auf verschiedene Hardware verteilt werden sollen. Dies geschieht aus Gründen der Performance und Lastverteilung mit der Betriebsart *Distributed Scenario*. Dafür steht in der aktuellen IT-Systemlandschaft Hardware in Form von drei Rechnern zu Verfügung (*B01 Machine, P01 Machine, DB Machine*). In den folgenden Abschnitten wird die Implementierung der MDCM-Werkzeugarchitektur gezeigt. Gleichzeitig wird veranschaulicht, wie mit Hilfe des MDCM eine geplante Unternehmensarchitektur in eine lauffähige IT-Konfiguration transformiert wird. Die einzelnen Schritte sind in der Tabelle 5.4 zusammengefasst.

Tabelle 5.4: *Vorgehen bei der Fallstudie*

Nr.	Beschreibung	Kapitel	Seite
1.	Domänenspezifische Spracherweiterung (MDCM Modelling Tool)	5.3.1	113
2.	Verwendung des MDCM-Werkzeugs (MDCM Modelling Tool/MDCM Automation Engine) bei der Planung und dem Aufbau von IT-Systemlandschaften in:		
	IT-Systemlandschaftsgrobplanung	5.3.2	127
	IT-Systemlandschaftsfeinplanung	5.3.2	131
	Beschaffung und Inbetriebnahme	5.3.2	134
3.	*Modellanalyse*	5.3.3	137

Der erste Schritt ist nur notwendig, wenn im MDCM-Werkzeug domänenspezifische Sprachelemente für die Modellierung von spezifischen IT-Systemen fehlen. Im vorliegenden Fall gab es keine SAP-spezifischen Sprachelemente, daher werden sämtliche Schritte durchlaufen.

---

[9]　Zum Thema domänenspezifische Sprachen, Transformationen und strenge Typisierung siehe Erläuterungen im Kapitel 4.1.1 sowie deren Bedeutung im MDCM-Konzept im Kapitel 4.2.2.

5.3 Implementierung und Anwendung des MDCM–Werkzeugs

5.3.1 Domänenspezifische Spracherweiterung (MDCM Modelling Tool)

Beschreibung der abstrakten Syntax

Die Erweiterung der Plattform durch die Technologie–Domäne *SAP–NetWeaver* erfolgte wie es im Abschnitt 5.1.2 beschrieben ist. Eine domänenspezifische Erweiterung für das MDCM–Werkzeug muss für die Modellierung von IT–Systemlandschaften und IT–Konfigurationen ausgelegt sein. Bei der Entwicklung von domänenspezifischen Spracherweiterungen wird eine abstrakte und eine konkrete Syntax unterschieden. In der abstrakten Syntax werden Metamodellelemente und deren Beziehungen innerhalb einer Domäne beschrieben. Eine konkrete Syntax beschreibt dagegen, wie Quelltexte oder Diagramme tatsächlich aussehen[10]. Eine abstrakte Syntax ist daher unabhängig von ihrer konkreten Syntax (Implementierung) und kann für andere Implementierungen wiederverwendet werden [SVEH07, 29]. Die abstrakte Syntax für die Modellierung von SAP–NetWeaver–Systemlandschaften wird nachfolgend beschrieben. Eine SAP–Systemlandschaft enthält, neben optionalen Softwareelementen externer Anbieter, *SAP Standalone–Engines* (bieten eine spezielle Serverfunktionalität an), *SAP Clients* (für Benutzerinteraktionen) und *SAP–NetWeaver–Systeme* mit *Usage Types* (definieren Einsatzzweck eines SAP–NetWeaver–Systems). SAP–NetWeaver–Systeme können ebenfalls von anderen SAP–NetWeaver–Systemen abhängig sein (s. Abbildung 5.5) [SAP11, 7 f.].

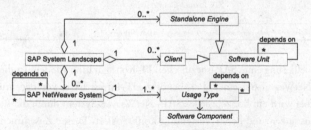

Abbildung 5.5: *Metamodell SAP–Systemlandschaft (UML–Klassendiagramm) [HRZ10, 5]*

Als *Usage Type* werden strukturelle Elemente eines SAP–NetWeaver–Systems bezeichnet, welche die intendierte Funktionalität eines SAP–NetWeaver–Systems bestimmen (z.B. Usage Type *AS Java* bedeutet, dass Java–basierte Anwendungen laufen)[11]. Sie werden durch die Installation von zusammengehörigen funktionalen Software–Komponenten (*Software*

---

[10] Für die Verwendung der abstrakten und konkreten Syntax beim MDCM Client siehe Kapitel 4.4.2 insbesondere Abbildung 4.15.

[11] Eine detaillierte Beschreibung der Usage Types ist in [SAP09d und SAP11] zu finden.

Component) realisiert und besitzen untereinander Abhängigkeitsbeziehungen. Abhängige Usage Types müssen entweder im gleichen SAP–NetWeaver–System installiert werden (*Collocation*) oder schließen sich gegenseitig aus (*Anti–Collocation*) [SAP11, 37 f.]. Die Abhängigkeitsbeziehungen der einzelnen Usage Types sind in der Tabelle 5.5 auf Basis der SAP NetWeaver Plattform 7.0 zusammengefasst[12].

Tabelle 5.5: *SAP Usage Types mit Abhängigkeiten und Anti–Collocation auf Basis von SAP NetWeaver 7.0 EHP 2 [Zusammenfassung aus SAP09d, 26 ff.]*

Usage Type	Software Komponenten	Benötigte Usage Types	Anti–Collocation
AS ABAP	–	keine	keine
AS Java	J2EE Engine; SAP CAF Core; WebDynpro; Adobe Document Services SAP Central Process Scheduling	keine	keine
Enterprise Portal Core (EPC)	Universal Worklist; Guided Procedures	AS Java	keine
Enterprise Portal (EP)	Knowledge Management; Collaboration; Visual Composer; PDK for .NET; Adobe Flex Server; Application Sharing Server	EPC; AS Java	keine
Business Intelligence (BI)	Data Warehousing; Analytical Functions; Webbased repository and analysis; Information Broadcasting; Open Analysis; Web design API	AS ABAP; BI Java	BI Java
BI Java Components (BI Java)	–	AS Java; EPC; EP	keine
Development Infrastructure (DI)	–	AS Java	alle anderen
Mobile Infrastructure (MI)	–	AS ABAP; AS Java	alle anderen
Process Integration	J2EE Adapter Engine (PI/-XI); Partner Connectivity Kit (PCK)	AS ABAP; AS Java	alle anderen

Bei Software-Komponenten mit – sind keine spezifischen Software-Komponenten in [SAP09d] benannt.

Bei der Modellierung eines SAP–spezifischen IT–Konfigurationsmodells ist die Verteilung eines SAP–NetWeaver–Systems auf die benötigte IT–Infrastruktur von Bedeutung [SAP08, 3 ff.]. Hierbei wird ein konzeptuelles SAP–NetWeaver–System durch die Beschreibung von SAP–Instanzen und deren Verteilung konkretisiert. Dieser Zusammenhang ist in Abbildung 5.6 dargestellt und wird nachfolgend erläutert.

SAP–Instanzen werden auf IT–Infrastruktur–Elementen (*Host*) installiert, wie zum Beispiel Betriebssystem (*Operating System*) oder *Datenbankmanagementsystem*. Ein SAP–NetWeaver–

---

[12] Die momentane Version ist 7.3. Zum Zeitpunkt der Implementierung wurde allerdings die aktuelle Version 7.0 EHP 2 verwendet [HRZ10]. Für die Prüfung der Anwendbarkeit hat dies keine weitere Bedeutung, da in der aktuellen Version 7.3 zwar Änderungen an den Usage Types existieren [SAP11, 37 ff.], diese aber keine Auswirkungen auf das Prinzip des Model-Driven-Configuration-Managements haben. Zudem wird die Version 7.0 weiterhin von der SAP AG unterstützt (http://www.sdn.sap.com/irj/sdn/nw-products — Letzter Abruf: 05.08.2011).

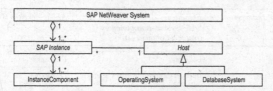

Abbildung 5.6: *Metamodell SAP–Instanzen I (UML–Klassendiagramm) [HRZ10, 6]*

System besteht aus vier verschiedenen Typen von SAP–Instanzen. Dies ist in der Abbildung 5.7 dargestellt und wird nachfolgend beschrieben.

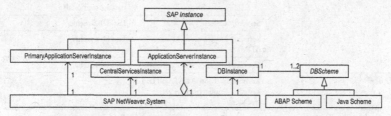

Abbildung 5.7: *Metamodell SAP–Instanzen II (UML–Klassendiagramm) [HRZ10, 6]*

Ein SAP–NetWeaver–System besitzt genau eine koordinierende Instanz (*Primary Application Server Instance*), eine Datenbankinstanz mit Datenbank–Schemen (für *ABAP Scheme* oder *JAVA Scheme*), eine Central–Service–Instanz (koordiniert Nachrichtenaustausch zwischen den Instanzen) und keine bis mehrere zusätzliche Application–Server–Instanzen. Diese können aus Gründen der Skalierung für die parallele Bearbeitung von Arbeitslasten eingesetzt werden [SAP08, 3 ff.]. Bis auf die Datenbankinstanz, welche in einem Datenbankmanagementsystem (*DatabaseSystem*) läuft, werden sämtliche SAP–Instanzen auf einem oder mehreren Betriebssystemen (*OperatingSystem*) installiert. SAP–Instanzen setzen sich zudem aus SAP–Instanz–Komponenten zusammen. Der Zusammenhang zwischen SAP–Instanzen, SAP–Instanz–Komponenten und deren Abhängigkeiten ist in der Tabelle 5.6 zusammengefasst.

Tabelle 5.6: *SAP–Instanzen, SAP–Instanz–Komponenten und Abhängigkeiten auf Basis von SAP NetWeaver 7.0 EHP 2 [Zusammenfassung aus SAP08, 3 ff.]*

SAP–Instanz (SAP Instance)	Enthaltene SAP–Instanz–Komponenten (InstanceComponent)	Abhängigkeiten (Dependency)
Primary Application Server Instance		Betriebssystem
ABAP	Dispatcher	Work Processes, ABAP Message Server, ABAP Enqueue Server, ICM, Gateway, Java Dispatcher (optional)
	Work Processes *Fortsetzung auf der nächsten Seite*	ABAP DB Scheme

SAP-Instanz (SAP Instance)	Enthaltene SAP-Instanz-Komponenten (InstanceComponent)	Abhängigkeiten (Dependency)
	Gateway	Dispatcher
	Internet Communication Manager (ICM)	Dispatcher
	Internet Graphics Service (IGS)	Dispatcher
	ABAP Message Server	
	ABAP Enqueue Server	
Java	Java Dispatcher	Server Processes, Java Message Server, Java Enqueue Server, ICM, Dispatcher (optional)
	Server Processes	Java DB Scheme
	Software Deployment Manager (SDM)	Java Dispatcher
	Internet Graphics Service (IGS)	Java Dispatcher
Dual	Komposition von ABAP und Java Primary Application Server Instance	
Central Services Instance		Betriebssystem
ABAP	ABAP Message Server	
	ABAP Enqueue Server	
Java	Java Message Server	
	Java Enqueue Server	
Database Instance		Database Management System
ABAP	ABAP DB Scheme	
Java	Java DB Scheme	
Dual	ABAP DB Scheme	
	Java DB Scheme	
Application Server Instance		Betriebssystem
ABAP	Dispatcher	Work Processes, ABAP Message Server, ABAP Enqueue Server, ICM, Gateway, Java Dispatcher (optional)
	Work Processes	ABAP DB Scheme
	Gateway	Dispatcher
	Internet Communication Manager (ICM)	Dispatcher
	Internet Graphics Service (IGS)	Dispatcher
Java	Java Dispatcher	Server Processes, Java Message Server, Java Enqueue Server, ICM, Dispatcher (optional)
	Server Processes	Java DB Scheme
	Internet Graphics Service (IGS)	Java Dispatcher
Dual	Komposition von ABAP und Java Application Server Instance	

Sämtliche SAP-Metamodellelemente in Abbildung 5.5, 5.6 und 5.7 sowie deren jeweilige Spezialisierungen in Tabelle 5.5 und 5.6 entsprechen *Configuration Elements* des MDCM–Metamodells. Abhängigkeiten entsprechen Abhängigkeitsbeziehungen (*Dependency*) und Aggregationen (z.B. Software Komponenten zu UsageTypes, SAP-Instanz-Komponenten zu SAP-Instanzen, sämtliche Beziehungen des SAP System Landscape Element) entsprechen Zugehörigkeitsbeziehungen (*Containment*) des MDCM-Metamodells. Eine Implementierung dieser abstrakten Syntax als konkrete Syntax auf Basis der Abbildung von Metamodellelementen in Tabelle 5.1 wird im nächsten Abschnitt beschrieben.

Implementierung als konkrete Syntax

Nach der Definition der abstrakten Syntax konnte festgestellt werden, dass das Erstellen der notwendigen XSD–Datei[13] zeitaufwendig und fehleranfällig ist. Beispielsweise werden zur Definition sämtlicher Modellelemente für die Modellierung einer SAP–Systemlandschaft (28 Units mit 45 Capabilities) 615 Zeilen Quell–Code (Lines of Code — LOC) benötigt. Daher wurde zum bereits bestehenden *IBM Technology Domain Generator* ein modell–getriebener *Transformator* implementiert, der auf Basis einer kompakteren Beschreibung der abstrakten Syntax[14] die entsprechende XSD–Datei erzeugt. Dieses Vorgehen ist in Abbildung 5.8 dargestellt und wird nachfolgend beschrieben.

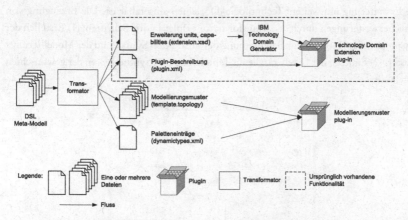

Abbildung 5.8: *Entwicklungsansatz der automatisierten Spracherweiterung*

Der *Transformator* für Spracherweiterungen auf Basis des *IBM Technology Domain Generator* hat zunächst die Kernfunktionalität, dass er die für die Definition der Spracherweiterung benötigte XSD–Datei (wird nachfolgend noch genauer beschrieben) automatisiert erzeugen

---

[13] Siehe Abschnitt 5.1.2.

[14] Das Metamodell wird hier als Komma-separierte Daten — comma separated values (CSV) — abgelegt. Diese sind zum Beispiel durch MS Excel erstellbar.

kann (*extension.xsd*). Diese definiert grundlegende Units und Capabilitys[15]. Dies erfolgt auf Basis einer in Tabellen abgelegten Beschreibung des zu erzeugenden *DSL-Metamodells*. Neben dieser Kernfunktionalität werden eine Reihe weiterer Artefakte synthetisiert. So lassen sich vormals manuelle oder nicht-vorhandene Bestandteile zur Spracherweiterung ebenfalls automatisiert erstellen. Darunter fallen (1) das Erzeugen einer Plugin-Beschreibung für das MDCM-Werkzeug (*plugin.xml*)[16], damit die erzeugten Modellierungselemente auch genutzt werden können, (2) das Erzeugen von Modellierungsmustern (*template.topology*) sowie (3) deren Konfiguration zum Gebrauch im MDCM-Werkzeug (*dynamictypes.xml*). Modellierungsmuster enthalten Expertenwissen und Empfehlungen zur validen Modellierung von komplexen IT-Systemlandschaften (s. Kapitel 4.4.3). Ein Modell kann als valide angesehen werden, wenn (*A*) sämtliche notwendige Abhängigkeiten zwischen Modellelementen erfüllt, (*B*) sämtliche notwendige Eigenschaften von Modellelementen vorhanden und korrekt angegeben sind sowie (*C*) nur zulässige Beziehungen zu anderen Modellelementen modelliert sind. Diese Bedingungen sind ebenfalls Bestandteil einer Spracherweiterung. Die Punkte 2 und 3 sind im ursprünglichen Vorgehen des *IBM Technology Domain Generator* nicht vorgesehen [ZHHM10]. Am Schluss werden zwei unterschiedliche Plugins erstellt. Das Plugin *Technology Domain Extension* enthält grundlegende Units und Capabilitys für die Spracherweiterung und das Plugin *Template Extension* enthält Modellierungsmuster. Dieser Transformator ist unabhängig vom Fallbeispiel implementiert, so dass er auch für die Erweiterung um weitere Technologie-Domänen einsetzbar ist. Die Erzeugung von Spracherweiterungen durch den Transformator erfolgt in drei Schritten: (1) Erstellen der entsprechenden Tabellen zur Beschreibung der abstrakten Syntax und der Modellierungsmuster, (2) Einlesen der Daten aus diesen Tabellen und (3) Synthetisieren der gewünschten Artefakte.

Abbildung 5.9: *Benutzeroberfläche für die Spracherweiterung* (ConfigurationGUI)

Im Schritt 1 werden die entsprechenden Tabellen in CSV-Dateien abgelegt. Danach wird der Transformator mittels einer grafischen Benutzeroberfläche konfiguriert (s. Abbildung 5.9). Der Transformator besteht aus den vier Hauptbestandteilen Benutzeroberfläche (*Configura-*

---

[15] Entspricht *DSL Extension* des MDCM Clients (s. Abbildung 4.15 in Kapitel 4.4.2).
[16] Entspricht *Modelling Pattern* des MDCM Clients (s. Abbildung 4.15 in Kapitel 4.4.2).

tionGUI), Leser (*DomainConfigurationReader*), Generator (*DomainConfigurationGenerator*) sowie aus einer zentralen Registrierung (*TopologyDomainRegistry*). Der Vorgang der Transformation ist in den Abbildungen 5.10, 5.11, 5.12 und 5.13 als UML–Sequenzdiagramm dargestellt und wird nachfolgend zusammenfassend beschrieben[17].

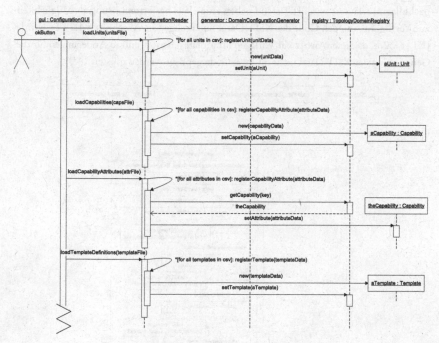

Abbildung 5.10: *UML–Sequenzdiagramm DomainConfigurationReader*

Sämtliche Daten werden zunächst aus vier CSV–Dateien durch den `reader` (*DomainConfigurationReader*) eingelesen. In der Datei `unitsFile` werden Units und deren Vererbung definiert[18]. Die Datei `capsFile` enthält eine Definition der zu erstellenden Capabilitys und deren Vererbung. Zudem werden in der Datei `attrFile` Attribute für Capabilitys festgelegt, so dass in der Modellierung später Eigenschaften definiert werden können (z.B. Versionsnummer, SAPSID etc.). Außerdem werden in der Datei `templateFile` Modellierungsmuster definiert. Für sämtliche *Units*, *Capabilitys* und *Templates* werden die entsprechenden internen Objekte erzeugt (`aUnit`, `aCapability`, `aTemplate`) und in der `registry` gespeichert. Eine Ausnahme bilden Attributdaten. Hier werden lediglich die bereits erstellten *Capabilitys* aus der `registry` (`getCapability(key)`) geladen und mit den Attributen versehen (`theCapability.setAttribute(attributeData)`).

---

[17] Das UML–Sequenzdiagramm wurde zur Übersichtlichkeit in vier Teile zerlegt. Dies ist durch eine Wellenlinie gekennzeichnet.

[18] Siehe zum Beispiel Tabellen C.1 und C.2 im Anhang C.1.

Nach dem Einlesen der Definition des Metamodells werden die zu erzeugenden Artefakte durch den `generator` (*DomainConfigurationGenerator*) und mit Hilfe der Modell–zu–Code–Technologie *Java Emitter Templates (JET)* erstellt. In der Abbildung 5.11 ist der Ablauf zum Erstellen der XML–Schema–Definition als XSD–Datei (*extension.xsd*) dargestellt, welcher nachfolgend erläutert wird. JET stand neben einer Java-basierten Lösung als Möglichkeit zur Verfügung, um den Code der XSD–Datei zu erzeugen (s. Abschnitt 5.1.2). Es wurde JET gewählt, da dieser Ansatz auf Vorlagen (Templates) basiert und so Änderungen für die Generierung der XSD–Datei nicht im Java–Code gepflegt werden müssen[19].

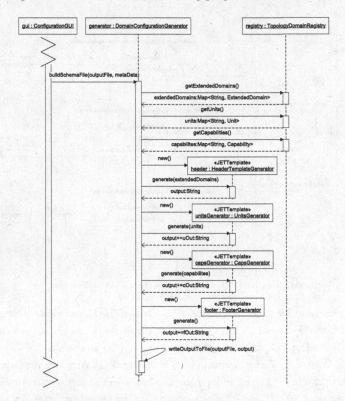

Abbildung 5.11: *UML–Sequenzdiagramm DomainConfigurationGenerator I* (extension.xsd)

Der *generator* wird durch den Aufruf `buildSchemaFile(outputFile, metaData)` angestoßen. Dabei werden der Dateiname (`outputFile`) und Metadaten (`metaData`) wie zum Beispiel der Name der Spracherweiterung übergeben. Vor dem Generieren der XML–Schema–Definition werden die entsprechenden Informationen über zu erweiternde externe Technologie–Domänen, Units und Capabilitys aus der `registry` gelesen. Das Erzeugen

---

[19] `http://www.eclipse.org/m2t` — Letzter Abruf: 25.03.2012.

der XSD–Daten erfolgt in vier aufeinander folgenden Schritten Kopfdaten: (header), Units–Daten (unitsGenerator), Capabilitys–Daten (capsGenerator) und Abschluss (footer).

Zunächst werden die Kopfdaten der XSD–Datei erzeugt. Das entsprechende JET Template ist im Listing 5.2 dargestellt[20] und nachfolgend beschrieben.

Listing 5.2: *JET Template HeaderTemplateGenerator (Ausschnitt)*

```
1  <%@ jet ... class="HeaderTemplateGenerator" %>
2  <%...Map<String, ExtendedDomainData> domains = (Map<String,
      ExtendedDomainData>)ac.getContent();%>
3  <?xml version="1.0" encoding="UTF-8" ?>
4  <!-- namespaces -->
5  <xsd:schema xmlns:xsd="http://www.w3.org/2001/XMLSchema"
       xmlns="http://www.w3.org/2001/XMLSchema"
       xmlns:ecore="http://www.eclipse.org/emf/2002/Ecore"
       xmlns:core="http://www.ibm.com/ccl/soa/deploy/core/1.0.0/"
6          <%for (...domains.entrySet().iterator()...) {...%>
7                xmlns:<%=_nsPrefix%>="<%=_targetNamespace%>"
8          <%}%>...
9  <!-- import extended domains -->
10         <xsd:import namespace="http://www.ibm.com/ccl/soa/deploy/core/1.0.0/"
11               schemaLocation="platform:/.../base.xsd" />
12         <%for (...domains.entrySet().iterator()...) {...%>
13               <xsd:import namespace="<%=_targetNamespace%>"
                     schemaLocation="<%=_schemaLocation%>" />
14         <%}%>
```

Die Kopfdaten definieren die XSD–Datei (Zeile 5) und die verwendeten Namensräume (namespaces). Dafür werden die zu erweiternden Technologie–Domänen verarbeitet (Zeile 2) und deren Namensräume hinzugefügt (Zeilen 6 bis 8). Zudem werden diese zusätzlichen Technologie–Domänen importiert (Zeilen 12 bis 14), damit die Typdefinitionen der externen Technologie–Domänen verwendet werden können. Danach werden die Einträge für jede zu erstellende Unit erzeugt. Das entsprechende JET Template ist im Listing 5.3 dargestellt[21] und nachfolgend erläutert.

Listing 5.3: *JET Template UnitsGenerator (Ausschnitt)*

```
1  <%@ jet class="UnitsGenerator" %>...
2  <% for (...units.entrySet().iterator()...) {...%>
3      <xsd:element name="<%=name%>" substitutionGroup="core:unit" .../>
4      <xsd:complexType name="<%=cTypeName%>">
5          <xsd:complexContent>
6              <xsd:extension base="<%=supertype%>" />
7          </xsd:complexContent>
8      </xsd:complexType>
9  <%}...%>
```

Für jedes im Metamodell definierte Modellelement (*Unit* — Zeile 2) wird ein entsprechendes XML–Element vom Typ core:unit generiert (Zeile 3). Zusätzlich wird für jede Unit ein komplexer Typ angelegt (Zeilen 4 bis 8). Hierbei wird der interne Typname (cTypeName — Zeile 4) und der übergeordnete Datentyp angegeben (supertype — Zeile 6). Damit können Vererbungshierarchien von Modellelementen erzeugt werden[22]. Daraufhin werden die entsprechenden Einträge zur Definition von Capabilitys generiert. Das entsprechende JET Template ist im Listing 5.4 dargestellt[23] und nachfolgend beschrieben.

---

[20] Das komplette Listing ist im Anhang C.2.1; Listing C.1 zu finden.
[21] Das komplette Listing ist im Anhang C.2.1; Listing C.2 zu finden.
[22] Siehe zum Beispiel Tabellen C.1 und C.2.
[23] Das komplette Listing ist im Anhang C.2.1; Listing C.3 zu finden.

Listing 5.4: *JET Template CapsGenerator (Ausschnitt)*

```
1  <%@ jet class="CapsGenerator" ...%> ...
2  <% for (...caps.entrySet().iterator()...) {%>...
3  <%...SortedMap<String, Attribute> attributes = cap.getAttributes();%>
4      <xsd:element name="<%=name%>" type="<%=nsPrefix%>:<%=type%>"
           substitutionGroup="core:capability" />
5      <xsd:complexType name="<%=type%>">
6        <xsd:complexContent>
7          <%if(attributes.size()==0){%>...<%} else {%>
8              <xsd:extension base="<%=extensionBase%>">
9                <%for (...attributes.entrySet().iterator()...) {...%>
10                   <xsd:attribute name="<%=attrName%>"
                         type="<%=attrType%>" />
11               <%}%>
12             </xsd:extension>
13           <%}%>
14       </xsd:complexContent>
15     </xsd:complexType>
16 <%}%>
```

Für jede *Capability* (Zeile 2) wird ebenfalls ein entsprechendes XML-Element generiert, allerdings vom Typ core:capability (Zeile 4). Zusätzlich wird für jede Capability ein komplexer Typ angelegt (Zeilen 5 bis 15). Hierbei wird ebenfalls ein interner Typname (type — Zeile 5) und ein übergeordneter Datentyp (extensionBase — Zeile 8) angegeben. Auch hier können somit Vererbungshierarchien erzeugt werden. Zudem werden sämtliche Attribute je Capibility erzeugt (Zeilen 9 bis 11). Als vierter und abschließender Schritt wird die XSD-Datei beendet. Das entsprechende JET Template ist im Anhang C.2.1; Listing C.4 dargestellt. Das Ergebnis wird dann in die angegebene XSD-Datei geschrieben (writeOutputToFile(outputFile, output) — Abbildung 5.11). Diese XSD-Datei ist dann der Ausgangspunkt für den *IBM Technology Domain Generator* um daraus die grundlegenden Units und Capabilites auf Basis von *EMF/GMF* zu erzeugen (s. Abbildung 5.8). Diese liegen dann als Ecore-Modell und als Java-Klassen vor und werden in einem Plugin gebündelt (*Technology Domain Extension Plugin*). Dafür ist eine Plugin-Beschreibung notwendig, welche ohne die hier beschriebene Erweiterung ebenfalls manuell erstellt werden müsste. In Abbildung 5.12 ist die Erstellung der Plugin-Beschreibung (*plugin.xml*) dargestellt, welche nachfolgend beschrieben wird.

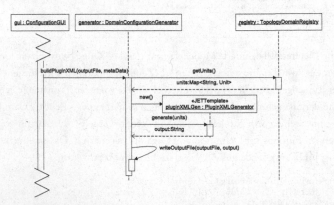

Abbildung 5.12: *UML-Sequenzdiagramm DomainConfigurationGenerator II*

Zunächst werden sämtliche *Units* aus der `registry` geladen (`getUnits()`). Danach wird mit Hilfe eines JET Templates der Inhalt der `plugin.xml` erzeugt, welches danach in die Datei *plugin.xml* geschrieben wird (`writeOutputFile(outputFile, output)`). Das entsprechende JET Template ist im Listing 5.5 dargestellt[24] und nachfolgend beschrieben.

Listing 5.5: *JET Template PluginXMLGenerator (Ausschnitt)*

```
1  <%@ jet ... class="PluginXMLGenerator" %>
2  <?xml version="1.0" encoding="UTF-8"?>
3  <?eclipse version="3.0"?>
4  <%...Map<String, Unit> units = (Map<String, Unit>)
       ((ArgumentContainer)argument).getContent();%>
5  <plugin>
6   ...
7    <extension point="com.ibm.ccl.soa.deploy.core.domains">
8      <domain id="<%=basePackage%>.domain" ...
           targetNamespace="<%=targetNamespace%>">
9        <validator .../>
10       <%...for (... units.entrySet().iterator()...) {...%>
11           <resourceType id="<%=packageName%>.<%=unitType%>.conceptual"
                name="<%=unitType%>" .../>
12           <resourceTypeUIBinding
                description="%<%=packageName%>.<%=unitType%>Tool.Description"
                .../>
13           <resourceType id="<%=packageName%>.<%=unitType%>.infra"
                name="<%=unitType%>" .../>
14           <resourceTypeUIBinding
                description="%<%=packageName%>.<%=unitType%>Tool.Description"
                .../>
15       <%}%>
16     </domain>
17   </extension>
18   ...
19  </plugin>
```

Erweiterungen für die Eclipse–Plattform werden durch so genannte Erweiterungspunkte (*Extension-Points*) innerhalb von Plugin–Beschreibungen definiert [SBPM09, 6]. Neben verschiedenen anderen Erweiterungspunkten bildet die Technologie–Domänen–Erweiterung den Kern der Plugin–Beschreibung (Zeile 7 in Listing 5.5). Dabei wird zunächst eine eindeutige Kennung (`id`) in einem eindeutigen Namensraum (`targetNamespace`) vergeben (Zeile 8). Diese Informationen sind in den Meta–Daten (`metaData` — Abbildung 5.10) enthalten. An dieser Stelle können ebenfalls Modell–Validatoren definiert werden (Zeile 9). Für jede Unit (Zeilen 10 bis 15) wird entsprechend zum MDCM Metamodell ein konzeptuelles (Zeile 11) und ein konkretes (Zeile 13) Modellelement definiert. Damit diese Modellelemente in der grafischen Benutzeroberfläche des *MDCM Modelling Tools* verwendet werden können, müssen diese dort registriert werden (Zeilen 12 und 14).

Zusätzlich können nach Bedarf Modellierungsmuster für eine Technologie–Domänen–Erweiterung definiert werden (s. Abbildung 5.8). Diese Modellierungsmuster werden in einem eigenen Plugin (*Modellierungsmuster-Plugin*) für das *MDCM Modelling Tool* nutzbar gemacht. Es besteht zunächst aus einer Datei *dynamictypes.xml*, welche sämtliche mit dem Plugin verfügbare Modellierungsmuster katalogisiert. Aus technischer Sicht werden Modellierungsmuster selbst als Topology–Dateien auf Basis einer vorher definierten Spracherweiterung angelegt [ZHHM10]. Das Erzeugen der entsprechenden Artefakte für ein

---

[24] Das komplette Listing ist im Anhang C.2.1; Listing C.5 zu finden.

Modellierungsmuster–Plugin ist in Abbildung 5.13 dargestellt und wird nachfolgend erläutert.

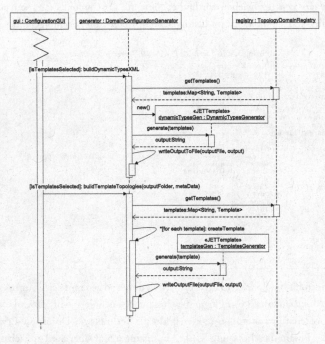

Abbildung 5.13: *UML-Sequenzdiagramm DomainConfigurationGenerator III*

Dieses Plugin wird nur dann erzeugt, wenn durch den Benutzer das Erstellen von Modellierungsmustern ausgewählt wurde (isTemplateSelected == true). Zum Generieren der notwendigen Artefakte werden zwei Schritte benötigt. Bei beiden Schritten werden spezifizierte Modellierungsmuster aus der registry geladen (getTemplates()). Für das Erzeugen der Datei *dynamictypes.xml* wird danach ein JET–basierte Generator verwendet. Das entsprechende JET Template ist im Listing 5.6 dargestellt[25] und nachfolgend beschrieben.

Listing 5.6: *JET Template DynamicTypesGenerator (Ausschnitt)*

```
1  <%@ jet class="DynamicTypesGenerator" %>
2  <?xml version="1.0" encoding="UTF-8"?>
3  <dynamictype:DynamicTypeRoot ...
       xmlns:dynamictype="http://www.ibm.com/ccl/soa/deploy/dynamictype/1.0.0/">
4    <dynamicTypes>
5  <%... Map<String, Template> templates = (Map<String,
       Template>)((ArgumentContainer)argument).getContent()...
6       for (...templates.entrySet().iterator()...) { ... %>
7       <paletteEntries id="<%=id%>" ...
          templateURI="templates/<%=template.getId()%>.topology"/>
8       <%}%>
9    </dynamicTypes>
10 </dynamictype:DynamicTypeRoot>
```

---

[25] Das komplette Listing ist im Anhang C.2.1; Listing C.6 zu finden.

Für jedes zu erzeugende Modellierungsmuster (`Template`) wird ein Eintrag in der *dynamic-types.xml* generiert (Zeilen 6 bis 8). Damit diese Modellierungsmuster innerhalb des *MDCM Modelling Tools* verwendet werden können, werden dafür sogenannte `paletteEntries` erzeugt, welche Eigenschaften wie eine eindeutige `id` oder den Dateinamen (`templateURI`) des entsprechenden Modellierungsmusters definieren (Zeile 7). Die generierten Daten werden dann in die Datei *dynamictypes.xml* geschrieben (`writeOutputToFile(outputFile, output)`).

Zum Erzeugen jedes einzelnen Modellierungsmusters wird ein JET-basierter Generator aufgerufen, dessen Inhalt in separate Dateien geschrieben wird (`writeOutputToFile(output-File, output)`). Der Dateiname entspricht dabei den Angaben in Listing 5.6 (Zeile 7; Attribut `templateURI`). Das entsprechende JET Template ist im Listing 5.7 dargestellt[26] und nachfolgend beschrieben.

Listing 5.7: *JET Template TemplatesGenerator (Ausschnitt)*

```
1  <%@ jet ... class="TemplatesGenerator" %>
2  <?xml version="1.0" encoding="UTF-8"?>
3  <%...Template template = (Template)ac.getContent();...%>
4  <core:topology ... xmlns:<%=nsPrefix%>="<%=targetNamespace%>"
5        <%for (...template.getAdditionalNamespaces()...) {...%>
6             xmlns:<%=_nsPrefix%>="<%=_namespace%>"
7        <%}%>...
8             name="<%=templateId%>" ...>...
9    <% for (...template.getUnits()... ) {...%>
10       <<%=unit.getType()%> ... name="<%=unit.getId()%>_<%=timestamp%>" ...%>">
11     <% for (...unit.getCapabilities()...) {...%>
12       <<%=cap.getType()%> name="<%=cap.getDisplayName()%>" ..."/>
13       <%}...
14         for (...unit.getRequirements()...) {...%>
15       <core:requirement ... name="r<%=i%>" ...%>">
16          <%if (req.hasLinkTarget()) {...%>
17          <core:link.dependency name="r<%=i%>To<%=linkTargetUnit%>"
                source="..." target="..."/>
18       <%}%>
19       </core:requirement>
20       <% for (...unit.getHostingRelationships()...) {...%>
21          <core:link.hosting source="..." target="..."/>
22       <%}%>
23       </<%=unit.getType()%>>
24   <%}%> ...
25  </core:topology>
```

Für jedes Modellierungsmuster wird zunächst der eigene eindeutige Namensraum (Zeile 4) definiert, zusätzliche Namensräume falls externe Modellelemente aus anderen Technologie-Domänen referenziert werden (Zeilen 5 bis 7) sowie ein eindeutiger Name (Zeile 8) festgelegt. Danach werden sämtliche im Modellierungsmuster verwendeten Units erzeugt (Zeilen 9 bis 24). Für jede Unit werden neben den eigenen Attributen (Zeile 10) sämtliche zugehörige Capabilitys mit eigenen Attributen (Zeile 12) generiert. Ebenfalls werden definierte Requirements erzeugt (Zeile 15). Sollten diese bereits eine Beziehung zu einem anderen Modellelement besitzen, dann wird diese Beziehung inklusive Quelle und Ziel erstellt (Zeile 16 bis 18). Sollte eine Unit eine Hosting-Beziehung zu einer anderen Unit besitzen, so wird diese Beziehung ebenfalls erzeugt (Zeile 21).

---

[26] Das komplette Listing ist im Anhang C.2.1; Listing C.7 zu finden.

Auf Basis der *abstrakten Syntax* des SAP–NetWeaver–Metamodells wurde mit Hilfe des Transformators eine Spracherweiterung erstellt (*konkrete Syntax*), um mit dem MDCM–Werkzeug heterogene IT–Systemlandschaften mit SAP spezifischen Elementen zu modellieren sowie automatisierte Transformationen durchzuführen. Die Spracherweiterung besteht aus grundlegenden Modellelementen (siehe Anhang C.1.1 und Anhang C.1.2) und aus Modellierungsmustern. Für die SAP–NetWeaver–Technologie–Domäne wurden so 53 Units mit 69 Capabilities und insgesamt 46 Modellierungsmuster erstellt.

Zunächst existieren neun grundlegende Modellierungsmuster (Basismuster) basierend auf den Anforderungen an Usage Types des SAP–NetWeaver–Metamodells (s. Tabelle 5.5). Sämtliche Usage Types mit Ausnahme von *AS ABAP*, *BI Java Components*, *Development Infrastructure (DI)* und *Mobile Infrastructure (MI)* besitzen mehrere Software–Komponenten, abgebildet als Capabilities (s. Tabelle 5.5). Zusätzlich besitzen sie Abhängigkeiten zu anderen Usage Types sowie die Eigenschaft, einer `SAPNetWeaverUnit` zugeordnet werden zu können. Wie zuvor beschrieben, ist ein SAP–NetWeaver–System aus SAP–Instanzen zusammengesetzt. Eine SAP–Instanz ist dabei eine Kombination aus funktionalen Komponenten (SAP–Instanzkomponenten), die untereinander wiederum in Abhängigkeitsbeziehung stehen (s. Tabelle 5.6). Daher führt die Umsetzung der 14 SAP–Instanzkomponenten und der 3 grundlegenden SAP–Instanz–Typen[27] zu 17 grundlegenden Modellierungsmustern (Basismuster für IT–Konfigurationsmodelle).

Neben den Basismustern existieren komplexe Modellierungsmuster, bestehend aus mindestens zwei grundlegenden Modellelementen. Für die Modellierung von IT–Systemlandschaften beinhalten komplexe Modellierungsmuster vordefinierte SAP–NetWeaver–Systeme mit UsageTypes, die sich aus den Vorgaben der SAP ergeben [SAP09d, 26 ff.]. Basierend auf den Abhängigkeitsbeziehungen in Tabelle 5.5 werden zunächst drei verschiedene Grundtypen von SAP–NetWeaver–Systemen unterschieden: *SAP ABAP Stack System*, *SAP Java Stack System* und *SAP Dual Stack System*. Zusätzlich ergeben sich aus den Collocation– und Anti–Collocation–Beziehungen (s. Tabelle 5.5) fünf weitere komplexe Modellierungsmuster: *Enterprise Portal System (EPSystem)*, *Business Intelligence System (BISystem)*, *Mobile Infrastructure System (MISystem)*, *Process Integration System (XISystem)* und *Development Infrastructure System (DISystem)*. Zusätzlich existiert ein weiteres Modellierungsmuster für die `SAPNetWeaverUnit` mit dem die *Membership*–Beziehungen zu sämtlichen SAP–Instanzen vorgegeben werden. Die 11 Typen von SAP–Instanzen mit ihren SAP–Instanzkomponenten sowie deren Abhängigkeiten (s. Tabelle 5.6) bilden 11 weitere komplexe Modellierungsmuster zur Modellierung von SAP–System–Deployments.

---

[27] Ausgenommen ist hier die *Central Service Instance*, da diese nicht in dualer Ausprägung vorkommt (s. Tabelle 5.6).

Diese Spracherweiterung kann nun in den Phasen *IT-Systemlandschaftsgrobplanung, IT-Systemlandschaftsfeinplanung, Beschaffung und Inbetriebnahme* verwendet werden, um IT-Systemlandschaftsmodelle und IT-Konfigurationen zu modellieren und zu erzeugen.

5.3.2 Planung und Aufbau von IT-Systemlandschaften (MDCM Modelling Tool/MDCM Automation Engine)

IT-Systemlandschaftsgrobplanung

Gemäß der MDCM-Transformationskette (s. Kapitel 4.2.2) wird das EA-Modell mit Hilfe eines *Modell-zu-Modell-Transformators* (*CP 2.1.1*) in ein konzeptuelles IT-Systemlandschaftsmodell (s. Listing 5.10) transformiert. Dabei gelten die Abbildungsrelationen, die in Tabelle 5.7 dokumentiert sind. Die Abbildungsrelationen für die Transformation (`create OUT:TP from IN:AM` — Zeile 5) von Archimate-Modellen (Zeile 1) in Topology-Modelle (Zeile 2) wurden exemplarisch in ATL[28] implementiert (s. Listing 5.8). Diese werden nachfolgend beschrieben.

Tabelle 5.7: *Abbildungsrelation Archimate (Application View und Technology View) zu Topology (IBM DAP)*

Archimate-Element	Topology-Element
`Application Service,Infrastructure Service`	`Capability`
`Application Component,Node`	`Unit`
`Device`	`ServerUnit` abgeleitet von `Unit`
`System Software`	`SoftwareComponent` abgeleitet von `Unit`
`Assignment Relationship`	`Hosting Link`
`Realisation Relationship`	`Service` wird `Unit` zugeordnet (z.B. *Universe Based Access* wird `Capability` von `Unit` *SAP NetWeaver BW*; Zeile 14 in Listing 5.1)
`Used by Relationship`	`Dependency Requirement` mit `Dependency Link`
`Composition Relationship,Aggregation Relationship`	`Membership Link`

Archimate Metamodell-Elemente sind in [Lan05b, 317 und 318] beschrieben. Grundlegende Topology Metamodellelemente sind in [IBM10] beschrieben.

Im Listing ist ein Ausschnitt aus dem Quell-Code dargestellt, um die Art und Weise der Implementierung zu illustrieren, auch wenn die Umsetzung mit ATL auf Grund technischer Restriktionen nicht weiter verfolgt wurde. So ist die in Zeile 52 gezeigte Anweisung (`UUID <- comp.id`) nicht gültig, da ein Attribut `UUID` zwar benötigt wird und in der XML-Repräsentation ist, aber nicht im Topology Metamodell definiert wurde.

Listing 5.8: *Ausschnitt aus ATL-Quellcode (Archimate2Topology.atl)*

```
1  --- @nsURI AM=http://www.bolton.ac.uk/archimate/1.0
2  --- @nsURI TP=http://www.ibm.com/ccl/soa/deploy/core/1.0.0/
3
4  module ArchiMate2Topology;
5  create OUT : TP from IN : AM;
6
7  helper context AM!ApplicationComponent def : getRealisationRelationships() :
        Sequence(AM!RealisationRelationship) =
8       AM!RealisationRelationship.allInstances()->iterate(relationship;
            relationships: Sequence(AM!RealisationRelationship) = Sequence{} |
9       if self = relationship.source
```

---

[28] Zur Syntax von ATL siehe: http://eclipse.org/atl/ — letzter Abruf: 15.08.2011

```
10          then relationships.append(relationship)
11          else relationships
12          endif
13  );
14
15
16  helper context AM!ApplicationComponent def : getRealizedServices() :
        Sequence(AM!ApplicationService) =
17          AM!ApplicationService.allInstances()->select(service |
18              self.getRealisationRelationships()->select(relationship |
19                  if relationship.target = service
20                      then true
21                      else false
22                  endif
23              )->size()>0
24          );
25
26  helper context AM!ApplicationComponent def : getUsedServices() :
        Sequence(AM!ApplicationService) =
27          AM!ApplicationService.allInstances()->select(service |
28              AM!UsedByRelationship.allInstances()->select(usedRel |
                    usedRel.target=self).asSequence()->select(rel |
29                  if rel.source = service
30                      then true
31                      else false
32                  endif
33          )->size()>0);
34
35
36
37  rule model2Topology {
38      from
39          model : AM!ArchimateModel
40      to
41          top : TP!Topology (
42              name <- model.name,...
43              units <-
                    AM!ApplicationComponent.allInstances()->collect(e |
                    thisModule.getUnits(e))
44          )
45  }
46
47  lazy rule getUnits {
48      from
49          comp : AM!ApplicationComponent
50      to
51          unit : TP!Unit (...
52              UUID <- comp.id,
53              capabilities <- comp.getRealizedServices()->collect(e |
                    thisModule.getCapabilities(e)),
54              requirements <- comp.getUsedServices()->collect(e |
                    thisModule.getRequirements(e))
55          )
56  }
57
58  lazy rule getCapabilities {
59      from
60          service : AM!ApplicationService
61      to
62          cap : TP!Capability (...)
63  }
64
65  lazy rule getRequirements {
66      from
67          service : AM!ApplicationService
68      to
69          req : TP!Requirement (...)
70  }...
```

Zunächst wird angegeben, dass Archimate–Modelle in Topology–Modelle transformiert werden (Zeile 37). Dabei werden für das erstellte Element top vom Typ TP!Topology (Zeile 41) Attribute wie name übernommen (Zeile 42). Die Units einer Topology werden durch die Transformation sämtlicher ApplicationComponents in Units (getUnits(e) — Zeile 43) erzeugt. In der Regel getUnits (Zeile 47) werden neben dem Übernehmen von Attributen die entsprechenden Capabilites und Requirements erzeugt (Zeilen 53 und 54). Dafür werden die Funktionen (helper) getRealizedServices() und getUsedServices() benutzt, um die angebotenen oder nachgefragten `ApplicationServices` einer `ApplicationComponent` anhand von definierten `RealisationRelationships` zu ermitteln (Zeilen 7 bis 33). Auf Grund dieser technischen Restriktion wurden die Transformationsregeln mit Java (s. Listing 5.9) implementiert und nicht mit ATL. Das Ergebnis der Transformation für das vorliegende Beispiel ist in der Abbildung 5.14 (s. Listing 5.10) dargestellt und wird nachfolgend erläutert.

Listing 5.9: *Algorithmus für die Transformation von Archimate nach Topology (Pseudo-Code)*

```
1  FUNCTION void transform()
2  DO
3        ArchimateXMLProcessor processor = new ArchimateXMLProcessor();
4        ArchimateModel am = processor.load(aModelFile);
5        transformModel2Topology(am);
6  RETURN;
7
8  FUNCTION void transformModel2Topology(ArchimateModel am)
9  DO
10       topology = new Topology(am.getId());
11       topology.setDisplayName(am.getName());
12       topology.setDescription("version: " + am.getVersion()
13                              + "," + am.getId());
14       FORALL ApplicationComponents ac FROM am.getApplicationComponents()
15       DO
16             topology.addUnit(transformComponent2Unit(ac, am));
17  RETURN;
18
19  FUNCTION Unit transformComponent2Unit(ApplicationComponent ac, ArchimateModel am)
20  DO
21       unit = new Unit(ac.getId());
22       unit.setDisplayName(ac.getName());
23       UnitUtil.assignUniqueName(unit);
24       unit.addCapabilities(getCapabilities(ac, am));
25       unit.addRequirements(getRequirements(ac, am));
26  RETURN unit;
27
28  FUNCTION List<Capability> getCapabilities(ApplicationComponent ac, ArchimateModel
        am)
29  DO
30       List<Capability> result = new List<Capability>();
31       FORALL RealisationRelationship rr FROM am
32       DO IF rr.getSource().getId()==ac.getId()
33             DO result.add(transform2Capability(rr.getTarget()));
34  RETURN result;
35
36  FUNCTION List<Requirement> getRequirements(ApplicationComponent ac,
        ArchimateModel am)
37  DO
38       List<Requirement> result = new List<Requirement>();
39       FORALL UsedByRelationship ubr FROM am
40       DO IF ubr.getTarget().getId()==ac.getId()
41             DO result.add(transform2Requirement(ubr.getSource()));
42  RETURN result;
43
44  FUNCTION Capability transform2Capability(ApplicationService as)
45  DO
46       capability = new Capability(as.getId());
47       capability.setDisplayName(as.getName());
48       capability.setLinkType(ANY);
49  RETURN Capability;
50
51  FUNCTION Requirement transform2Requirement(ApplicationService as)
52  DO
53       requirement = new Requirement("r" + as.getId());
54       requirement.setDisplayName(as.getName());
55       DependencyLink link = new DependencyLink();
56       link.setSource(requirement);
57       link.setTarget(transform2Capability(as));
58       requirement.addDependencyLink(link);
59  RETURN Requirement;
```

Es wurden Elemente vom Typ `ApplicationComponent` in `Units` transformiert (z.B. Listing 5.1; Zeilen 8, 9 ↦ Listing 5.10; Zeilen 4, 12). Dabei wird der Wert des Attributs name aus dem Archimate-Modell in das Attribut `displayName` des Topology-Modells übernommen. Der interne Name eines Topology-Elements name enthält den Wert des Attributs id eines Archimate-Elements. Dadurch bleibt der Zusammenhang beider Modelle erhalten.

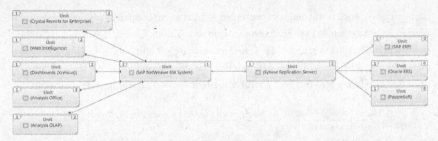

Abbildung 5.14: *Beispiel Ergebnis der Modell-zu-Modell-Transformation*

Elemente vom Typ `ApplicationService` werden als Elemente vom Typ `Capability` einer anbietenden `Unit` zugeordnet (z.B. Listing 5.1; Zeilen 5, 6, 7 ↦ Listing 5.10; Zeilen 5, 13, 14). Die Zuordnung erfolgt anhand der entsprechenden `RealisationRelationship` zwischen `ApplicationService` und `ApplicationComponent` (z.B. Listing 5.1; Zeile 14 ↦ Listing 5.10; Zeilen 12, 13). Archimate–Elemente vom Typ `UsedByRelationship` werden in Topology–Elemente `link.dependency` transformiert und dem entsprechenden `Requirement`–Element zugeordnet (z.B. Listing 5.1; Zeilen 15 ↦ Listing 5.10; Zeilen 6, 7).

Listing 5.10: *Ergebnis der Transformation in XML (Ausschnitt aus dem Quellcode)*

```
1  <?xml version="1.0" encoding="ISO—8859—1"?>
2  <core:Topology ...>
3    ...
4    <core:unit ... displayName="Crystal Reports for Enterprise" name="630d023a"
         conceptual="true">
5      <core:capability displayName="Enterprise Reporting" name="0bc29cd1" .../>
6      <core:requirement ... displayName="Direct Access" name="r0742bcd4">
7        <core:link.dependency ... name="r0742bcd4ToCapability_0742bcd4"
           source="#/0bc29cd1/r0742bcd4" target="#/0d2cf64a/0742bcd4"/>
8      <core:requirement>
9      ...
10   </core:unit>
11   ...
12   <core:unit displayName="SAP NetWeaver BW System" name="0d2cf64a" ...>
13     <core:capability ... displayName="Universe Based Access" name="e7eb9044" .../>
14     <core:capability ... displayName="Direct Access" name="0742bcd4" .../>
15     <core:requirement ... displayName="Data Service">
16     ...
17     <core:requirement>
18   </core:unit>
19   ...
20 </core:Topology>
```

Da das resultierende Modell auf Grund der allgemeingültigen Abbildungsrelationen (s. Tabelle 5.7) generisch ist, muss es mit Hilfe der in der Spracherweiterung definierten starken Elementtypen detailliert werden. Das resultierende konzeptuelle IT–Systemlandschaftsmodell wird mit Hilfe der Spracherweiterung *SAP–NetWeaver–Technologie–Domäne* des *MDCM Modelling Tools* soweit verfeinert, bis ein abgestimmtes IT–Systemlandschaftsmodell existiert (*W: IT–Systemlandschaftsgrobplanung*). Wie im Installationsleitfaden beschrieben [SAP09d, 26 ff.], werden auf Grund von Collocation und Anti–Collocation–Abhängigkeiten zwischen den Usage Types *BI* und *BI Java* zwei SAP–NetWeaver–Systeme benötigt. Ein beispielhaftes Modell einer SAP–BI–Systemlandschaft ist in Abbildung 5.15 dargestellt.

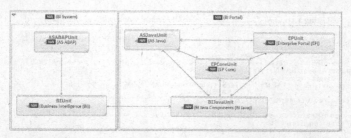

Abbildung 5.15: *Beispiel eines abgestimmten Modells der SAP–BI–Systemlandschaft (Ausschnitt)*

Die Abhängigkeitsbeziehung zwischen den Usage Types *Business Intelligence (BI)* und *BI Java Components* impliziert, dass beide konkreten SAP–NetWeaver–Systeme miteinander kommunizieren.

IT-Systemlandschaftsfeinplanung

Die interne Struktur eines SAP–NetWeaver–Systems ist abhängig von dessen intendiertem Verteilungsszenario (*Single Machine Topology*, *Distributed Topology*, *Virtualisierung* oder *Hochverfügbarkeitslösung für Switchover Clustering*) [SAP08, 4 ff.]. Sämtliche Verteilungsszenarios können mit der SAP–NetWeaver–Technologie–Domänenerweiterung modelliert werden. In Abbildung 5.16 ist beispielsweise ein konzeptuelles IT–Konfigurationsmodell von verteilten SAP–NetWeaver–Systemen für das SAP–NetWeaver–BI–System dargestellt.

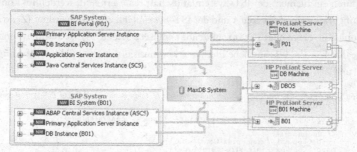

Abbildung 5.16: *Beispiel eines konzeptuellen IT-Konfigurationsmodells (SAP Distributed Topology) [HRZ10, 6]*

Wie im Beispielszenario (s. Abschnitt 5.2) definiert, werden die SAP–NetWeaver–Systeme auf drei verschiedenen Hardware–Units (*P01 Machine, DB Machine, B01 Machine*) mit dem Betriebssystem *SuSE Linux Enterprise Server* verteilt — Application–Server–Instanzen werden jeweils auf einem eigenen Rechner installiert und das Datenbankmanagementsystem *MaxDB*, welches die Datenbank–Instanzen von *P01* und *B01* enthält, ebenfalls. Durch die Hinzunahme anderer Technologie–Domänen (s. Listing 5.11; Zeilen 2–5) können IT–Systemlandschafts– und IT–Konfigurationsmodelle heterogene Systemlandschaften abbilden (z.B. J2EE oder Datenbank–Domäne).

Listing 5.11: *Quell-Code des konzeptuellen IT-Konfigurationsmodells in XML (Ausschnitt)*

```
1  <core:topology ...
2        xmlns:database="http://www.ibm.com/ccl/soa/deploy/database/1.0.0/"
3        xmlns:j2eeDeploy="http://www.ibm.com/ccl/soa/deploy/j2ee/1.0.0/"
4        xmlns:os="http://www.ibm.com/ccl/soa/deploy/os/1.0.0/"
5        xmlns:sap.netweaver="http://www.sap.com/topology/netweaver/1.0.0/" ...>
6     <sap.netweaver:SAPNetWeaverSystemUnit
7        displayName="BI System (B01)" ...>
8        <sap.netweaver:SAPNetWeaverSystem name="SAP NetWeaver System" ...
9                        SAPSID="B01" .../>
10       <core:requirement displayName="SAP DB Instance"
11                     dmoType="sap.deploy:DatabaseInstanceUnit" ...>
12          <constraint:constraint.memberCardinality ... maxValue="1" minValue="1"/>
13       </core:requirement> ...
14    </sap.netweaver:SAPNetWeaverSystemUnit> ...
15 </core:topology>
```

Gemäß MDCM–Vorgehensmodell muss ein konzeptuelles IT–Konfigurationsmodell im Rahmen der *IT–Systemlandschaftseinplanung (X5)* auf existierende IT–Infrastrukturelemente einer IST–Systemlandschaft abgebildet werden. Ein Modell der IST–Systemlandschaft liegt entweder vor oder kann durch Adapter (*CP 2.2.2: Configuration Dictionary*[29]) automatisch erzeugt werden. Für die automatisierte Zuordnung von konzeptuellen IT–Konfigurationsmodellelementen auf Modellelemente der IST–Systemlandschaft (Transformation *T2* der MDCM–Transformationskette) wurde das MDCM–Werkzeug durch eine fehlende Funktionalität mit einem weiteren Plugin erweitert, welches zur MDCM–Komponente *MDCM Automation Engine* gehört (s. Listing 5.12). Der Algorithmus in Listing 5.12 erzeugt ein konkretes IT–Konfigurationsmodell (Zeile 1). Ausgangspunkt sind einerseits ein konzeptuelles IT–Konfigurationsmodell (Zeile 4) und andererseits ein Modell der bestehenden IST–Systemlandschaft (Zeile 5). Fehlende Elemente, die noch nicht durch ein Element der IST–Systemlandschaft realisiert sind, werden im konkreten IT–Konfigurationsmodell erzeugt und der IST–Systemlandschaft zugeordnet (Zeile 27–40). Die Funktion `createRealizationForHostedUnits` (Zeile 14) ist rekursiv und wird solange durchlaufen, bis sämtliche Elemente konkretisiert wurden (Abbruchbedingung — Zeile 8 und 21).

Listing 5.12: *Algorithmus zum Abgleich von konzeptuellem IT-Konfigurationsmodell und IST-Systemlandschaft (Pseudo-Code)*

```
1  FUNCTION Topology createDeploymentInstance( Topology concreteModel )
2  DO
3        // do imports
4        importTopology( conceptualConfModel );
5        importTopology( infrastructureModel );
6
7        // create missing realizations for existing units in stack
8        FOR realizationLink FROM realizationLinks
9        DO
10                    createRealizationForHostedUnits(sourceUnit, realizedByUnit,
                              concreteModel);
11 RETURN concreteModel;
12
13
14 FUNCTION void createRealizationForHostedUnits( Unit sourceUnit, Unit
       realizedByUnit, Topology concreteModel )
15 DO
16       // get all hosted Units
17       hostingLinks = sourceUnit.getHostingLinks();
18
19       // for all hosted units of sourceUnit create realizations in
             deploymentInstance if not yet done
```

---

[29] Zum Beispiel IBM Tivoli Application Dependency Discovery Manager http://www-01.ibm.com/software/tivoli/products/taddm/ — Letzter Abruf: 04.08.2011.

```
20   FOR hostingLink FROM hostingLinks
21   DO
22          // get hosted unit and check if realized
23          boolean isRealized = realizationOfHostedUnit NOT null
24
25          // if not realized create realizations in deploymentInstance
26          IF NOT isRealized
27          DO
28                 // (1) copy hosted unit from conceptual model into
                          concrete model
29                 newUnit = copy(hostedUnit);
30                 newUnit.setConceptual(false);
31                 concreteModel.add(newUnit);
32                 // (2) create new realization link (hostedUnit (source)
                          realizedBy newUnit (target))
33                 realizationLink = new RealizationLink(hostedUnit,
                          newUnit);
34                 concreteModel.add(realizationLink);
35                 // (3) create new hosting link (newUnit (target) is
                          hosted by realizedByUnit (source))
36                 hostingLink = new HostingLink(newUnit, realizedByUnit);
37                 concreteModel.add(hostingLink);
38                 // (4) do it again for next element in hosting stack
39                 createRealizationForHostedUnits(hostedUnit, newUnit,
                          concreteModel);
40          ELSE
41                 // call method again with next element in hosting stack
42                 createRealizationForHostedUnits(nextSourceUnit,
                          nextTargetUnit, concreteModel);
```

Das Ergebnis ist ein abgestimmtes IT-Konfigurationsmodell (s. Abbildung 5.17), welches beschreibt, welche Elemente des konzeptuellen IT-Konfigurationsmodells in die bestehende IT-Systemlandschaft eingefügt werden sollen (s. Listing 5.13, Zeilen 2–10).

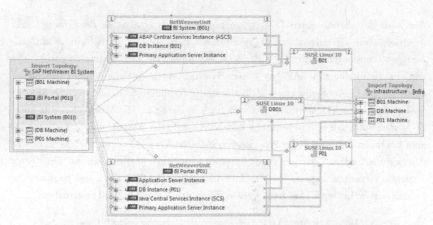

Abbildung 5.17: *Automatischer Abgleich von konzeptuellen IT-Konfigurationsmodellen mit IST-Systemlandschaftsmodell (MDCM Automation Engine)*

Wie im Beispielszenario angenommen, ist die Hardware (*B01 Machine, P01 Machine, DB Machine*) bereits vorhanden (s. Abbildung 5.17). Vorbedingung für die automatische Transformation ist, dass konzeptuelle Elemente mit bereits vorhandenen Elementen in der Infrastruktur durch eine Realisationsbeziehung markiert werden (z.B. konzeptuelle mit konkreter *B01 Machine*; Listing 5.13, Zeile 13). Konzeptuelle, noch nicht realisierte Elemente werden erzeugt, dem IT-Konfigurationsmodell hinzugefügt (z.B. `NetWeaverUnit_422730` in Listing 5.13, Zeile 2) und den konzeptuellen Elementen per Realisationsbeziehung zugeordnet (s. Listing 5.13, Zeile 14). Hinzugefügte Elemente werden per Hosting–Beziehung ebenfalls der IT–Infrastruktur zugeordnet (z.B. LinuxOperatingSystemUnit_937618 zu X86ServerUnit_328164 aus der IT–Infrastruktur; Listing 5.13, Zeile 12).

Listing 5.13: *Quell–Code des abgestimmten IT–Konfigurationsmodells in XML*

```
 1 <core:topology ... name="ConfigurationModel">
 2    <sap.netweaver:SAPNetWeaverSystemUnit ... displayName="BI System (B01)"
          name="NetWeaverUnit_422730" ...>
 3    ...
 4    </sap.netweaver:SAPNetWeaverSystemUnit>
 5    <sap.netweaver:SAPNetWeaverSystemUnit ... displayName="BI Portal (P01)"
          name="NetWeaverUnit_424938" ...>
 6    ...
 7    </sap.netweaver:SAPNetWeaverSystemUnit>
 8    <os:unit.linuxOperatingSystemUnit ... name="LinuxOperatingSystemUnit_937618"
          ...>
 9    ...
10    </os:unit.linuxOperatingSystemUnit>
11    ...
12    <core:link.hosting ...
          name="X86ServerUnit_328164HostsLinuxOperatingSystemUnit_937618"/>
13    <core:link.realization ... source="#SAP NetWeaver BI
          System:/X86ServerUnit_713568"
          target="#infrastructure:/X86ServerUnit_328164"/>
14    <core:link.realization ... source="#SAP NetWeaver BI
          System:/NetWeaverUnit_165843" target="#/NetWeaverUnit_422730"/>
15    <core:link.realization ... source="#SAP NetWeaver BI
          System:/NetWeaverUnit_630910" target="#/NetWeaverUnit_424938"/>
16 </core:topology>
```

Beschaffung und Inbetriebnahme

Auf Basis des abgestimmten IT–Konfigurationsmodells erfolgt die *Beschaffung*[30] und *Inbetriebnahme* der geplanten IT–Systemlandschaft. Dafür wurde ein *Modell–zu–Konfigurationstransformator* (*CP 2.1.1: MDCM Automation Engine*) implementiert, der zunächst zu installierende SAP–NetWeaver–Systeme und deren Verteilungsart anhand des abgestimmten IT–Konfigurationsmodells erkennt (s. Abbildung 5.18, Schritt *1*). Da Modell–zu–Konfiguration–Transformationen spezifisch in Bezug auf die Modellelemente einer IT–Systemlandschaft sind (s. Kapitel 4.1.2), ist ebenfalls der Algorithmus (s. Listing 5.14) zum Erkennen von Verteilungsszenarios für SAP–NetWeaver–Systeme spezifisch. Es werden vier verschiedene Verteilungsarten unterschieden (*Single Machine Scenario*, *Distributed Scenario*, *Virtualisierung* und *Switch–Over–Clustering*) [SAP08, 4 ff.], welche durch die Funktionen im Listing 5.14 geprüft werden. Diese werden nachfolgend beschrieben.

Listing 5.14: *Algorithmus zum Erkennen von Verteilungsszenarios (Pseudo–Code)*

```
 1 FUNCTION boolean isVerticalScaling()
 2 DO RETURN getApplicationServerInstances().size >0 AND NOT isHorizontalScaling();
 3
 4 FUNCTION boolean isHorizontalScaling()
 5 DO
 6       asUnits = getApplicationServerInstances();
 7       IF asUnits.size > 0
 8       DO
 9             primaryServer = getServer(PrimaryApplicationServerInstance)
10             FOR asUnit FROM asUnits
11             DO IF NOT primaryServer.equals(getServer(asUnit)) DO RETURN true;
12 RETURN false;
13
14 FUNCTION boolean isDistributedScenario()
```

---

[30] Zur Vereinfachung wird die Beschaffung in der Fallstudie nicht weiter beschrieben. Es wird davon ausgegangen, dass auf Basis des abgestimmten IT–Konfigurationsmodells fehlende Elemente beschafft wurden und nun zur Inbetriebnahme vorliegen.

```
15  DO RETURN isHorizontalScaling() OR hasSeparatedDBInstance();
16
17  FUNCTION boolean isSingleMachineScenario()
18  DO RETURN NOT isDistributedScenario();
19
20  FUNCTION boolean hasSeparatedDBInstance()
21  DO RETURN NOT
        getServer(DBInstance).equals(getServer(PrimaryApplicationServerInstance));
22
23  FUNCTION boolean isVirtualMachineScenario()
24  DO
25          servers = getServers;
26          FOR server FROM servers
27          DO IF server.isHostedOnVirtualEnvironment() DO RETURN true;
28  RETURN false;
29
30  FUNCTION boolean isSwitchOverScenario()
31  DO
32          IF model.contains(SwitchOverUnit)
33          DO
34                  instances = getSAPInstances();
35                  FOR instance FROM instances
36                  DO IF instance.isMemberOf(aSwitchOverUnit) DO RETURN true;
37  RETURN false;
```

Zunächst kann durch die Anzahl der zusätzlichen Application–Server–Instanzen geprüft werden, ob ein Skalierungsszenario vorliegt (getApplicationServerInstances().size > 0 — Zeilen 2 und 7). Horizontale Skalierung liegt vor, wenn mindestens eine dieser zusätzlichen Application–Server–Instanzen einem anderen Server (Hardware–Unit) per Hosting–Beziehung als die Primary–Application–Server–Instanz zugeordnet sind (Zeile 11). Vertikale Skalierung liegt vor, wenn sämtliche zusätzlichen Application–Server–Instanzen dem gleichen Server zugeordnet sind wie die Primary–Application–Server–Instanz, also keine horizontale Skalierung vorliegt (Zeile 2). Liegt horizontale Skalierung vor oder ist die DB–Instanz einem anderen Server (NOT hasSeparatedDBInstance()) als die Primary–Application–Server–Instanz zugeordnet, liegt ein *Distributed–Szenario* (Zeile 15) vor, andernfalls ein *Single–Machine–Szenario* (Zeile 18). Wenn ein Server einer virtuellen Umgebung per Hosting–Beziehung zugeordnet ist, liegt Virtualisierung vor (Zeile 27). Ein Switch–Over–Szenario liegt vor, wenn das Modell Elemente vom Typ SwitchOverUnit enthält (Zeile 32) und mindestens eine SAP–Instanz einer SwitchOverUnit per Membership–Beziehung zugeordnet ist (Zeile 36)[31].

Danach werden die für die SAP–Installationsphasen (*Preparation*, *Installation* und *Post–Installation* [SAP09b, 15 ff., 65 ff., 87 ff., 103 ff.]) notwendigen Installationskonfigurationen, Skripte und Checklisten generiert (s. Abbildung 5.18, Schritt 2) [HRZ10, 7 f.]. Auch wenn für die Konfiguration von SAP–NetWeaver–Systemen SAP–Werkzeuge existieren, soll der letzte Schritt des MDCM–Vorgehensmodells zur nahtlosen Integration von EAM und IT–Betrieb dennoch exemplarisch gezeigt werden.

Dadurch werden Checklisten und Skripte erzeugt, die an das jeweilige Installationsszenario angepasst sind. Diese werden für die Durchführung von semi–automatisierten oder manuellen Aufgaben bei der Konfiguration von IT–Systemlandschaften durch Techniker und

---

[31] Zur Modellierung von Switch–Over–Szenarios wurde zusätzlich die Unit SwitchOverUnit in einer eigenen Technologie–Domäne (computingcluster) erstellt.

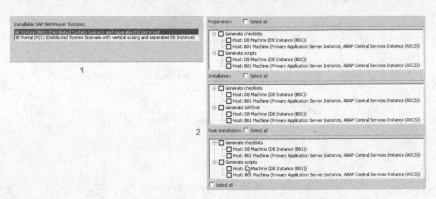

Abbildung 5.18: *SAP Deployment Dialog (MDCM Automation Engine)*

Administratoren verwendet. Generierte angepasste Checklisten und Skripte bieten gegenüber vorgegebenen Checklisten der Installationsanleitungen [SAP09a; SAP09b; SAP09c] den Mehrwert, dass sie situationsbezogen, konkreter und dadurch eindeutiger sind. Für die Installation von SAP-NetWeaver-Systemen wird das Installationswerkzeug *SAPInst* verwendet, welches durch eine XML-Datei *(inifile.xml)* konfiguriert werden kann [SAP04, 67 ff.]. Diese enthält Konfigurationsparameter für die Installation, welche aus dem abgestimmten IT-Konfigurationsmodell generiert werden. Die Implementierung des Modell-zu-Konfigurationstransformators basiert auf der Technologie *Java Emitter Templates (JET)*. In Listing 5.15 ist ein beispielhaftes JET Template zur Konfiguration eines *SAP-NetWeaver-Systems* auf einem *Linux-Betriebssystem* mit dem Datenbankmanagementsystem *MaxDB* dargestellt (s. Listing 5.15; Attribut class, Zeile 1). Nachfolgend wird das Ergebnis der Transformation kurz beschrieben.

Listing 5.15: *Beispiel-Quell-Code eines JET templates für die Erzeugung einer* inifile.xml *(Ausschnitt)*

```
1  <%@ jet imports="com.sap.topology.netweaver.*" ... class="InstallNwLinuxMaxDB" %>
2  <%...
3          sid = netWeaver.getSAPSID();
4  ...%>
5  ...
6  <table name="..." namespace="...">
7          <columns>
8                  <column name="sid"/>
9          </columns>
10         <row>
11                 <fld name="sid">
12                 <strval><![CDATA[<%=sid%>]]></strval>
13                 </fld>
14         </row>
15 </table>...
```

Die innere Struktur einer Konfigurationsdatei für SAPInst *(inifile.xml)* ist ähnlich einer Datenbank aufgebaut und enthält Tabellen, Zeilen und Spalten (table, columns, row; Listing 5.15, Zeile 6–15) [SAP04, 13 ff.]. Mit Hilfe von JET können Eigenschaften von Modellelementen der Technologie-Domänen direkt über die API verwendet werden. So ist es möglich, die eindeutige *SAP-System-ID* (SAPSID) aus der Capability eines SAP-

NetWeaver–Elements auszulesen (s. Listing 5.15, Zeile 3) und in das Resultat einzufügen (s. Listing 5.15, Zeile 12).

Auf Basis dieses Vorgehens können zusätzlich spezifische Modell–zu–Konfigurations–Transformatoren implementiert werden[32], die zum Beispiel die automatische Installation in so genannten *Managed Environments* durchführen. Dies konnte exemplarisch in [HRZ10], für ein deklaratives Application–Lifecycle–Management gezeigt werden.

5.3.3 Modellanalyse (MDCM Analyzer)

Wie im Kapitel 4.4.5 beschrieben, kann die Modellanalyse in die Komponenten *Analyse während der Modellierung* (*Validation and Resolution (CP 2.3.1)*) und *Messung von Modelleigenschaften* (*Metrics Analyzer (CP 2.3.2)*) zerlegt werden. Für die Implementierung der Komponente *CP 2.3.1* konnte die existierende Lösung der IBM Deployment Architecture Platform erweitert werden, so dass eigene Validitätsbedingungen für Modelle definiert werden können [ZHHM11]. Validierungsregeln resultieren aus zwei verschiedenen Quellen: Zunächst auf Metamodellebene aus dem MDCM–Metamodell und in der Implementierung auch aus dem verwendeten Topology–Metamodell. Instanzen dieser Metamodelle müssen diesen vorgegebenen Strukturen entsprechen. Zum Beispiel bedingt eine *Dependency Description* im Kapitel 4.2.1, dass eine Beziehung erst dann erfüllt ist, wenn die Eigenschaften eines modellierten Zielelements (*target*) die geforderten Eigenschaften einer Zielvorstellung (*conceptualTarget*) entsprechen (s. Abbildung 4.6). Zudem werden Validierungsregeln in domänenspezifischen Spracherweiterungen definiert (s. Abschnitt 5.3.1). Einerseits kann dies über in Java implementierte Validatoren geschehen oder über Modellierungsmuster [ZHHM11]. Für die SAP–NetWeaver–Technologie–Domäne wurde zum Beispiel im Modellierungsmuster des BI Systems definiert, dass die Komponente Business Intelligence (BI) eine Komponente BI Java benötigt. Diese Validierungsregeln sind dann entweder generisch in der Anwendungsdomäne (z.B. SAP) oder für sämtliche Modelle (Metamodellebene) gültig. In Abbildung 5.19 ist die Anwendung dieser Regeln exemplarisch dargestellt. Sollten Regeln verletzt sein, wird dies an einer Unit durch ein weißes Kreuz auf rotem Hintergrund und einer Lampe signalisiert. Durch Klicken auf dieses Symbol öffnet sich ein Dialog, welcher im oberen Teil sämtliche Regelverletzungen als Baumstruktur enthält und im unteren Teil mögliche Lösungen für das ausgewählte Problem. Zum Beispiel wird für das Problem Unsatisfied "BI Java Dependency" requirement aus der SAP–NetWeaver–Technologie–Domänen–Erweiterung vorgeschlagen, eine Abhängigkeitsbeziehung zum Usage Type BI Java der Unit BI Portal herzustellen. Zudem sind sämtliche konzeptuelle Units dieses IT–Systemlandschaftsmodells noch nicht durch konkrete Elemente in einem IT–Konfigurationsmodell realisiert. Diese Komponente unterstützt somit die Erstellung

---

[32] Siehe Anhang C.4.

von validen Modellvarianten während der Modellierung (Prüfung auf Korrektheit in den MDCM–Phasen *W4* und *X5*).

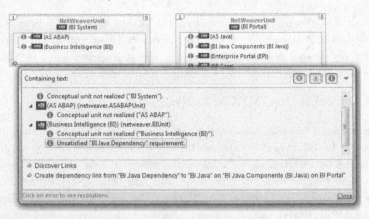

Abbildung 5.19: *Beispiel für Validation and Resolution*

Zur Bewertung von Modellvarianten (*W5* und *X6*) wird die Komponente *Metrics Analyzer (CP 2.3.2)* verwendet. Hierfür wurde auf Basis des MDCM–Konzepts eine Messfunktionalität implementiert und als Plugin zur Verfügung gestellt. Die Implementierung der Komponente ist so gestaltet, dass sie durch weitere Messinstrumente und Metriken erweiterbar ist[33]. Für den Messprozess kann das *E4–Measurement–Modell*, bestehend aus den Schritten *Establish* (Festlegen der Messziele wie Metriken, Reichweite, Messinstrumente), *Extract* (Durchführung der Messung), *Evaluate* (Betrachten und Bewerten der Messung anhand der Messziele) und *Execute* (Entscheidung auf Basis der Messung), unterstellt werden [ED07, 23 ff.; Bal98, 226].

Mit der Komponente *Metrics Analyzer (CP 2.3.2)* werden die Phasen 1–3 unterstützt[34]. Im ersten Schritt wird demzufolge ausgewählt, welche Metriken für die Messung von Modellen verwendet werden sollen und welche Rahmenbedingungen (z.B. obere und untere Grenze (Lower, Upper)) gelten, damit ein Messwert im validen Bereich liegt (s. Abbildung 5.20). Dieser Bereich basiert auf Erfahrungen und muss daher an die jeweilige Messung angepasst werden.

Auf Basis dieser Auswahl werden Messinstrumente (Tester) aufgerufen, welche die geforderten Werte messen. Nach der Durchführung einer Messung werden die Messergebnisse in tabellarischer Form dargestellt (s. Abbildung 5.21, rechte Seite). Zudem kann für eine Auswahl von Ergebnissen eine Darstellung als Kiviat–Diagramm erzeugt werden (s. Abbildung 5.21, linke Seite). In dieser Darstellung können für die Messergebnisse zusätzliche

---

[33] Siehe Anhang C.5.
[34] Eine Entscheidung auf Basis einer Messung führt die Komponente gemäß Kapitel 4.3 nicht durch.

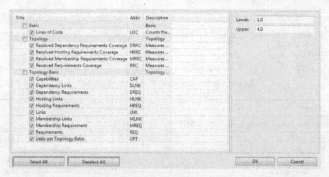

Abbildung 5.20: *Dialog zum Zusammenstellen von Analysemodellen (*Metrics Analyzer*) – siehe auch Tabelle 5.8*

Informationen angezeigt werden (z.B. Durchschnitt, Median, Grenzen, Normalisierung). Ebenfalls ist eine invertierte Darstellung möglich. Die Messergebnisse können zusätzlich als CSV–Dateien für weitere Analysen exportiert werden.

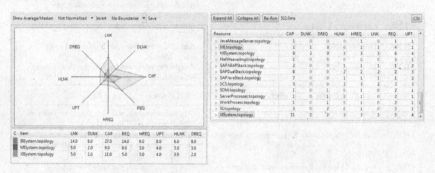

Abbildung 5.21: *Ergebnisdarstellung der Modellanalyse in Kiviat- und Tabellen-Ansicht (*Metrics Analyzer*) – siehe auch Tabelle 5.8*

Die Bewertung von Modellvarianten kann neben anderen Entscheidungsgrößen (z.B. Kosten) auf Basis einer Einschätzung der Komplexität erfolgen [Bal98, 532]. Wenn Komplexität als negative Einflussgröße auf die Verständlichkeit und Verifizierbarkeit von System–Design und –Implementierung verstanden wird [IEE90, 28], dann sollte die Komplexität von IT–Systemlandschafts- und IT–Konfigurationsmodellen so gering wie möglich gehalten werden. Daher ist ein Vergleich von Modellen auf Basis der Entscheidungsgröße *Komplexität* sinnvoll. Zudem sollte bei der Modellierung die Prozesskomplexität ebenfalls beachtet werden, da hier ebenfalls komplexe Entscheidungen über die Auswahl von Modellelementen getroffen werden. Um die Komplexität von IT–Systemlandschafts- und IT–Konfigurationsmodellen sowie deren Modellierung bewerten zu können, wurden grundlegende Metriken für Topologien definiert und implementiert (s. Tabelle 5.8). Eine zuverlässige Aussage über die Gesamtkomplexität von Modellen und der Modellierung kann nur durch Auswertung von mehreren Metriken erfolgen, da jede Metrik nur einen begrenzten Bereich erfassen kann [Bal98, 478]. Die einzelnen Metriken und deren mögliche Aussagekraft werden nachfolgend erläutert.

Tabelle 5.8: *Metriken des MDCM Metrics Analyzer*

ID	Name	Beschreibung
Umfangsmetriken (Basisgrößen) — Wertebereich: $\mathbb{N}$		
LOC	Lines of Code	Anzahl der Zeilen eines Modells (XML-Daten).
UPT	Units per Topology Ratio	Anzahl der Units in einem Modell.
CAP	Capabilities	Anzahl der Capabilities in einem Modell.
REQ	Requirements	Anzahl der Requirements in einem Modell.
DREQ	Dependency Requirement	Anzahl der Dependency Requirements in einem Modell.
HREQ	Hosting Requirement	Anzahl der Hosting Requirements in einem Modell.
MREQ	Membership Requirement	Anzahl der Membership Requirements in einem Modell.
Selektive Komplexität — Wertebereich: $\mathbb{N}$		
LNK	Links	Anzahl der existierenden Verbindungen zwischen Units in einem Modell.
DLNK	Dependency Links	Anzahl der existierenden Dependency Links in einem Modell.
HLNK	Hosting Links	Anzahl der existierenden Hosting Links in einem Modell.
MLNK	Membership Links	Anzahl der existierenden Membership Links in einem Modell.
Psychologische Komplexität — Wertebereich: $\mathbb{Q}_+ = \left\{ x = \frac{p}{q} \mid p \in \mathbb{N} \wedge q \in \mathbb{N}^* \wedge 1 \leqslant x \geqslant 0 \right\}$		
RRC	Resolved Requirements Coverage	Gibt prozentual an, wie viele Anforderungen im Modell bereits erfüllt sind ($\frac{LNK}{REQ}$).
DRRC	Resolved Dependency Requirements Coverage	Gibt prozentual an, wie viele Dependency Requirements im Modell bereits erfüllt sind ($\frac{DLNK}{DREQ}$).
HRRC	Resolved Hosting Requirements Coverage	Gibt prozentual an, wie viele Hosting Requirements im Modell bereits erfüllt sind ($\frac{HLNK}{HREQ}$).
MRRC	Resolved Membership Requirements Coverage	Gibt prozentual an, wie viele Membership Requirements im Modell bereits erfüllt sind ($\frac{MLNK}{MREQ}$).

In Anlehnung an die Softwareentwicklung kann zunächst die Anzahl der Codezeilen (*Lines of Code*) eines Modells in der XML-Repräsentation als Kennzahl (*Umfangsmetrik*) angesehen werden [Die05, 34]. Es gilt die Annahme, dass je größer diese Anzahl an Codezeilen ist, desto mehr Inhalt besitzt ein Modell, welches folglich umso schwerer zu verstehen und zu überprüfen ist. Eine genaue Aussage zur Art des Inhalts liefert diese Kennzahl allerdings nicht und kann daher nur als grobe Richtgröße für den Umfang eines Modells angesehen werden. Daher wurden für die verschiedenen Modellelementtypen spezifische Umfangsmetriken definiert. Unter der gleichen Annahme bieten Messergebnisse auf Grund dieser Umfangsmetriken die Möglichkeit der genaueren Analyse des Modellinhalts und des Einflusses der verschiedenen Modellelemente auf die Komplexität von Modellen.

Auf Basis der Systemtheorie lassen sich die Messgrößen *Varietät (V)*, gekennzeichnet durch die Anzahl j der Systembestandteile und *Komplexität (C)*, gekennzeichnet durch die Anzahl der Relationen r unterscheiden. Die maximale Komplexität eines Systems wird hierbei als die Menge aller möglichen Relationen zwischen den Systembestandteilen definiert ($C_{max} := j * (j - 1)$) [Rop09, 315]. Mit der Metrik *Units per Topology Ratio (UPT)* lässt sich die genaue Anzahl von Konfigurationselementen (*Units*) in einem Modell direkt bestimmen. Sie kann daher als Metrik für die Messung der Varietät verwendet werden. Da allerdings eine Unit mehr als eine Relation zu einer anderen Unit besitzen kann, scheint sie für die Messung der Komplexität als ungenau. Eine Bestimmung der maximal möglichen Relationen lässt sich nur über die Betrachtung der Metrik *Capabilities (CAP)* berechnen, welche damit einen genaueren Wert für die Varietät liefert. Da allerdings Modellierungsmuster für das MDCM–Werkzeug ebenfalls als Topologiemodelle modelliert werden, gibt die Kennzahl *UPT* an, wie viele Units ein Modellierungsmuster enthält. Dadurch ist die Reduktion der Menge an zu beachtenden Elementen bei der Modellierung durch die Verwendung eines Modellierungsmusters direkt erkennbar. An Stelle von X Elementen wird durch ein Modellierungsmuster nur noch 1 Element verwendet, die *Units per Topology Ratio* beträgt demnach X : 1. Das bedeutet, dass die Varietät und damit die Komplexität während der Modellierung durch Modellierungsmuster reduziert werden kann. Die Berechnung einer maximal möglichen Komplexität (C_{max}) auf Basis von UPT oder CAP ist jedoch für die Einschätzung der Komplexität der Varianten von IT–Systemlandschafts- und IT–Konfigurationsmodellen unbrauchbar. Für die Bewertung von konkreten Modellen ist daher eine Messung der existierenden Relationen r auf Basis von *Links (LNK)* notwendig (*Selektive Komplexität*) [Die05, 21 f.]. Dies lässt sich auf Grund der implementierten Metriken zur selektiven Komplexität für sämtliche Beziehungstypen erfassen (*Dependency, Hosting, Membership*).

Auch wenn die Aussagekraft der Umfangsmetriken beschränkt ist, können sie als Basisgrößen zur Berechnung der Modellierungskomplexität verwendet werden. In Anlehnung an die Bewertung der *psychologischen Komplexität* bei Programmen nach MCCABE kann die Anzahl an Entscheidungen als Maß verwendet werden. So wird mit der psychologischen Komplexität das Modellverständnis während der Modellierung[35] bewertet [Dum03, 174 ff.]. Es gilt, je mehr Entscheidungsmöglichkeiten vorhanden sind, desto größer ist die Komplexität. Die Kennzahl für die Menge an Entscheidungen bei der Planung und Konfiguration von IT–Systemlandschaften ist die Anzahl der *Requirements*. Diese gibt Aufschluss darüber, wie viele Entscheidungen für die Modellierung getroffen werden müssen, damit ein valides Modell resultiert. Die Anzahl maximal zulässiger Relationen wäre daher durch die Menge aller möglichen Entscheidungen (REQ) definiert. Da in Modellen (oder in Modellierungsmustern) bereits Entscheidungen getroffen sein können, erscheint die Messung einer Kennzahl für bereits erfüllte Entscheidungen als Selektionskriterium sinnvoll. Im

---

[35] Bei [Dum03] wird für Programme von Programmverständnis gesprochen.

Umkehrschluss kann daraus gefolgert werden, wie viele Entscheidungen noch getroffen werden müssen, damit ein Modell bezüglich der Requirements valide ist. Bereits getroffene Entscheidungen werden durch Beziehungen (*Links*) ausgedrückt. Daher beschreibt das Verhältnis von *Links* zu *Requirements* (RRC := $\frac{LNK}{REQ}$), wie viele Anforderungen im Modell bereits erfüllt sind. Der Wert aus $1 - RRC$ gibt demnach die prozentuale Anzahl noch nicht erfüllter Entscheidungen an (maximal *noch* zulässige Relationen). Dies lässt sich ebenfalls für sämtliche Beziehungstypen erfassen (*Dependency, Hosting, Membership*). Die Anzahl an getroffenen Entscheidungen muss für valide Modelle 100% betragen, es dürfen also keine *maximal noch zulässigen Relationen* vorhanden sein.

Es lassen sich weitere Metriken definieren. Durch den erweiterbaren Aufbau der Komponente *Metrics Analyzer (CP 2.3.2)* können diese Metriken für Messungen von Modellen hinzugefügt werden[36]. Die vorgestellten Metriken wurden ebenfalls für die Validierung im folgenden Kapitel verwendet.

5.4 Beurteilung der Ergebnisse

5.4.1 Einschätzung der prototypischen Implementierung

Während der prototypischen Implementierung der funktionalen Anforderungen (*FA.1–FA.9*), unter Beachtung der neun Prinzipien (*P.1–P.9*), konnten Erfahrungen in Bezug auf die Entwicklung und den Einsatz des MDCM-Konzepts gesammelt werden.

Das entwickelte MDCM-Konzept wurde durch Prototyping getestet. Die prototypische Implementierung wurde dabei in mehreren Iterationen erstellt. Am Ende jeder Iteration wurden Schwachstellen und Fehler im MDCM-Konzept analysiert und daraufhin verbessert. Somit konnte der Prototyp schrittweise verbessert und sichergestellt werden, dass das in dieser Arbeit vorgestellte MDCM-Konzept für die Umsetzung eines modellgetriebenen Konfigurationsmanagements von IT–Systemlandschaften geeignet ist.

Zunächst konnte gezeigt werden, dass die Verwendung einer domänenspezifischen Modellierungssprache und von Transformationen Vorteile in Bezug auf die Konfiguration von IT–Systemen erbringen kann. Diese äußerten sich vor allem in Einsparpotenzialen bei der Umsetzung von fachlichen Anforderungen in Konfigurationen, wobei zusätzlicher Aufwand für die Entwicklung eines MDE–Ansatzes hinzukam. Trotz vermehrtem Anfangsaufwand können mit wiederholter Nutzung eines solchen Ansatzes die Einsparpotenziale abgerufen werden und der Anfangsaufwand wird amortisiert [HPZ09]. Dies bedeutet, dass ein modellgetriebener Ansatz zur Konfiguration von IT–Systemlandschaften vor allem in Domänen sinnvoll ist, in der eine starke Wiederholung charakteristisch ist oder die Einspar-

---

[36] Siehe dazu Anhang C.5.

potenziale den Anfangsaufwand überwiegen. Da dies von Plattform (IT–Systemlandschaft) zu Plattform unterschiedlich sein wird, ist eine Aufwands- und Nutzenabschätzung vor dem Einsatz notwendig.

Eine mögliche Tauglichkeit eines MDE–Ansatzes zur Konfiguration von IT–Systemlandschaften wurde ebenfalls untersucht [PHZ09]. Dabei hat sich herausgestellt, dass aus technischer Sicht eine starke Typisierung von Sprachkonstrukten einer DSL wichtig für den erfolgreichen Einsatz von automatischen Transformationen und damit für das Konzept des Model–Driven–Configuration–Managements ist. Auch die Verwendung von EMF/GMF hat sich als vorteilhaft erwiesen, da damit bereits MDE–Technologien mitgeliefert werden [HRZ10]. Auch wenn diese eher für die modellgetriebene Softwareentwicklung vorgesehen sind, konnte in der vorliegenden Arbeit gezeigt werden, dass diese Technologien für die Konfiguration von IT–Systemlandschaften verwendet werden können.

Für eine Implementierung von Modell–zu–Modell–Transformationen standen durch das Eclipse–Modelling–Framework verschiedene Möglichkeiten zur Verfügung (z.B. ATL Transformation Language, Procedural QVT, Declarative QVT)[37]. Jedoch waren diese für die Implementierung des MDCM–Werkzeugs nicht geeignet[38], so dass auf eine Visitor-basierte Implementierung auf Basis von EMF Java API zurückgegriffen werden musste. Neben diesen technischen Problemen sind die Modelltransformatoren nur durch sehr einfache Anwendungsbeispiele dokumentiert und skalieren nicht für komplexe Beschreibungsprobleme. So ist zum Beispiel die Beschreibung der Transformation von Realisation Relationship und Service zu Units (Transformation Archimate–zu–Topology — Tabelle 5.7) nur mit sehr komplizierten logischen Hilfsfunktionen mit den Mitteln der Transformationssprachen ausdrückbar und erscheint so sehr schwer wartbar (ATL–Listing 5.8). Aus technischer Sicht stellte die Umsetzung von Modell–zu–Konfiguration–Transformationen auf Basis von JET dagegen jedoch kein Problem dar.

Auch die Wahl einer Eclipse–basierten Werkzeugplattform als Grundlage für das MDCM–Werkzeug hat sich als Vorteil für die Implementierung erwiesen [PHZ09; HRZ10], da existierende Softwarekomponenten und Standards wiederverwendet werden konnten, fehlende Funktionalität über standardisierte Schnittstellen hinzugefügt und die Implementierung der MDCM–Komponenten erweiterbar gestaltet werden konnte. Natürlich war die Konzeption des MDCM–Metamodells nicht unbeeinflusst durch die Existenz und auch durch die Auswahl des Rational Software Architect (RSA) mit der existierenden Möglichkeit, IT–Systemlandschaften als Topologien zu modellieren. Das wirft die Frage auf, ob das MDCM–Metamodell anders gestaltet sein müsste, wenn es das Topology–Metamodell nicht gegeben hätte. Da das MDCM–Metamodell (s. Kapitel 4.2.1) jedoch von den theoretischen

---

[37] Siehe Abschnitt 5.1.2.
[38] Siehe Abschnitt 5.2.

Überlegungen der Begriffe Infrastruktur, Architektur, Konfigurationsmanagement aus Kapitel 2 sowie den Ergebnissen der empirischen Anforderungsanalyse aus Kapitel 3 abgeleitet wurde, kann davon ausgegangen werden, dass dies nicht der Fall ist. Überschneidungen zwischen MDCM- und Topology-Metamodell ergeben sich vor allem aus der gemeinsamen Anwendungsdomäne „Verteilung von Software in heterogenen IT-Systemlandschaften". Somit sind Konzepte wie zum Beispiel *Containment* oder *Dependency* beim MDCM und RSA äquivalent. Tabelle 5.1 im Abschnitt 5.1.2 zeigt zudem Unterschiede zwischen beiden Metamodellen auf, wobei das MDCM-Metamodell mit weniger Elementen auskommt, um IT-Konfigurationen zu beschreiben. Außerdem stellt das MDCM-Metamodell, im Gegensatz zum Topology-Metamodell, eine Beziehung zu Architekturbeschreibungen her und wird damit der Anforderung gerecht, eine Integration zwischen EAM und IT-Konfigurationsmanagement zu ermöglichen.

Mit Hilfe des Erweiterungsmechanismus des RSA können zusätzliche Technologie-Domänen bei Bedarf hinzugefügt werden [ZHHM10]. Hierbei hilft vor allem die Möglichkeit der Vererbung von Units und Capabilities, um komplexe heterogene IT-Systemlandschaften integriert abbilden zu können. Die Erstellung von Technologie-Domänen ohne besondere Modellvalidatoren ist ohne weiteren Code-Eingriff möglich und kann daher auch von Nicht-Programmierern erstellt werden. Erst bei der Implementierung von komplexen Validatoren ist eine Programmierung in Java erforderlich [ZHHM11]. Der im Abschnitt 5.1.2 beschriebene Erweiterungsmechanismus erschien allerdings für umfangreiche Erweiterungen als nicht ausreichend. Wie im Abschnitt 5.3.1 gezeigt, führt die Entwicklung von 28 Units mit 45 Capabilities bereits zu einer Größe der notwendigen XSD-Datei von 615 LOC. Diese Datei stellte sich als schwer wartbar heraus, da ebenfalls Redundanzen von Inhalten vorhanden waren. Dafür wurde ein modell-getriebener Transformator auf Basis von JET implementiert, der den Aufwand zur Erstellung von neuen Technologie-Domänen reduziert. Von ursprünglich 615 LOC für die XSD-basierte Definition der Erweiterung zur Modellierung von SAP-Systemlandschaften waren nur noch 76 LOC zu pflegen, was einer Reduktion von ca. 87, 64% entspricht.

Ziel der prototypischen Implementierung war es, die Umsetzung des MDCM-Konzeptes zu demonstrieren und nicht ein vollständig funktionsfähiges Produkt zu entwickeln (s. Abschnitt 5.1). Daher wurde der Prototyp soweit implementiert, dass die Durchführung der Fallstudie (Planung und Konfiguration einer SAP-NetWeaver-Systemlandschaft) exemplarisch gezeigt werden kann. Zur Verwendung weiterer spezifischer Elemente von IT-Systemlandschaften im Rahmen eines Model-Driven-Configuration-Managements müssen weitere Anpassungen erfolgen. Für die semantische Korrektheit von IT-Systemlandschafts- und IT-Konfigurationsmodellen muss für jede noch nicht vorhandene Technologie-Domäne eine Erweiterung implementiert werden. Des Weiteren sind spezifische Modell-zu-Konfigurations-Transformatoren notwendig, für deren Erstellung spezifisches Wissen notwendig ist. So konnte im Rahmen der Fallstudie gezeigt werden, dass eine Generierung einer Konfigurationsdatei für SAP–NetWeaver–Systeme (*inifile.xml*) generell möglich ist. Allerdings erscheint, auf Grund der nicht öffentlich zugänglichen Dokumentation und der Komplexität möglicher Konfigurationszustände, eine Implementierung der Transformatoren nicht ohne enge Zusammenarbeit mit dem Anbieter sinnvoll. Dies gilt vor allem auch für Änderungen zwischen Versionen von Soft– oder Hardware–Produkten (z.B. SAP Net-Weaver 7.0 auf 7.3; Änderungen der Usage Types). Von Vorteil für das MDCM wäre es also, wenn Anbieter von Soft– und Hardware eigene Erweiterungen für Technologie–Domänen und Transformatoren zur Verfügung stellen würden, die sie zum Beispiel aus eigenen Produktdatenbanken generieren könnten (z.B. *SAP Product and Production Management System (PPMS)*[39]). Es können aber auch Teile wiederverwendet werden, wie zum Beispiel die Modell–zu–Modell–Transformationen (z.B. *Archimate–zu–Topology, Automatischer Abgleich mit der IST–Systemlandschaft*) oder die *MDCM–Analyzer* Komponente (insbesondere *Metrics Analyzer*).

5.4.2 Einschätzung der Anwendbarkeit

Das Ziel der prototypischen Implementierung war es auch, das MDCM–Konzept auf dessen Anwendbarkeit zu überprüfen. Dabei standen die Einschätzung der Machbarkeit und der Komplexitätsbewältigung eines modellgetriebenen Konfigurationsmanagements im Vordergrund. Eine Voraussetzung dafür ist es, dass die Fallstudie den in Kapitel 3.4.1 ermittelten fünf Rahmenbedingungen entspricht (*RB.1–RB.5*). So konnte gezeigt werden, dass mit Hilfe des MDCM–Vorgehensmodells und der MDCM–Werkzeugarchitektur fachliche Anforderungen in Form von EA–Modellen in IT–Konfigurationen überführt werden (*RB.1, RB.2*). Dabei wurden verschiedene Modelltypen, Modellierungssprachen, Dokumentationsformate und Werkzeuge berücksichtigt (*RB.3, RB.4*). Zudem beschränkt das MDCM–Konzept nicht die Verwendung unterschiedlicher Vorgehensmodelle zur Erstellung von Unternehmensarchitekturen und des IT–Betriebs (*RB.5*), da es als Bindeglied beider Aufgabengebiete existiert und diese durch das MDCM–Vorgehensmodell explizit eingeschlossen werden.

Für die Verwendung des Prototypen zur Planung und Konfiguration einer komplexen IT–Systemlandschaft war es notwendig, die Technologie–Domäne SAP–NetWeaver zu implementieren. Im Rahmen der Fallstudie wurden so 46 Modellierungsmuster bestehend aus 110 Units[40] mit 222 Requirements (100 Hosting, 5 Membership, 117 Dependency) implementiert. Es wurden zwei Arten von Modellierungsmustern erstellt (27 Basismuster und 19 komplexe Muster[41]). Davon haben gerade komplexe Modellierungsmuster einen Einfluss auf die Verminderung der Varietät und damit auf die Komplexität bei der Model-

---

[39] http://help.sap.com/saphelp_nw04/helpdata/en/29/17647d028113439108ce1161263b6e/content.htm — Letzter Abruf: 15.08.2011
[40] Insgesamt 53 verschiedene Units (s. Abschnitt C.1).
[41] Siehe Abschnitt 5.3.1.

lierung, da sie mehr als eine Unit zusammenfassen. Mit Hilfe der Komponente *MDCM Analyzer* wurden für diese Modellierungsmuster Messwerte auf Basis der Metriken aus Abschnitt 5.3.3 (s. Tabelle 5.8) erhoben. Diese sind in der Tabelle 5.9 dargestellt und werden für die Einschätzung der Anwendbarkeit nachfolgend verwendet.

Tabelle 5.9: *MDCM-Analyzer: Messergebnisse für komplexe Modellierungsmuster der SAP-NetWeaver-Domäne*

Muster	UPT	REQ	DREQ	HREQ	MREQ	RRC	DRRC	HRRC
ABAPDBInstance	2	2	0	2	0	50%	–	50%
JAVADBInstance	2	2	0	2	0	50%	–	50%
SAPABAPStack	2	1	0	1	0	100%	–	100%
SAPJavaStack	2	1	0	1	0	100%	–	100%
ASCS	3	3	0	3	0	67%	–	67%
DISystem	3	3	1	2	0	100%	100%	100%
DualDBInstance	3	3	0	3	0	67%	–	67%
SAPDualStack	3	2	0	2	0	100%	–	100%
SCS	3	3	0	3	0	67%	–	67%
EPSystem	4	6	3	3	0	100%	100%	100%
JavaDialogInstance	4	11	7	4	0	45%	29%	75%
MISystem	4	6	3	3	0	83%	67%	100%
XISystem	4	5	2	3	0	100%	100%	100%
JavaCentralInstance	5	13	8	5	0	54%	38%	80%
ABAPCentralInstance	6	16	10	6	0	69%	60%	83%
ABAPDialogInstance	6	16	10	6	0	69%	60%	83%
BISystem	8	14	8	6	0	100%	100%	100%
DualDialogInstance	8	25	17	8	0	72%	65%	88%
DualCentralInstance	11	29	18	11	0	83%	78%	91%
Mittelwert	*4*	*8*	*5*	*4*	*0*	*78%*	*84%*	*72%*

– für Division durch 0.

Mit Hilfe der durchgeführten Fallstudie konnte gezeigt werden, dass das MDCM-Konzept die qualitativen Anforderungen (s. Kapitel 3.4.2; *QA.1-QA.6*) erfüllt. Eine Verminderung der Menge an notwendigen Dokumentationen reduziert ebenfalls den Aufwand bei der Planung und Konfiguration. Durch die Implementierung von Fachwissen in eigenen Technologie-Domänen kann ein manuelles Erarbeiten von notwendigen Informationen zwar nicht ausgeschlossen werden, allerdings reduziert sich der Aufwand dafür [HRZ10, 9]. Für den Aufbau der SAP-NetWeaver-Technologiedomäne wurde auf SAP-Dokumentationen zurückgegriffen: SAP Master Guide for SAP NetWeaver Systems (178 Seiten), Technical Reference Guide (50 Seiten) sowie Installationsanleitungen für SAP NetWeaver Systeme mit SAP MaxDB und SuSE Enterprise Server (132 Seiten für ABAP-Systeme, 160 Seiten für Java-Systeme und 150 Seiten für ABAP+Java Systeme). Zusätzlich sind weitere Informationen zur Planung und Konfiguration von SAP-NetWeaver-Systemen in Form von *SAP-Notes* in den Dokumentationen referenziert, die ebenfalls untereinander in Abhängigkeitsbeziehung stehen. Durch die Verwendung von Modellierungsmustern wird daher der Aufwand bei der Modellierung und damit die Komplexität der Planung und Konfiguration vermindert (*QA.1*).

Die Kennzahl für die Einschätzung der *psychologischen Komplexität* bei der Planung und Konfiguration von IT-Systemlandschaften ist die Menge der *Requirements* (s. Abschnitt 5.3.3). Durch die Formalisierung und Implementierung dieser Entscheidungen in den Modellierungsmustern können nicht-valide Modellzustände frühzeitig erkannt und angezeigt werden [HRZ10, 9]. Die Analyse von validen Zuständen während der Modellierung führt demnach dazu, dass die Transparenz und Nachvollziehbarkeit von Entscheidungen erhöht wird (*QA.4*). Komplexe Modellierungsmuster weisen ein Unit-per-Template-Verhältnis (*UPT*) von durchschnittlich 4:1 auf (Median: 4, Intervall: 2–11; Tabelle 5.9). Dies bedeutet, dass während der Modellierung die Menge an zu verwendenden Elementen um den Faktor 4 reduziert werden kann (*QA.1*). Des Weiteren werden in den Modellierungsmustern ca. 78% aller Requirements (*RRC*) bereits durch valide Verbindungen erfüllt (72% *DRRC* und 84% *HRRC*). Das bedeutet, dass bereits 78% aller Entscheidungen bei der Planung und Konfiguration von SAP-NetWeaver-Systemen durch die implementierte SAP-NetWeaver-Technologie-Domäne getroffen wurden und damit die Komplexität ebenfalls reduziert wird. So müssen nur noch 22% aller Entscheidungen während der Modellierung erfüllt werden, damit ein valides Modell resultiert (*QA.1*). Dieser Vorteil kann allerdings nur bei komplexen Modellierungsmustern erreicht werden. So ist anzunehmen, dass umso komplexer eine Technologie-Domäne ist, je mehr Vorteile können durch Modellierungsmuster, Transformationen und durch den Einsatz eines modellgetriebenen Ansatzes zur Konfiguration von IT-Systemlandschaften erreicht werden.

Die Implementierung von Wissen über IT-Systemlandschaften und IT-Konfigurationen in Modellierungsmustern einer Technologie-Domäne führt dazu, dass die Qualität technischer Lösungen unabhängig von individuellem Wissen ist (*QA.6*). Während vorher eine Lücke zwischen EAM und IT-Betrieb existierte und kein durchgängiger Prozess definiert war (s. Kapitel 3.3), konnte durch die prototypische Implementierung gezeigt werden, dass eine Integration durch das MDCM umsetzbar ist. Durch die Wiederholbarkeit von Transformationen (explizite Regeln) und die Definition eines einheitlichen Vorgehensmodells erhöht sich daher der Reifegrad von *nicht-vorhanden* auf *definiert*[42] (*QA.5*) [ED07, 76].

Anhand der Transformation (s. Tabelle 5.7) von EA-Modellen (Archimate) zu konzeptuellen IT-Systemlandschaftsmodellen (Topology) bleibt der Zusammenhang zwischen Unternehmensarchitektur und IT-Konfiguration erhalten (*QA.3*). Diese Transformation ist unabhängig von der gewählten IT-Systemlandschaft und kann für andere Anwendungsfälle wiederverwendet werden. Durch diesen Zusammenhang und durch die Visualisierung von IT-Konfigurationsmodellen sowie der Möglichkeit Modellanalysen durchzuführen, wird die Kommunikation von Anspruchsgruppen verbessert. Dies zeigt sich auch bei den generierten Konfigurationsartefakten in Form von individualisierten und situationsbezogenen

---

[42] Zum EAM-Reifegrad siehe [TOG09, 685ff.].

Checklisten, Skripten oder Konfigurationsdateien. Diese sind durch das MDCM lückenlos mit den fachlichen Anforderungen verbunden (QA.2). Die Grenzen der Visualisierung sind allerdings beim Erstellen eines abgestimmten IT-Konfigurationsmodells erreicht (s. Abbildung 5.17). In diesem Modell existieren, auf Grund der Realisationsbeziehungen von konzeptuellen Elementen zu konkreten Elementen, eine Vielzahl von Kanten und Elementen. Im Sinne der Transformationskette des Model–Driven–Configuration–Managements kann dieses Modell lediglich als Zwischenmodell angesehen werden, um die Lücke zwischen konzeptueller Planung und IT-Konfiguration zu schließen. Es wird benötigt, um Konfigurationen von IT-Systemlandschaften zu erzeugen, besitzt außer der Zuordnung von Elementen (konzeptuell zu IT–Infrastruktur) keine weitere Bedeutung, die visualisiert werden müsste.

Mit der Fallstudie zur MDCM–basierten Planung und dem Aufbau von IT–Systemlandschaften am Beispiel von SAP–NetWeaver konnte demzufolge gezeigt werden, dass das Model–Driven–Configuration–Management für komplexe IT–Systemlandschaften anwendbar ist. Vor allem durch den Einsatz einer domänenspezifischen Sprache und automatisierten Transformationen ist das MDCM erfolgreich durchführbar. Sie sind ebenso die Basis für Modellanalysen und führen so zum frühzeitigen Erkennen von nicht–validen Modellen. Die Verteilung von Anwendungssoftware und die Konfiguration der darunterliegenden IT–Infrastruktur wird automatisiert und nachvollziehbar gestaltet. Die resultierenden IT–Konfigurationen sind an Geschäftsprozessen ausgerichtet.

	Integration EAM und ITO	IT–Systemlandschaft	Cloud–Computing	Meta–Modell	Transformation	Modellierung	Werkzeugunterstützung	Vorgehensmodell	Implementierung	Validierung	Generalisierbarkeit
Bet07	○	●	○	●	●	●	○	●	○	○	●
CCEK09	○	●	○	●	●	●	●	◑	○	●	◑
GSV09	○	○	○	◑	●	●	○	●	○	●	◑
TOG09	○	○	○	●	○	●	●	○	●	◑	●
LFM+11	◑	○	●	●	○	●	●	●	●	●	●
UML09, CHA+10, SLA11	○	●	○	●	○	●	○	○	○	◑	●
MDCM	●	●	○	●	●	●	●	●	●	●	●

○ keine Übereinstimmung; ◑ teilweise Übereinstimmung; ● umfassende Übereinstimmung

Abbildung 5.22: *Abgrenzung zu themenverwandten Arbeiten*

Das vorgestellte MDCM–Konzept grenzt sich damit zu bestehenden Ansätzen ab. In Abbildung 5.22 ist ein Vergleich der in Kapitel 1 vorgestellten verwandten Arbeiten (Stand der Forschung) mit dem MDCM–Konzept dargestellt. So ist das MDCM–Konzept darauf ausgerichtet, eine nahtlose Integration zwischen Enterprise–Architecture–Management und IT–Betrieb herzustellen, was ebenfalls in [LFM+11] teilweise thematisiert wird. Allerdings wird dort, im Gegensatz zum MDCM oder [Bet07 und CCEK09], nicht die gesamte IT–Systemlandschaft betrachtet, sondern vielmehr das Ziel verfolgt, bestehende Anwendungssoftware einer Organisation durch Cloud–Computing anzubieten [LFM+11, 3 ff.]. Cloud–Computing ist zunächst nicht in der vorliegenden Arbeit betrachtet wurden. Der Einsatz des MDCM–Ansatzes im Kontext des Cloud–Computings wird allerdings im folgenden Kapitel näher erläutert. Das vorgestellte MDCM–Konzept bietet, im Gegensatz zu anderen Arbeiten, einen erweiterbaren Model–Driven–Engineering–Ansatz inkl. Metamodell mit werkzeugunterstützter Transformation und Modellierung an. Des Weiteren wird mit dem MDCM–Vorgehensmodell ein Prozess beschrieben, wie das Model–Driven–Configuration–Management für die Integration von Enterprise–Architecture–Management und IT–Konfigurationsmanagement im IT–Betrieb eingesetzt werden kann. Die Forschungsergebnisse wurden durch eine prototypische Implementierung der MDCM–Werkzeugarchitektur validiert und die Generalisierbarkeit nachgewiesen.

5.5 Zusammenfassung

Im Kapitel 5 wurde die Anwendbarkeit des entwickelten MDCM–Vorgehensmodells und der MDCM–Werkzeugarchitektur nachgewiesen. Die Anwendbarkeit des MDCM–Konzepts wurde hierbei durch eine prototypische Implementierung sowie dessen Anwendung im Rahmen einer Fallstudie zur Planung und Konfiguration komplexer IT–Systemlandschaften untersucht und bewertet. Dabei standen die Untersuchung der Eignung von Modellen als Grundlage für die Integration von EAM und IT–Betrieb sowie die Einschätzung der Durchführbarkeit und Komplexität eines modellgetriebenen Konfigurationsmanagements im Vordergrund. Zunächst wurden Anforderungen für die Implementierung und Validierung aus den erfassten Anforderungen und den theoretischen Überlegungen abgeleitet. Für die Umsetzung dieser Anforderungen an eine prototypische Implementierung des MDCM–Konzeptes wurde zuerst untersucht, welche Lösungsmöglichkeiten für eine Implementierung existieren. Dabei sollte die prototypische MDCM–Werkzeugimplementierung vor allem erweiterbar sein, auf standardisierten Schnittstellen basieren und möglichst existierende Softwarekomponenten wiederverwenden. Die Wahl fiel auf eine eclipse–basierte Werkzeugplattform, mit der das MDCM–Metamodell auf Topologien, als Möglichkeit zur Modellierung von IT–Systemlandschaften, abgebildet wurde. Anhand eines SAP–basierten Beispielszenarios wurde die Implementierung und die Anwendung der prototypischen MDCM–Werkzeugimplementierung gezeigt. Zum Schluss wurde die Anwendbarkeit und Generalisierbarkeit des Lösungsansatzes diskutiert und bewertet. Dabei hat sich gezeigt, dass die vorgestellte Implementierung und damit das MDCM–Konzept die erfassten Anforderungen erfüllt und für die Integration von EAM und IT–Konfigurationsmanagement im IT–Betrieb geeignet ist.

6 Kapitel 6
Zusammenfassung und Ausblick

6.1 Ergebnisse und kritische Würdigung

In der vorliegenden Arbeit wurde das Model–Driven–Configuration–Management (MDCM) entwickelt und validiert. Die grundlegende Idee ist es, einen Model–Driven–Engineering–Ansatz für die nahtlose Integration von Enterprise–Architecture–Management und IT–Konfigurationsmanagement im IT–Betrieb zu verwenden, mit dem Ziel, dass resultierende IT–Konfigurationen an den Geschäftsprozessen von Unternehmen ausgerichtet, nachvollziehbar und transparent gestaltet sind sowie die Qualität unabhängig von individuellem Wissen ist. Zur Beantwortung der im Kapitel 1 gestellten Untersuchungsfragen (s. Tabelle 6.1) ist die Arbeit in 3 Teile gegliedert: *Anforderungsanalyse* (s. Kapitel 2 und 3), *Konzeptentwicklung* (s. Kapitel 4) und *Prototypische Implementierung und Validierung* (s. Kapitel 5).

Tabelle 6.1: *Untersuchungsfragen aus Kapitel 1*

Nr.	Untersuchungsfrage
U1	Welche Anforderungen für eine nahtlose Integration ergeben sich aus den unterschiedlichen Perspektiven des Enterprise–Architecture–Managements und des IT–Konfigurationsmanagements im IT–Betrieb?
U2	Wie können Modelle des EAM automatisiert in IT–Konfigurationsmodelle des IT-Betriebs durch Techniken des Model–Driven–Engineerings transformiert werden?
U3	Wie muss eine unterstützende Entwicklungsplattform für das MDCM aufgebaut sein?
U4	Wie kann eine Entwicklungsplattform für das MDCM so genutzt werden, dass sie für den Umsetzungsprozess von einer strategischen Unternehmensarchitektur hin zur Konfiguration von IT–Systemlandschaften anwendbar ist?

Zunächst konnte anhand der unterschiedlichen Perspektiven von Enterprise–Architecture–Management und IT–Konfigurationsmanagement im IT–Betrieb festgestellt werden, dass das Enterprise–Architecture–Management das logische Design einer IT–Systemlandschaft adressiert und das IT–Konfigurationsmanagement hauptsächlich die Lebenszyklusphasen Implementierung, Einführung, Betrieb und Aufrechterhaltung unterstützt. Beide Bereiche haben sich getrennt voneinander entwickelt, sind jedoch inhaltlich eng miteinander verbunden und voneinander abhängig. Eine geplante IT–Architektur muss letztendlich in lauffähige IT–Konfigurationen überführt werden. Allerdings entsteht bei dieser Überführung eine semantische Lücke zwischen aggregierten Beschreibungen von IT–Architekturen und dazugehörigen detaillierten IT–Konfigurationen. Die Schließung dieser Lücke und damit einhergehend die Detaillierung von Modellen erfolgt allerdings manuell. Dies gilt auch für die eigentliche Konfiguration von IT–Systemlandschaften. Eine manuelle Umsetzung birgt die Gefahr, dass die Qualität einer IT–Systemlandschaft direkt abhängig vom individuellen Wissen von Technikern ist und durch eine mangelhafte Integration die resultierende IT–Konfiguration nur ungenügend an Geschäftsanforderungen ausgerichtet und weder transparent noch nachvollziehbar gestaltet ist. Zudem beeinflussen Personalkosten auf Grund der manuellen Umsetzung die Gesamtbetriebskosten einer IT–Systemlandschaft.

Die empirische Anforderungsanalyse hat diese Probleme bei der Integration von Enterprise–Architecture–Management und IT–Konfigurationsmanagement im IT–Betrieb in der Praxis bestätigt. Sämtliche Experten äußerten sich in Bezug auf die Komplexität und den Aufwand bei der Umsetzung von IT–Architekturen. Komplexität und Aufwand führen dazu, dass die Planung und Umsetzung von Unternehmensarchitekturen erschwert wird, IT–Systemlandschaften mangelhaft strukturiert sind (z.B. redundante IT–Systeme für die gleiche Aufgabe) und ein hoher Kommunikationsaufwand durch die Verwendung unterschiedlicher Modellierungssprachen existiert. Außerdem führt die Verteilung von Wissen sowie das Fehlen von Informationen über eine bestehende IT–Systemlandschaft zu vermeidbarem Aufwand bei der Optimierung und Fehlersuche. Vielmehr kann ein Bedarf nach einer nahtlosen Integration auf Basis von automatisierten Abläufen identifiziert werden, wobei Lösungen für dieses Problem nur eine Teilautomatisierung gewährleisten können. Zur Beantwortung der Untersuchungsfrage *U1* konnten Rahmenbedingungen für den Problem- und Lösungskontext sowie Qualitätsanforderungen und funktionale Anforderungen erfasst werden. Zusammenfassend gilt entsprechend der *Rahmenbedingungen*, dass eine Überführung einer Unternehmensarchitektur in IT–Konfigurationen mehrstufig ist, wobei jeweils unterschiedliche Modelltypen, Modellierungssprachen, Dokumentationsformate, Werkzeuge sowie Vorgehensmodelle verwendet werden. Eine nahtlose Integration sollte in Bezug auf die *Qualität* die Anforderungen erfüllen, dass zunächst der Aufwand bei der Bewältigung der Komplexität beider Aufgabengebiete reduziert, die Kommunikation zwischen Anspruchsgruppen verbessert, die Aktualität von Modellen und somit die Transparenz sowie Nachvollziehbarkeit von Entscheidungen erhöht wird. Ebenfalls wird eine Erhöhung des Reifegrads erwartet. Die Qualität von technischen Lösungen zur

Umsetzung von Zielarchitekturen soll außerdem unabhängig von individuellem Wissen sein. In Bezug auf die *funktionalen Anforderungen* einer nahtlosen Integration, soll der Übergang durch Vermeidung von Medienbrüchen und ohne Informationsverlust fließend gestaltet sein. Dabei sollten Zielarchitekturen und IT-Konfigurationen stets konsistent bleiben sowie Auswirkungen von Entscheidungen und unrealistische Planungen frühzeitig im Umsetzungsprozess erkannt und signalisiert werden. Vorgehensmodelle, Werkzeuge, Modelle und Modellierungssprachen unterschiedlichster Anspruchsgruppen sollen aufeinander abgestimmt werden. Aufgaben sollen möglichst automatisiert ablaufen und der Verlust von Wissen durch Ausscheiden von Mitarbeitern vehindert werden. Da die erfassten Anforderungen der empirischen Anforderungsanalyse auf einem Induktionsschluss basieren, kann nicht ausgeschlossen werden, dass zusätzliche oder veränderte Anforderungen existieren können. Dennoch stimmen zudem die Aussagen der Experten mit den theoretischen Betrachtungen überein und die Validität der Untersuchung konnte nachgewiesen werden, so dass für die wesentlichen Punkte der Untersuchung keine Abweichungen erwartet werden.

Zur Beantwortung der Untersuchungsfragen *U2*, *U3* und *U4* wurde das MDCM-Konzept, basierend auf diesen Anforderungen, systematisch abgeleitet und entwickelt. Es zeigt sich, dass bei einem MDE-Ansatz formale Modelle neben der Dokumentation dazu verwendet werden, die Entwicklung und Evolution einer IT-Systemlandschaft aktiv zu steuern (*U2*). Eine nahtlose Integration von Enterprise-Architecture-Management und IT-Konfigurationsmanagement im IT-Betrieb erfolgt hierbei durch die automatische Erzeugung von IT-Konfigurationen durch formale Modelltransformatoren. Durch die Rolle formaler Modelle als Steuerungsinstrument kann die Konsistenz zwischen Modellen und Umsetzung gewährleistet werden. Dafür werden domänenspezifische Sprachen eingesetzt. Der Aufwand zur Erstellung von Modellen und Transformatoren kann durch die Automatisierung kompensiert werden. Zudem ist die Qualität der Endprodukte eines MDE-Ansatzes reproduzierbar und unabhängig von individuellem Wissen. Das MDCM-Konzept besteht aus einem MDCM-Vorgehensmodell und einer MDCM-Werkzeugarchitektur (*U3* und *U4*). Mit Hilfe der MDCM-Werkzeugarchitektur ist es möglich, Modelle des EAM schrittweise mit Detailinformationen anzureichern, um diese für den IT-Betrieb nutzbar zu machen. Dafür werden Detailinformationen in Modell-Transformatoren hinterlegt und können so wiederverwendet werden. Das vorgeschlagene Konzept eines Vorgehensmodells für das Model-Driven-Configuration-Management definiert dabei den Einsatz der MDCM-Werkzeugarchitektur im Umsetzungsprozess von einer strategischen Unternehmensarchitektur hin zur Konfiguration von IT-Systemlandschaften. Auf Grund der Anforderungen hat sich herausgestellt, dass die Transformationskette von Modellen der Unternehmensarchitektur bis zur IT-Konfiguration semi-automatisiert erfolgt, wenn Entscheidungen über Lösungsvarianten nicht formalisiert werden können. Eine komplette Reduktion des Aufwandes bei der Integration von Enterprise-Architecture-Management und IT–Konfigurationsmanagement im IT–Betrieb lässt sich daher mit dem gewählten Ansatz nicht erreichen. Eine nahtlose Integration wird also durch Modelltransformationen unterstützt, eine Vollautomatisierung des Prozesses jedoch nicht. Als Hilfsmittel zum Erreichen einer nahtlosen Integration von Enterprise–Architecture–Management und IT–Konfigurationsmanagement im IT–Betrieb kann MDCM eingesetzt werden.

Das entwickelte MDCM–Konzept wurde durch Prototyping getestet und das dabei entstandene MDCM–Werkzeug in mehreren Iterationen verfeinert. Durch diese prototypische Implementierung und während der Validierung konnte gezeigt werden, dass das vorgestellte MDCM–Konzept anwendbar ist, die geforderten Anforderungen erfüllt und im Gegensatz zur aktuellen Situation die Lücke bei der Integration von Enterprise–Architecture–Management und IT–Konfigurationsmanagement im IT–Betrieb schließt. Anhand von eingesetzten Transformatoren bleibt der Zusammenhang der Modelle zwischen den beiden Gebieten erhalten. Generalisierend zeigt sich, dass die Verwendung von domänenspezifischen Modellierungssprachen und Transformatoren Vorteile in Bezug auf die Konfiguration von IT–Systemlandschaften bietet. So können trotz vermehrtem Anfangsaufwand zur Definition der Sprachen und Transformatoren mit wiederholter Nutzung Einsparpotenziale abgerufen werden, welche den Anfangsaufwand kompensieren. Der MDCM–Ansatz ist daher vor allem in Domänen sinnvoll einsetzbar, in denen eine starke Wiederholung charakteristisch ist. Dabei konnten erfolgreich MDE–Technologien (Modell–zu–Modell–Transformationen, Modell–zu–Konfigurations–Transformationen) aus der modellgetriebenen Software–Entwicklung übertragen werden. Da allerdings im Gegensatz zur Software–Entwicklung die Zielplattformen von IT–Systemlandschaften stark heterogen und daher nicht klar standardisiert sind, wie zum Beispiel durch formale Programmiersprachen, Byte-Code oder CPU–Architekturen, ist der Automatisierungsgrad des MDCM–Ansatzes als vergleichbar geringer einzustufen. Der Anpassungsaufwand für die Generierung von Artefakten für heterogene IT–Systemlandschaften ist dabei höher und umfasst vor allem die formale Definition von Sprachkonstrukten und die Implementierung von Transformatoren. Demgegenüber wurde nachgewiesen, dass gerade Modellierungsmuster in komplexen Strukturen den Vorteil besitzen, den höchsten Einfluss auf die Verminderung der Variabilität und damit Komplexität bei der Modellierung auszuüben. So kann die Entscheidungsvielfalt und damit der Aufwand beim Erstellen von IT–Systemlandschaften auf Basis von Unternehmensarchitekturen erheblich reduziert werden (78% in der Fallstudie). Demzufolge können umso mehr Vorteile durch den Einsatz eines MDCM–Ansatzes erreicht werden, je komplexer eine Technologie–Domäne ist. Auch wenn die Validierung der prototypischen Implementierung anhand einer vor allem SAP–geprägten IT–Systemlandschaft erfolgte, um die Beherrschung der Komplexität anhand eines Beispiels zu zeigen, kann das allgemeine MDCM–Konzept ebenfalls auf andere Arten von IT–Systemlandschaften angewendet werden. Letztendlich wurde das MDCM–Konzept auf Basis von produktunabhängigen Anforderungen entwickelt. SAP spezifische Erweiterungen der prototypischen Implementierung der MDCM–Werkzeugarchitektur sind unabhängig von der konkreten IT–Systemlandschaft in Unternehmen, so dass die definierten Eigenschaften und Abhängigkeiten ebenfalls generisch sind. Sie bieten vor allem einen Mehrwert bei der Planung von unterschiedlichen SAP–Systemlandschaften in verschiedenen Unternehmen.

6.2　Ausblick und weiterer Forschungsbedarf

Während der Arbeit sind Fragen und Ideen für weitere Forschungsarbeiten entstanden. Diese lassen sich in drei Gruppen gliedern, welche nachfolgend erläutert werden.

Auch wenn der Schwerpunkt dieser Arbeit auf der Integration von Enterprise–Architecture–Management mit dem IT–Konfigurationsmanagement im IT–Betrieb liegt, erscheint die Anwendung von MDE–Techniken während der Modellierungsarbeit innerhalb des Enterprise–Architecture–Managements ebenfalls interessant. Gerade durch die Beteiligung unterschiedlicher Anspruchsgruppen während der Planung von Unternehmensarchitekturen (s. Kapitel 2) werden eine Reihe verschiedener Modelle in unterschiedlichen Modellierungssprachen und Formaten erstellt, die sich inhaltlich ergänzen oder überschneiden. Hier wäre zu untersuchen, ob MDE–Techniken für das EAM anwendbar sind und welche Vorteile sie erbringen. Erste Untersuchungen sind zum Beispiel in [Buc05] zu finden.

Eine Erweiterung des MDCM–Werkzeugs in Bezug auf die Anbindung von Configuration–Management–Datenbanken (CMDB) sollte ebenfalls geschaffen werden. Da der Zugang zu diesen Datenbanken in Unternehmen sehr restriktiv ist, konnte dies nicht im Rahmen der vorliegenden Arbeit untersucht werden. Dennoch gilt es zu untersuchen, in wie weit das Zusammenspiel zwischen MDCM–Werkzeug und CMDBs in Unternehmen gestaltet werden kann. Wie bereits im Kapitel 5.4.1 angesprochen, stellt sich die Frage, ob Produktdatenbanken von IT–Herstellern für die Erstellung von domänenspezifischen Sprachen zur Modellierung von IT–Systemlandschaften direkt verwendet werden können. Dies hätte den Vorteil, dass die Sprachkonstrukte bereits in einer formalisierten Form vorliegen und nicht erst durch Re–Engineering aus den Produktdokumentationen abgeleitet werden müssen [Zwa11]. Des Weiteren sind die erstellten Sprachkonstrukte stets aktuell und spiegeln den aktuellen Stand der entsprechenden IT–Lösung wieder. Zudem können so Validationsregeln und Modellierungsmuster direkt vom Hersteller angeboten werden und als Konfigurationsempfehlungen ausgeliefert werden. Eine solche Entwicklung im Application–Lifecycle–Management wäre sicherlich wünschenswert und denkbar; ob diese jedoch in der Praxis umsetzbar ist, bleibt offen. Gespräche mit Software–Herstellern über dieses Thema lassen allerdings erahnen, dass diese Funktionalität gewünscht wird.

In der vorliegenden Arbeit konnte der MDCM-Ansatz auf Basis von empirisch und theoretisch ermittelten Anforderungen entwickelt und anhand einer Fallstudie validiert werden. Damit konnte für das MDCM-Konzept eine mögliche Anwendbarkeit und der potenzielle Nutzen nachgewiesen werden. Der Einsatz in Unternehmen in Bezug auf den Zielerreichungsgrad und die praktische Anwendbarkeit des MDCM-Ansatz (z.B. Skalierbarkeit des Ansatzes) sollte demzufolge in einer nachfolgenden empirischen Untersuchung nachgewiesen werden. Im Rahmen dieser Untersuchung ist ebenfalls die Erfassung weiterer Metriken zur Bewertung von Modellvarianten zu untersuchen, um so ein vollständiges Kennzahlensystem zu schaffen. Die MDCM-Werkzeugarchitektur bietet hierfür Erweiterungspunkte an, so dass die Implementierung dieses Kennzahlensystems damit abgebildet werden kann. In Bezug auf aktuelle Entwicklungen durch das Cloud-Computing als neues *Delivery-Modell* [Sch11] gilt es für den MDCM-Ansatz zu untersuchen, welche Auswirkungen dies auf die Anwendbarkeit und den Nutzen des MDCM-Vorgehensmodells und der MDCM-Werkzeugarchitektur haben wird. Es ist anzunehmen, dass hierbei die verschiedenen Arten des Cloud-Computing (Software-as-a-Service (SaaS), Platform-as-a-Service (PaaS), Infrastructure-as-a-Service (IaaS)) [MG09, 2] sowie die Betrachtung der Perspektive (Cloud-Kunde oder Cloud-Anbieter) unterschiedliche Auswirkungen besitzen. Aus Kundensicht ist die Betrachtung der gesamten IT-Systemlandschaft (Anwendungssysteme und IT-Infrastruktur) zumindest bei der Cloud-Art SaaS nicht mehr gegeben. Erste Ansätze für eine automatische Konfiguration von SaaS auf Basis einer existierenden IT-Architektur sind in [LFM+11] zu finden. Für die Arten PaaS und IaaS kann das MDCM-Vorgehensmodell sowie die MDCM-Werkzeugarchitektur weiterhin angewendet werden. Die Definition einer Plattform oder IT-Infrastruktur als Service führt somit zu einer Standardisierung, welche die Erstellung von Transformatoren und deren Nutzung fördert. So ist vor allem hier damit zu rechnen, dass MDE-Ansätze eine hohe Wiederverwendbarkeit besitzen. Gerade dies waren ja die Gründe, dass der MDCM-Ansatz ein hohes Nutzenpotenzial erzeugt. Aus Sicht des Anbieters von Cloud-Computing bleiben die „traditionellen" Aufgaben des IT-Service-Management (z.B. IT-Konfigurationsmanagement) erhalten. Auch hier ist daher die Anwendung eines MDCM-Ansatzes möglich. Auch an der Schnittstelle zwischen Kunde und Anbieter von Cloud-Computing erscheint der Einsatz des MDCM-Ansatzes sinnvoll. So muss beim Kunden eine Cloud-Computing-Nutzung ebenfalls durch das Enterprise-Architecture-Management geplant und umgesetzt werden. Die Wiederverwendung von Modellelementen aus EA-Modellen und deren Abbildung auf die angebotenen Services lässt sich ebenfalls umsetzen. Zusammenfassend lässt sich festhalten, dass gerade das Thema Cloud-Computing zu einer hochgradigen Automatisierung im IT-Betrieb führt und das Model-Driven-Configuration-Management hierfür einen Beitrag leisten kann. Dies ist allerdings Gegenstand weiterer Forschung.

A Anhang A
Experteninterviews und Auswertung

A.1 Transkriptionen der durchgeführten Experteninterviews

A.1.1 Transkription Interview 1

Interviewprotokoll vom 17.06.2010 17h00 via Telefon

Befragter (B1)
Interviewer (I)
Datei: R1_0002.mp3

Interviewbeginn bei: 00:00:47-0

1 **B1:** So. Muss ich den Fragebogen noch ...glaub ich ...es müsste ich irgendwo haben.
2 ...Auf dem Frageboden war für mich einiges etwas anders positioniert als wie ich das zur
3 Zeit wahrnehme oder empfinde. Nach meinem Empfinden oder Arbeiten ...Es betrifft
4 vor allem irgendwie Punkte ...fast müsste ich zu erst fragen: Was verstehen sie unter
5 Unternehmensarchitektur? Und dann wie ist zum Beispiel gemeint, wie man die Unterneh-
6 mensarchitektur in den Betrieb überführt, wenn ich die Abkürzungen gleich interpretiere:
7 Unternehmensarchitektur und Enterprise-Architecture. Das wäre für mich im Prinzip das
8 Gleiche. Vielleicht eher eine sprachliche Unterscheidung. Weil ich verstehe es dann nicht
9 wie man Enterprise-Architecture irgendwie in den Betrieb, IT-Betrieb überführt. 00:01:59-9

10

11 I: Aus meiner Forschung heraus, habe ich herausgefunden, dass Enterprise-Architecture oder
12 das die Enterprise-Architecure drei Ebenen enthält. Das ist einmal zunächst die Strategie,
13 dann Prozesse und die Informationsversorgung durch IT. Und man versucht im Bereich
14 Unternehmensarchitektur und Unternehmensarchitektur-Management diese drei Ebenen
15 aufeinander abzustimmen. Die Frage, die sich mir stellt ist, wie kann man gerade im Bereich
16 der IT genau diese Abstimmung - man hat dort strategische Entscheidungen getroffen - wie
17 kann man die so in den IT-Betrieb überführen, dass die aktuelle IT, wie sie dann umgesetzt
18 ist, auch wirklich den Anforderungen entspricht. Und - darum geht es eigentlich auch in
19 dem Interview - so dass eigentlich sich von dem, von dem IT-Betrieb, es eigentlich sich
20 nur auf die letzte Ebene, also auf die Technologieebene beziehen würde. Ich hab, war
21 selber Berater nach meinem Studium und habe festgestellt, dass es da halt öfter mal eine
22 Diskrepanz gab, zwischen dem was eigentlich angefordert wurde oder definiert wurde und
23 dem wie es nacher umgesetzt war. Und meine Forschung geht darauf hinaus, diese beiden,
24 diese beiden Bereiche etwas näher zu integrieren und zu optimieren. 00:03:21-8

25 B1: Aber jetzt sagen sie . . . Diskrepanz zwischen dem was angefordert wurde und wie umge-
26 setzt war. Wo konkret - mit den Projekten? Oder, oder, dann wäre eigentlich die nächste
27 Frage mit welchen Projekten? Mit irgendwie IT, also IT-Infrastruktur oder Architektur-
28 Projekten oder mit den Geschäfts- oder Fachprojekten. 00:03:47-5

29 I: Ja, von meiner Erfahrung heraus, dann aus den IT-Projekten. 00:03:51-7

30 B1: Gut. Welche sind für sie dann IT-Projekte und welche sind die anderen? 00:03:58-2

31 I: Ja, ganz konkret. Zum Beispiel, die Einführung eines weltweiten ERP-Systems für die Ab-
32 wicklung der Personalverwaltung. Da sind Geschäftsprozesse schon betroffen von. Wichtig
33 auch, dass der IT-Betrieb halt ausfallsicher funktioniert, dass die richtigen - dass die Prozesse
34 überhaupt duch die richtigen IT-Elemente unterstützt werden. Das wird ja schon in der
35 EA, also der Unternehmensarchitektur, definiert und vorausgesetzt. Aber die Umsetzung
36 geschieht ja meist etwas detailreicher als das eigentlich in der Unternehmensarchitektur das
37 Ziel ist. Und ich sehe es so, dass die, dass gerade bei IT-Projekten die nacher die in - wo es
38 dann um die Umsetzung zum Beispiel die Einführung eines ERP-Systems geht, sich das
39 in dem Rahmen einer Unternehmensarchitektur - ja dass das im Rahmen einer Unterneh-
40 mensarchitektur natürlich ablaufen muss. Ansonsten verliert man ja die, die Abstimmung
41 auf den einzelnen Ebenen und das ist das Problem. 00:05:00-7

42 B1: Ja. 00:05:06-3

43 I: Sehen sie das denn genauso, wenn ich das mal, wenn ich die Frage mal so umdrehen darf?
44 00:05:11-6

B1: Ja. Ich kann es verstehen, ich kann es nachvollziehen, aber ich sage mal die Umsetzung ist dann vermutlich eher nach dem Umfeld - definitiv - etwas unterschiedlich. Und wenn ich jetzt zum Beispiel, an das, bei ihnen da, dass Bundesministerium des Inneren, wenn ich an das denke, da habe ich auch ein, zwei Kollegen und eigentlich, wenn ich das vergleiche, was wir tun und wie was sie dann erzählen, wie sie es tun. Also zum Beispiel, bei der, die sind, die haben da irgendwie eine Abteilung für die strategische Unternehmensarchitektur. Konkret dort, irgendwie IT-Stab oder Referat IT, IT Steuerung Bund. Bei ihnen? Und dann muss ich sagen es bestehen doch gewisse Differenzen im Ansatz. Was da sind - oh Deutschland, Schweiz - oder vielleicht hab ich da etwas auch zur Zeit - mehr, ein besseres Umfeld, wo wir eben bei uns in unserem Departement gewisse Dinge einfach anders angehen. Ich will nicht sagen besser, schneller, das überhaupt nicht, aber - ich weiss nicht, haben sie vielleicht geschaut was unser Departement macht oder so? Haben sie die Web-Seite gefunden? 00:06:54-0

I: Die Web-Seite habe ich gefunden, aber natürlich nicht so tief den Einblick jetzt bekommen. 00:06:59-0

B1: Aber okay. Es hat sieben, quasi so die Ministerien da in der Schweiz. Wir sind eins von diesen sieben hier und da ist vor allem alles was mit der *anonymisiert* zu tun hat. *anonymisiert. Der Befragte erzählt über die Aufgabe des Ministeriums und zählt 5 unterschiedliche Zuständigkeitsbereiche (Ämter) des Ministeriums auf* und eigentlich von dem her ist es teilweise heterogen und es hat vor allem eine Kondition, die alles etwas schwieriger macht. Und das ist das, dass die Bundesämter ihr eigenes Budget haben und auch für die Informatik haben sie ein eigenes Budget. Und ich eigentlich in der - ich bin jetzt in der, im Stab vom CIO von unserem Departement - bin ich für die Informatikarchitektur eigentlich zuständig, verantwortlich und da habe ich nicht - Hand voll Möglichkeiten irgendwie Macht auszuspielen. Wir haben so eine interne Weisung, wo man zwar einiges finden könnte würde. Aber nur mit dem kann man nicht immer argumentieren. Mit Verordnungen, Weisungen und so. Das hilft nicht. Und dann - aber mit der Position vom CIO, der hat seit etwa zwei Jahren, hat er auch unseren <u>kleinen</u> Provider für Applikationen unter sich, organisatorisch. Aber dass heisst, einen kleinen Provider für eine Fachapplikation, Bürokommunikation ist outgesourced bei uns, in unserem Departement. Das wird betrieben durch IBM. Also da haben wir schon zwei Provider bei uns intern. Von daher hat es viele Gebiete, die nacher zentral für die ganze Bundesverwaltung angeboten werden, wie SAP oder Internetauftritt und solches Zeug. Dass heisst, ich nehme Einfluss vor allem auf das, auf die, also hab ich mich mal festgelegt, zuerst mal auf laufende Projekte. Ich selber mache kein, irgendwie Applikationsmanagement. Kann ich nicht alles Erheben. Habe ich Mittel und Leute nicht. Also habe ich mal gesagt, nehme ich Einfluss vor allem auf die laufenden Projekte von den Ämtern und im - wo ich da vielleicht etwas Glück hatte. Wir haben für die IT schon noch ein kleines Budget zur Verfügung, wo man sagen kann: Wenn es gewisse generisch,

83 generische Komponenten oder generische Ansätze gibt, dass können wir aus so einem quasi
84 Flow-Basket dann finanzieren. Und das wäre als Beispiel, wo wir angewendet haben für die
85 Ausrichtung auf die Service-Orientierung. Da haben wir etwa vor drei Jahren angefangen,
86 irgendwie mit Architektur und allem mit der Festlegung von der benötigten Infrastuktur,
87 aber was wir auch gesagt haben, gleichzeitig, wir machen eine Referenzarchitektur. Quasi
88 gewisse Vorgaben, was es betrifft, aber wir definieren noch keine Produkte oder nur die,
89 die benötigt werden. Die ganz klar aus den IT-Projekten, aus den Ämtern, Bundesämtern
90 benötigt werden. Und eigentlich, jetzt ist die Herausforderungen, die wir da zur Zeit oder
91 die ich dann habe ist, Einfluss nehmen auf die laufenden IT-Projekte, so dass ich rechtzeitig
92 Information kriege, was ist ungefähr die fachliche Ausrichtung, macht jemand schon etwas
93 Ähnliches, kann man da etwas re-use machen? Copy-Paste, mindestens. Und wenn sich zeigt
94 oder aufzeigt, dass man nacher irgendwas hat wo potenziell mehrere benutzen könnten,
95 dann sage ich, haben wir einen Sponsor oder suche ich einen Sponsor da bei uns intern bei
96 unserem CIO. Und mit dem Vorgehen haben wir zwar nicht eine Zielarchitektur, die so
97 definiert wäre, pikobello, in den nächsten fünf Jahren haben wir dann alles installiert und es
98 können alle kommen, sondern es werden nur die Komponenten an die Hand genommen, die
99 irgend jemand danach benötigt. Man muss immer einen Abnehmer haben und den fragen.
100 Und die nächste Herausforderung, naja, ist schon die mit den Projekten. Vor allem mit
101 den externen Zulieferern, mit den externen Firmen, die entwickeln. Weil unserer Provider
102 hat keine Entwicklung. Also es wird nicht entwickelt intern. Es ist alles durch Externe
103 entwickelt. Diese externen Firmen, die haben manchmal schon sehr innovative Ideen natür-
104 lich. Die finden immer eine super gute Lösung, die sie anbieten, auf der Fachseite und die
105 findet schnell immer Gefallen. Ah, genau das und so schön farbig auch noch. Und das ist
106 vielleicht die zweite Aufgabe, die ich dann habe, versuche wahrzunehmen: Zu verhindern,
107 dass man zu viel farbiges findet, wo so nachher exotisch ist, dass es nicht hineinpasst und
108 dafür zu sorgen, dass man eine grobe Ausrichtung behalten kann. Und das ist vielleicht
109 jetzt, die Differenz zu dem, was sie am Anfang gesagt haben. Also die Überführung, also
110 ich überführe im Prinzip eigentlich nicht die Unternehmensarchitektur oder irgendetwas
111 in den Betrieb, sondern Betrieb - die sind ja nicht wegen dem da, ja dass sie die Könige sind, -
112 sondern trotzdem, dass man auch die Kosten runterbringen will. Das ist klar! Deswegen.
113 Aber man kann nicht die Kosten so runterbringen, dass man sagt, ja jetzt haben wir nur
114 noch das installiert, nichts Anderes und das ist das Beste, das ist das Billigste oder Günstigste,
115 aber das Günstige kann nacher manchmal auch billig werden. Also der Ansatz ist eher der,
116 wir versuchen eigentlich, vielleicht gewisse Kostenvorteile durch das zu erbringen, dass
117 man möglichst homogenisiert oder eben mit dem re-use Ansatz gewisse, einen Mehrnutzen
118 generieren kann, dass möglichst viele Projekte jetzt eben auf einer Plattform laufen oder dass
119 sie Services oder dass da Services angeboten werden, wo mehrere nachher benutzen. Ja es
120 reicht pro Applikation - wenn es dann heisst jede Applikation braucht dann irgendwie, sag
121 ich jetzt mal ein Minimum zwischen, - ja fünf und zehn Schnittstellen, zu, zu den anderen

122 Systemen. Wenn ich schon das erreichen kann, dass man diese fünf bis zehn Schnittstellen,
123 ob das Services sind oder Schnittstellen, das spielt keine Rolle, wenn sie dann festgelegt sind
124 und alle anderen Applikation auch genau das Gleiche benutzen, dann hab ich eigentlich
125 schon recht viel eingespart. Weil, wenn das zehn Applikationen sind, die das sonst tun
126 würden, dann sind wir sofort bei hundert und ich bleibe immernoch bei fünf bis zehn. Also
127 das ist eigentlich - vielleicht ein pragmatischer Ansatz. Wir haben aber auch gewisse Policies
128 festgelegt als Architektur-Governance. Wir haben gesagt, gewisse Punkte die werden durch
129 mich oder durch das Architekturboard-Departement, wo mehrheitlich dann die IT-Manager
130 aus den Bundesämtern sind, die entscheiden. Aber mit dem kann ich sicherstellen, dass
131 eben diese Botschafter, Informatikbotschafter, in den Ämtern eigentlich auch helfen, dafür,
132 helfen, dass sie sagen, du musst nicht das Gleiche nochmal machen, weil der, unserer Kollege
133 aus dem anderen Bundesamt, der hat das bereits. Und für mich ist, ist es eigentlich einfacher.
134 Ich muss das nicht erzählen. Sie erzählen sich das selbst und nachher. Für mich ist es eine
135 einfachere Rolle. (I: Also ist ...) Und. Ja. 00:16:56-5

136 I: Also ist, wenn ich es richtig verstanden habe, haben, ist die Aufgabe des Boardes eher
137 eine Kommunikationsplattform zu sein, für die Einzelprojektleiter. Auch der einzelnen
138 Behörden, die sie zu versorgen haben und dass sie versuchen (B1: nein, nein) okay ...
139 00:17:11-0

140 B1: Also Kommunikation ist da vielleicht - sage ich jetzt mal eher unterschwellig dabei. Also
141 das ist das, was ich mir eigentlich als Mehrwert dabei erhoffe, weil dann ist es, es ist bekannt,
142 es ist transparent, man kann es weitersagen und so weiter. Aber sie entscheiden dann vor
143 allem beim Thema Lösungsvorschläge, also am Anfang vom Projekt, wenn man überlegt
144 in welche Richtung soll ein Projekt gehen. Das wird vorgelegt und vor allem nehmen sie
145 dann nachher das Ergebnis „Systemarchitektur", wo eigentlich das Zielsystem definitiv
146 skizziert ist, konzipiert ist. Das nehmen sie ab. Und irgendwie Thema Systemdesign oder
147 Services, das landet nachher bei mir, aber es muss nicht zum Board gehen. Also sie nehmen
148 gewisse Ergebnisse, nehmen sie ab. Mit dem will ich Verbindlichkeit auf diesen Ergebnissen
149 eigentlich erzielen. Das ist der Zweck von der Sache. Also ich habe, jetzt keinen so expliziten
150 ... Prozess in der Unternehmensarchitektur, dass ich das klar mit irgendwelchen Dokumen-
151 ten belegen könnte. Aber ich habe das jetzt vor allem über Governance jetzt aufgesetzt und
152 wenn ich jetzt irgendwie TOGAF 8 oder 9 nehme oder wie auch immer, dann kann ich
153 eigentlich gut aufzeigen, wo ich tätig bin. Aber für - Es hat eine Schwierigkeit und das ist die,
154 für die Projektführung ist bei uns die HERMES-Methode im Einsatz. Also das ist, glaube
155 ich mal, ungefähr von dem V-Modell von Deutschland abgeleitet wurden mal. Vor Jahren.
156 Und da spricht niemand von Unternehmensarchitektur. Und die Projektleiter arbeiten
157 nach der Methode für Projektführung, Projektabwicklung und denen ist egal ob da eine
158 Unternehmensarchitektur irgendwo ist. Also die Koppelung Unternehmensarchitektur an
159 die Projekte ist ziemlich schwierig zu erreichen, weil in den Methoden ist die Verzweigung

160 nicht vorhanden für die Projekte. Und bei uns in der Verwaltung kann ich nicht sagen, wir
161 benutzen jetzt TOGAF als die Methode für Projekte. Es wäre auch möglich denkbar, aber
162 dort ist einfach eine andere Methode festgelegt. Also ich habe quasi mit Governance, habe
163 ich mir ausgesucht, wo kann ich dann wirken. Wo ich frage dann zum Vorraus diese, diese,
164 diese Ergebnisse aus deinem Prozess, die kommen noch zu mir. Nur ich muss vorher dafür
165 sorgen, eigentlich für eine gute Begleitung, Beratung im Projekt. 00:20:22-9

166 **I:** Das heisst ihre Rolle ist dann die, die beratene Funktion in laufenden Projekten. Zu gucken,
167 wo man was wiederverwenden kann, um dann die Kosten (B1: ja) auch einzusparen. (B1:
168 Ja, ja) Okay. (B1: und) Und das, das Problem, wenn ich das gerade richtig verstanden habe,
169 weshalb sie da jetzt nicht die steuernde Rolle, von oben heraus machen können, liegt an
170 den, an den Methoden, an der HERMES-Methode, die sie einsetzen. Sie grenzt das schon
171 ein bischen ein. Habe ich das richtig verstanden? 00:20:52-2

172 **B1:** ...teilweise. Also, sagen wir, für die Projektführung ist eine Methode vorgegeben. Also
173 ich weiss nicht, in der deutschen Bundesverwaltung, ist es vielleicht ähnlich. Oder? (I: ja
174 das V-Modell) Da war es das V. Wie das heute ist, weiss ich jetzt nicht. Aber dann wissen,
175 Projektleiter wissen, wir müssen diese Methode benutzen. Und in dieser Methode findet
176 man nichts über Unternehmensarchitektur. Ist nicht vorhanden. Und ich muss, in dem
177 Fall ist meine Sorge eigentlich die, den Projektleiter und alle in dem Umfeld rechtzeitig
178 aufmerksam machen - dann und dann musst du etwas tun, weil das ist so festgelegt. Das muss
179 ich kommunizieren. Das ist ein wichtiger, wichtiger Punkt und nachher im Projekt hat
180 es immer einen IT-Architekten im Einsatz, der diese Rolle, quasi Unternehmensarchitekt,
181 wahrnehmen muss. Vor Ort, im Projekt. Und das ist eigentlich aus meiner Sicht der mini-
182 male, der minimale Beitrag an irgendwie gewisse Unternehmensarchitekturentwicklung.
183 Machen wir quasi, on-go mit den laufenden Projekten. Man hat schon die Schwierigkeit,
184 es ist alles komplexer. Die Abstimmung ist schwieriger, aber andererseits - Es hat noch
185 einen Punkt, wir müssen Informationen im Resort weit rechtzeitig kriegen, damit wir
186 eventuell generische Komponenten auch rechtzeitig bereitstellen können für die Projekte.
187 Andererseits haben wir den Vorteil, wir müssen nicht alles bis ins Detail festlegen und
188 definieren und da müssen wir auch nicht sagen, ja Ende des Jahres haben wir diese und diese
189 Zielplattform aufgebaut, sondern wir sagen, ja, das und das, diese Komponenten haben wir,
190 diese haben wir nicht, die können wir noch bauen. Also das hat auch den Vorteil, dass man
191 eigentlich zeitgerecht für die Projekte etwas anbieten kann. Vielleicht auch einigermaßen
192 up-to-date oder state-of-the-art, weil sonst, wenn ich sage, ja eine neue Plattform aufzubauen,
193 das geht zwei, drei Jahre vielleicht und dann ist es fertig und dann sagen Leute, ja es ist
194 für uns sowieso schon veraltet oder zu mächtig oder zu wenig mächtig und dann liege ich
195 plus-minus vielleicht total falsch. Also es hat beides etwas, aber in unserem Umfeld jetzt
196 mit, vor allem mit Ausrichtung auf wirklich E-Government. Die meisten Applikationen
197 bei uns, die gehen über die Bundesgrenzen, Bundesverwaltungsgrenzen hinaus. Dann kann

198 ich nicht mehr auf Detailplänen irgendwie sitzen bleiben oder mit denen argumentieren,
199 weil das Umfeld ist so komplex, es braucht so viel Abstimmungen, dass, dass man eigentlich
200 froh sein muss, wenn man vorwärts kommt. 00:24:12-7

201 **I:** Ich hab noch eine ... 00:24:11-5

202 **B1:** Des Wegen hatte ich da etwas Mühe zu verstehen, wie wollen sie jetzt Unternehmensar-
203 chitektur in den Betrieb überführen oder wie auch immer. 00:24:22-7

204 **I:** In dem Bereich der Beratung und in dem Bereich der, der Projekte, also dass man die
205 Projekte steuert, versuche ich zu erforschen welche Möglichkeiten es gibt hierbei den Pro-
206 zess zu automatisieren und ein Ansatz wäre, wenn man Policies, so ablegen könnte, dass
207 man sie in den einzelnen Projekten automatisch zur Verfügung hat. Ich mache mal, ich
208 mache das mal an einem Beispiel. Ein Beispiel wäre, wir haben - in einem Projekt soll eine
209 Systemlandschaft designed werden. Und es gibt Vorgaben dann aus der Unternehmensarchi-
210 tektur, dass bestimmte Systeme nur eingesetzt werden dürfen. Zum Beispiel, es dürfen nur
211 SAP Komponenten eingesetzt werden oder IBM Komponenten, so dass man dann schon in
212 den, in den Tools der Modellierungstools auch wirklich schon einschränken kann, dass es
213 einfach gar keine anderen Möglichkeiten gibt. Und die Idee ist dabei so viel wie möglich
214 aus der Unternehmensarchitektur schon in diese Projekte automatisch zu überführen. Also
215 den Informationsfluss ein bisschen zu automatisieren. Dass ist so, die, die Grundidee. Des
216 Wegen wäre meine nächste Frage: Sie haben gesagt, sie haben eine Referenzarchitektur. Wie
217 ist, wie ist diese dokumentiert? 00:25:39-9

218 **B1:** Die ist als Dokument vorhanden. Und - Referenzarchitektur jetzt in dem Sinn, da haben
219 wir eigentlich festgelegt, es sind gewisse Konditionen, die für die Systementwicklung einzu-
220 halten sind. Also zuerst mal, Gliederung in Komponenten und so weiter. Also mehrschichtig
221 und so. Also nicht alle Firmen, nicht alle Abteilungen, also schon Entwicklerfirmen verste-
222 hen das nicht alle. Das ist quasi Vorgabe für die Gestaltung von den zukünftigen Systemen
223 und dazu, wenn jetzt mit den laufenden Projekten auch Patterns festgelegt werden. Zum
224 Beispiel, was wir jetzt kürzlich hatten, dass war Netzwerkzonenübergänge. Die werden
225 halt auf eine Art und Weise nachher gelöst. Und solche Patterns, die werden wir jetzt
226 sammeln und die werden wir auch so vorgeben. Es ist, die sind jetzt nicht igendwie in
227 einem Tool dokumentiert. Für das sind wir vielleicht zu klein oder wie auch immer. Wo
228 ich Tooleinsatz habe - wir haben mal Business-Domänen, haben wir mal festgelegt. Also es
229 betrifft Daten, Datenobjekte, Datenstrukturen. Da haben wir eigentlich festgelegt, was sind
230 die wichtigen Domänen in unserem Bereich und dazu auch die wichtigen Geschäftsobjekte
231 mit wichtigen Attributen, die dann irgendwo von anderen benutzt werden. Das was nicht
232 mehrere benutzen, ist mir eigentlich soweit egal. Für mich ist es erst dann interessant,
233 wenn es dann heisst, Share, also Verbindung zu anderen, ob das Schnittstelle ist oder ein

234 Services oder Web-Service. Ist egal. Dann sage ich, so ein Geschäftsobjekt ist dann für mich
235 relevant in der Darstellung. Da sorge ich dafür, dass es aufgenommen wird und dass es dann
236 auch publiziert ist im Intranet als PDF-Plan, als Plan von den wichtigen Datenobjekten.
237 Das können alle Projektleiter nachher holen. Und sie müssen nicht Sachen zu Objekten
238 neu erfinden. Sollte auch helfen zum Thema Schnittstellen oder Services, dass man sich
239 informieren kann, wo ist was vorhanden. Und das ist auch ein Mittel für die IT-Architekten
240 in ihrer Rolle „Unternehmensarchitekt" im Projekt und das Werkzeug. Und die müssen
241 nacher auch dafür sorgen, dass es gepflegt wird. 00:28:30-5

242 **I:** Das heisst standardi (B1: das ist der Ansatz) okay. Das ist halt so, auf der Ebene der
243 Applikation, haben sie diese, diese Businessdomänen halt schon festgelegt. Und das ist aber
244 hauptsächlich auf der, auf der Applikationsebene, sag ich mal. 00:28:49-5

245 **B1:** Es betrifft nicht Applikation, aber es betrifft - Zugehörigkeit von, von Daten, Datenob-
246 jekten. (I: okay, ja. Okay, dann habe ich das verstanden. Und ...) Weil Applikationen sind
247 manchmal schon so, dass sie über Domänen, eigentlich *unverständlich* verteilt sind. (I: ja
248 richtig) Mit dem kann man auch aufzeigen, ob irgendwo Schwierigkeiten sind oder wo man
249 sich gewisse Gebiete nachher teilt und man kann fragen ist es klar, wer hat Verantwortung
250 für gewisse Daten und so weiter, und so weiter. 00:29:21-8

251 **I:** Und die Umsetzung wird dann projektspezifisch sein, bei ihnen. Wie sieht es denn aus mit
252 den Änderungen dieser Referenzarchitektur. Wie oft haben sie da Änderungen? 00:29:33-1

253 **B1:** Also jetzt, jetzt haben wir noch keine gehabt. Also wie gesagt, es ist vielleicht eine,
254 vielleicht ist das jetzt mal eine Meta, Metaebene. Das ist ein Konzept. ... Auch schon
255 ein Architekturmodell, aber da sind keine Produkte dahinter. Wo ich dann nachhelfe, ist
256 mit den Pattern und da wird eigentlich - teilweise geht man auf die Stufe Standards oder
257 Technologien. Also vor - zum Beispiel für Web-Service-Gateway. Das ist eine, ein Pattern
258 jetzt gewählt für die Netzwerkzonenübergänge. Web-Service-Gateway-Einsatz und da ist
259 als Pattern ist gesagt, für diesen und diesen Netzwerk asynchron von einer Zone in die
260 Andere wird XML über SOAP eingesetzt. Fertig. Oder vielleicht noch verschlüsselt, zum
261 Beispiel. Und das sind für mich nachher die Fälle, eigentlich aus - Ausrichtung auf die,
262 auf die Daten und Schnittstellen. Standards dazu oder Standardprotokolle dazu. Als auf
263 die Inhalte. Also, vor allem im Kontext, was jetzt immer stärker wird, dass man immer
264 mehr Sachen auch disloziert. Also gewisse Applikationen haben wir bei einem Provider,
265 Bürokommunikation ist woanders. Gewisse Applikationen laufen nochmal woanders und
266 gewisse neue Anforderungen, die heute kommen aus den Projekten, die machen wir testwei-
267 se schon irgendwo in einem Cloud beim Amazon. Also zum Beispiel, Web-Services - schon
268 mindestens testen, mit verschiedenen Performancelasttesten, so das kann man schon jetzt
269 an gewisse - Applikationen oder Services kann ich mir gut vorstellen, dass man die auch so

270 auslagern könnte. Weil nachher kann man auch Leistung on-demand. Und dann hab ich
271 langsam Hemmungen mich noch stark an den IT-Betrieb zu, zu binden. Weil schlussendlich
272 muss ich sagen, ist mir langsam egal wie sie den Betrieb dann aufstellen. Sie müssen es so
273 bauen, dass sie möglichst standardisiert sind. Für sie möglichst, natürlich kostengünstig.
274 Sie müssen nicht eben die billigsten sein, solange sie in der Verwaltung drin sind. Aber
275 die Leistung muss stimmen. Dafür muss man keine großen Verträge schreiben, aber sonst
276 ist es mir bald eigentlich wirklich ziehmlich egal, weil wenn ich zu Amazon gehe, dann
277 heisst das auch: ja Schnittstelle ist definiert. (I: richtig) Du kannst so prüfen über die SOAP
278 Schnittstelle und das und das ist installiert und der Rest ist kein Problem. Oder? Also dann
279 muss mich eigentlich nicht mehr interessieren, wie die Plattform nachher ist. Die kann man
280 dann beziehen. 00:32:33-5

281 **I:** Okay. Das heisst, die, die Rolle der Unternehmensarch - des, der Unternehmensarchi-
282 tektur geht dann wirklich auf die Rolle der Schnittstellendefinition und die Umsetzung ist
283 letztlich dann erstmal nicht so vorrangig. Sondern, es muss halt stimmen. 00:32:49-2

284 **B1:** Ja das. Also wir haben die Applikation. Die sind so - trotz der verschiedenen Besitzer.
285 Ownership ist immer wieder in einem anderen Amt oder sogar ausserhalb. Aber man
286 muss ziemlich viel Daten oder Services, wirklich Services, die werden eingebunden in
287 eine andere Applikation und da muss ich mich auf das Ganze mehr konzentrieren jetzt
288 als, als auf, auf das Detail. Ob das jetzt Linux oder Unix ist. Weil das, das Ganze muss
289 nachher funktionieren. Für das braucht man halt, vor allem - muss ich schon helfen dafür
290 zu sorgen, dass man eben möglichst Standards hat für den Datenaustausch und das man die
291 Datenschittstellen dann auch verwaltet oder transparent hat und, und damit im Ganzen
292 alle wissen, wenn sie etwas ändern, wer ist alles betroffen? So. Dann verstehe ich jetzt
293 Unternehmensarchitektur nachher nicht mehr als die technische Disziplin sondern quasi ist
294 es eher die Vermittlung, Beratung, Transparenz schaffen, aber auch Verständnis schaffen
295 und dafür zu sorgen, dass, dass es im Ganzen funktioniert. Quasi Enabler-Funktion. Den
296 anderen dazu zu, zu helfen, damit sie selber und nicht unter Anwendung von Gewalt -
297 weil sobald man irgendwie kommt mit Macht und so, können die Fachabteilungen genug
298 Argumente bringen - immer - dass es anders sein muss. Also, da kann man sich die Zähne
299 ausbeissen. Also wenn ich wirklich die Plattform vorgeben würde, nur noch das, das,
300 das, dann finden sie genug Argumente oder irgendwie Gesetzesänderungen auf Datum,
301 sofort und so, wo man nicht mehr handlungsfähig ist. Und dann ist mir eigentlich nicht
302 geholfen nur noch Ausnahmen zu haben. Und, wegen den restlichen 20 Prozent vom
303 Normalgeschäft, da brauchts eigentlich auch Unternehmensarchitektur nicht mehr. Des
304 Wegen ist für mich das Umkehrprinzip, lieber. 80 Prozent unter vernünftiger Kontrolle.
305 Und Kontrolle bedeutet hier eigentlich vor allem Zusammenarbeit, Kommunikation - dafür
306 zu sorgen, dass es vernünftig kommt, als umgekehrt. Ja? Also ich will da nicht alles in Frage
307 stellen. Ich hoffe ich habs auch nicht so gemacht. (I: Nein, nein, dass ...) Also das wäre die

308 Erfahrung, die ich in den letzten Jahren gemacht habe. Ja? (I: Also … darum ging es ja auch
309 in dem Interview) Praktische Erfahrungen. 00:35:55-4

310 I: Genau das, genau das wollte ich ja wissen. Von daher passt das sehr gut. Das ist auch
311 sehr interessant, dass sie das ja, gerade jetzt auch zum Schluß gesagt haben, dass es gerade
312 umgedreht ist. Das ist ja eine wichtige Erkenntnis für die Idee, die ich hatte. Von daher
313 werde ich da mir das auch nochmal anschauen müssen und es hat mir sehr geholfen, da
314 einen Einblick zu bekommen. Ich muss nochmal schauen, wie sehr das dann sich auch
315 unterscheidet in Unternehmen. Sie sind jetzt eine Behörde. Vielleicht gibt es ja gar nicht so
316 viel Unterschiede, vielleicht gibt es sie aber doch. Und um das wird es jetzt in den nächsten
317 Interviews auch noch gehen. Sie haben mir sehr geholfen und ich bedanke mich da auch
318 sehr für. 00:36:39-6

Verabschiedung

A.1.2   Transkription Interview 2

Interviewprotokoll vom 06.09.2010 17h00 via Telefon

Befragter (B2)
Interviewer (I)
Datei: R1_0004.mp3

Interviewbeginn bei: 00:00:41-0

1 I: Zunächst würde ich ganz gerne einmal wissen, welche Bedeutung für dich Enterprise–
2 Architecture–Management hat? 00:00:46-6

3 B2: Welche Bedeutung es hat? Grundsätzlich ist es sehr wichtig, wie ich es auch gerade bei
4 meinem aktuellen Kunden hier wieder erlebe. Also ich erzähle den Kunden, aber den darfst
5 du natürlich nicht nutzen und nennen. Ja? (I: ja das ist selbstverständlich) So also, dann lässt
6 es sich leichter erzählen. Gut ich arbeite jetzt hier mit *anonymisiert - nennt Kunden aus
7 der Versicherungsbranche*, das ist eine Tochter von *anonymisiert - nennt Mutterkonzern*.
8 Und hier wird versucht eine Referenzarchitektur aufzusetzen. Für den ganzen Konzern.
9 Das wurde mit einem kleinen Projekt angefangen. Mit deren Anforderungen. Und man
10 läuft so langsam in die Probleme hinein, dass die Lösung, so wie man sich die damals auch
11 vorgestellt hat, nun nicht alle Anforderungen berücksichtigen konnten - das ist klar - aber
12 auch von der Architektur auch nicht berücksichtigt wurden sind. Das die so - also, dass die
13 Architektur so offen ist, dass man auch diese Anforderungen berücksichtigen kann. Auch
14 neue Anforderungen einfach integrieren kann. Und wenn man hier nun … dies nicht früh-
15 zeitig tut und auch in seiner Architektur berücksichtigt, dann läuft man halt in Probleme
16 rein. Weil dann kam jetzt *anonymisiert - nennt Kunden* mit ihren Anforderungen und die

17 sind halt internet-getrieben. Bisher war mehr so Makler, also Extranet/Intranet. Und wenn
18 auf einmal so eine neue Komponente reinkommt, die natürlich ganz andere Anforderungen
19 hat als so ein Makler, der irgendwo bei einem Kunden sitzt und irgendwelche Applikationen
20 anwenden möchte, dann ... ist es schwierig mit diesen Anforderungen umzugehen, wenn
21 man sie nicht vorher berücksichtigt hat. Und da, durch diesen kleinen Exkurs, kann ich
22 nur sagen, es ist super wichtig, hier immer unternehmensweit zu schauen - zu gucken,
23 also was ist die Vision seiner Lösung oder seiner Architektur. Und gerade wenn man eine
24 Referenzarchitektur aufsetzen will, was für Kunden habe ich und wo läuft das hin und wenn
25 man hier kein vernünftiges Management aufsetzt, dann hat man verloren. 00:03:00-4

26 **I:** Du sprichst den Punkt Änderungen an und auch spätere Änderungen. Wie oft ändert
27 sich denn die oder ändern sich denn diese Bedingungen für eine Architektur? 00:03:10-7

28 **B2:** Wie oft? 00:03:11-4

29 **I:** So von deiner Erfahrung heraus. Ich meine es ist sicherlich unterschiedlich, aber ...
30 00:03:15-5

31 **B3:** Naja, gut hier - wenn man sich nur einen Teilbereich einer Unternehmenswelt anschaut,
32 dann ist es klar, dass die Architektur sich nochmal extrem ändern wird, wenn man die
33 anderen Komponenten dazu nehmen muss. Und die Häufigkeit ist ... also wenn man eine
34 gute Architektur aufsetzt und ein vernünftiges Management aufsetzt. Diese Architektur,
35 glaube ich, ist sie trotzdem kontinuierlich. Sie ist laufend. 00:03:51-5

36 **I:** Also, das heisst, man hat keine fertige Architektur, sondern die entwickelt sich (B2: nein,
37 du, du) stetig weiter. 00:03:56-6

38 **B2:** Naja, was du hast ist, wenn du das ... also du musst schon eine Vision haben, wo du hin
39 willst und auf dieser Vision baust du deine Architektur auf. Ganz klar. Und dann wird sie
40 aber laufend sich ändern müssen, weil du immer wieder Architekturentscheidungen treffen
41 musst. Also so ein Architekturgremium, Board, für deine, sage ich mal, Unternehmensar-
42 chitektur musst du sowieso aufsetzen. Das ist sozusagen ein Muss. Ein Muss - technisch
43 gesehen. Das andere Muss, in meinen Augen, ist ein Portfóliomanagement aufzusetzen.
44 Das heisst, gucken, welche Anforderungen will ich überhaupt umsetzen? Wann will ich sie
45 umsetzen? Und in diesem Portfoliomanagement, in meinen Augen, muss immer dann das
46 Architekturboard oder der Architekturmanagementprozess perfekt sein. Und dort müssen
47 dann Entscheidungen getroffen werden, wie man welche Komponenten umsetzt oder neue
48 Komponenten oder neue Komponenten baut. Also, ein Beispiel ist, zum Beispiel, wenn
49 du jetzt bisher nur an deine Makler gedacht hast und auf einmal die Internetkunden dazu
50 kommen. Das ist ja von der Höhe der Nutzer - geht das ja aufeinmal sehr - ja einfach - geht
51 das einfach in die Höhe. Und du musst dir jetzt eine Lösung überlegen und wenn du jetzt

52 eine Software hattest, die, sage ich mal jetzt, eine Komponente aus - eine Softwarelösung
53 hättest und naja die ist User-basiert, dann bekommst du ja schonmal da ein kleines - ein
54 kleines bisschen Bauchschmerzen mit den Lizenzen. Und das ist so ein typischer Punkt.
55 Dann musst du dir halt überlegen, wie gehst du jetzt damit um? Sagst du, du baust diese
56 Komponente trotzdem aus, auch wenn die für Internetuser genutzt werden können, dann
57 musst du natürlich mit dem Softwarehersteller reden, dass er dir eine andere Lizenz anbietet.
58 Oder du sagst, nein ich gehe, gehe damit weg und baue mir selber eine. Und da ist es der
59 typische Prozess, dass du dir anguckst, ja, ganz einfach, Architekturentscheidung, Vor- und
60 Nachteile und ganz konsequent dann auch sagst für welche Richtung - du protokollierst in
61 welche Richtung du dich dann entscheidest. Das finde ich ganz wichtig. 00:06:25-0

62 I: Okay, ja, das kann ich nachvollziehen. Siehst du einen Zusammenhang zwischen der
63 Größe eines Kunden bei dir und dem Enterprise–Architecture–Management? Oder sagst
64 du, es sollte generell in irgendeiner Form vorhanden sein? 00:06:37-8

65 B2: . . . also was ich . . . ich werde dir deine Fragen wahrscheinlich nicht immer so beantwor-
66 ten wie du möchtest. Aber was ich immer mache in jedem meiner Projekte und immer
67 aufsetze, egal, was ich in so einem Projekt mitmache, ob ich nun eine kleine Weblösung
68 mache oder ob ich ein großes Intranet oder Extranet aufziehe, ich gucke mir erst immer
69 die IST-Architektur des Kunden an. Also, das ist ein Arbeitsprodukt bei *anonymisiert -
70 nennt seinen Arbeitgeber* und . . . oder Technical–Environment, kannst du es nennen. Und
71 da guckt man sich wirklich mal so die ganze Unternehmensarchitektur an. Und bei vielen,
72 vielen Kunden, ob klein oder groß, ist es dann auch so, dass die gar nicht wissen, was die
73 alles am Laufen haben. Also, das zu deiner Frage. Also, eine IST-Aufnahme ist sehr wichtig.
74 Und ohne die - und die ist, die die die ist - und damit habe ich dir deine Frage beantwortet,
75 weil egal wie groß die Unternehmensarchitektur ist, immer wichtig. Weil du, wenn du sie
76 dir anguckst und verstehst, kannst du eigentlich auch nur die richtige Lösung bauen. Hört
77 sich jetzt vielleicht doof an, aber ist wirklich so. 00:08:01-6

78 I: Okay, dass heisst, wenn wir jetzt eine Vision haben und wir haben jetzt eine Architektur
79 aufgestellt, dann hast du vorhin schon angesprochen, dass das ja auch umgesetzt werden
80 muss. Mich interessiert dabei der IT–Betrieb. Wie schafft man es, dass man aus der Vision
81 heraus zur Definition eines IT–Betriebs, der Konfiguration der System kommt? Also wie
82 begleitest du das? 00:08:23-5

83 B2: . . . Ja. Erstmal ist es ein ganz normaler Softwareentwicklungsprozess den du da hast. Du
84 wirst ja sicherlich . . . Also erstmal baust du dir so eine Roadmap auf, wie du da hinkommen
85 möchtest. Und für deine Roadmap definierst du halt Meilensteine oder Software–Pakete
86 und für diese machst du halt ganz normale Softwareentwicklung. Und in diesen Paketen
87 realisierst du halt einen Teil der Komponenten, die du benötigst, um später mal zu deinem

88 Ziel zu kommen. So, und ... das ist natürlich hier erstmal toolunterstützt, grundsätzlich.

89 Kann nur toolunterstützt sein. Du hast - ja gut bei, hier bei *anonymisiert - nennt seinen

90 Arbeitgeber* nutzen wir immer Rational-Tools, den RSA dafür. Also von dem, von dem

91 ... im Grunde genommen vom Design zur Lösung. Also wir designen auch im RSA und

92 implementieren oder entwickeln ja dann auch mit dem RSA. Und dadurch bedingt, kommst

93 du erstmal so zu deiner Software, durch den Einsatz dieses Tools oder zu deinen Releases

94 oder Versionen, wie immer du möchtest. Der andere Punkt ist halt ... also das zu deiner

95 Software - du musst ja dann auch die Infrastruktur dementsprechend aufsetzen. Genau.

96 Und das ist ja auch wieder ... wobei zur *anonymisiert - nennt das firmeninterne Enterprise-

97 Architecture–Framework* Methode - hast du ja auch kennengelernt bei *anonymisiert - nennt

98 Projekt* - dann setzt du halt das operationale Modell auf und dann auch für deine einzelnen

99 Steps, die du definiert hast und gibst das dann in den Betrieb rein, so dass sie die Infrastruktur

100 aufsetzen können. Und dann musst du natürlich dann nochmal für deine Software, dann

101 nochmal, dann nochmal ganz klar, sozusagen dein Betriebshandbuch aufsetzen. Das ist ja

102 dann die Übergabe in den Betrieb, den eigentlichen Betrieb. 00:10:33-3

103 I: Und ... du hast das Operational Model angesprochen. In wie weit kann man - also erstmal,

104 gibt es da Toolunterstützung und zweitens - ja erstmal die Frage. Da nutzt du sicherlich

105 auch Tools für? 00:10:47-9

106 B2: ja, gut wir machen es über den RSA. Gut, und das Sizing, und so, das, das, dafür haben

107 wir dann natürlich spezielle Tools bei *anonymisiert - nennt seinen Arbeitgeber*. So dass wir

108 sagen, okay, diese nicht-funktionalen Anforderungen haben wir, so verhält sich das System

109 und darauf hin machen wir halt das Sizing. So aber das sind, das geben wir halt dann selber

110 auch ab. Da sagen wir, wenn es jetzt *anonymisiert - nennt seinen Arbeitgeber* Software ist,

111 dann sagen wir, das sind diese Anforderungen, die wir haben, die nicht-funktionalen. So

112 verhält sich das von der Speicherleistung, meinetwegen, Speicherverbrauch, wie verhält sich

113 das System? Und jetzt gebt uns mal hier ein Sizing dafür. Das geben wir wirklich weg und

114 dann kriegen wir zurück, sozusagen - ja ihr braucht hier 5 IBM P-Series und so ungefähr

115 und dann haben wir das halt hinterher. 00:11:38-4

116 I: Okay. Und dann macht ihr, wenn ich mich recht erinnere ein physikalisches Modell?

117 00:11:44-0

118 B2: ja, wir machen ja alles. Wir machen ja ... also früher, jetzt heisst es, mit der Weile,

119 anders. Also, wir haben ja sonst immer vom Conceptional Operational Model zum Specified

120 Operational Model zum Physical. Also, die Unterscheidung hatten wir. Jetzt gibt es gleich

121 nur noch zwei. Das ist irgendwie Logisches Operationales Modell zum Physikalischen

122 Operationalen Modell. Da gibt es bald nur noch zwei. Müsste ich jetzt nachgucken. Das

123 hat sich vor ein paar Jahren geändert. Ich lebe aber noch in der alten Welt. Weil mir das

124 besser gefällt. Weil du dann, wenn du diese Stufung hast, kommst du halt sehr schön vom
125 Komponentenmodell in dein konzeptionelles Modell, operationales Modell rein. Und das
126 finde ich sehr angenehm, weil du dann ein, so, ein Durchstich hast. Finde ich halt sehr
127 angenehm. 00:12:41-0

128 I: Also spielen für dich Modelle eine sehr große Rolle bei der Entwicklung von der Archi-
129 tektur, aber auch bei der Überführung in den IT-Betrieb? 00:12:46-7

130 B2: Ja genau. 00:12:49-9

131 I: Okay. Gut ... jetzt muss ich gerade mal selber schauen. ... Wie dokumentiert ihr denn
132 eigentlich die IST-Systemlandschaft? Also, schafft ihr es da zu automatisieren oder gehst du
133 da hin und interviewst deinen Kunden und erstellst eine IST-Architektur? 00:13:06-9

134 B2: Kann ich ... also es ist ... ja unterschiedlich. Also zum Beispiel hier, bei *anonymisiert
135 - nennt Kunden*, haben wir da - da gab es keine IST-Architektur. Und ... da wurde halt
136 vom Konzern ein Tool vorgegeben, das nennt sich PlanningIT. Vielleicht hast du das ja mal
137 gehört. Auf jeden Fall wurde dann mit diesem System, mit diesem Tool in dem Sinne, die
138 Systemlandschaft aufgenommen. Nun größten ... also wenn der Kunde wirklich nichts hat.
139 Also entweder hat der Kunde was, dann guckst du dir das an und bekommst es auch. Sonst,
140 wenn du, wenn du wirklich von vorne beginnst, ist es halt wirklich auch ein Interviewen,
141 durch die Abteilungen laufen, Workshops organisieren ... versuchen die verschiedenen
142 Blickwinkel zusammenzubringen und ein einheitliches Bild der IT-Landschaft aufzustellen.
143 Das ist gar nicht so einfach. 00:14:14-1

144 I: Könntest du dir denn für die Art von Problemstellung auch eine automatisierte Lösung
145 vorstellen? 00:14:21-1

146 B2: ... jain. 00:14:27-9

147 I: Wo liegen da die Grenzen? 00:14:31-1

148 B2: Du willst ja auch immer den fachlichen Kontext wissen? 00:14:34-3

149 I: So ein bisschen. Also ich würde gerne aus deiner Erfahrung da wissen. Ja, ja. 00:14:37-8

150 B2: Ja, ich meine, du willst ja zu den Systemen auch den fachlichen Kontext wissen. Und
151 das kriegst du automatisiert - wie willst du denn das automatisiert rauskriegen? 00:14:46-5

152 I: Ja ist halt die Frage. 00:14:48-5

153 B2: Ja also, du kriegst - sicherlich kriegst du raus - automatisiert kannst du gucken, wo gibt
154 es welche Server, wo läuft welche Applikation? Und das kriegst du sicherlich automatisiert -

155 also du kannst einmal die IT-Landschaft durchscannen. Aber was kriegst du mehr dann
156 noch? Das ist ja dann die Frage. 00:15:06-4

157 **I:** Was brauchst du denn dann noch mehr? 00:15:08-1

158 **B2:** Na ich brauch mehr, die Fachlichkeit, die dahinter steckt. Die ist ja auch wichtig. Um
159 einfach auch sehen zu können ... also was oft passiert ist, dass die irgendwann merken, das
160 die wirklich für die gleiche fachliche Anforderung verschiedene Systeme nutzen. Das es
161 einfach so gewachsen ist. Das kriegst du ja durch so eine Test - durch so eine IST-Analyse ja
162 auch raus. Das heisst, es ist ja ... also es macht ja nur Sinn eine IST-Analyse zu machen und
163 auch gleichzeitig den fachlichen Kontext mit aufzunehmen. 00:15:41-8

164 **I:** Okay. Das heisst, wenn man von Automatisierung spricht, dann kann man maximal die
165 IT-Infrastruktur irgendwie scannen. 00:15:49-5

166 **B2:** Genau. Du kannst sagen die und die Server laufen da. Da laufen die und die Applikatio-
167 nen drauf. Das geht ja noch alles. 00:15:55-5

168 **I:** Aber das Mapping auf die fachlichen Abhängigkeiten, das ist ein Job den quasi ein
169 Architekt machen muss oder jemand machen muss? 00:16:02-4

170 **B2:** das, das ... oder du ... einfach mit denen hier diskutieren, was macht die Applikation
171 eigentlich? Welche Schnittstellen stellt - Schnittstellen kannst du ja auch noch rauskriegen.
172 Aber grundsätzlich, was macht die überhaupt, welchen fachlichen Kontext hat sie und
173 das ist, ist eigentlich eines der größten Themen, finde ich, bei der Enterprise-Architektur
174 ist nämlich die Facharchitektur. Die fehlt nämlich, in meinen Augen, oft ... oder ... ja
175 sie, sie, sie ist nicht definiert. Die Prozesse, die einheitlichen Prozesse, die einheitlichen
176 fachlichen Prozesse sind nicht definiert. Es gibt keine Facharchitektur und das schlägt
177 sich gewaltig auf die IT-Lösungen nieder dann und auf die Aufwände nieder. Da nun die
178 einzelnen verschiedenen ... Fachbereiche, sage ich mal, keine einheitliche Facharchitektur
179 haben, hast du dann das Problem, dass sie nicht miteinander dieses, die, die Systeme, die sie
180 aufgebaut haben nicht wirklich miteinander ... unterhalten können oder nur mit hohem
181 Mappingaufwand. Weil der eine Fachbereich hat halt, was weiss ich, ... einen anderen
182 ... was weiss ich, sagen wir einfach eine Stammtabelle als der andere und du musst das
183 ganze Mapping machen und meinetwegen, dann hast du das Problem, dass du in einer
184 Stammtabelle zwei Werte hast für eine, was weiss ich, für eine Krankheit, meinetwegen,
185 und bei der anderen nur eine und wenn du hin und her gehst, verlierst du ja wieder
186 Informationen. Du musst dir das irgendwie vorhalten und dann ist es ... dann kommst
187 du ... das sieht man dann hier leider auch, hier *anonymisiert - nennt seinen Kunden* ist
188 ein super Beispiel, hier ist keine Facharchitektur. Da bin ich schon seit einem halben Jahr,

189 dreiviertel Jahr am Reden, dass die endlich mal anfangen. Langsam, langsam fangen sie an
190 und haben erkannt, dass es für sie der Aufwandstreiber ist. 00:18:06-6

191 **I:** Ja. Okay. Das klingt auch vernünftig. Wenn man jetzt mal andersherum schaut, sagen
192 wir mal, du hast jetzt die Architektur gebaut, willst die in den IT–Betrieb überführen - das
193 hat ja auch mit meinem Dissertationsthema zu tun - wie müsste für dich oder wie müsste
194 für dich da eine automatisierte Lösung aussehen. Geht es vielleicht auch gar nicht? Was
195 sagst du? 00:18:27-7 (B2: . . .) Also du hast ja die Modelle fertiggestellt. Sagen wir mal, so ein
196 Operational Model. Könntest du dir vorstellen, dass man hier, das als Grundlage nimmt,
197 für Automatisierungen dann im Betrieb? 00:18:43-9

198 **B2:** . . . Gib mir mal ein Beispiel bitte. Da musst du mir erstmal ein Beispiel geben, wie du
199 das meinst. 00:18:54-1

200 **I:** Genau. Also du hast jetzt konfiguriert, dass, nehmen wir mal OpenCMS, dass das auf drei
201 Servern laufen soll. Und okay du musst natürlich die Server beschaffen, die entstehen nicht
202 von alleine, aber OpenCMS kann ja aus der Operational–Model–Spezifikation automatisch
203 auf die Systeme deployed werden. Das wäre jetzt ein Automatisierungsschritt. 00:19:15-9

204 **B2:** Das könntest du machen. Genau. Du könntest deine ausführbaren Programme, deine
205 Daten, deine Data-Units, die du da definiert hast und deine ausführbaren Units könntest
206 du dementsprechend deployen. Das ist richtig. <u>Aber:</u> Das könntest du machen, aber dann
207 würde ich, ja, du würdest ja grundsätzlich - überlege ich gerade - ob du das machen könntest.
208 Also das ist blöd. Gerade da, in diesem Absprung, da bin ich halt nicht mehr da und auch
209 nicht so firm. Weil ich ja immer mehr die Applikationsentwicklung mache. Aber ich würde
210 sagen, wenn du die Konfigurationen auch irgendwo ablegen könntest - für diese Systeme
211 - dann ist dies sicherlich gut und einfach möglich. Aber dann, gut, ja initial, genau. Die
212 Konfigurationen ändern sich dann jeweils mit dem Deployment. Also wenn du ganz normal
213 deine Releases aufspielst. 00:20:24-6

214 **I:** Du müsstest natürlich für die Releases dann immer wieder Konfigurationen bereitstel-
215 len. (B2: Genau.) Für die Änderungen. Könntest du dir auch vorstellen, wenn man jetzt
216 einen Schritt weiter denkt, dass man über Cloud–Computing nachdenkt oder überhaupt
217 Virtualisierung, dann schafft man es ja sogar die physikalischen Einheiten, also die Server,
218 zumindest für die virtuellen Maschinen aufzusetzen. Würdest du dir - also, ist das eine
219 Lösung für dich oder ist das eher irrelevant in deinem Bereich. 00:20:53-8

220 **B2:** Gut. Cloud–Computing ist ja gerade ein Hype–Thema. Es . . . wie soll ich dir . . . also
221 grundsätzlich ist, also auch . . . klar, also man muss sich nur überlegen . . . wo es Sinn macht,
222 wo du den vernünftigen Ansatz für Cloud–Computing hast. Was du auch willst. Du kannst
223 den ja auf verschiedenen Levels machen. Da erzähle ich dir ja nichts Neues. Und du musst

224 dir natürlich überlegen, ob du dann nun public oder private haben möchtest. ... Aber ... ich
225 glaube also ... dass Cloud–Computing für bestimmte Branchen, Banken, Versicherungen
226 ... die sehr viele sensible Daten auch haben, dass du da ... das dieses Thema doch recht
227 schwierig ist, weil die eigentlich ihre Daten nicht aus der Hand geben möchten. Weisst du?
228 (I: das ist verständlich) ... Genau, also die - da kannst du auch sagen, ja klar ist alles sicher
229 und alles super, aber wenn sie fragen, ja wo sind denn jetzt meine Daten? Und du sagst
230 jetzt, ja die sind jetzt in Asien. Ich glaube dann kriegen sie alle einen Schreck und wollen
231 das nicht. Also, ich glaube, gerade in diesen Branchen wird das nicht so laufen. Aber was
232 war jetzt genau deine Frage? Deine Frage war, ob ich mir das auch vorstellen kann für -
233 dieses automatische Deployment für Cloud-Systeme. Ja klar. Klar, genau so. Es ist ja nichts
234 anderes. 00:22:38-8

235 **I:** Okay. Genauso könnte man sicherlich auch überlegen, dass man das Sizing damit automa-
236 tisiert. Ich weiss nicht, ob ihr das - also ihr gebt das ja weg. Von daher, ihr macht Modelle,
237 gebt es weg und bekommt Werte zurück. Aber diesen Schritt kann man doch sicherlich
238 auch automatisieren, oder? 00:22:56-3

239 **B2:** ...Ja. Der ist doch automatisiert für mich, erstmal. (I: okay, ja, ja - doch warum
240 eigentlich nicht?) Ja ist doch so. Er ist doch schon automatisiert. 00:23:10-6

241 **I:** Du hast vorhin darüber gesprochen, das die Facharchitektur das größte Thema ist. Auch
242 gerade, wenn man die IST–Architektur erfassen möchte und dann in Richtung Konso-
243 lidierung gehen möchte, Harmonisierung. Worin siehst du denn die größten Probleme
244 in dem Weg andersherum? Also in der Umsetzung von IT - also jetzt in dem Fall von
245 IT–Infrastrukturen im IT–Betrieb. Stößt du da auf Probleme? 00:23:36-5

246 **B2:** ...Wenn ich ... wie meinst du das jetzt? Ich habe das jetzt nicht verstanden. 00:23:43-1

247 **I:** Ja. Ich werde die Frage mal ein bisschen anders stellen. Und zwar, ich würde gern wissen,
248 was - also du modellierst die Architektur, du machst dir Gedanken über die Komponenten,
249 über das Betriebsmodell und gibst das dann in den Betrieb, das hast du vorhin gesagt.
250 Verstehen die das auf Anhieb, müssen die erst noch sensibilisiert werden? Sind sie firm
251 eigentlich in diesen Modellen, oder gibt es da Probleme? 00:24:09-4

252 **B2:** ...Das ist jetzt ... schwierig zu beantworten. ...Meistens ist es so, dass wenn du, wenn
253 du auf einer Ebene arbeitest - wenn du das physikalische operationale Modell, was für mich
254 der Abschluss ist - dann sage ich, so jetzt gebe ich euch das in den Betrieb und jetzt müsst
255 ihr weiter gucken. Da dem Betrieb selber noch relativ viel an Informationen, im Grunde
256 genommen, fehlt, um damit etwas anzufangen. Da ist ein kleines Gap. Und dieses Gap
257 füllt dann - da bin ich genau nicht so tief drin. Da kommen dann Rückfragen von denen.
258 So und das ist meistens so. Dann gibt es ja noch - bei *anonymisiert · nennt Arbeitgeber*

259 gibt es sogar noch so Technical–Solution–Manager. Eine extra Rolle dafür. Sachen, von mir
260 abzuholen und in den Hosting Betrieb sozusagen reinzubringen. Da gibt es extra Leute,
261 die die Fragstellungen haben, die mich als Architekt nicht interessieren, weil sie einfach
262 infrastrukturell so tief drin sind, dass es mich nicht interessiert. Und da sage ich als Architekt,
263 das muss funktionieren. Also, deswegen kann ich dir da nicht so weiterhelfen, weil, echt,
264 wirklich das nicht - also da bin ich dann nicht - das ist dann nicht mehr so mein Thema. Ich
265 bewege mich da auf einer höheren Ebene. Im Prinzip, wenn es ein infrastukturelles Thema
266 gibt, dann kann ich dir nicht so viel Informationen geben. Ja, ich weiss, dass es einen Gap
267 gibt und ich - die können auf mich zukommen und Fragen stellen, aber im Grunde will ich
268 dann nur noch, dass es läuft. 00:26:13-4

269 **I:** Das ist verständlich. Was ist denn - wenn sie zu dir mit Fragen kommen. Was ist denn der
270 typische Inhalt von dieser Lücke, die du da nennst? 00:26:24-2

271 **B2:** Och. …Da fällt mir gerade nichts zu ein. 00:26:32-4

272 **I:** Aber du hast da eine Lücke identifiziert, die dann von einem Technical–Solution–Manager
273 gelöst wird. Dafür gibt es eine Rolle. Okay. 00:26:41-9

274 **B2:** ja, dafür gibt es dann die Rolle. 00:26:46-1

275 **I:** Gut ich bin soweit durch mit meinen Fragen. 00:26:49-0

Verabschiedung

A.1.3 Transkription Interview 3

Interviewprotokoll vom 07.09.2010 10h00 via Telefon

Befragter (B3)
Interviewer (I)
Datei: R1_0005.mp3

Interviewbeginn bei: 00:00:36-8

1 **I:** Zunächst würde ich von ihnen gerne einmal wissen, welche Bedeutung das Enterprise–
2 Architecture–Management ihrer Meinung nach hat, für Unternehmen, aber auch für sie
3 selber? 00:00:47-3

4 **B3:** Eben aus Sicht des Medienhauses - die Unternehmensarchitektur hat eine große Bedeu-
5 tung, weil das Medienunternehmen ist sehr stark gewachsen und zuletzt wurde eine Firma
6 dazugekauft, die etwa halb so groß ist, wie das Unternehmen und dadurch entsteht eine

7 Komplexität, die so einfach nicht mehr handhabbar ist. ... *technisches Problem am Telefon
8 des Befragten - Telefonat musste wiederholt werden* 00:02:42-7

Interviewprotokoll vom 07.09.2010 10h00 via Telefon

Befragter (B3)
Interviewer (I)
Datei: R1_0006.mp3

Interviewbeginn bei: 00:00:13-0

9 **I:** Gut. Wir waren bei der Frage stehengeblieben, welche Bedeutung das EAM hat, aus ihrer
10 Sicht. 00:00:17-9

11 **B3:** Genau, also eben für dieses Unternehmen ist es für die - ich habe erzählt, das es
12 einen Merger gab mit einem anderen Medienunternehmen, dass etwa halb so groß war.
13 EAM verwenden die jetzt ganz aktuell, um den Merger zu planen, also daraus welche
14 IT-Systeme abgelöst werden? Was parallel betrieben werden soll? Wo sie Kostensenkungen
15 erreichen wollen? Wie sie ihre IT-Organisation zusammenbringen? Also wird EAM als
16 Planungsdisziplin verwendet. 00:00:50-4

17 **I:** Okay. Was wird denn im Rahmen dieser Planungdisziplin an Architekturen erstellt und
18 welche Gültigkeit haben denn? 00:00:59-1

19 **B3:** Also sie haben zuerst nach diesem TOGAF Capability–Based–Ansatz so ein Capabil-
20 ity–Framework ihres Unternehmens aufgestellt und darunter dann Applikationsbausteine
21 definiert. Und unter diese Applikationsbausteine die Systeme die sie tatsächlich dann an
22 den - also insgesamt gibt es drei Standorte dort. Zwei für das alte Unternehmen, einmal
23 outgesourced, einmal ingesourced und eben das Unternehmen, dass dazu kommt. Und dann
24 gab es quasi zu jedem zu dieser Applikationsbausteine, die tatsächlichen Systeme, wie sie
25 implementiert sind. Und das passt natürlich nicht immer eins–zu–eins. Also dann gibt es
26 Systeme, wie SAP, dass in einem Bereich, was weiss ich, Finanzen und Buchhaltung macht
27 plus HR plus noch andere Dinge und an den anderen Standorten ist es nicht so, da ist es
28 dann teilweise - sind es dann mehrere Systeme. Und wurde an Hand dieses Capability–based
29 Ansatzes geschaut, was ist für das Erreichen der Unternehmensziele wichtig und an welchen
30 Stellen kann ich - also was ist weniger wichtig. Wo kann ich dann meine Cost–Savings
31 einsetzen? Also, wo an welcher Stelle möchte ich sparen? Und an welcher Stelle möchte ich
32 nicht sparen, sondern vielleicht sogar investieren? 00:02:19-4

33 **I:** Dafür ist es ja wahrscheinlich notwendig, dass die IST-Architektur der beiden Unter-
34 nehmen, die da gemerged sind, zu erfassen. Wie wurde das denn gemacht? Händisch oder
35 konnte man da automatisierte Verfahren verwenden? 00:02:31-6

³⁶ **B3:** Nein, leider nicht. Es war mehr oder weniger händisch. Das heisst, sie hatten Architek-
³⁷ turdarstellungen. Quasi große DIN–A2 oder DIN–A3–Ausdrucke, wo ganz viele Systeme
³⁸ darauf waren, mit gewissen Verbindungen der wichtigsten Datenflüsse darauf und wir haben
³⁹ das aber zuerstmal standardisiert dann in Tabellen. So dass man dann auf eine gemeinsame
⁴⁰ Basis kam und eben das, den Link zu den Architekturbausteinen, dass man überhaupt mal
⁴¹ was vergleichen konnte. 00:03:04-3

⁴² **I:** Okay. Also wenn ich das richtig verstanden habe, heisst das, dass es keine elektronische
⁴³ Dokumentation gab, über die bestehende Landschaft. 00:03:14-1

⁴⁴ **B3:** Also nicht im Sinn von einer CMDB oder sowas. 00:03:17-6

⁴⁵ **I:** Dann heisst das, dass sie dann zusammengeführt wurden in Tabellenform, dass heisst die
⁴⁶ liegen jetzt elektronisch vor. Wie ging es dann weiter? Also was wurde dann gemacht, als
⁴⁷ nächster Schritt? 00:03:33-1

⁴⁸ **B3:** Das Ziel war, einerseits die Kosten zu erfassen. Also quasi zu sehen - ich habe eben diese
⁴⁹ drei Standorte und bei den Dingen die eine weniger hohe Business–Relevanz haben, zu sehen,
⁵⁰ welcher Standort ist der Billigste. Und dann sind die Controller dazu gekommen und es gab
⁵¹ einige Workshops, um an die Systeme und dann letztendlich an die Architekturbausteine
⁵² eben Zahlen schreiben zu können. Was was kostet? Und das war doch recht spannend, weil
⁵³ dadurch wurde es irgendwie vergleichbar. Und da hat man ja tatsächlich sagen können, was
⁵⁴ jetzt gewisse Systeme, also so Mediensysteme oder auch die Workplace oder Storage und so
⁵⁵ weiter kostet. Und die Vergleichsbasis war dann FTE also Full–Time–Equivalent. Personen,
⁵⁶ die im Unternehmen arbeiten und das zweite waren noch User. Also da hat man je nachdem
⁵⁷ entschieden, was der bessere Vergleichswert ist dann. 00:04:35-8

⁵⁸ **I:** Und was als Ergebnis kam, meines Erachtens, wenn ich das richtig verstanden habe, eine
⁵⁹ Art Zielarchitektur heraus? 00:04:43-4

⁶⁰ **B3:** Ja. Zu erstmal - zu nächstmal kam eine Auswertung, was wo welche Kosten anfallen
⁶¹ und eine Vergleichbarkeit, also quasi so durch - da hat man mehr oder weniger so eine
⁶² Art Benchmark gemacht und am Ende kam dann raus, dass, so zum Beispiel - das ist ganz
⁶³ erstaunlich, dass die internen Kosten eigentlich niedriger sind als die Outgesourcten. Und
⁶⁴ das war auch sehr, sehr erstaunlich, weil die Folgerung jetzt daraus ist, dass man für viele
⁶⁵ Sachen ein Insourcing macht. Das ist ja auch, was die Analysten sagen, dass das ein Trend
⁶⁶ ist, dass man Teile wieder insourct und nur teilweise Outsourcing macht. Das war doch sehr
⁶⁷ spannend. 00:05:29-1

⁶⁸ **I:** Wahrscheinlich auch nur in den Bereichen Outsourcing betreibt, die, wie sie sagen, auch
⁶⁹ von den Kosten her sich überhaupt lohnen würden? 00:05:36-8

B3: Ja, wo die Business-Relevanz auch niedrig ist. Also zum Beispiel bei den Mediensystemen, wo ich den Content erzeuge, da sagen die, da haben die unterschiedliche Systeme und sagen, ja das bleibt auch, weil da muss man ja zuerst auch eine Prozessharmonisierung machen und das wollen die Fachabteilungen nicht. Also da macht man dann nichts dran. Auf der anderen Seite jetzt so Bahn oder Telefonie oder auch Server-Hosting oder solche Sachen, was man relativ gut auch outsourcen kann, wo so ein Outsourcer gute Skaleneffekte hat. Das ist jetzt geplant auch rauszugeben, beziehungsweise zu vergleichen, ob so ein Outsourcer ein günstigeres Angebot macht als der günstigste Standort den sie haben. 00:06:17-5

I: Das heisst, mit Hilfe der Unternehmensarchitektur und erstmal durch eine Konsolidierung wurde eine Vergleichbarkeit geschaffen. (B3: genau) Auf Basis von Kosten in diesem Fall, um dann Entscheidungen zu treffen ... 00:06:30-0

B3: ...aber die Basis für die Vergleichbarkeit war dieses Capability-Framework - kennen sie das aus TOGAF, das Capability-Based-Planning? 00:06:37-7

I: Ich kann mich an ihre Präsentation erinnern und hab das da gesehen. ...Gut ...dann auf dieser ...also okay auf Grund dieser Kostenschätzung, kann man dann davon sprechen, dass eine Zielarchitektur erstellt wurde oder ist das noch im Gange? 00:06:58-7

B3: Ja gut ...schon ja, also das war nachher die Entscheidung für eine. Also man hat dann eine Zielarchitektur gemacht und zwar für die wichtigsten Applikationen. Und da hat man für die - eben die business-wichtigen Applikationen - da waren dann nicht die Kosten das Auschlagebende, sondern was das Business sagt. Und für die, mit einem niedrigen Business-Wert, da haben dann die IT-Leute gesagt, wie die Zielarchitektur, also welche Systeme in Zukunft verwendet werden sollen. Wir haben eine Zielarchitektur gemacht und eine Zielorganisation. 00:07:33-2

I: Zielorganisation bedeutet? 00:07:35-6

B3: Also quasi, wie mit den drei Standorten, gibt es drei Organisationen, mit zwei CIOs und am Ende wird es dann eine Organisation geben, die halt vielleicht auch über drei Standorte verteilt ist. Aber es gibt dann, zum Beispiel, heute gibt es ja dann drei Service-Desks und in Zukunft wird es dann nur noch Einen geben. Dann ...das Ordermanagement ist dann zentralisiert und also so wurde dann erstmal die High-Level-Zielorganisation definiert. 00:08:07-3

I: Also das heisst, in Bezug auf die IT-Organisation. (B3: genau ITO) Wurde dann auch konsolidiert, ja? 00:08:13-5

B3: Genau. ... 00:08:14-4

104 **I:** Sehen sie denn einen Zusammenhang zwischen der Größe eines Unternehmens und dem
105 Einsatz von Enterprise–Architecture–Management? 00:08:22-7

106 **B3:** ... ja, also ... also ich habe das Gefühl - nicht nur aus dem Projekt heraus, sondern auch
107 aus den Anderen, dass je größer die Unternehmung ist, desto mehr bringt es eigentlich.
108 Und auf Grund der Komplexität - je größer die Komplexität ist, desto mehr helfen mir die
109 Methoden aus der Enterprise–Architecure. 00:08:46-1

110 **I:** also ist Komplexität, in dem Falle - also, je höher die Komplexität, desto lohnenswerter
111 ist es sich Gedanken zu machen über eine Architektur, die ja, an sich vereinfachende
112 Darstellungen hat? 00:09:01-0

113 **B3:** Genau. 00:09:02-0

114 **I:** Sie würden aber nicht ausschließen, das auch kleinere Unternehmen damit arbeiten
115 können? 00:09:09-3

116 **B3:** ... Nein, also ausschließen will ich das nicht. Die Frage ist natürlich nur, ob kleinere
117 Unternehmen sich den Invest leisten wollen. Jemanden in Architektur auszubilden und
118 vielleicht noch Architekturtools zu bezahlen und Prozesse für die Architekten oder für den
119 Architekten aufzusetzen. 00:09:31-5

120 **I:** Aber da sind ja die Methoden sicherlich sehr flexibel, so dass man eine Anpassung
121 erreichen kann. 00:09:39-3

122 **B3:** ja ... also prinzipiell schon, ja, also auch für kleinere Unternehmen. Also ich vergleiche
123 das immer so ein bisschen mit dem Projektmanagement. Also man kann natürlich Projekte
124 auch ohne Projektmanagement machen. Und kleinere Projekte kann man wahrscheinlich re-
125 lativ gut steuern damit und Große nicht. Und ähnlich ist es mit der Enterprise–Architecure.
126 Also, bei den großen Projekten, großen Unternehmen wird es so ohne, früher oder später
127 nicht mehr gehen. Und auch die Kleinen profitieren natürlich davon. Wobei da der Druck
128 eben, meiner Meinung nach, nicht ganz so groß ist, es zu machen. 00:10:11-4

129 **I:** Gut jetzt haben wir die Zielarchitektur. Jetzt ... 00:10:16-6

130 **B3:** Genau, also. Eben nochmal so ganz kurz für sie nochmal zusammenzufassen. Zielarchi-
131 tektur war - einerseits die Kernapplikationen wurden definiert und es wurden Sourcing-
132 Entscheidungen gefällt. Eben nicht nur, wie die Zielsysteme aussehen, sondern auch, wie sie
133 nacher implementiert werden, ob es intern oder extern oder an verschiedenen Standorten
134 ist. Und eben die Zielarchitektur, also auf Business–Architektur–Ebene, wenn man das da
135 so ansiedeln will, die IT–Organisation - wurde gemacht. 00:10:46-3

136 **I:** So jetzt würde mich natürlich noch interessieren, auch im Rahmen meiner Dissertation,
137 in wieweit es dann mit dieser Zielarchitektur in die Umsetzung geht. Also was tun sie
138 als Unternehmensarchitekt, in dem Fall, um diese Zielarchitektur in den IT–Betrieb zu
139 bringen? 00:11:04-9

140 **B3:** Ja das ist im Moment leider noch nicht definiert in dem Fall. . . . Also, es natürlich
141 schon klar, dass man die Strukturen später wiederverwenden sollte. Weil wenn man für
142 die Planung eben diese Capabilities definiert hat und daran . . . weiss nicht, nachher eben
143 so ein Ordermanagement, also die, also Änderungs - Change–Management macht, also
144 das man, dann sollte man das dann mitmachen. In den Architektur, in den Governance-
145 Prozessen tun wir dann auch entscheiden, wie . . . welche Änderungen, wann gemacht
146 werden oder wie priorisiert werden. Also eigentlich muss da ein fließender Übergang
147 in die Betriebsorganisation, in die Betriebsprozesse geben. Gibt es aber bei den meisten
148 Unternehmen, zumindest bei den Mittleren heute noch nicht und die Größeren, die sind da
149 auch eher dabei das zu ja . . . die ich jetzt gesehen habe, ist schon etwas am entstehen, aber
150 das - teilweise läuft es, teilweise noch nicht so richtig. 00:12:17-4

151 **I:** Könnte man denn die Modelle, die sie verwenden, für die Unternehmensarchitektur -
152 können sie sich vorstellen, dass das natlos in den IT–Betrieb übernommen werden kann?
153 Also das man daraus eventuell was für die Konfigurationsdatenbanken konfiguriert oder
154 herausnimmt dort. Oder eben Konfigurationen für Systeme daraus generiert? Oder ist das
155 noch zu abstrakt? Ist das noch nicht soweit? 00:12:40-5

156 **B3:** ja das ist fast - also wenn es um Konfigurationen geht, dann ist es, glaube ich, ein anderes
157 Detailierungslevel. Bei einer Unternehmensarchitektur ist man meistens sehr high–level, so
158 zusagen, auf Komponentenebene oder eben auch wenn wir jetzt über die Systeme reden -
159 wir reden zwar schon, wie die Systeme implementiert sind, aber nicht über, letztendlich,
160 über die Konfigurationen. 00:13:07-5

161 **I:** Wie würden sie das denn in dem - also es ist jetzt zwar bei ihrem Kunden im Moment noch
162 nicht umgesetzt - aber wie machen sie das denn bei anderen Kunden, dass sie diesen Detailie-
163 rungsgrad erhöhen - also von der Architektur dann zu den wirklichen Konfigurationen?
164 00:13:21-5

165 **B3:** ja . . . also wie gesagt, meistens ist da noch ein Gap, der nicht überwunden ist. 00:13:33-0

166 **I:** Das heisst, da sind manuelle Schritte dazwischen, sind Fachleute dazwischen, die genau
167 diese Übersetzung machen, von der Architektur zum IT–Betrieb? 00:13:41-6

168 **B3:** ja genau, die im Prinzip nacher auch andere Systeme verwenden. Wo sie das nachhalten.
169 00:13:45-7

170 **I:** okay. Könnten sie sich vorstellen, dass man hier, genau um diese Lücke zu schließen,
171 eventuell sagt, wir brauchen da ein System, was die Modelle von der einen Seite für die
172 andere Seite brauchbar macht? 00:13:58-3

173 **B3:** das wäre natürlich ideal. Je mehr Durchgängigkeit man da hat, desto einfacher ist das
174 natürlich zu handhaben. 00:14:07-7

175 **I:** Da wäre es natürlich in dem Zusammenhang interessant zu wissen, wie sie die Architektur
176 an sich dokumentieren? Benutzen sie Modellierungstools dafür? Repositories? Was ist da in
177 ihrem Arbeitsumfeld? 00:14:22-5

178 **B3:** Jetzt, in dem konkreten Fall jetzt nicht, da haben wir eben mit Microsoft-Architectur-
179 Suite angefangen - Powerpoint, Excel und Word. (I: das habe ich ja noch gar nicht gehört,
180 aber das ist gut) Da muss man manchmal auch ein bisschen sakastisch sein. Nein, aber es
181 gibt andere Kunden, die verwenden tatsächlich das PlanningIT oder das Mega, das Tool und
182 zum Teil auch Prozess-Tools, die so ein bisschen angepasst sind, um Architektur zu machen.
183 Ja also empfehlenswert - ich empfehle es den Kunden auch immer, dass sie immer ein
184 Repository verwenden sollen. Weil sonst hat man irgendwann mal viel zu viel redundante
185 Daten auf seinen Excel-Tabellen. 00:15:10-1

186 **I:** Und es wäre natürlich genau für den Automatisierungschritt - diesen manuellen Schritt
187 zu entfernen - natürlich auch sinnvoll dieses Repository zu haben. 00:15:21-1

188 **B3:** ja. 00:15:21-3

189 **I:** Dass heisst, auf der Architekturseite gibt es Tools, die nicht immer eingesetzt werden.
190 Repositories werden auch nicht immer eingesetzt. Wie ist es aus ihrer Erfahrung, wenn
191 sie es einschätzen können, auf der anderen Seite, also im IT-Betrieb? Das sind ja sicherlich
192 andere Tools. Werden diese benutzt? Welche werden benutzt? 00:15:42-7

193 **B3:** ja also ... da schon eher. Also eben so eine Konfigurationsdatenbank, das ist doch sehr
194 oft im Einsatz oder Tools für das Change-Management oder so Requirements-Management-
195 Tools, das ist schon eher State-of-the-Art. 00:16:05-0

196 **I:** okay. Jetzt noch eine etwas technischere Frage. Welche Modellierungssprachen laufen ih-
197 nen denn über den Weg, wenn sie über Architektur oder Architekturmodellierung sprechen?
198 00:16:16-0

199 **B3:** ja, sehr viel, sehr verbreitet ist natürlich das UML, weil auch viele Unternehmensarchi-
200 tekten auch aus der Software-Architektur kommen. Business-Process-Management, dieses
201 BPMN taucht immer mal wieder auf, aber eher weniger als UML, so rein subjektiv aus
202 meiner Erfahrung. Ja und das sind eigentlich so die ... gerade mal überlegen, was war sonst

203 ...also was natürlich sehr viel - eigendefinierte Sachen auch immer wieder, wobei das immer
204 dann vielleicht doch noch an UML angelehnt ist. 00:17:00-4

205 **I:** Wahrscheinlich auch gerade weil es aus dem Softwareentwicklungsbereich kommt - für
206 den IT-Betrieb wichtig ist. Da sind ja auch alles IT-Leute, die dann eher mit der UML zu
207 tun haben oder? 00:17:12-5

208 **B3:** Richtig ja. 00:17:13-0

209 **I:** Gut. Wie oft ist denn - also wenn wir jetzt so eine Zielarchitektur haben. Wie oft ändert
210 die sich? Also welchen Änderungszyklus haben wir da? Kann man da was erkennen? Also
211 eine Gesetzmäßigkeit oder ...? 00:17:31-5

212 **B3:** Das ist natürlich sehr individuell. Das kann man eigentlich so schlecht sagen. Also das
213 hängt natürlich sehr stark davon ab, wie die Organisationen sich ändern. Ja eben, wenn
214 jetzt ein neuer Merger kommt, sagen wir ein Unternehmen wird aufgekauft, dann ändert
215 sich das. So richtige Regelmäßigkeiten, sind da für mich noch nicht so richtig erkennbar
216 gewesen. 00:17:57-7

217 **I:** Also es ist - also, ja aber - es ist keine starre Zielarchitektur, sondern, das heisst, wir haben
218 eine sich ständig an die Umweltbedingungen anpassende Zielarchitektur ... 00:18:08-0

219 **B3:** ja genau - es ist so ein bisschen - also in vielen Unternehmen, da gibt es schon länger
220 die Vorstellung, dass man eine Geschäftsstrategie hat und dann auch eine IT-Strategie und
221 die ändert sich ja auch immer wieder. Also bei manchen Unternehmen wird es jährlich
222 angepasst, andere tun das dann, wenn sie es für richtig halten oder wenn sie Zeit haben oder
223 ich weiss nicht, was da immer die Auslöser sind. Aber, ich meine, es ist sehr unregelmäßig.
224 Und so das Gefühl von mir ist eher, dass es genauso mit der IT-Architektur ist. Also dass
225 man dann anpasst, eher wenn es notwendig ist. 00:18:44-6

226 **I:** Naja, klingt ja auch vernünftig, dann gerade sich an das Umfeld, an die Umgebung sich
227 anzupassen. 00:18:54-2

228 **B3:** Ja, nein. Also es ist, glaube ich, auch so eine Art geringerer Reifegrad im Moment,
229 bei vielen Unternehmen von der Unternehmensarchitektur - das man halt die Dinge nicht
230 so regelmäßig macht, sondern eher noch so mehr, dann wenn man es für notwendig hält.
231 00:19:08-9

232 **I:** Was sind denn ihrer Meinung nach die größten Probleme, neben dem Gap jetzt vielleicht,
233 bei der Integration des Managements der Unternehmensarchitektur und dem IT-Betrieb?
234 Was fällt ihnen da noch so auf? 00:19:25-7

235 **B3:** ja, also die Unternehmensarchitektur ist, glaube ich, noch in den, in vielen Köpfen
236 nicht so richtig verankert. Das heisst, Unternehmensarchitekten, die sind sehr oft noch als
237 Missionare unterwegs. Das heisst, die laufen durch die Abteilungen, versuchen zu erklären
238 warum sie es braucht und warum man nicht unbedingt so weitermachen kann, wie man
239 vor fünf oder zehn Jahren gearbeitet hat. Also so die Überzeugungsfähigkeit ist, glaube ich,
240 noch sehr, sehr wichtig in der Unternehmensarchitektur. Die Kommunikation ist einer der
241 entscheidenden Sachen heutzutage. 00:20:06-1

242 **I:** Wie ist das Verständnis auf der IT-Seite, im IT-Betrieb? Ist es da eher schon das Verständ-
243 nis da oder eher auch nicht? 00:20:14-0

244 **B3:** ja, eher sehr wenig. Jetzt aus einem anderen Fall, wo ein großer interner IT-Betrieber -
245 für den ist Unternehmensarchitektur eigentlich IT-Architektur. Und wenn der an Planung
246 denkt, dann denkt er an Planung seiner installierten Systeme und der denkt gar nicht an
247 Geschäftsarchitekturen oder geänderte Geschäftsanforderungen und so weiter, dass man
248 das irgendwie abbilden muss, sondern das ist eher so eine Applikationsbebauungsplanung.
249 00:20:52-2

250 **I:** Also, da ist das etwas größere Bild noch nicht angekommen von Enterprise-Architecture?
251 00:20:57-5

252 **B3:** überhaupt nicht. Also das ist wirklich noch so eine Disziplin, die wirklich am Entstehen
253 ist. 00:21:06-1

254 **I:** Wahrscheinlich sagen sie auch deswegen, dass es eher bei größeren Unternehmen, die eine
255 höhere Komplexität haben, dann eher einen Bedarf gibt für so etwas, als das es bei kleineren
256 Unternehmen ist? 00:21:16-1

257 **B3:** ja genau. Also, wenn, dann gibt es auch eher Leute, die sich damit beschäftigen können.
258 Bei den Kleineren sind die Personen mit den Tagesproblemen oder mit ihren Projekten zu
259 beschäftigt, als sich da noch viel mit beschäftigen zu können. 00:21:33-8

260 **I:** Das würde ja heissen, das man, wenn man ... also das Ziel meiner Dissertation ist ja
261 eine Toolunterstützung irgendwie aufzubauen. Das wäre doch dann sehr hilfreich, gerade
262 wenn man hier von Zeitrestriktionen spricht, ja den Aufwand für die Entwicklung von
263 Architekturen und auch für die Umsetzung so gering wie möglich zu halten. Oder sehen sie
264 das anders? 00:21:56-6

265 **B3:** Auf jeden Fall. Also das ist wirklich der Knackpunkt im Moment. Also für die, also,
266 auch natürlich für die Größeren, aber gerade für die mittleren Unternehmen oder kleineren
267 - für die ist alles noch - eben weil sie sich nicht so intensiv damit beschäftigen können und
268 weil die auch so ein TOGAF-Modell, das ist ja relativ generisch, und, sagen wir mal, wenn

269 mittlere Unternehmen das anwenden wollen, dann wollen die ja nicht zuerst mal hingehen
270 und ihr eigenes Meta–Modell genauer ausdefinieren und ihre Views definieren und so weiter
271 und nacher sich noch überlegen, wie sie das so irgendwie im Betrieb abgebildet kriegen,
272 sondern eigentlich die sind daran interessiert, dass sie möglichst die Hilfsmittel sofort haben.
273 Und natürlich, also da haben sie schon ein sehr, sehr gutes Thema. Mit ihrer Dissertation,
274 was da sicherlich auch Anregungen geben kann und was sicher in einigen Jahren einen
275 hohen Stellenwert haben wird. 00:22:59-6

276 **I:** Das heisst, die Unterstützung bei der Anpassung der generischen Konzepte auf die eigenen
277 Unternehmen ... 00:23:08-2

278 **B3:** ja genau und auch wenn man so eine Model–Driven–Ableitung sieht, dass man nacher
279 nicht immer alles händisch machen muss. Also gerade auch, was die Architekturtools heute,
280 ich weiss nicht, welche sie kennen, die haben ja sehr viele, also teilweise Auswertungsmög-
281 lichkeiten oder auch Erstellungsmöglichkeiten von Architekturdarstellungen und, aber da
282 enden die natürlich. Und wenn man gerade den Link zum Betrieb noch machen kann, dann
283 hat man natürlich da schon einen Mehrwert gewonnen. 00:23:44-0

284 **I:** Gut. Welche ... Also was wäre denn eine Lösungsmöglichkeit für genau die ... also
285 sie sagten ja, dass die Modelle zu generisch sind. Auf der anderen Seite möchte man ja
286 Modelle haben, die schon vorangepasst sind. Was bräuchten denn Kunden dafür? Also
287 welche Hilfsmittel schweben ihnen denn da so vor, neben dem Model–Driven? 00:24:11-9

288 **B3:** ja eine sehr allgemeine Frage. 00:24:17-8

289 **I:** ich mache mal ein Beispiel. Also in der Prozessmodellierung sind es ja vielleicht Re-
290 ferenzarchitekturen gewesen oder Referenzmodelle. Vielleicht auch das man, wie in der
291 Software–Entwicklung Templates verwendet, also Schablonen. Halten sie so etwas für
292 sinnvoll oder ...? 00:24:34-1

293 **B3:** ja auf jeden Fall. Also das ist ... ich weiss nicht, kennen sie diesen Pattern-Katalog von
294 sebis? (I: ja den kenne ich) Also da sind ja so Patterns so für Architektur, letztendlich auch
295 für Architekturdarstellungen. Es gibt verschiedene Referenzmodelle, die aber natürlich
296 auch sehr allgemein sind. Die teilweise aus einem Prozessmodell abgeleitet sind. Ja also das
297 hilft auf jeden Fall. ... Am besten noch spezifische Modelle, wie jetzt, was wir jetzt von der
298 *anonymisiert - nennt seinen Arbeitgeber* teilweise mit machen, dass wir diese Capability-
299 Modelle für Branchen, wo wir Erfahrungen, Projekterfahrungen haben, zusammenführen.
300 Zum Beispiel, da gibt es halt, klar, natürlich aus dem Telekommunikationsbereich, da haben
301 wir so ein Modell, dann im Finanzdienstleistungsbereich und jetzt ganz aktuell natürlich
302 aus dem Medienbereich. Im Moment aus einem Projekt, aber, also solche Dinge helfen dann
303 schon ... beschleunigen natürlich am Anfang in den Projekten, dass man nicht bei Null

304 anfangen muss, sondern das man hingehen kann und sagen kann, hier schaut, so sieht ... so
305 sehen eure Capabilities aus. Passt das, müssen wir das anpassen und so beschleunigt man das
306 natürlich. 00:25:56-4

307 I: Das heisst, für sie aus der Beratersicht, ist es sinnvoll so eine Art Wissendatenbank
308 aufzubauen, die die Erfahrungen zusammenfassen? 00:26:07-4

309 B3: Ja natürlich 00:26:05-7

310 I: Ja also ich wäre soweit durch mit meinen Fragen. Es war sehr aufschlussreich. Ich denke es
311 war sehr hilfreich. Auch gerade, dass sie das an einem aktuellen Fall auch definieren konnten.
312 Es war wirklich sehr hilfreich. 00:26:20-9

313 B3: Genau. Ich dachte mir nur eben wenn - wo ich mir ihre Fragen durchgelesen habe,
314 da habe ich nun an unsere interne IT gedacht und da dachte ich, aha, ja EA verwenden
315 die nicht. Da wir eigentlich keine richtigen Kernapplikationen haben, mit denen wir
316 irgendwas erstellen, sondern wir haben halt natürlich unsere, was weiss ich, noch so ein
317 Sales–System oder so ein Knowledge–System und aber jetzt nichts high–sofisticated und
318 auch die Entwicklung wird jetzt nicht mit EA–Methoden vorangetrieben. Da dachte ich so
319 hilft ihnen das wahrscheinlich mehr. 00:26:50-8

320 I: ja das war sehr gut, da auch einen Einblick zu bekommen. Es ist ein guter Start dann,
321 glaube ich, um dann zu verallgemeinern. Also das war sehr hilfreich. 00:26:58-7

Gespräch über den Verlauf der Dissertation und weiterer Zusammenarbeit bis 00:35:31-2
Verabschiedung

A.1.4   Transkription Interview 4

Interviewprotokoll vom 28.10.2010 19h00 via Telefon

Befragter (B4)
Interviewer (I)
Datei: R1_0007.mp3

Interviewbeginn bei: 00:00:05-9

1 I: Zunächst würde ich gerne einmal wissen, welche Bedeutung, aus der IT–Betriebssicht
2 und aus deiner Sicht, das Enterprise–Architecture–Management hat. 00:00:17-3

3 B4: Welche Bedeutung? Aus meiner Sicht ist es eine Art Vermittler, eine Art Übersetzungs-
4 rolle aus dem IT–Business–System, also, von der Applikationsebene ... Was für Anfor-
5 derungen haben die einzelnen Geschäftsbereiche? Was für Business–Prozesse sollen dort

6 abgearbeitet werden und auf was für IT-Systeme überträgt sich das? Also ein Beispiel. Eine
7 Personalabteilung möchte irgendwelche Sonderurlaube oder irgendwelche Sonderboni aus-
8 teilen und die brauchen dafür irgendeine Art von Portal. Jetzt haben die natürlich überhaupt
9 keine Ahnung von IT-Systemen an sich und da muss eine Übersetzungsarbeit stattfinden,
10 zwischen dem ... Was will die Fachabteilung erreichen, inhaltlich? Und welche IT-Systeme
11 in der Firma sind davon betroffen? 00:01:25-8

12 **I:** Wie sieht es denn standardmäßig aus, im IT-Betrieb? Wie funktioniert denn das Zusammen-
13 spiel zwischen den beiden Bereichen? Also diese Übersetzung? Wie hast du Anforderungen
14 bekommen an deine Systemlandschaft? 00:01:43-7

15 **B4:** Jetzt sitze ich ja quasi nochmal eine Ebene unten drunter. Bei *anonymisiert – nennt
16 Arbeitgeber* ist das so gegliedert, es gibt einmal das Enterprise-Architecture-Team, das
17 quasi mit den Lines of Business die Systeme inhaltlich betrachtet. Dann gibt es jetzt ein
18 neues Team unten drunter, was sich Technical-Design-Authority nennt, was also quasi
19 die Anforderungen der Enterprise-Architektur runter bricht auf IT-Infrastruktur und in
20 dem Bereich war ich dann auch ... also wir haben quasi die Anforderungen schon übersetzt
21 bekommen ... wir brauchen Systeme mit X Gigabyte Hauptspeicher und X Gigabyte
22 Plattenplatz und entsprechendes (I: also schon ...) *unverständlich* SLA, Verfügbarkeit
23 und so weiter. 00:02:28-5

24 **I:** Also schon recht konkrete Anforderungen, auch an die Hardware und an die Systeme,
25 die ihr da habt. 00:02:34-4

26 **B4:** Genau. Diese Zwischenabteilung, also die Kombination Enterprise-Architecture-Team
27 oder Technical-Design-Authority, die übernehmen quasi die Übersetzungsarbeit und
28 brechen das runter für die IT-Abteilungen, die Server bereit stellen, die Storage bereit stellen,
29 die sich um Netzwerke kümmern. Das ist bei uns auch relativ neu. In der Vergangenheit
30 war das auch ... also die Abteilungen gibt es schon länger. Die hießen anders, die haben ein
31 bisschen andere Arbeit gemacht, aber so diese, diese Aufteilung, die jetzt beschrieben habe
32 ist eingeführt seit diesem Jahr. 00:03:10-6

33 **I:** Okay. Über wie viele Systeme sprechen wir denn eigentlich, ungefähr, noch bei euch?
34 00:03:16-2

35 **B4:** Business-Systeme? 00:03:20-2

36 **I:** ja und dann nachher ... also, ich meine, wahrscheinlich kannst du IT-Systeme so gar
37 nicht mehr beziffern, oder? 00:03:25-0

38 **B4:** Man muss auch mal gucken, was ist ein System, wenn man über System redet. Die
39 Hardwareeinheit, also den Server versteht, dann sind es, dann hat *anonymisiert – nennt Ar-

40 *beitgeber** da bestimmt über 30.000 Stück. Und die sind nicht alle für ... Business–Prozesse,
41 sondern, ein Großteil davon ist eben Entwicklung, Demo, Schulung. Haben einen anderen
42 Lebenszyklus der Softwareentwicklung und ein kleinerer Teil davon, also deutlich unter 10
43 Prozent sind für die tatsächlichen Business–Systeme. 00:04:02-7

44 **I:** Okay. Du hast jetzt gesagt, es gibt eine Abteilung Technical–Design–Authority. Mich
45 würde interessieren, wie diese Abteilung die Anforderungen dokumentiert — also in welcher
46 Art und Weise bekommt ihr diese Anforderungen? Dokumente, Modelle, wie sieht das aus?
47 00:04:27-0

48 **B4:** Jetzt stecke ich in der Abteilung auch nicht drin und bin da auch in dieser Neugliede-
49 rung nicht mit rein. In der Vergangenheit kann ich sagen, war das so, dass ... es gab sehr
50 viele Termine, wo das dann besprochen wurde. Hier wir wollen beispielsweise für Projekt
51 X, so dass für Abteilung Y ein neues Business–System aufbauen, die brauchen ein eigenes
52 Business–Warehouse mit Anschluss an dieses Zentralsystem, was auf der Datenbanken
53 laufen soll und, und, und. Da wurde also erst mal allgemein über das Projekt gesprochen
54 und dann gab es mehrere Iterationen, um eben die Details auszuarbeiten. Es gab quasi so
55 ein Standardanforderungsformular, wo — da wurden Standardfragen gestellt, um schon
56 mal so die Basis abzufragen — also wie groß soll das System sein, wie viele User und das
57 wurde dann eben in zwei Iterationen nach unten durchgebrochen. Das ist einmal, gab
58 es bei uns den, die Abteilung, die sich mit den internen Kunden *anonymisiert — nennt
59 IT-Abteilung** gekümmert hat, also die Fachabteilung dann wieder über *anonymisiert —
60 nennt IT-Abteilung**. Die haben also die Anforderungen der Fachabteilungen aufgenommen.
61 *anonymisiert — nennt IT-Abteilung** kam dann wiederum an die Abteilung, wo ich war,
62 also die damalige *anonymisiert — nennt Hosting-Abteilung** oder jetzt *anonymisiert —
63 nennt neuen Namen der Hosting-Abteilung** oder Infrastrukturmanagement, wo also die
64 Anforderungen auf Infrastruktur übersetzt wurden. Und in beiden Bereichen gab es dann
65 entsprechende Formulare, also das Vorgehen, Protokolle an denen man sich jetzt langgehan-
66 gelt hat, um die Anforderungen von Kunden, in diesen zwei Stufen, runterzubrechen auf:
67 Welche Server müssen bestellt werden? Welche Storage setzen wir ein, etc.? 00:06:17-4

68 **I:** Das heißt, wenn ich das zusammenfasse, dann ist es zum Einen transportiert wurden in
69 einem Meeting und zusätzlich in standardisierten Formularen. 00:06:29-5

70 **B4:** Genau. Die Formularen haben meistens nicht ganz gepasst. Das heißt, die wurden dann
71 immer erweitert, durch Folien oder Visio-Charts oder was halt eben der Kollege, der Kunde
72 dann irgendwo reinstellen konnte, um zu verdeutlichen, was soll denn aufgebaut werden.
73 00:06:49-5

74 **I:** Sind dir denn in dem Bereich, also gerade wo du jetzt auch Visio ansprichst oder Folien

75 — welche Art von Modellierungssprachen sind denn da aufgetaucht oder waren es einfach
76 Boxen? 00:07:02-0

77 **B4:** Boxen. 00:07:03-3

78 **I:** Okay. Also nichts, nichts Formales in dem Sinne? 00:07:06-8

79 **B4:** Nein. 00:07:09-4

80 **I:** Wäre das, aus deiner Sicht, wünschenswert gewesen oder ist es gar nicht notwendig?
81 00:07:14-8

82 **B4:** Ich glaub man muss da einen Kompromiss finden. Die Boxen sind sicherlich nicht
83 standardisiert, das heißt, man muss sich da jedes Mal so ein bisschen rein denken und
84 manchmal kommen auch nicht die ganzen Details rüber. Also eine gewisse Standardisierung
85 wäre sinnvoll. Es sollte allerdings jetzt auch nicht die super Fachsprache sein, die dann
86 keiner mehr versteht. Also, beispielsweise, UML wäre schon fast zu viel. Weil man bei UML
87 muss man lesen können. ...Du kannst nicht jemanden ein Dokument schicken und der
88 hat vorher noch nie UML gesehen und darin sind UML-Diagramme und er soll daraus die
89 ganzen Details lesen können. Das heißt die Dokumente, die wir hatten, also wenn du ihm
90 Powerpoint schickst und da sind ein paar Kästchen drin und die sind halt beschrieben, was
91 die Pfeile bedeuten, das ist für die meisten sehr einfach verständlich. ...Ohne dass er jetzt
92 irgendeine spezielle Modellierungsprache gelernt haben muss. ...Und da muss man, also da
93 wäre es wünschenswert, dass man, aus meiner Sicht, einen Mittelweg findet. 00:08:08-5

94 **I:** Okay. Sind denn überhaupt Modellierungssprachen mal aufgetaucht, auch jetzt vielleicht,
95 wenn du, wenn du vielleicht mal den Einblick auch bekommen hast auf der Business-Ebene
96 im EAM-Bereich? 00:08:19-7

97 **B4:** Ja, gute Frage. Da gibt es natürlich von ...aus Visio raus, beziehungsweise auch von uns,
98 von *anonymisiert — nennt Arbeitgeber* selber, diverse Vorlagen und auch diverse grafische
99 Design-Templates, mit denen man dann unterschiedliche Business-Prozesse darstellt — aber
100 da bin ich echt überfragt. Da hab ich mich nicht mit beschäftigt. 00:08:51-7

101 **I:** Jetzt habt ihr diese Formulare ausgefüllt. Waren die in elektronischer Form oder waren
102 die auf Papier? 00:08:58-3

103 **B4:** Das waren Word-Dokumente, die wurden auch im Dokument ausgefüllt. 00:09:04-0

104 **I:** Wie wurden die dann verwaltet? Mit einem Dokumentenmanagementsystem oder ...?
105 00:09:10-3

106 **B4:** Nein. Die liegen auf ...die werden auf einem File-Share abgelegt. 00:09:14-6

107 **I:** Auf einem File–Server, okay. Jetzt habe ich noch eine Frage zur Änderung. Jetzt hast du ja
108 die Sicht des IT–Betriebs ... aus welcher Sicht ... oder aus welchem Bereichen kommen eher
109 Änderungsanforderungen? Aus dem Betrieb selber oder aus der Unternehmensarchitektur?
110 00:09:35-0

111 **B4:** Änderungen woran? 00:09:37-1

112 **I:** An deiner IT–Systemlandschaft, also an der Struktur, an den Systemen. 00:09:42-1

113 **B4:** Bedingt durch den Lebenszyklus der Hardware, kommt natürlich aus der IT–
114 Infrastruktur eine ... ja, durch Verschleißteile bedingte, Änderung, das heißt alle 3 bis
115 4 Jahre wird das Storage–System getauscht, wird die Hardware getauscht, das heißt da
116 ... ergibt sich ein gewisser Rhythmus ... das besagt, nach 4 Jahren müssen wir eine Migra-
117 tion auf neue Hardware einplanen. Das ist eine Veränderung, die ist vorhersehbar. Die
118 Änderungen, die auf anderer Seite kommen, die von oben nach unten, also von Appli-
119 kationen runterkommen ist meistens, wenn das System wächst oder wenn es irgendwie
120 in andere Szenarien eingebunden werden sollen — auf einmal andere Anforderungen da
121 sind, das andere Netze angeschaltet werden müssen oder das — das System war am Anfang
122 nicht so wichtig, jetzt ist es wesentlich wichtiger geworden, das heißt wir brauchen da
123 ein höher verfügbares System, mit eventuell einem Load–Balancer davor, eventuell ein
124 Ausfallsicherungssystem dazu. Das sind Dinge, die eher dann aus Business–Betrieb sind.
125 00:10:56-0

126 **I:** Kannst du einschätzen, wie häufig das ist? Also wie oft wird so ein System aus Business–
127 Sicht geändert? 00:11:03-3

128 **B4:** Kernsysteme relativ selten. Aber ich sage mal so, die großen Kernsysteme, wie ERP–
129 oder das CRM–System *anonymisiert — nennt Arbeitgeber* sind relativ statisch. Die kom-
130 men natürlich — die unterliegen dem Release–Zyklus der Software. Also es gab ... vorletztes
131 Jahr oder letztes Jahr ein großes Update vom CRM–System, wo auf eine neuere Version um-
132 gestellt wurden ist und in diesem Zusammenhang halt eben auch dann Hardware getauscht
133 wurde und weitere Dinge angegangen sind, das heißt, mit dem Release–Zyklus der Software,
134 wenn dann ein größerer Release–Wechsel ansteht, ist es auch ... also darüber werden auch
135 die meisten Änderungen, aus meiner Sicht, getriggert. 00:11:51-6

136 **I:** Wie dokumentiert ihr denn diese Änderungen? Also gibt es denn bei euch eine Konfigu-
137 rationsdatenbank oder so etwas in der Richtung? 00:12:02-3

138 **B4:** Ja ... Es gibt ... es gibt so etwas wie eine interne CMDB ... die kennt die Hardware
139 und die weiß auch, welche Systeme auf der Hardware installiert sind und wer die Ansprech-
140 partner dafür sind und was für ein Service–Level dort vereinbart wurde. Man kann dann

141 entweder nach der Hardware suchen und kriegt dann die Systeme oder man sucht nach
142 der SAP–System–ID und bekommt dann die Hardware, auf der das läuft und der weiß die
143 gesamten Detailinformationen und so. 00:12:35-4

144 **I:** Heißt das, man könnte diese Datenbank eventuell auch benutzen, um IST–Architekturen
145 zu generieren? Also, um zu zeigen auf welcher Hardware laufen welche Systeme, laufen
146 welche Kunden und so weiter? Kann man das daraus rekonstruieren? 00:12:53-2

147 **B4:** Die Daten sind da drin natürlich nur so gut, wie sie gepflegt wurden. Wir haben
148 momentan intern zwei — noch einen anderen Ansatz am Laufen, nämlich, es wurden in
149 allen Netzen Scanner installiert, die die Netze und Netzwerkpakete analysieren und somit
150 quasi von Infrastruktursicht, von unten nach oben eine Topology-Map erzeugen können.
151 Also die machen einen Invent — also in regelmäßigen Abständen einen Inventory-Scan und
152 erfassen erst mal alles, was da an physisch vorhandener Infrastruktur steht und lebt und an
153 virtueller zum Teil auch. Also die virtuellen Maschinen, alles was eine IP-Adresse hat, wird
154 erfasst und da gibt es natürlich ein Delta, zwischen dem, was in der menschlich gepflegten
155 Datenbank steht und dem, was diese automatischen Scanner erkennen. Zum Einen gibt es
156 ein Delta, was nicht durch Automatisierung — also was durch Pflegefehler entstanden ist.
157 Das sind Schiefstände. Aber eben in so einer Datenbank stehen auch Informationen drin,
158 die die Scanner auch niemals erkennen werden. Der Scanner kann dir zwar sagen, da steht
159 ein Server und da läuft ein Betriebssystem und er kann vielleicht auch noch das SAP-System
160 erkennen, was da drauf läuft, aber wer der Ansprechpartner ist oder auf welche Kostenstelle
161 das verrechnet wird oder welcher Service-Level vereinbart worden ist, das kriegen wir mit
162 so einem Scanner letztlich nicht heraus. 00:14:16-9

163 **I:** Habt ihr es denn geschafft diesen Scanner mit eurer manuell gepflegten Konfigurationsda-
164 tenbank zu verbinden oder sind das zwei parallele Ansätze? 00:14:27-3

165 **B4:** Das sind momentan noch zwei parallele — zwei parallele Systeme. Aber die — da läuft
166 ein Projekt, die zu vereinheitlichen, also das alte manuelle System wird irgendwann auch
167 abgeschaltet und die Asset-Tracking — Asset-Scanner-Informationen, die werden dann
168 eben mit einer CMDB zusammengebracht — ein Standardprodukt. 00:14:52-5

169 **I:** Das heißt, man kann letztendlich dann trotzdem die Verbindung zum fachlichen Kontext
170 der Systeme, am Ende, ziehen? 00:15:01-5

171 **B4:** Genau. Das heißt, es wird — die Scanner aktualisieren quasi, was ist da und man
172 bekommt dadurch auch einen Überblick, was eventuell mal — oder Pflegefehler werden
173 offensichtlich und die Zusatzinformationen, die eben die Scanner nicht liefern können, die
174 werden dann noch menschlich ein gepflegt. 00:15:24-4

175 **I:** Benötigt ihr eigentlich, wenn ihr diese Datenbanken habt, grafische Darstellungen oder
176 visuelle Darstellungen eurer Infrastruktur oder ist das auf Grund der Größe einfach gar
177 nicht notwendig oder möglich? 00:15:39-3

178 **B4:** Auf Grund der Größe ist es in den meisten Fällen für die gesamte Infrastruktur nicht
179 sinnvoll, weil wenn man versucht mal — selbst wenn man das auf ein A0–Papier plotten
180 wollte, dann wird alles schwarz. Die — wo es sinnvoll ist, sind für die einzelnen Landschaf-
181 ten, also die einzelnen Business–Systeme, dass man sieht, wo sind welche Komponenten
182 aufgebaut, also beispielsweise, zehn Kästchen heißt, dass sind die zehn Server, an welchen —
183 wo läuft die Datenbank? Wo läuft die Zentralinstanz, wo läuft — wo laufen die Applikati-
184 onsserver? — das man sieht, wie ist es nach unten mit den Netzwerken und den File — mit
185 dem Storage verbunden und gegebenenfalls weiter oben, wie sind die Applikationen mit
186 anderen Systemen, also zu welchen anderen Systemen sind da Verbindungen eingerichtet.
187 Das findet momentan auch statt, in dem das einfach aufgezeichnet wird und gegebenenfalls
188 — also manuell gezeichnet wird — und gegebenenfalls nachgepflegt, wenn da ein größeres
189 Upgrade der Business–Landschaft entsteht. Und das macht man natürlich nur für die wich-
190 tigen Systeme, also für die Business–Systeme. Das wird man niemals für alle 30.000 Server
191 machen. 00:16:54-6

192 **I:** Also, wenn ich dich gerade richtig verstanden habe, für wichtige Systeme und wichtige
193 Systeme sind Business–Systeme oder business–relevante Systeme? 00:17:03-2

194 **B4:** ja. 00:17:04-0

195 **I:** Meine letzte Frage, ist vielleicht die — bezieht sich auf die Probleme. Was ist deiner
196 Meinung nach das größte Problem, bei der Integration von EAM und IT–Betrieb? 00:17:21-
197 6

198 **B4:** ... das größte Problem? ... Naja, ich sage immer: „Powerpoint trifft Realität". Die
199 Vorstellungen vom Business und den Enterprise–Architekten sind — ja es muss alles hoch-
200 verfügbar sein, es darf niemals eine Downtime geben, alles super skalierbar und nach
201 Möglichkeit soll es auch nichts kosten. Und die Anforderungen stehen — das ist das ei-
202 ne Extrem und auf der anderen Seite müssen wir gucken, was ist denn tatsächlich mit
203 IT–Bausteinen umsetzbar und wie ist es umsetzbar und zu welchen Preisen umsetzbar.
204 Und diese — da gibt es schon, per Definition, Konfliktpunkte, die halt immer in diversen
205 Gesprächen und mit der Iteration wo man sich mal versucht anzunähern und sagt, ja, wenn
206 ihr das wirklich infrastrukturell haben wollt, dann müsst ihr das auch entsprechend in den
207 Storage legen. Oder da sind natürlich entsprechende Kosten mit verbunden und da gibt
208 es halt diverse Iterationen und wo man dann halt versucht auszuhandeln, was wird denn
209 tatsächlich benötigt. 00:18:38-6

210 **I:** Das heißt, wenn ich das richtig verstehe, hat das Business erst einmal Anforderungen,
211 ihr nehmt die zur Kenntnis, guckt oder schaut, was könnt ihr da, was könnt ihr mit euren
212 Mitteln lösen oder was ist überhaupt lösbar und versucht dann in mehreren Iterationen zu
213 einem Konsens zu kommen. 00:18:58-2

214 **B4:** Genau. Wir versuchen die Anforderungen auch erst mal gegen einen Preis zu mappen.
215 Das heißt, wir versuchen in einer ersten Abschätzung zu sagen, wenn du das so möchtest,
216 wie du dir das vorstellst, dann kostet das Betrag X. In den allermeisten Fällen ist es —
217 entspricht es nicht den Vorstellungen unseres internen Kunden und die fangen dann an
218 darüber nachzudenken. Okay wenn das so teuer ist, weil entsprechend hochverfügbare
219 Hardware und mehr Kopien, Redundanzen da sein müssen, wird das nochmal überdacht,
220 ob es tatsächlich so benötigt wird. Dann geht es in mehreren Iterationen — nähert man sich
221 dann an, was der Kompromiss ist, was tatsächlich aufgebaut wird und wie es aufgebaut wird
222 und was benötigt wird. 00:19:43-0

223 **I:** Das heißt, eine ganz wichtige Voraussetzung ist auf die Architektur ein Preismodell zu
224 legen, um überhaupt (**B4:** ja) Entscheidungen treffen zu können. 00:19:54-9

225 **B3:** ja. Also nicht die beste Architektur gewinnt, sondern, naja, das Budget spielt eine sehr
226 entscheidende Rolle und ob ich ein System aufbaue, was — keine Ahnung — 55.000 Euro
227 im Monat kostet, aber dafür hochverfügbar ist oder ob ich es vielleicht mit 10 aufbaue und
228 dafür in Kauf nehmen muss, dass es gegebenenfalls auch mal eine Downtime von ein paar
229 Stunden hat oder irgendwo wieder angefahren werden muss, wenn die Hardware runterfällt.
230 Also das macht schon einen riesen Unterschied. 00:20:23-8

231 **I:** Jetzt habe ich noch eine Frage bezüglich auch meines Dissertationsthemas. Kannst du
232 dir vorstellen, genau diese Arbeitsschritte von den Anforderungen vom Business bis zum
233 Betrieb, dass man, dass man das automatisieren kann? 00:20:40-4

234 **B4:** Ich glaube nicht durchgehend. Ganz einfach deswegen, weil da sind bei uns drei Ebenen
235 dazwischen. Also drei, drei Übersetzungsebenen. Wir haben einen Kunden, wir haben
236 dann die, das Team, was die Anforderungen des Kunden in einer ersten Iteration in die
237 Technik übersetzt und wir haben dann die Teams, die die Technik auch tatsächlich aufbauen
238 und betreuen. Und die haben alle einen unterschiedlichen Wissensstand. Wenn man das
239 automatisieren möchte, müsste man dem Kunden ja ein Formular in die Hand geben, wo
240 er das, so aus ...so eingeengt auswahlfähig ist — anders herum formuliert. Da, wo es ganz
241 hoch standardisiert ist, lässt es sich vielleicht automatisieren. Also, wenn ich dem Kunden
242 einen Servicekatalog gebe, wo er nur standardisierte Services, Systeme auswählen kann,
243 dann kann ich mir vorstellen, dass das automatisiert wird. Aber in den allermeisten Fällen
244 ist es ja so, dass der Kunde selber gar nicht so genau weiß, was er will, sondern er hat eine
245 vage Vorstellung und dann wird in mehreren Gesprächen herausgefunden, was muss ich

246 denn alles bedenken, wenn ich das umsetzen möchte. Und dieses Wissen ist nicht beim
247 Kunden, deswegen und es ist auch nicht in der Übersetzungsschicht, da finden auch immer
248 wieder Rückfragen, zu Leuten in der Infrastruktur, statt. Des Wegen glaube ich schwer,
249 dass das, dass sich das bei so neuen Dingen automatisieren lässt, nicht durchgehend ist.
250 Ich denke Automatisierung kann unterstützen — also vor allem eine Formalisierung des
251 Prozesses, kann unterstützen. Also beispielsweise, dass man ein Workflow–System hat, wo
252 die unterschiedlichen Arbeitsschritte auch dokumentiert werden oder dass man Formulare
253 hat, einen bestimmten Fragenkatalog, den der Kunden vorher schon mal bekommt, dass er
254 sich Gedanken macht, bevor er in Gespräche geht, das kann das alles unterstützen, aber so,
255 ich denke den Menschen da komplett rauszukonfigurieren, ist schwierig. 00:22:36-2

Gespräch über den Verlauf der Dissertation und weiterer Zusammenarbeit bis 00:26:18-5
Verabschiedung

A.1.5   Transkription Interview 5

Interviewprotokoll vom 05.11.2010 14h05 via Telefon

Befragter (B5)
Interviewer (I)
Datei: R1_0008.mp3

Interviewbeginn bei: 00:01:13-0

1 I: Als Einstieg würde ich dich gerne fragen, welche Bedeutung für dich die Planung von
2 Architektur hat? 00:01:20-6

3 B5: Das geht jetzt eigentlich so primär um Systemarchitektur, also, was weiß ich, Aufbau
4 Rechenzentrum und ... 00:01:28-5

5 I: Genau. Genau. Also das ... Ich beschäftige mich mit dem Problemfeld, Enterprise–
6 Architecture–Management, was sich damit auseinandersetzt, Geschäftsprozesse — also
7 Strategien von Unternehmen, Geschäftsprozesse und die IT daran auszurichten. Und letzt-
8 lich sehe ich das als Anforderungsfeld für den IT–Betrieb. Des Wegen frage ich dich, welche
9 Bedeutung das für deine tägliche Arbeit hat und welche Bedeutung du der Architekturpla-
10 nung ... ja welche Bedeutung du ihr beimisst. 00:02:01-1

11 B5: Also ich finde das schon einen wichtigen Punkt. Das Problem ist halt, dass das bei
12 uns derzeit nicht gelebt wird. Also bei uns wird alles — es gibt Prozesse und es gibt Archi-
13 tekturen, aber das arbeitet nicht zusammen. Also, es wird irgendwie — die Architekturen
14 werden alle relativ ad-hoc aufgestellt, je nach Anforderungen und Zeit und werden aber
15 im Augenblick nicht mit den Prozessen, die parallel dazu existieren, synchronisiert und

16 wenn das dann irgendwann nötig wird, wird versucht, das irgendwie zusammenzubasteln.
17 00:02:39-4

18 I: Welche Gründe siehst du dafür, dass da jetzt im Moment die Integration nicht so gestaltet
19 ist? 00:02:45-6

20 B5: Ich denk mal, dass da dann wiederum ein übergreifender Prozess bei uns fehlt, der die
21 eigentlichen Arbeitsprozesse und die Architekturen zusammenführt. Das bei uns gerade
22 alles beides ziemlich autark arbeitet und dass auch die Leute, die beteiligt sind an den, an der
23 Erstellung der Architekturen keine große Kenntnis über den Prozess haben und umgekehrt
24 — dass das halt verschiedenste Leute machen und da die Zusammenarbeit untereinander fehlt.
25 00:03:13-8

26 I: Wie funktioniert das Zusammenspiel bei euch generell, denn irgendwie muss es ja funk-
27 tionieren? 00:03:19-6

28 B5: Ja. Wenn es dann irgendwann funktionieren muss, dann wird versucht mit irgendwel-
29 chen Lösungen das Ganze zu verbinden. Also dann setzen sich halt doch mal die Leute
30 an einen Tisch und versuchen Lösungen zu finden, um irgendwie den Prozess, den sie da
31 haben, mit den vorhandenen Architekturen abbilden zu können. 00:03:38-6

32 I: Okay, das heißt, ihr bildet ad-hoc Meetings, um Problemlösungen zu erarbeiten? 00:03:44-
33 5

34 B5: Genau. 00:03:45-5

35 I: Okay. Wie kann ich mir das denn vorstellen? Jetzt wird in so einem ad-hoc Meeting eine
36 — du sagtest, eine Architektur erstellt? Wie wird das denn an den IT-Betrieb weitergereicht?
37 Also wie sehen denn die Anforderungen aus? 00:04:02-7

38 B5: Wir sind ja der IT-Betrieb, das heißt, wenn dann erstellen wir ja die Architektur. Also,
39 wie gesagt, die kommt dann direkt von uns. Aber bei uns ist es zum Beispiel so, wir haben
40 Entwickler im Haus, die die Fachverfahren halt entwickeln und auch das fachliche Know-
41 How dahinter haben und sich dann auch in dem fachlichen Prozess auskennen, die haben
42 aber keinen wirklichen Bezug zum betrieblichen Prozess. Und wir kennen natürlich die
43 betriebliche Umsetzung des Ganzen, haben aber wiederum keine Ahnung von der Fachseite.
44 Und beide Seiten bauen dann ihre Prozesse auf und ihre Architekturen und schlussendlich
45 müssen wir dann irgendwann versuchen das Ganze in einen Topf zu werfen und irgendwie
46 zu synchronisieren, was nicht immer einfach ist. 00:04:51-2

47 I: Über wie viele IT-Systeme sprechen wir denn da ungefähr? 00:04:55-2

⁴⁸ **B5:** Was wir insgesamt betreiben? 00:04:57-3

⁴⁹ **I:** ja 00:04:57-7

⁵⁰ **B5:** so im eintausend stelligen Bereich. Dürften sicher 1.500 bis 1.600 Rechner sein. 00:05:05-
⁵¹ 7

⁵² **I:** Und die plant ihr alle ad-hoc? 00:05:07-9

⁵³ **B5:** na einige sind natürlich schon historisch gewachsen, aber alles was so hinzukommt —
⁵⁴ ja natürlich nicht jetzt, ad-hoc, im Sinne von wir setzen uns jetzt mal schnell zusammen
⁵⁵ und ziehen dann eine Umgebung hoch, da ist schon so ein bisschen Planungsprozess dabei.
⁵⁶ Aber halt alles nur in den einzelnen Gruppen in sich. Also es ist jetzt nicht irgendwie,
⁵⁷ dass da zig Leute daran beteiligt sind, vom Prozess her und von der Technik her, sondern
⁵⁸ meistens kommt, kommt der, steht der Prozess aus der Technik heraus. Also wir planen
⁵⁹ die Umgebung und versuchen da halt unsere, unseren Prozess, den wir haben irgendwie
⁶⁰ einzuphasen, damit das irgendwie zusammen passt und das ganze setzen wir dann ein und
⁶¹ falls es dann noch andere Prozesse gibt oder Fachprozesse, die wir andocken müssen, dann
⁶² versuchen wir das halt entweder vor dem Einsatz noch gerade zu ziehen oder wir müssen
⁶³ hinterher dann ad-hoc anfassen. 00:06:08-6

⁶⁴ **I:** Dann würde mich interessieren, wie ihr das dokumentiert? Also ich meine, es ist ja
⁶⁵ vielleicht — es ist ja vielleicht auch vorteilhaft es ad-hoc zu machen, es ist ja relativ flexibel.
⁶⁶ Aber dokumentiert ihr das denn, die Architektur in irgendeiner Art und Weise? 00:06:23-7

⁶⁷ **B5:** ja. Da gibt es dann jeweils Dokumente dazu, also Konzeptdokumente — ganz dem klas-
⁶⁸ sischen Ablauf Grob–Konzepte und Fein–Konzepte. Und die werden dann ganz klassisch als
⁶⁹ Word–Dokumente und lustige Visio-Grafiken realisiert und dann gemeinsam zugänglich
⁷⁰ gemacht. 00:06:48-5

⁷¹ **I:** Zugänglich machen heißt? 00:06:50-0

⁷² **B5:** ja. Web–Laufwerk, also ein gemeinsames Laufwerk oder persönlicher Versand per Email
⁷³ oder solche Sachen . . . oder Share–Point oder . . . da gibt es halt tausende Möglichkeiten.
⁷⁴ 00:07:01-3

⁷⁵ **I:** Welche Rollen spielen denn Modellierungssprachen, in diesen Konzepten? 00:07:05-6

⁷⁶ **B5:** Also, ganz ganz selten wird UML verwendet und Ablaufdiagramme in verschiedensten,
⁷⁷ verschiedensten Ausprägungen. Gelegentlich auch mal Entity–Relationship–Diagramme,
⁷⁸ aber das war es dann auch. Der Rest ist meistens, meistens textuell und eigene Grafiken, aber

79 direkt standardisierte Sprachen kommt, wenn, dann UML oder halt Entity–Relationship–
80 Diagramme zum Einsatz. 00:07:40-7

81 **I:** Wie dokumentiert ihr denn, auf der anderen Seite, eure bestehende IST–Landschaft, eure
82 IT–Systemlandschaft? 00:07:48-6

83 **B5:** Das kann ich dir gar nicht genau sagen. Da gibt es ein Extra–Team, die haben — also
84 es gibt da Tools, die wir im Einsatz haben. Zum Einen, um die ganzen Netzwerkstruk-
85 turen abzulegen und dann gibt es aus der, aus dem ITIL–Baukasten diese CMDB, diese
86 Configuration–Management–Database, wo die ganzen Assets abgelegt werden oder werden
87 sollen. Das ist alles gerade noch so ein bisschen im Aufbau und das ist eigentlich so die
88 Dokumentation für die Umgebung, die da sind. 00:08:27-1

89 **I:** Wie kann ich mir das vorstellen? Wie wird das bei euch gepflegt? Gerade diese CMDBs
90 müssen ja irgendwie gepflegt werden. 00:08:36-0

91 **B5:** Da gibt es dann ja wieder einen Prozess dafür. Da gibt es dann Zuständige, die halt
92 schreibenden Zugriff auf die CMDB haben und die sind halt in sämtliche Change–Prozesse
93 — also da wird dann auch ein Change hinten dran gesetzt, wenn irgendwo eine Änderung
94 gemacht wird auf den Systemen und die sind in diesen Change–Prozess mit eingebunden
95 und nehmen dann die entsprechenden Änderungen in der CMDB vor. 00:08:58-1

96 **I:** Das heißt ergo, dass ihr die CMDB händisch pflegt und ... 00:09:05-2

97 **B5:** Es gibt — Es gibt die zwei Möglichkeiten: Einmal händisch und es soll aber auch
98 Agenten geben, die quasi die, die Rechner dann scannen und Änderungen mitbekommen
99 und das dann eintragen. Aber, wie weit das im Einsatz ist, kann ich dir nicht sagen. ... Es
100 ist halt auch alles noch so im Aufbau. Wir haben seit, ich weiß nicht, vier, fünf Jahren,
101 mit der Weile, ITIL und jeder hat gesagt, dass ITIL nicht funktioniert, wenn du keine
102 CMDB untern drunter hast. Und wir sind das lebende Beispiel, dass es offensichtlich doch
103 funktioniert oder auch nicht, weil das Projekt CMDB eine ganze Zeit verschleppt wurde
104 und jetzt erst, quasi, angegangen wird. Wir haben da noch so einen alten Vorgänger, die
105 KDB, Konfigurationsdatenbank und die wird aber komplett händisch gepflegt. Also das
106 ist quasi so eine CMDB in lite. In händischer Pflege und das ist eben nichts Halbes und
107 nichts Ganzes, das ist eigentlich eher für kaufmännische Sachen, um zu prüfen, wann die
108 Rechner abgeschrieben sind und so etwas. Da werden auch Konfigurationsinformationen
109 drin vermerkt, aber die ist nicht wirklich eine Referenz. Im einfachsten Fall läuft es dann
110 darauf hinaus, dass jeder seine eigenen Excel–Listen hat, mit irgendwelchen Übersichten
111 drin. Also quasi komplett dezentralisiert. Und das versuchen sie jetzt gerade wieder mit der
112 CMDB einzufangen und ich hoffe mal, dass das funktioniert. 00:10:31-5

113 **I:** Eine CMDB.kann man ja mit unterschiedlichen Daten füttern. Wie weit reicht denn
114 da eure Tiefe? Also fängt das schon bei den Geschäftsprozessen an, also eine fachliche
115 Konfiguration oder sind das nur technische ... 00:10:48-7

116 **B5:** Das sind nur technische, nur technische Sachen. 00:10:50-7

117 **I:** Also betriebswirtschaftliche Sachen sind nicht drin? 00:10:53-9

118 **B5:** Das weiß ich nicht genau. Da sie in dieser KDB jetzt auch mit drin sind, denke ich mal,
119 dass sie in die CMDB auch mit rein kommen, aber was dann die genaue Fachlichkeit angeht,
120 da wird da nichts mit drin sein. Also ich vermute mal, eine Mischung aus technischen und
121 kaufmännischen Daten. 00:11:11-6

122 **I:** Werdet ihr die CMDB dann nehmen, wenn ihr zum Beispiel Änderungen an eurer
123 Systemlandschaft habt, Planungen auf Basis der CMDB Daten zu machen? Benutzt ihr das
124 oder ist das nur eine reine Dokumentation? 00:11:25-4

125 **B5:** Noch nutzen wir es nicht. Angestrebt ist es natürlich. ja. Aber noch ist da nichts.
126 00:11:33-0

127 **I:** Und in wie weit ist das angestrebt? Wie kann man sich das vorstellen? 00:11:36-4

128 **B5:** Das ist eine sehr gute Frage. Also man will natürlich, wenn man die ganzen Daten dann
129 mal zusammen hat dann auch, ausgehend aus diesen ganzen Daten, Dingen, im Sinne eines
130 Data-Warehouses dann Auswertungen erstellen in Bezug auf die Kapazitätsplanung und
131 solche Sachen. Da ist auf jeden Fall angedacht. Wie das dann konkret umgesetzt, wie es dann
132 umgesetzt wird, das ist alles noch Zukunftsmusik. Wir müssen das erst mal zum Laufen
133 kriegen. 00:12:13-1

134 **I:** Auch hier die Frage: Habt ihr eine grafische oder visuelle Dokumentation für die System-
135 landschaft oder existiert eigentlich nur die CMDB? 00:12:27-1

136 **B5:** Es existiert, wenn, dann nur die CMDB. Also es gibt — es hat natürlich jedes — jedes
137 Team hat natürlich schon so ein bisschen seine Dokumentation. Das Netzwerk-Team hat
138 eine grafische Netzwerk-Dokumentation, wir so ein bisschen Dokumentation über die
139 Datenbank-Systeme, das UNIX-Team hat Dokumentation für ihre Rechner. Also jeder
140 hat da so ein bisschen was, aber es ist halt nichts Konsolidiertes. ... Und es ist auch nicht
141 allen frei zugänglich. Also den Netzwerk-Plan, den hält halt das Netzwerk-Team unter
142 Verschluss, mehr oder weniger. Da kommen wir nicht ran. 00:13:01-3

143 **I:** Aus welchen Gründen? 00:13:03-8

144 **B5:** Der obskure Grund der Sicherheit. (lacht) 00:13:07-2

145 **I:** Der ja nicht ganz unplausibel ist, ja? 00:13:09-6

146 **B5:** Ja, es ist aber unglaublich schwierig, ohne solche Dokumente zu arbeiten. Weil, wir
147 sind halt ein, von den Netzwerkstrukturen her, ein sehr verfasertes Rechenzentrum. Also
148 jeder hat da seine eigenen, seine eigenen Sicherheitsbereiche und alles und das zuordnen
149 zu können, da brauchst du eigentlich immer den Netzwerk–Plan. Und, wie das halt so ist,
150 über ein paar Umwege kommst du dann schon ran, an die ganze Sache, aber da fehlt halt
151 auch so ein bisschen das Vertrauen im Unternehmen, zu den einzelnen Teams. Und das
152 erschwert dir halt teilweise schon das Arbeiten ganz schön, wenn du halt zu irgendwelchen
153 Informationen keinen Zugang hast beziehungsweise du dich nicht darauf verlassen kannst,
154 dass sie aktuell sind. Und das Problem soll ja eigentlich die CMDB irgendwann mal lösen,
155 dass man sich wirklich darauf verlassen kann, dass die Informationen, die dort drin stehen,
156 auch den aktuellen IST–Stand widerspiegeln. Und, aber solange das im Aufbau ist, muss man
157 halt dann immer bei den jeweiligen einzelnen Teams nachhaken, wie denn jetzt eigentlich
158 der aktuelle IST–Stand ist und das verzögert natürlich alles immens. 00:14:23-2

159 **I:** Ja, das glaube ich. Du sagtest vorhin, dass für die Dokumentation von der Unterneh-
160 mensarchitektur — Nein, ich korrigiere mich, du hast gesagt, für die Dokumentation der
161 IST–Systemlandschaft, dass neben der CMDB noch andere Tools im Einsatz sind. Kannst
162 du mir da welche nennen? 00:14:42-2

163 **B5:** Was haben wir denn da? Also wir haben da ein System, dass nennt sich KGMS, aber ich
164 kann dir jetzt nicht sagen, wie das Produkt dahinter heißt. Das ist Kabel- und Gebäude-
165 Management-System. Das macht halt genau das, Kabel und Gebäude managen. Dann
166 müsste ich noch mal konkret forschen, wie das Produkt dazu heißt. Da werden halt so
167 Netzwerksache abgebildet und wo, welche Rechner stehen und solche Sachen. 00:15:12-2

168 **I:** Okay. Also dann kann ich davon ausgehen, dass ihr das auch in eurem Bereich mit plant
169 — in eurem Rechenzentrum? Und auch Tools habt, um eure Gebäudeplanung zu machen?
170 00:15:22-2

171 **B5:** ja, ja. 00:15:22-7

172 **I:** Was umfasst denn das alles für Themen? 00:15:25-6

173 **B5:** In wie fern meinst du das? Also ... 00:15:30-0

174 **I:** Also du hast gesagt, dass ist Gebäude — also Kabel- und Gebäudemanagement. Also das
175 sind sicherlich nicht nur Netzwerkkabel, das sind auch sicherlich Strom ... 00:15:40-7

176 **B5:** Netzwerkkabel, Strom, Klima und Rechnerstellplätze. Also in welchem Serverraum
177 die stehen, welches Racks, welche Position. 00:15:51-8

178 **I:** Plant ihr da irgendwie auch den Energieverbrauch in eurem Rechenzentrum oder wird
179 der einfach hingenommen? 00:15:58-2

180 **B5:** Ich glaube, er wurde, bis vor, ich schätze mal, so einem Jahr, einfach hingenommen
181 und dann wurden wir aber gewahr, dass die Kapazitäten und vor allen Dingen auch die
182 Kühlkapazität irgendwann an ihrer Grenze war. Und jetzt wird da schon ein bisschen
183 geplant und auch geguckt, dass wir, wenn wir Server ausschreiben auch gewisse Werte
184 vordefinieren, was so Verbrauch und Kühlleistung, also Abwärme und so angeht. Also da
185 wird schon ein bisschen drauf geguckt, weil natürlich auch hier das omnipräsente Schlagwort
186 „Green–IT" ein Ziel ist. 00:16:44-4

187 **I:** Habt ihr denn eine aktuelle Übersicht über euren Stromverbrauch? Also, jetzt nicht nur,
188 dass da hinten so und so viel Kilowattstunden herauskommen, sondern, dass man vielleicht
189 auch zuordnen kann, welche Systeme, wie viel Strom benutzen? 00:16:59-3

190 **B5:** Da müsste ich unsere Betriebstechnik fragen. Ob die sowas haben, weiß ich nicht.
191 00:17:05-6

192 **I:** Ein anderer wichtiger Punkt, neben der Dokumentation, sind ja die Änderungen an
193 irgendwelchen Systemlandschaften und auch an den Architekturen. Wie oft werden denn
194 Änderungen durchgeführt bei euren Architekturen? 00:17:20-9

195 **B5:** Also die Architekturen an sich sind eigentlich relativ statisch. Und da passiert eigentlich
196 jetzt so bald die mal im Produktivbetrieb sind, relativ wenig. Die Software–Produkte oben
197 drauf oder die Konfigurationen der einzelnen Architekturen, also was jetzt so die konkreten
198 Software–Produkte angeht, da ändert sich schon mal was, aber die Architekturen an sich
199 sind relativ fest. 00:17:47-9

200 **I:** Du sagst aber auch: „relativ fest". Das heißt, es gibt Änderungen. 00:17:51-3

201 **B5:** Es gibt schon immer mal wieder Änderungen, also es kann halt mal vorkommen, dass
202 ...jetzt im Augenblick mal wieder Systeme konsolidiert werden. Wir haben zum Beispiel —
203 wir betreuen ja die ganzen *anonymisiert — nennt Kunden in Bayern* und im Augenblick ist
204 es so, dass an jedem *anonymisiert — nennt Standorte* eigene Server stehen, die so zentral
205 einen *anonymisiert — nennt Kunden*-zentralen Server und eine Datenbank hosten. Und
206 da wird jetzt gerade alles wieder in das Rechenzentrum rein, in eine virtuelle Umgebung
207 konsolidiert. Also von dezentral wieder zurück zu einem großen zentralen System. Das
208 heißt, da wird dann schon in die Architektur der gesamten Umgebung eingegriffen. Aber
209 das sind dann einmalige Aktionen oder seltene Aktionen, sage ich mal. Es ist halt nicht die
210 Regel. 00:18:38-3

211 **I:** Okay. Es ist halt eher weniger häufig, dass man Änderungen hat. 00:18:41-9

212 **B5:** ja. ja. 00:18:42-5

213 **I:** Bleiben wir gleich mal bei Änderungen der Architektur. Was sind denn Ursachen für die
214 Änderungen? 00:18:48-5

215 **B5:** Wahrscheinlich immer aktuelle Trends, vermute ich mal. Also es gibt ja immer diese
216 Wellenbewegung in der IT. Von zentral zu dezentral, zurück nach zentral und hin und her.
217 Und das schlägt auch bei uns durch. Also auch dieser ganze Trend in Richtung Virtuali-
218 sierung, da erkennt irgendjemand den Trend und meint das müsste man jetzt umsetzen
219 und dann wird eigentlich meistens auch die Architektur angefasst. Genauso auch bei, bei
220 dieser ganzen Cluster und Cloud–Geschichte. Cluster ist im Moment auch so, im Zuge der
221 Hochverfügbarkeit, natürlich auch ein heißes Thema und da wird immer drüber nachge-
222 dacht jetzt irgendwelche Einzelsysteme in Cluster zu migrieren oder … ja irgendwie tätig
223 zu werden. Also das ist eigentlich meistens trend–getrieben, sage ich mal. 00:19:41-0

224 **I:** Du sagst, dass eure Architektur relativ konstant ist, natürlich die großen Wellenbewegun-
225 gen mitmacht. Wie verhält sich das mit den Konfigurationen? Du sagtest, du hast da öfter
226 oder mehr Änderungen an Konfigurationen. Halten diese Konfigurationen denn immer
227 noch das, was die Architektur fordert? 00:20:03-3

228 **B5:** Ja ich denke schon. Wenn, dann sind es ja halt wirklich meistens Konfigurationsan-
229 passungen, die irgendwie vom Fachverfahren her getrieben sind. Das halt irgendwelche
230 Optimierungen oder sonst irgendwas vorgenommen wird, das Verfahren schneller oder
231 Fehlerfreier zu betreiben. Aber das zerstört eigentlich nicht die Architektur darunter. Es
232 wird eigentlich nur dann punktuell angepasst, wo noch Detailoptimierungen nötig sind.
233 00:20:32-1

234 **I:** Das heißt, in der Architektur lässt man noch Spielraum für Konfigurationen. 00:20:38-1

235 **B5:** ja genau. 00:20:40-6

236 **I:** Was sind denn Urs — Also du hast gerade schon Ursachen genannt, für die Konfigurations-
237 änderungen. Das sind Optimierungen. Gibt es denn noch andere Gründe für Änderungen
238 der Konfiguration? 00:20:54-2

239 **B5:** Optimierung. Dann natürlich Fehlerbehebung, wenn an der Original–Konfiguration
240 irgendwelche Fehler drin waren, die man Initial noch nicht erkannt hat und die dann im
241 Betrieb irgendwann aufgetreten sind. Und natürlich dann Änderungen, die durch Upda-
242 tes hervorgerufen werden. Also sei es vom, von der Umgebung her also Betriebssystem
243 oder Datenbanken, zum Beispiel oder halt auch vom Fachverfahren her, dass jetzt eine
244 neue Version des Fachverfahrens irgendwelche Änderungen an der Konfiguration bedingt.
245 00:21:27-7

246 **I:** Okay. Ich muss mal ganz kurz nachfragen. Zum Verständnis, Fachverfahren kann ich mir
247 vorstellen als Geschäftsprozess oder...? 00:21:36-0

248 **B5:** Ja es ist dann Teil eines Geschäftsprozesses. Aber mehr oder weniger die Software, die
249 obendrauf läuft. 00:21:41-7

250 **I:** Aha, okay das ist die Software. 00:21:43-4

251 **B5:** Die Software für die Geschäftsprozesse. (**I:** okay, alles klar, ich verstehe.) 00:21:45-7

252 **I:** Ich musste nur mal den Begriff nachfragen. 00:21:47-7

253 **B5:** Ja, ja, das ist — Sorry, wenn ich ein bisschen ins Jargon verfalle. 00:21:51-4

254 **I:** Nein, Nein, das ist schon okay. Soviel zu Änderungen. Noch eine Frage. Wie werden
255 denn bei euch Änderungen dokumentiert? 00:22:01-1

256 **B5:** Wir nutzen einen Change–Prozess, auch aus dieser ITIL-Library. Und wir haben bei
257 uns intern ein Ticket–System, was für Incidents genutzt wird. Und in dem System werden
258 auch die Änderungen, also die Changes, über ein Ticket und der Prozess über den Lauf des
259 Tickets abgebildet. . . . Wobei der Prozess, formal, nebenher definiert ist und der Bearbeiter
260 halt dann sicherstellen muss, dass seine Tickets diesem Prozess folgen. Also du hast jetzt
261 keinen festen Prozess. Wenn du jetzt sagst, ich hab das — mein Schritt ist abgeschlossen,
262 dass das jetzt automatisch zum Nächsten wandert, sondern du musst sicher stellen, dass der
263 Nächste in der Kette das auch kriegt. 00:22:53-7

264 **I:** Also es ist ein bisschen händisch, manuell. 00:22:56-6

265 **B5:** Ja. Ja. 00:22:57-7

266 **I:** Führen denn solche Incidents und eigentlich sind ja die Problems eher nachher die Sache,
267 führen die denn auch wieder zu strategischen Änderungen? Also gibt es da auch einen
268 Rückkanal? 00:23:09-9

269 **B5:** Bisher, soweit ich das gesehen habe, noch nicht. Also das wird schon gelebt, in der
270 Hinsicht, dass wenn vermehrt Incidents auftreten und dann halt ein Problem draus wird,
271 dass das angegangen wird und versucht wird, das dauerhaft zu lösen, damit die Incidents
272 nicht mehr auftreten. Aber das das jetzt große strategische Auswirkungen hätte, habe ich
273 eigentlich noch nicht gesehen. 00:23:39-9

274 **I:** Wäre das denkbar für dich? 00:23:41-9

275 **B5:** Denkbar wäre es durchaus. Kommt halt auf das Problem an. Also bisher waren das halt,

276 wenn dann meistens Sachen, die durch einfache Konfigurationsänderungen aus der Welt
277 geschafft werden konnten. Man muss da halt selten — es war halt selten ein Problem, was
278 wirklich an der Architektur lag. Von daher gab es wahrscheinlich auch keine Maßgabe, da
279 jetzt strategisch tätig zu werden und irgendwie die Architekturen anzufassen. 00:24:08-8

280 **I:** Gibt es denn — Also du hast vorhin, ganz am Anfang erwähnt, ihr trefft euch und macht
281 ad–hoc Architekturpläne. Wie — Gibt es denn einen vordefinierten Prozess, wie diese
282 Umsetzung dann erfolgt? Also die Architektur dann in den IT–Betrieb. 00:24:34-1

283 **B5:** ja. Den gibt es. 00:24:35-6

284 **I:** Orientiert sich das an irgendeiner Methode, die vorgegeben ist oder ist das ein Hauseige-
285 nes? 00:24:42-9

286 **B5:** Das ist eher hauseigen. 00:24:44-7

287 **I:** Okay. Kannst du ganz kurz anreißen, wie das aussieht? 00:24:48-0

288 **B5:** Das sieht so aus, dass wir, sobald diese Architektur dann abgestimmt ist, das dann an
289 das, unsere Betriebstechnik weitergegeben wird — Also erst mal geht es bei uns an das
290 jeweilige System–Team, was für die Hardware–Plattform verantwortlich ist. Wir haben
291 zwei Teams, einmal Windows, einmal UNIX. Und die sind dann dafür verantwortlich auf
292 dieser Konfiguration, eventuell noch zusammen mit den Datenbank–Administratoren, in
293 unserem Fall zum Beispiel, das Sizing zu machen. Also, was für Maschinen brauchen wir.
294 Dann werden diese ausgeschrieben und beschafft. Und sobald die bei uns hier ankommen,
295 dann ist die Betriebstechnik dafür verantwortlich, dass die Maschinen eingebaut werden
296 und das sie verkabelt werden und an die Klimaanlage angeschlossen. Das wird, im Rahmen
297 der Beschaffung, denen schon vorher mitgeteilt, dass die schon wissen, was so am Ende
298 der Beschaffung auf sie zu kommt. Das die nicht völlig überrascht da stehen. Und wenn
299 die Maschinen soweit fertig sind, geht dann das Change–Ticket weiter an die UNIX–
300 Admins. Die richten das System ein. Dann geht es zu den jeweiligen Teams, die dann noch
301 irgendwelche Zwischen–Software oder Infrastruktur–Software installieren müssen, also
302 Datenbanken oder Application–Server oder ähnliche Produkte. Und wenn das fertig ist,
303 dann geht eigentlich die Meldung an das Kundenmanagement, von dem ursprünglich mal
304 die Anfrage kam, dass ein neues System gebraucht wird. Und dann können die dem Kunden
305 Vollzug melden. Und dann kann der Kunde die nächsten Schritte einleiten, was er gerne mit
306 dem System anstellen möchte. 00:26:42-9

307 **I:** Wie stellt ihr denn sicher, dass das was nachher aufgesetzt ist, auch den Anforderungen
308 entspricht? 00:26:49-7

309 **B5:** Wir hoffen das sich, alle die zwischendrin beteiligt sind, an das Konzept halten. 00:26:59-
310 5

311 **I:** Also, quasi wandert das Konzept immer mit, wird auch entsprechend verfeinert? 00:27:07-
312 7

313 **B5:** Wenn das nötig sein sollte, ja. Also normalerweise entsteht das Konzept ja unter
314 anderem zusammen mit den Personen, die auch die Systeme beschaffen. Und falls dann
315 spezielle Konfiguration, die vom Standard abweichen, nötig sein sollten, beispielsweise das
316 Netzwerkumfeld oder im SAN–Umfeld oder Ähnliches, dann sind diese Teams auch schon
317 bei der Konzepterstellung beteiligt. Das heißt, die wissen dann schon auf was sie sich da
318 einzurichten haben. Und mit denen wird auch vorher geklärt, ob das überhaupt technisch
319 möglich ist. Und von daher, ist dann eigentlich sichergestellt, dass das auch so umgesetzt
320 wird, wie wir das konzipiert haben. 00:27:47-1

321 **I:** Also gibt es dann nicht am Ende noch irgendwie einen Abnahmeprozess oder…? 00:27:53-
322 3

323 **B5:** Es gibt dann schon noch Funktionstests, die auch im Rahmen des Konzeptes ausgear-
324 beitet werden, Sachen, die man einfach am Ende mal testen möchte. Das wird dann schon
325 noch durchgeführt. 00:28:04-2

326 **I:** Also eine Qualitätssicherung habt dir (**B5:** eine Qualitätssicherung gibt es, ja) dann
327 noch. … Wie dokumentiert ihr denn diese — ich sag mal das ist ja ein Workflow — wie
328 dokumentiert ihr den? Gibt es dafür ein System? Melden das die Leute selber weiter?
329 00:28:19-9

330 **B5:** Dieser ganze Beschaffungsprozess und Einsatzprozess? (**I:** ja genau) Für den Be-
331 schaffungsprozess gibt es ein Workflow, mit dazugehörigen Dokumenten. Also Word–
332 Dokumente mit Provision drin, also mit so Makros, wo man dann Emails generieren kann,
333 an die verschiedensten beteiligten Stellen. Und der Einsatzprozess wird dann auch über das
334 Ticket–System abgewickelt. Weil da auch schon dieser Change–Prozess läuft. 00:28:51-4

335 **I:** Und das läuft dann auch ähnlich dann? 00:28:52-6

336 **B5:** Das läuft dann analog. 00:28:53-6

337 **I:** Zum Schluss möchte ich dich noch fragen, worin du die größten Probleme siehst zwischen
338 der Integration von, von dem Management der Architektur und dem Betrieb selber, also
339 der Umsetzung des Ganzen? 00:29:11-6

340 **B5:** Gute Frage. Das Problem ist, das es bei uns das bisher die gesamte Integration ein

341 bisschen fehlt und alles ein bisschen entkoppelt ist voneinander. Also für uns ist es halt
342 beispielsweise immer schwer überhaupt einen Überblick über die Umgebung zu haben. Also
343 einen konsistenten Überblick. Vor allen Dingen auch über das gesamte Rechenzentrum
344 hinweg. Bei uns hat halt jeder so seine eigene, eigene Sicht und eigene Dokumentation und
345 muss sich halt dann, wenn er mal in einen anderen Bereich eingreifen will beziehungsweise
346 auch so ein übergeordnetes Bild haben will aus anderen Quellen wieder bedienen. Also man
347 muss die auch direkt anfragen. Ich habe halt keinen — wie gesagt, diese CMDB, wenn die
348 alle Informationen hätte, die ich bräuchte, um mir halt mein Abbild des Rechenzentrums
349 zu bilden, dann wäre das halt sehr schön. Aber das hat sie halt im Moment noch nicht. Und,
350 ja es ist dann halt auch sehr schwer irgendwie, sage ich mal, das Ganze zu analysieren und
351 vielleicht auch Fehler zu erkennen und vielleicht auch zu verbessern, das ganze System. Weil
352 wenn der Gesamtüberblick dann doch ein bisschen, ein bisschen mehr abgibt. 00:30:25-9

353 **I:** Okay. Also wenn ich dich richtig verstehe, siehst du als Lösung dieses Integrationspro-
354 blems, eine einheitliche Datenbasis auf der man Analysen machen, Planungen machen
355 kann. **(B5:** ja) Und das auch alle Einblick haben in das ganze System. **(B5:** genau, genau)
356 Könntest du irgendwie eine Automatisierung vorstellen von irgendwelchen Schritten. Also
357 zum Beispiel Schritte von der Architekturplanung bis runter zur Konfiguration? 00:30:56-5

358 **B5:** Gute Frage. Also einen gewissen Teil des Prozesses könnte man durchaus automatisieren
359 — denke ich schon. Also vor allen Dingen halt diese Schritte von, beispielsweise Server
360 werden beschafft, werden eingebaut bis sind betriebsbereit. Das sind im Endeffekt ja immer
361 die gleichen Schritte. Und wenn man das schon im Konzept irgendwie hinterlegt, was
362 braucht man an Produkten und das, im Prinzip, in einer einheitlichen Sprache abbildet,
363 dann könnte man schon diesen ganzen Inbetriebnahmeprozess automatisieren. Analog mit
364 der Beschaffung, im Endeffekt ist es ja auch immer nur, ich fülle ein Word–Dokument aus
365 und schicke das an gewisse Stellen. Das könnte man theoretisch auch aus einem Konzept
366 heraus generieren, das Ganze. Also denke ich mal schon, dass man das automatisieren kann.
367 00:31:56-3

368 **I:** Okay. Vielen Dank. Wenn man sich jetzt den Weg andersherum vorstellt. Also wir haben
369 eine bestehende IT–Systemlandschaft und wollen eine neue Architektur oder Änderungen
370 an irgendwelchen Systembestandteilen machen. Könntest du dir da etwas automatisiert
371 vorstellen? 00:32:13-3

372 **B5:** Schwierig. Ich bin immer so ein bisschen ein Gegner von automatischen Änderungen
373 an bestehenden Architekturen — auf jeden Fall bei vollautomatischen Änderungen wäre ich
374 halt immer ein bisschen, ein bisschen skeptisch. 00:32:29-9

375 **I:** Warum bist du da skeptisch? 00:32:31-8

376 **B5:** Weil ich dann doch lieber nochmal darauf gucke, auf irgendwelche Änderungen, bevor
377 die live gehen. Also, wenn man natürlich sicherstellen könnten, dass die Änderungen zwar
378 vollautomatisch durchgeführt werden, aber beispielsweise auf einem Referenzsystem und ich
379 dann nochmal einen Abnahmetest machen kann, bevor das Ganze in Produktion geht, dann
380 ist es natürlich denkbar. Aber wenn vollautomatisch Änderungen durchgeführt werden,
381 ohne dass ich nochmal einen Kontrollschritt dazwischen habe, dann wäre das, denke ich
382 mal, schon etwas heiß. 00:33:05-5

383 **I:** Okay. Ja das ist nachvollziehbar. Gut. Ich bin soweit durch, mit meinen Fragen. 00:33:10-5

Gespräch über den Verlauf der Dissertation und weiterer Zusammenarbeit bis 00:46:09-3
Verabschiedung

A.2 Extrahiertes Kategoriensystem

Tabelle A.1: *Extrahiertes Kategoriensystem*

Nr.	Bezeichnung der Kategorie
A	*Enterprise-Architecture-Management*
A.1	*Bedeutung des EAM*
A.1.1	wichtig für Kosteneinsparungen
A.1.2	grundsätzlich wichtig
A.1.3	hat Bedeutung für Übersetzung von Geschäftsprozessen in IT-Systeme, da Wissen nicht in Geschäftsbereichen vorhanden
A.1.4	keine Machtposition weil heterogene Struktur
A.1.5	ohne EAM, Aufsetzen von strategischer Unternehmensarchitektur unmöglich
A.1.6	Konsolidierung von IT-Systemen, IT-Organisationen und Standorten
A.1.7	Planungsdisziplin
A.2	*Aufgaben des EAM*
A.2.1	minimale Architekturentwicklung
A.2.2	Abstimmung Unternehmensarchitektur und -strategie
A.2.3	Erfassen von Geschäftsprozessen
A.2.4	Ah-Hoc-Erstellung einer Zielarchitektur
A.2.5	Einflussnahme auf laufende IT-Projekte
A.2.6	Entscheidungen protokollieren und bewerten
A.2.7	Analyse Kosteneinsparpotenziale und nützlicher Investitionen
A.2.8	Zuordnung von Geschäftsprozessen zu IT-Systemen
A.2.9	Festlegung strategischer Unternehmensarchitektur, benötigter Infrastruktur
A.2.10	Erstellen Zielarchitektur
A.2.11	Erstellen Zielorganisation
A.2.12	Planung IT-Infrastruktur
A.2.13	Bewertung Architekturelemente nach Business-Relevanz
A.2.14	Schnittstellenmanagement für Daten und Services
A.2.15	keine Zielarchitektur erstellbar
A.2.16	IST-Analyse durch Kosten- und Nutzenerfassung
A.2.17	Umsetzung der Zielarchitektur
A.2.18	Übersetzung der Zielarchitektur in IT-Infrastrukturanforderungen
A.3	*Ziele des EAM*
A.3.1	Vermittlung
A.3.2	Beratung
A.3.3	Schaffung von Transparenz
A.3.4	Verstehen der Unternehmensarchitektur führt zu richtiger Lösung
A.3.5	Herstellen von Vergleichbarkeit

Fortsetzung auf der nächsten Seite

Nr.	Bezeichnung der Kategorie
A.3.6	Übersetzung
A.3.7	Planung des Aufbaus des Rechenzentrums (RZ)
A.3.8	Schaffung von Verständnis in IT-Projekten
A.3.9	ganzheitliche Betrachtung und Kontrolle
A.4	**Rahmenbedingungen für das EAM**
A.4.1	Fachbereiche besitzen eigenes IT-Budget
A.4.2	Verantwortung für benötigte Applikationen bei Fachbereichen
A.4.3	Festlegung Zielarchitektur führt zu Einschränkung des eigenes Handlungsspielraums
A.4.4	Machtposition gegenüber Fachbereichen nicht argumentationsfähig
A.4.5	Architektur muss offen und erweiterbar sein
A.4.6	Architektur muss vergleichbare Grundlage sein
A.4.7	IT-Systeme verschieden je Einsatzart: Demo, Schulung, Entwicklung, Business
A.4.8	Architektur wird als IT-Architektur verstanden
A.4.9	IST-Architektur ist historisch gewachsen
A.5	**Zusammenhang Bedeutung EAM zur Unternehmensgröße**
A.5.1	keine Angabe
A.5.2	EAM unabhängig von Unternehmensgröße wichtig
A.5.3	unterschiedliche Notwendigkeit: je größer Unternehmen, desto größer Komplexität, desto größer Nutzen von EAM
A.6	**Instrumente des EAM**
A.6.1	Architekturentwicklung erfolgt in IT-Projekten
A.6.2	Architekturentwicklung unterstützt durch eigene Rolle: *IT-Architekt*
A.6.3	Architekturentwicklung unterstützt durch eigene Teams: *Enterprise-Architecture-Team* und *Technical-Design-Authority-Team (TDA-Team)*
A.6.4	Architekturentwicklung unterstützt durch eigene Teams: *System-Teams*
A.6.5	Einsatz eines Architekturboards (AB)
A.6.6	AB schafft Mehrwert und Transparenz durch Festlegen Verbindlichkeiten und Kommunikation der Teilnehmer
A.6.7	AB trifft Entscheidungen über Art und Weise der Lösung
A.6.8	AB nimmt Ergebnisse ab
A.6.9	AB durch IT-Manager der Fachbereiche besetzt
A.6.10	Unternehmensarchitekt nimmt spezifische System- oder Servicedesigns ab
A.6.11	Methodeneinsatz (standardisiert)
A.6.12	Methodeneinsatz (individuell)
A.6.13	IST-Analyse
A.6.14	Dokumentation Architekturentscheidungen
A.6.15	Festlegen der Umsetzungsreihenfolge durch Portfoliomanagement
A.6.16	Gespräche mit Anspruchsgruppen in mehreren Iterationen
A.6.17	EA-Team mit Schnittstelle zum Fachbereich (Erfassen von Anforderungen und Planung Zielarchitektur)
A.6.18	TDA-Team mit Schnittstelle zum EA-Team und IT-Abteilung (Übersetzung der Zielarchitektur in IT-Infrastrukturanforderungen)
A.7	**Erfolgsfaktoren des EAM**
A.7.1	Zusammenarbeit und Kommunikation im Architekturboard
A.7.2	Koordination Architekturboard und Portfoliomanagement
A.7.3	Betrachtung der Business-Relevanz
A.7.4	Zusammenarbeit und Kommunikation zwischen Fachbereich, EA-Team, TDA-Team und IT-Abteilung
A.7.5	Einsatz der Instrumente
A.7.6	konsequente Umsetzung von Entscheidungen
A.7.7	Protokollieren
A.7.8	Betrachtung Kosten-Nutzen-Verhältnis für EAM (Ausbildung, Prozesse, Tools)
A.7.9	Iterativer Planungsprozess
A.7.10	Planungsprozess mit wenigen Personen
A.7.11	Planungsprozess entsteht aus technischer Sicht
A.8	**Typische Entscheidungen des EAM**
A.8.1	Einsatz Standards und Protokolle
A.8.2	Wiederverwendung von Komponenten

Fortsetzung auf der nächsten Seite

Nr.	Bezeichnung der Kategorie
A.8.3	Standardlösungen/Individualentwicklung
A.8.4	In-/Outsourcing (Standorte)
A.8.5	Architekturelemente auf Basis von Zielerreichungsgraden (Kosten/Investement)
A.8.6	Zuordnung IT-Systeme zu Geschäftsprozessen
A.8.7	Architekturelemente auf Basis von bewerteten IT-Infrastrukturanforderungen
B	*Dokumentation der Unternehmensarchitektur und IT-Systemlandschaft*
B.1	*Arbeitsprodukte*
B.1.1	strategische Unternehmensarchitektur
B.1.2	keine Zielarchitektur
B.1.3	Zielarchitektur auf Basis von Entscheidungen
B.1.4	Patternkatalog
B.1.5	Business–Domänen
B.1.6	IST–Architektur
B.1.7	IT–Systemlandschaft
B.1.8	Capability–Framework
B.1.9	Grob- und Feinkonzepte für die Umsetzung
B.2	*Erfassung der IST-Architektur*
B.2.1	keine Aussage
B.2.2	je nach Kunde unterschiedlich
B.2.3	Werkzeuge können IT-Systemlandschaft automatisch erfassen
B.2.4	manuelle Erfassung durch Interviews
B.2.5	manuelle Erfassung durch Workshops
B.2.6	manuelle Erfassung und Rekonstruktion
B.2.7	manuelle Erfassung und Korrektur von Differenzen zur automatischen Erfassung
B.2.8	Übertragung der IST-Architektur in standardisierte Form
B.2.9	nur in CMDB dokumentiert
B.3	*Art der Dokumentation*
B.3.1	nicht-formale Dokumentation
B.3.2	je nach Kunde unterschiedlich
B.3.3	Dokumentation vorhanden
B.3.4	Dokumentation nicht vorhanden
B.3.5	kann in Repositorys vorliegen
B.3.6	wird zentral veröffentlicht
B.3.7	ist dezentral vorhanden
B.3.8	textuelle Dokumentation mit Visualisierungen
B.3.9	Standardformulare
B.4	*Inhalte der Dokumentation*
B.4.1	strategische Unternehmensarchitektur: mehrschichtige Komponenten ohne spezifische Produkte
B.4.2	Patternkatalog: abstrakte Beschreibung von Problemlösungen ohne spezifische Produkte
B.4.3	Business–Domänen: Daten, Datenobjekte, Datenstrukturen, Verantwortlichkeiten
B.4.4	Architektur mit mehreren Sichtweisen gibt einheitliches Bild
B.4.5	IT-Systemlandschaft mit Bausteinen der Facharchitektur verbunden
B.4.6	Architekturentscheidungen
B.4.7	Elemente einer Zielarchitektur
B.4.8	Zielarchitektur enthält: Standorte, Sourcing, wichtige Applikationen
B.4.9	IT-Systemlandschaft nicht mit Facharchitektur verbunden
B.4.10	Dokumenation der IT-Systemlandschaft enthält: Hardware, Software, Server, Storage, Service-Level, Ansprechpartner
B.4.11	Dokumentation der IT-Systemlandschaft enthält: Netzwerkstrukturen, Datenbanken, Hardware
B.4.12	Architekturdarstellungen enthalten: Systeme, Verbindungen und Datenflüsse
B.4.13	Architekturdarstellungen verdeutlichen einzelne Sachverhalte
B.4.14	Abbildung der gesamten IT-Systemlandschaft nicht sinnvoll
B.4.15	Finanzdaten einzelner Elemente der IT-Systemlandschaft
B.4.16	Beschreibung von Funktionstests für Qualitätssicherung
B.5	*Werkzeuge zur Dokumenation*
B.5.1	Werkzeuge für Definition von Business–Domänen
B.5.2	Werkzeuge für Modellierung
B.5.3	Werkzeuge für automatische Erfassung der IST-Architektur (z.B. Scanner oder Agenten)

Fortsetzung auf der nächsten Seite

Nr.	Bezeichnung der Kategorie
B.5.4	Werkzeuge für Architekturdokumentation
B.5.5	nicht-spezialisierte Werkzeuge für Architekturdokumentation und -modellierung (z.B. Office-Produkte)
B.5.6	Repositorys oder Konfigurationsdatenbanken (CMDB)
B.5.7	Werkzeuge für Zusammenarbeit (Workflow, Email etc.)
B.6	*Zweck der Dokumentation*
B.6.1	Transparenz
B.6.2	strategische Unternehmensarchitektur bildet Konzept für Systementwicklung in Projekten
B.6.3	Patternkatalog bildet Lösungsvorschriften für Projekte
B.6.4	Dokumentation der Business-Domänen zum Vermeiden von Redundanzen, zur Unterstützung des Schnittstellenmanagements, zum Aufzeigen von Überschneidungen und Schwierigkeiten
B.6.5	Dokumentation der IST-Architektur ermöglicht Analysen für Vorbereitung von Architekturentscheidungen (Zielarchitektur)
B.6.6	CMDB dient als Data-Warehouse
B.6.7	Dokumentation der IST-Architektur ermöglicht Vergleichbarkeit der Architekturelemente auf Kostenbasis
B.6.8	Erkennen von Zusammenhängen
B.6.9	Dokumentation der Elemente, die nicht automatisiert erfassbar sind
B.6.10	Vorbereitung von Entscheidungen
B.7	*Modellierungsprachen der Dokumentation*
B.7.1	keine Aussage
B.7.2	durch Modellierungstool unterstützte Sprachen (z.B. UML, BPMN)
B.7.3	hauptsächlich Unified Modeling Language (UML)
B.7.4	ganz selten UML
B.7.5	UML zu umfangreich
B.7.6	Business-Process-Modeling-Notation (BPMN)
B.7.7	eigene Syntax
B.7.8	hauptsächlich eigene Syntax
B.7.9	UML ähnliche Sprachen
B.7.10	gelegentlich Entity-Relationship (ER)
B.7.11	wenn standardisiert, dann UML oder ER
B.8	*Abstraktion der Architekturbeschreibungen*
B.8.1	keine Aussage
B.8.2	hoher Abstraktionsgrad
B.8.3	je nach Level, unterschiedlicher Abstraktionsgrad
B.8.4	nur relevante Elemente: relevant = wiederverwendbare Elemente
B.8.5	nur relevante Elemente: relevant = Architekturentscheidung liegt vor
B.8.6	nur relevante Elemente: relevant = Elemente mit hoher Business-Relevanz
C	*Änderungen der Unternehmensarchitektur*
C.1	*Änderungsgründe*
C.1.1	neue oder geänderte Anforderungen
C.1.2	Hinzunahme von Komponenten
C.1.3	Veränderungen des Unternehmens und dessen Umwelt
C.1.4	Wachstum von Applikationen
C.1.5	Neue Einsatzfelder von Applikationen
C.1.6	Veränderte Relevanz von Elementen
C.1.7	Konsolidierung (organisatorisch oder technisch)
C.1.8	Aktuelle Trends
C.1.9	Konfigurationsänderungen sind kein Grund (Optimierung, Fehlerbeseitigung, Updates)
C.2	*Änderungshäufigkeit*
C.2.1	Unternehmensarchitektur unterliegt kontinuierlichen Änderungen
C.2.2	keine Regelmäßigkeit
C.2.3	Kernsysteme selten
C.2.4	IT-Architektur relativ statisch
C.2.5	Konfigurationen ändern sich häufiger als IT-Architektur
C.3	*Auslöser für Änderungen*
C.3.1	wenn notwendig

Fortsetzung auf der nächsten Seite

Nr.	Bezeichnung der Kategorie
C.3.2	notwendig, wenn Architekturentscheidungen getroffen
C.3.3	notwendig, wenn Verschleiß der Hardware
C.3.4	wenn Zeit vorhanden
C.3.5	regelmäßige Zyklen
C.3.6	regelmäßige Zyklen sind festgelegt
C.3.7	regelmäßige Zyklen orientieren sich an Lebenszyklen von Architekturelementen
C.3.8	regelmäßige Zyklen orientieren sich an Releasewechseln
C.3.9	regelmäßige Zyklen orientieren sich an Trends
C.3.10	Änderung von Konfigurationen
D	**Umsetzung im IT-Betrieb**
D.1	*Art und Weise*
D.1.1	keine direkte Begleitung durch Unternehmensarchitekten
D.1.2	direkte Begleitung durch Unternehmensarchitekten
D.1.3	direkte Begleitung durch IT-Architekten in Projekten
D.1.4	keine Automatisierung bei Überführung
D.1.5	Projektführung und -abwicklung durch HERMES-Methode
D.1.6	Einsatz standardisierter Software-Entwicklungsprozess
D.1.7	Schnittstelle bildet Betriebshandbuch
D.1.8	Umstrukturierung des IT-Betriebs
D.1.9	Eigene Formulare definieren Prozess
D.1.10	Inbetriebnahme- und Betriebsprozesse nach ITIL
D.2	*Grundlage*
D.2.1	strategische Unternehmensarchitektur
D.2.2	vorgeschriebene Patterns, Standards und Standardprotokolle
D.2.3	Definition der Business-Domänen
D.2.4	Entscheidungen des Architekturboards
D.2.5	durch Architekturentscheidungen erstellte Zielarchitektur (z.B. auf Basis von Kostenanalysen)
D.2.6	HERMES-Methode hat keine Referenz auf Architektur
D.3	*Erstellte Dokumente*
D.3.1	keine Angabe
D.3.2	Betriebshandbuch
D.3.3	Standardformulare
D.3.4	Grob- und Feinkonzept
D.4	*Instrumente*
D.4.1	indirekte Einflussnahme durch Architekturboard
D.4.2	HERMES-Methode
D.4.3	unternehmensweite, an TOGAF orientierte Methode
D.4.4	TOGAF
D.4.5	Roadmap
D.4.6	standardisierte Formulare
D.4.7	Kostenbewertung der IT-Infrastrukturanforderungen
D.4.8	begleitende Gesprächstermine
D.4.9	Inbetriebnahme- und Betriebsprozesse nach ITIL
D.4.10	Qualitätssicherung
D.5	*Gestaltungsobjekte*
D.5.1	keine Angabe
D.5.2	in Roadmap sind Meilensteine und Pakete dokumentiert
D.5.3	ein Paket beinhaltet einen Teil der Zielarchitektur
D.5.4	je Paket werden SW-Komponenten und IT-Infrastruktur beschrieben
D.5.5	IT-Infrastruktur wird auf Standorte verteilt (Sourcing)
D.5.6	Outsourcing, wenn Applikation niedrige Business-Relevanz und Outsourcer hohe Skaleneffekte erzielt
D.5.7	Betriebsprozesse
D.5.8	IT-Infrastrukturelemente (z.B. Hauptspeicher, Festplattengröße, Storage, Hardware, Netzwerk)
D.5.9	Service-Level-Agreements (SLA)
D.5.10	Energieverbrauch (Kühlung, Abwärme)
D.5.11	Netzwerkplan für Zuordnung der IT-Infrastrukturelemente

Fortsetzung auf der nächsten Seite

Nr.	Bezeichnung der Kategorie
D.6	*Werkzeugeinsatz*
D.6.1	Werkzeugeinsatz ist Pflicht vom Design zur Lösung, Sizing
D.6.2	Werkzeuge für Erstellung von Versionen und Releases von SW
D.6.3	Werkzeuge für Change-Management, Release-Management, Configuration-Management
D.6.4	Werkzeuge für Beschaffungsprozess
D.6.5	Werkzeuge für Kommunikation
D.6.6	nicht werkzeugunterstützt
D.7	*Modelle*
D.7.1	keine Modelle
D.7.2	Modelle sind wichtig
D.7.3	Standortmodelle (Standorte von RZ, HW im RZ, HW im Rack)
D.7.4	Sourcingmodelle
D.7.5	Kostenmodell für geplante IT-Infrastruktur
D.7.6	Netzwerk-, Gebäude- und Kabelmodelle
D.7.7	je Paket ein Betriebsmodell
D.7.8	Betriebsmodell beinhaltet: Logical Operational Model (LOM) und Physical Operational Model (POM)
D.7.9	LOM besteht aus Conceptual Operational Model und Specification Level of Operational Model (SOM)
D.7.10	COM stellt Verbindung der SW-Komponenten zu IT-Infrastrukturkomponenten her
D.8	*Rollen*
D.8.1	Unternehmensarchitekt
D.8.2	Enterprise-Architecture-Team
D.8.3	Fachleute für Überführung (z.B. IT-Architekt, Technical Solution Manager, Technical Design Authority)
D.8.4	Fachleute für Aufbau und Betrieb aus Technik-Team
D.9	*Erfolgsfaktoren*
D.9.1	Kommunikation der Mitglieder des Architekturboards
D.9.2	Schaffung von Transparenz
D.9.3	Übergabe des Betriebshandbuchs an IT-Betrieb
D.9.4	Durchgängigkeit der Modelle von Komponenten bis Betriebsmodell der IT-Infrastruktur
D.9.5	fließender Übergang
D.9.6	Wiederverwendung von Strukturen (Organisation und Elemente der Architektur)
D.9.7	Iteratives Vorgehen
D.9.8	Entscheidungsfindung für IT-Infrastruktur auf Basis von Kosten
D.9.9	Wissen zum Aufbau der IT-Infrastruktur liegt bei Fachleuten
D.9.10	Budget und Technik begrenzen Lösungsraum und führen auch zu suboptimalen Lösungen aus Architektursicht
D.9.11	ITIL-konforme Betriebsprozesse
D.9.12	Einsatz einer CMDB
D.9.13	Kommunikation zwischen allen notwendigen Teams vor Realisierung
D.9.14	Prüfung der technischen Realisierbarkeit vor Einsatz
E	*Probleme und Lösungen*
E.1	*Komplexität und Aufwand*
E.1.1	Komplexität erschwert Governance
E.1.2	Abstimmungen schwierig
E.1.3	Vermeidung von Wildwuchs
E.1.4	grobe Ausrichtung auf homogenisierte Systemlandschaft erhalten obwohl Fachbereiche für Applikationen verantwortlich
E.1.5	Aufwand entsteht durch unflexible, nicht-erweiterbare Architekturen
E.1.6	Aufwand entsteht durch Einsatz unterschiedlicher Systeme mit gleichen fachlichen Aufgaben
E.1.7	Aufwand entsteht durch Einsatz von EAM selbst
E.1.8	Aufwand entsteht durch die Komplexität von Unternehmensstrukturen
E.1.9	Aufwand entsteht durch Verwendung nicht-standardisierter Modellierungssprachen
E.1.10	Aufwand entsteht durch Komplexität standardisierter Modellierungssprachen
E.1.11	Informationsverlust durch Einsatz nicht-standardisierter Modellierungssprachen
E.1.12	Mittelweg bei Verwendung von Modellierungssprachen notwendig
E.1.13	Aufwand entsteht bei Analysen für Optimierung und Fehlersuche durch Wissensverteilung

Fortsetzung auf der nächsten Seite

Nr.	Bezeichnung der Kategorie
E.2	*Fachlicher Kontext der Systeme in IST-Architektur*
E.2.1	keine Angabe
E.2.2	IST-Analyse nur sinnvoll, wenn fachlicher Kontext erfasst
E.2.3	Facharchitektur fehlt oft in Unternehmens
E.2.4	Facharchitektur ist nicht automatisiert erfassbar
E.2.5	Facharchitektur nicht in Konfigurationsdatenbank abgelegt
E.3	*Integration von EAM und IT-Betrieb*
E.3.1	fehlende Integration des EAM mit Projektabwicklung
E.3.2	vorgeschriebene HERMES-Methode hat keine Erwähnung von Architektur
E.3.3	kein fließender Übergang zwischen EAM und IT-Betrieb vorhanden
E.3.4	Verantwortung der Unternehmensarchitekten endet bei Definition des Betriebshandbuches
E.3.5	für Umsetzung ist IT-Organisation zuständig
E.3.6	unterschiedliche Detailierungslevel existieren in benötigten Modellen
E.3.7	Architekturbeschreibungen nicht ausreichend für IT-Betrieb
E.3.8	Unternehmensarchitektur und Konfiguration besitzen unterschiedliche Detailierungslevel
E.3.9	es existiert eine Lücke zwischen EAM und IT-Betrieb
E.3.10	manchmal fehlt Verständnis für Architektur auf IT-Seite
E.3.11	Formalisierung der Prozesse sinnvoll
E.3.12	Architekturplanung manchmal realitätsfern
E.3.13	Architekten erstellen optimale Lösung
E.3.14	Abweichende Vorstellungen im IT-Betrieb durch Budget- und Technikrestriktionen
E.3.15	Architekturplanung und IT-Betrieb nicht abgestimmt
E.3.16	Bereiche des IT-Betriebs sind nicht aufeinander abgestimmt
E.3.17	fehlende Synchronisation der Lösungsentwicklung aus verschiedenen Sichtweisen
E.3.18	fehlendes Wissen über Betriebsprozesse bei Architekten
E.3.19	fehlendes Wissen über Fachseite bei IT-Betrieb
E.4	*Verwaltung von Wissen und Erfahrung*
E.4.1	erstellte Dokumentationen müssen gepflegt werden
E.4.2	rechtzeitige Versorgung mit Informationen von Bedeutung für Entscheidungsfindung und Kommunikation
E.4.3	viele Kunden haben keine Übersicht über die eigesetzten Systeme
E.4.4	bei einigen Kunden ist Wissen redundant abgelegt
E.4.5	Daten einer CMDB müssen gepflegt werden
E.4.6	schwer einen konsistenten Überblick über Rechenzentrum zu erhalten
E.4.7	Daten einer CMDB nicht immer aktuell
E.4.8	Wissen über IT-Systemlandschaft nicht konsolidiert
E.4.9	Wissen über IT-Systemlandschaft dezentral verwaltet
E.4.10	Zugang zu Wissen aus anderen Bereichen erschwert/verzögert Arbeit
E.4.11	Zugang zu Wissen kann aus Sicherheitsgründen beschränkt sein
E.5	*Reifegrad des EAM*
E.5.1	keine Angabe
E.5.2	auf Grund fehlender Machtposition keine Zielarchitektur
E.5.3	EAM besitzt geringen Reifegrad
E.5.4	nur Planung und Umsetzung, wenn notwendig
E.5.5	EAM noch nicht etabliert
E.5.6	Unternehmensarchitekt ist Missionar
E.5.7	Übergreifender Prozess fehlt
E.6	*Automatisierung*
E.6.1	keine Angabe
E.6.2	Vollautomatisierung nicht möglich
E.6.3	Vollautomatisierung nicht sinnvoll
E.6.4	Automatisierte Erfassung der IST-Architektur bedingt möglich
E.6.5	Automatisierte Erfassung des fachlichen Kontextes nicht möglich
E.6.6	Inbetriebnahmeprozess kann automatisiert werden
E.6.7	Automatisierung hat in Zukunft hohen Stellenwert
E.6.8	Automatisierung kann Prozess unterstützen
E.6.9	Automatisierung für Standardaufgaben möglich
E.6.10	Automatisierung von Services aus Katalog möglich

Fortsetzung auf der nächsten Seite

Nr.	Bezeichnung der Kategorie
E.6.11	Model–Driven–Ansatz brauchbar
E.6.12	Teilautomatisierung der Umsetzung möglich
E.6.13	Automatisierung von Architekturänderungen nicht sinnvoll
E.6.14	Automatisierung der Verteilung und Konfiguration von Softwarekomponenten auf IT–Infrastruktur möglich

A.3   Zwischenergebnisse der qualitativen Inhaltsanalyse

A.3.1   Zwischenergebnis Interview 1

Tabelle A.2: *Zwischenergebnis der qualitativen Inhaltsanalyse für Interview 1*

Nr.	Bezeichnung der Kategorie	Transkription (Zeile)
A.1.1	wichtig für Kosteneinsparungen	112–113; 115–118
A.1.4	keine Machtposition weil heterogene Struktur	68–71; 79–80; 297–298
A.2.1	minimale Architekturentwicklung	149–151; 181–182; 295
A.2.5	Einflussnahme auf laufende IT–Projekte	80
A.2.7	Analyse Kosteneinsparpotenziale und nützlicher Investitionen	116–119
A.2.9	Festlegung strategische Unternehmensarchitektur, benötigter Infrastruktur	87; 89–90; 145–146
A.2.12	Planung IT–Infrastruktur	86
A.2.14	Schnittstellenmanagement für Daten und Services	123–126; 286
A.2.15	keine Zielarchitektur erstellbar	96
A.3.1	Vermittlung	294
A.3.2	Beratung	294; 296
A.3.3	Schaffung von Transparenz	294
A.3.8	Schaffung von Verständnis in IT–Projekten	295–295
A.3.9	ganzheitliche Betrachtung und Kontrolle	295
A.4.1	Fachbereiche besitzen eigenes IT–Budget	65–66
A.4.2	Verantwortung für benötigte Applikationen bei Fachbereichen	284–285
A.4.3	Festlegung Zielarchitektur führt zu Einschränkung des eigenes Handlungsspielraums	299–302
A.4.4	Machtposition gegenüber Fachbereichen nicht argumentationsfähig	70–71
A.5.1	keine Angabe	—
A.6.1	Architekturentwicklung erfolgt in IT–Projekten	183
A.6.2	Architekturentwicklung unterstützt durch eigene Rolle: *IT–Architekt*	179–101
A.6.5	Einsatz eines Architekturboards (AB)	133
A.6.6	AB schafft Mehrwert und Transparenz durch Festlegen Verbindlichkeiten und Kommunikation der Teilnehmer	130–133; 142
A.6.7	AB trifft Entscheidungen über Art und Weise der Lösung	128–129; 142–144
A.6.8	AB nimmt Ergebnisse ab	144–149
A.6.9	AB durch IT–Manager der Fachbereiche besetzt	129–130
A.6.10	Unternehmensarchitekt nimmt spezifische System- oder Servicedesigns ab	146–147
A.7.1	Zusammenarbeit und Kommunikation im Architekturboard	140–141; 305–306
A.8.1	Einsatz Standards und Protokolle	123–124; 148; 219; 256–257
A.8.2	Wiederverwendung von Komponenten	92–93; 98–99; 117–119
B.1.1	strategische Unternehmensarchitektur	254–255
B.1.2	keine Zielarchitektur	96
B.1.4	Patternkatalog	259
B.1.5	Business–Domänen	228

Fortsetzung auf der nächsten Seite

Nr.	Bezeichnung der Kategorie	Transkription (Zeile)
B.2.1	keine Angabe	—
B.3.1	nicht-formale Dokumentation	218
B.3.6	wird zentral veröffentlicht	236–237
B.4.1	strategische Unternehmensarchitektur: mehrschichtige Komponenten ohne spezifische Produkte	218–221
B.4.2	Patternkatalog: abstrakte Beschreibung von Problemlösungen ohne spezifische Produkte	225
B.4.3	Business–Domänen: Daten, Datenobjekte, Datenstrukturen, Verantwortlichkeiten	229–231; 249
B.5.1	Werkzeuge für Definition von Business–Domänen	227-228
B.6.1	Transparenz	142; 294
B.6.2	strategische Unternehmensarchitektur bildet Konzept für Systementwicklung in Projekten	222; 239–241
B.6.3	Patternkatalog bildet Lösungsvorschriften für Projekte	223; 225–226
B.6.4	Dokumentation der Business–Domänen zum Vermeiden von Redundanzen, zur Unterstützung des Schnittstellenmanagements, zum Aufzeigen von Überschneidungen und Schwierigkeiten	237–239; 245–249
B.7.1	keine Angabe	—
B.8.2	hoher Abstraktionsgrad	234–235
B.8.4	nur relevante Elemente: relevant = wiederverwendbare Elemente	88–90; 231–235
C.1.1	neue oder geänderte Anforderungen	93–96; 98–99
C.2.1	Unternehmensarchitektur unterliegt kontinuierlichen Änderungen	78; 80; 83–86; 99
C.3.1	wenn notwendig	90–92
D.1.1	keine direkte Begleitung durch Unternehmensarchitekten	109–111; 164–165
D.1.3	direkte Begleitung durch IT–Architekten in Projekten	156–157
D.1.5	Projektführung und -abwicklung durch HERMES-Methode	154
D.2.1	strategische Unternehmensarchitektur	87–89; 219
D.2.2	vorgeschriebene Patterns, Standards und Standardprotokolle	256–257; 261–262
D.2.3	Definition der Business–Domänen	229–231
D.2.4	Entscheidungen des Architekturboards	130–133; 148–149
D.2.6	HERMES-Methode hat keine Referenz auf Architektur	156; 159–160
D.3.1	keine Angabe	—
D.4.1	indirekte Einflussnahme durch Architekturboard	142–146
D.4.2	HERMES-Methode	154
D.5.1	keine Angabe	—
D.6.6	nicht werkzeugunterstützt	109–111
D.7.1	keine Modelle	109–111
D.8.1	Unternehmensarchitekt	255–256
D.8.3	Fachleute für Überführung (IT–Architekt, Technical Solution Manager, Technical Design Authority)	156–157
D.9.1	Kommunikation der Mitglieder des Architekturboards	140–142; 305
D.9.2	Schaffung von Transparenz	142
E.1.1	Komplexität erschwert Governance	183–184; 197–198
E.1.2	Abstimmungen schwierig	184; 199–200
E.1.3	Vermeidung von Wildwuchs	105–108; 291–292
E.1.4	grobe Ausrichtung auf homogenisierte Systemlandschaft erhalten obwohl Fachbereiche für Applikationen verantwortlich	108; 286–291
E.2.1	keine Angabe	—
E.3.1	fehlende Integration des EAM mit Projektabwicklung	157–160; 270–273

Fortsetzung auf der nächsten Seite

Nr.	Bezeichnung der Kategorie	Transkription (Zeile)
E.3.2	vorgeschriebene HERMES-Methode hat keine Erwähnung von Architektur	159–160
E.4.1	erstellte Dokumentationen müssen gepflegt werden	192; 240–241
E.4.2	rechtzeitige Versorgung mit Informationen von Bedeutung für Entscheidungsfindung und Kommunikation	91–92; 163–164
E.5.2	auf Grund fehlender Machtposition keine Zielarchitektur	96–97; 187–188
E.5.6	Unternehmensarchitekt ist Missionar	90–96; 99
E.6.1	keine Angabe	–

A.3.2 Zwischenergebnis Interview 2

Tabelle A.3: *Zwischenergebnis der qualitativen Inhaltsanalyse für Interview 2*

Nr.	Bezeichnung der Kategorie	Transkription (Zeile)
A.1.2	grundsätzlich wichtig	3–4; 22
A.1.5	ohne EAM, Aufsetzen von strategischer Unternehmensarchitektur unmöglich	23–25
A.2.2	Abstimmung Unternehmensarchitektur und -strategie	21–23; 38–39
A.2.6	Entscheidungen protokollieren und bewerten	59–61
A.2.10	Erstellen Zielarchitektur	8; 40
A.2.17	Umsetzung der Zielarchitektur	34–35; 39; 47–48
A.2.18	Übersetzung der Zielarchitektur in IT-Infrastrukturanforderungen	51–53; 91; 95; 98; 108–109; 262–263; 267–268
A.3.4	Verstehen der Unternehmensarchitektur führt zu richtiger Lösung	75–77
A.4.5	Architektur muss offen und erweiterbar sein	12–14
A.5.2	EAM unabhängig von Unternehmensgröße wichtig	72; 75
A.6.5	Einsatz eines Architekturboards (AB)	41–43
A.6.7	AB trifft Entscheidungen über Art und Weise der Lösung	46–48
A.6.11	Methodeneinsatz (standardisiert)	96–98
A.6.13	IST-Analyse	66–69; 71; 73
A.6.14	Dokumentation Architekturentscheidungen	59–61
A.6.15	Festlegen der Umsetzungsreihenfolge durch Portfoliomanagement	43; 44–45
A.7.1	Zusammenarbeit und Kommunikation im Architekturboard	38–39; 41–42
A.7.2	Koordination Architekturboard und Portfoliomanagement	43; 45–46
A.7.5	Einsatz der Instrumente	60; 96–98
A.7.6	konsequente Umsetzung von Entscheidungen	58–61
A.7.7	Protokollieren	60–61
A.8.3	Standardlösungen/Individualentwicklung	58
A.8.4	In-/Outsourcing (Standorte)	220–222; 225
B.1.1	strategische Unternehmensarchitektur	8; 24
B.1.3	Zielarchitektur auf Basis von Entscheidungen	40; 42; 46–48; 59–61; 87–88
B.1.6	IST-Architektur	69–71; 73; 139; 141–143; 161–162
B.1.7	IT-Systemlandschaft	87; 95; 99; 101–104; 138
B.2.2	je nach Kunde unterschiedlich	134
B.2.3	Werkzeuge können IT-Systemlandschaft automatisch erfassen	135–138; 153–155
B.2.4	manuelle Erfassung durch Interviews	140
B.2.5	manuelle Erfassung durch Workshops	141

Fortsetzung auf der nächsten Seite

Nr.	Bezeichnung der Kategorie	Transkription (Zeile)
B.2.7	manuelle Erfassung und Korrektur von Differenzen zur automatischen Erfassung	137–138; 161–163
B.3.2	je nach Kunde unterschiedlich	135; 139
B.3.3	Dokumentation vorhanden	139
B.3.4	Dokumentation nicht vorhanden	138
B.4.4	Architektur mit mehreren Sichtweisen gibt einheitliches Bild	141–143
B.4.5	IT-Systemlandschaft mit Bausteinen der Facharchitektur verbunden	150; 172–174
B.4.6	Architekturentscheidungen	40–41; 60–61
B.4.7	Elemente einer Zielarchitektur	18
B.5.2	Werkzeuge für Modellierung	89–92
B.5.3	Werkzeuge für automatische Erfassung der IST-Architektur (z.B. Scanner oder Agenten)	137–138; 153–155
B.6.1	Transparenz	14–16; 71; 142
B.6.5	Dokumentation der IST-Architektur ermöglicht Analysen für Vorbereitung von Architekturentscheidungen (Zielarchitektur)	68–69; 70; 75–76
B.6.10	Vorbereitung von Entscheidungen	20–21; 47–48
B.7.2	durch Modellierungstool unterstützte Sprachen (z.B. UML, BPMN)	90–92
B.8.2	hoher Abstraktionsgrad	253–254; 256; 261–262; 265
B.8.5	nur relevante Elemente: relevant = Architekturentscheidung liegt vor	40–41; 59
C.1.1	neue oder geänderte Anforderungen	54–5
C.1.2	Hinzunahme von Komponenten	18; 33
C.2.1	Unternehmensarchitektur unterliegt kontinuierlichen Änderungen	31–35
C.3.1	wenn notwendig	40; 87; 95
C.3.2	notwendig, wenn Architekturentscheidungen getroffen	40; 59
D.1.2	direkte Begleitung durch Unternehmensarchitekten	83–87; 259–260
D.1.3	direkte Begleitung durch IT-Architekten in Projekten	258–259
D.1.4	keine Automatisierung bei Überführung	256–257; 266–267
D.1.6	Einsatz standardisierter Software-Entwicklungsprozess	83
D.1.7	Schnittstelle bildet Betriebshandbuch	101–102
D.2.4	Entscheidungen des Architekturboards	40–43; 47–48
D.2.5	durch Architekturentscheidungen erstellte Zielarchitektur (z.B. auf Basis von Kostenanalysen)	43–47; 54
D.3.2	Betriebshandbuch	100–101
D.4.3	unternehmensweite, an TOGAF orientierte Methode	96–97
D.4.5	Roadmap	84–85
D.5.2	in Roadmap sind Meilensteine und Pakete dokumentiert	85–86
D.5.3	ein Paket beinhaltet einen Teil der Zielarchitektur	86–88
D.5.4	je Paket werden SW-Komponenten und IT-Infrastruktur beschrieben	94–95
D.5.5	IT-Infrastruktur wird auf Standorte verteilt (Sourcing)	58; 224; 230
D.5.8	IT-Infrastrukturelemente (z.B. Hauptspeicher, Festplattengröße, Storage, Hardware, Netzwerk)	106–109; 111–114
D.6.1	Werkzeugeinsatz ist Pflicht vom Design zur Lösung, Sizing	88; 89; 91–92; 107
D.6.2	Werkzeuge für Erstellung von Versionen und Releases von SW	92–94
D.7.2	Modelle sind wichtig	98; 100; 119–120; 123–127; 128–130
D.7.3	Standortmodelle (Standorte von RZ, HW im RZ, HW im Rack)	114; 166–167
D.7.7	je Paket ein Betriebsmodell	98–99
D.7.8	Betriebsmodell beinhaltet: Logical Operational Model (LOM) und Physical Operational Model (POM)	119–120
D.7.9	LOM besteht aus Conceptual Operational Model und Specification Level of Operational Model (SOM)	121–122

Fortsetzung auf der nächsten Seite

Nr.	Bezeichnung der Kategorie	Transkription (Zeile)
D.7.10	COM stellt Verbindung der SW–Komponenten zu IT–Infrastrukturkomponenten her	124–125
D.8.1	Unternehmensarchitekt	91; 259–260
D.8.3	Fachleute für Überführung (z.B. IT–Architekt, Technical Solution Manager, Technical Design Authority)	258–259; 260–261
D.9.3	Übergabe des Betriebshandbuchs an IT–Betrieb	99–100; 101–102
D.9.4	Durchgängigkeit der Modelle von Komponenten bis Betriebsmodell der IT–Infrastruktur	124–125; 126; 128–130
E.1.5	Aufwand entsteht durch unflexible, nicht–erweiterbare Architekturen	9–12; 14–16; 17–21; 176–181; 185–186; 189–190
E.1.6	Aufwand entsteht durch Einsatz unterschiedlicher Systeme mit gleichen fachlichen Aufgaben	159–160
E.2.2	IST–Analyse nur sinnvoll, wenn fachlicher Kontext erfasst	158; 162–163
E.2.3	Facharchitektur fehlt oft in Unternehmen	174–176; 187–188
E.2.4	Facharchitektur ist nicht automatisiert erfassbar	146–148; 172–173
E.3.3	kein fließender Übergang zwischen EAM und IT–Betrieb vorhanden	256–257
E.3.4	Verantwortung des Unternehmensarchitekten endet bei Definition des Betriebshandbuches	101–102; 252–255
E.3.5	für Umsetzung ist IT–Organisation zuständig	266–268
E.3.6	unterschiedliche Detailierungslevel existieren in benötigten Modellen	255–256
E.3.7	Architekturbeschreibungen nicht ausreichend für IT–Betrieb	255–257
E.3.9	es existiert eine Lücke zwischen EAM und IT–Betrieb	256
E.4.3	viele Kunden haben keine Übersicht über die eigesetzten Systeme	71–73
E.5.1	keine Angabe	—
E.6.2	Vollautomatisierung nicht möglich	144–146; 147–148; 150–151
E.6.4	Automatisierte Erfassung der IST–Architektur bedingt möglich	144–146; 161–162
E.6.5	Automatisierte Erfassung des fachlichen Kontextes nicht möglich	150–151; 171–172
E.6.6	Inbetriebnahmeprozess kann automatisiert werden	204–206
E.6.14	Automatisierung der Verteilung und Konfiguration von Softwarekomponenten auf IT–Infrastruktur möglich	153–155; 166–167; 204–206; 209–213; 232–234

A.3.3   Zwischenergebnis Interview 3

Tabelle A.4: *Zwischenergebnis der qualitativen Inhaltsanalyse für Interview 3*

Nr.	Bezeichnung der Kategorie	Transkription (Zeile)
A.1.2	grundsätzlich wichtig	4–5; 13; 126–127
A.1.6	Konsolidierung von IT–Systemen, IT–Organisationen und Standorten	13–15; 95–999; 101–102
A.1.7	Planungsdisziplin	15–16
A.2.7	Analyse Kosteneinsparpotenziale und nützlicher Investitionen	14–15; 25–28; 30–32; 87
A.2.10	Erstellen Zielarchitektur	87; 92
A.2.11	Erstellen Zielorganisation	93
A.2.13	Bewertung Architekturelemente nach Business–Relevanz	48–50
A.2.16	IST–Analyse durch Kosten- und Nutzenerfassung	48
A.2.17	Umsetzung der Zielarchitektur	95–100; 133
A.2.18	Übersetzung der Zielarchitektur in IT–Infrastrukturanforderungen	132–133; 244–248
A.3.5	Herstellen von Vergleichbarkeit	39–41; 53; 56–57; 61
A.4.6	Architektur muss vergleichbare Grundlage sein	53; 55–57

Fortsetzung auf der nächsten Seite

Nr.	Bezeichnung der Kategorie	Transkription (Zeile)
A.5.2	EAM unabhängig von Unternehmensgröße wichtig	116; 122; 127
A.5.3	unterschiedliche Notwendigkeit: je größer Unternehmen, desto größer Komplexität, desto größer Nutzen von EAM	106–109; 127–128
A.6.5	Einsatz eines Architekturboards (AB)	19–20; 95; 142–146
A.6.11	Methodeneinsatz (standardisiert)	19–20; 83; 268
A.6.13	IST-Analyse	19–30
A.6.14	Dokumentation Architekturentscheidungen	144–146
A.6.15	Festlegen der Umsetzungsreihenfolge durch Portfoliomanagement	144–146
A.7.3	Betrachtung der Business-Relevanz	48–50; 70; 89
A.7.8	Betrachtung Kosten-Nutzen-Verhältnis für EAM (Ausbildung, Prozesse, Tools)	75–76; 90; 116–119;257–259
A.8.4	In-/Outsourcing (Standorte)	22–23; 49; 64–67; 131–132
A.8.5	Architekturelemente auf Basis von Zielerreichungsgraden (Kosten/Investement)	28–30; 131–132
B.1.1	strategische Unternehmensarchitektur	29; 91–92; 95–100; 295
B.1.3	Zielarchitektur auf Basis von Entscheidungen	87–88; 133
B.1.6	IST-Architektur	19–26
B.1.8	Capability-Framework	19–20; 82–83
B.2.2	je nach Kunde unterschiedlich	36–37; 44
B.2.6	manuelle Erfassung und Rekonstruktion	36
B.2.8	Übertragung der IST-Architektur in standardisierte Form	39
B.3.1	nicht-formale Dokumentation	37
B.3.2	je nach Kunde unterschiedlich	44
B.3.3	Dokumentation vorhanden	36–37; 44
B.3.5	kann in Repositorys vorliegen	44
B.4.5	IT-Systemlandschaft mit Bausteinen der Facharchitektur verbunden	23–25
B.4.6	Architekturentscheidungen	28–29; 51; 55–56
B.4.7	Elemente einer Zielarchitektur	87–88
B.4.8	Zielarchitektur enthält: Standorte, Sourcing, wichtige Applikationen	87–88
B.4.12	Architekturdarstellungen enthalten: Systeme, Verbindungen und Datenflüsse	37–39
B.5.2	Werkzeuge für Modellierung	178–179; 181; 200–201
B.5.4	Werkzeuge für Architekturdokumentation	180–182
B.5.5	nicht-spezialisierte Werkzeuge für Architekturdokumentation und -modellierung (z.B. Office-Produkte)	178–179
B.5.6	Repositorys oder Konfigurationsdatenbanken (CMDB)	44; 184; 193
B.6.1	Transparenz	52–55; 60–62; 82–83
B.6.5	Dokumentation der IST-Architektur ermöglicht Analysen für Vorbereitung von Architekturentscheidungen (Zielarchitektur)	39–41
B.6.7	Dokumentation der IST-Architektur ermöglicht Vergleichbarkeit der Architekturelemente auf Kostenbasis	50–52
B.6.10	Vorbereitung von Entscheidungen	55–57; 88–92; 130–132
B.7.3	hauptsächlich Unified Modeling Language (UML)	199–202
B.7.6	Business-Process-Modeling-Notation (BPMN)	200–201
B.7.7	eigene Syntax	203
B.7.9	UML ähnliche Sprachen	203–204
B.8.2	hoher Abstraktionsgrad	157
B.8.6	nur relevante Elemente: relevant = Elemente mit hoher Business-Relevanz	49; 88–92
C.1.1	neue oder geänderte Anforderungen	212–213
C.1.3	Veränderungen des Unternehmens und dessen Umwelt	212–213
C.1.7	Konsolidierung (organisatorisch oder technisch)	13–14; 214–215
C.2.1	Unternehmensarchitektur unterliegt kontinuierlichen Änderungen	219–221

Fortsetzung auf der nächsten Seite

Nr.	Bezeichnung der Kategorie	Transkription (Zeile)
C.2.2	keine Regelmäßigkeit	212; 215–216; 223
C.3.1	wenn notwendig	221–223; 224–225
C.3.4	wenn Zeit vorhanden	221–233
C.3.5	regelmäßige Zyklen	221–233
C.3.6	regelmäßige Zyklen sind festgelegt	221–233
D.1.2	direkte Begleitung durch Unternehmensarchitekten	236
D.1.3	direkte Begleitung durch IT-Architekten in Projekten	167–168; 244–245
D.1.4	keine Automatisierung bei Überführung	147–150; 165; 166–168
D.1.8	Umstrukturierung des IT-Betriebs	140–141; 193–195
D.2.4	Entscheidungen des Architekturboards	19–20; 81–82
D.2.5	durch Architekturentscheidungen erstellte Zielarchitektur (z.B. auf Basis von Kostenanalysen)	48–50; 52–53; 62–65; 134–135
D.3.1	keine Angabe	–
D.4.4	TOGAF	19; 82–83; 268
D.5.5	IT-Infrastruktur wird auf Standorte verteilt (Sourcing)	63–69; 96
D.5.6	Outsourcing, wenn Applikation niedrige Business-Relevanz und Outsourcer hohe Skaleneffekte erzielt	70–78; 96
D.5.7	Betriebsprozesse	140–141
D.6.3	Werkzeuge für Change-Management, Release-Management, Configuration-Management	142–143; 193–195
D.7.3	Standortmodelle (Standorte von RZ, HW im RZ, HW im Rack)	27–28; 133; 246
D.7.4	Sourcingmodelle	63–67; 131–132
D.8.1	Unternehmensarchitekt	146
D.8.3	Fachleute für Überführung (z.B. IT-Architekt, Technical Solution Manager, Technical Design Authority)	244–245
D.9.5	fließender Übergang	146–147; 173–174
D.9.6	Wiederverwendung von Strukturen (Organisation und Elemente der Architektur)	140–141
E.1.6	Aufwand entsteht durch Einsatz unterschiedlicher Systeme mit gleichen fachlichen Aufgaben	184–185
E.1.7	Aufwand entsteht durch Einsatz von EAM selbst	266–267; 269–272
E.1.8	Aufwand entsteht durch die Komplexität von Unternehmensstrukturen	6–7; 265
E.2.1	keine Angabe	–
E.3.3	kein fließender Übergang zwischen EAM und IT-Betrieb vorhanden	147–150; 279–282
E.3.8	Unternehmensarchitektur und Konfiguration besitzen unterschiedliche Detailierungslevel	156–160
E.3.9	es existiert eine Lücke zwischen EAM und IT-Betrieb	165
E.3.10	manchmal fehlt Verständnis für Architektur auf IT-Seite	244
E.4.4	bei einigen Kunden ist Wissen redundant abgelegt	184–185
E.5.3	EAM besitzt geringen Reifegrad	228–229
E.5.4	nur Planung und Umsetzung, wenn notwendig	229–230
E.5.5	EAM noch nicht etabliert	235–236; 239–240; 252
E.5.6	Unternehmensarchitekt ist Missionar	236–237
E.6.7	Automatisierung hat in Zukunft hohen Stellenwert	274–275
E.6.8	Automatisierung kann Prozess unterstützen	186–188; 269–275; 282–283
E.6.11	Model-Driven-Ansatz brauchbar	278–279

A.3.4   Zwischenergebnis Interview 4

Tabelle A.5: *Zwischenergebnis der qualitativen Inhaltsanalyse für Interview 4*

Nr.	Bezeichnung der Kategorie	Transkription (Zeile)
A.1.3	hat Bedeutung für Übersetzung von Geschäftsprozessen in IT-Systeme, da Wissen nicht in Geschäftsbereichen vorhanden	3–4; 8–9; 235; 246–248
A.2.3	Erfassen von Geschäftsprozessen	4–6; 10
A.2.8	Zuordnung von Geschäftsprozessen zu IT–Systemen	5–6; 10–1
A.2.10	Erstellen Zielarchitektur	60; 99; 189; 190
A.2.13	Bewertung Architekturelemente nach Business–Relevanz	192–194; 207–209; 214; 225–227
A.2.18	Übersetzung der Zielarchitektur in IT–Infrastrukturanforderungen	3–4; 18–19; 63–64
A.3.1	Vermittlung	3–4; 244–246
A.3.6	Übersetzung	3–4; 243–244
A.4.7	IT–Systeme verschieden je Einsatzart: Demo, Schulung, Entwicklung, Business	38; 40–43
A.5.1	keine Angabe	–
A.6.1	Architekturentwicklung erfolgt in IT–Projekten	53
A.6.3	Architekturentwicklung unterstützt durch eigene Teams: *Enterprise–Architecture–Team* und *Technical–Design–Authority–Team (TDA–Team)*	17–18
A.6.12	Methodeneinsatz (individuell)	54–56; 64–66; 70
A.6.16	Gespräche mit Anspruchsgruppen in mehreren Iterationen	53–54; 207–209; 244–246
A.6.17	EA–Team mit Schnittstelle zum Fachbereich (Erfassen von Anforderungen und Planung Zielarchitektur)	16–17; 26–28; 235
A.6.18	TDA–Team mit Schnittstelle zum EA–Team und IT–Abteilung (Übersetzung der Zielarchitektur in IT–Infrastrukturanforderungen)	18–21; 26–29; 35
A.7.4	Zusammenarbeit und Kommunikation zwischen Fachbereich, EA–Team, TDA–Team und IT–Abteilung	8–9; 207–209; 235–238; 244–246
A.7.9	Iterativer Planungsprozess	207–209; 244–246
A.8.6	Zuordnung IT–Systeme zu Geschäftsprozessen	5–6; 18–19; 20–21
A.8.7	Architekturelemente auf Basis von bewerteten IT–Infrastrukturanforderungen	178–194; 207–209; 214; 225–227
B.1.3	Zielarchitektur auf Basis von Entscheidungen	4–6; 10–11; 17; 19; 70
B.1.7	IT–Systemlandschaft	4; 6; 19; 54–56; 67
B.2.3	Werkzeuge können IT–Systemlandschaft automatisch erfassen	148–154
B.2.7	manuelle Erfassung und Korrektur von Differenzen zur automatischen Erfassung	138–140; 151; 154–158; 172–174
B.3.1	nicht-formale Dokumentation	71–72; 89–91; 103
B.3.9	Standardformulare	70–71
B.4.10	Dokumenation der IT–Systemlandschaft enthält: Hardware, Software, Server, Storage, Service–Level, Ansprechpartner	55–56; 138–140
B.4.13	Architekturdarstellungen verdeutlichen einzelne Sachverhalte	60; 67; 71–72; 1880–185
B.4.14	Abbildung der gesamten IT–Systemlandschaft nicht sinnvoll	178–179
B.5.3	Werkzeuge für automatische Erfassung der IST–Architektur (z.B. Scanner oder Agenten)	148–154; 165–168
B.5.5	nicht-spezialisierte Werkzeuge für Architekturdokumentation und -modellierung (z.B. Office-Produkte)	71–72; 89–91; 97–99; 103
B.5.6	Repositorys oder Konfigurationsdatenbanken (CMDB)	106; 138–143
B.5.7	Werkzeuge für Zusammenarbeit (Workflow, Email etc.)	251
B.6.1	Transparenz	141–172; 183–186

Fortsetzung auf der nächsten Seite

Nr.	Bezeichnung der Kategorie	Transkription (Zeile)
B.6.5	Dokumentation der IST-Architektur ermöglicht Analysen für Vorbereitung von Architekturentscheidungen (Zielarchitektur)	3–11; 27–28; 50–53; 60–64; 171–172; 210–216
B.6.8	Erkennen von Zusammenhängen	11; 183-186
B.6.9	Dokumentation der Elemente, die nicht automatisiert erfassbar sind	157–158; 187–189
B.6.10	Vorbereitung von Entscheidungen	20–21; 27–29; 50–53; 210–216
B.7.5	UML zu umfangreich	86–89
B.7.7	eigene Syntax	77; 79; 89–92
B.7.8	hauptsächlich eigene Syntax	89–92
B.8.3	je nach Level, unterschiedlicher Abstraktionsgrad	56–57
B.8.6	nur relevante Elemente: relevant = Elemente mit hoher Business-Relevanz	192–194
C.1.1	neue oder geänderte Anforderungen	117–121
C.1.4	Wachstum von Applikationen	117–120
C.1.5	Neue Einsatzfelder von Applikationen	117–120
C.1.6	Veränderte Relevanz von Elementen	121–122
C.2.1	Unternehmensarchitektur unterliegt kontinuierlichen Änderungen	113–117; 129–130
C.2.3	Kernsysteme selten	128–129
C.3.1	wenn notwendig	120–124
C.3.3	notwendig, wenn Verschleiß der Hardware	113–117
C.3.5	regelmäßige Zyklen	113–117
C.3.7	regelmäßige Zyklen orientieren sich an Lebenszyklen von Architekturelementen	41–42; 113–114
C.3.8	regelmäßige Zyklen orientieren sich an Releasewechseln	129–135
C.3.10	Änderung von Konfigurationen	119–120
D.1.2	direkte Begleitung durch Unternehmensarchitekten	16–17; 26
D.1.3	direkte Begleitung durch IT-Architekten in Projekten	18; 27–28; 50
D.1.4	keine Automatisierung bei Überführung	50; 56–57; 64–66
D.1.9	Eigene Formulare definieren Prozess	64–66
D.2.5	durch Architekturentscheidungen erstellte Zielarchitektur (z.B. auf Basis von Kostenanalysen)	207–209
D.3.3	Standardformulare	64–66
D.4.6	standardisierte Formulare	68–70
D.4.7	Kostenbewertung der IT-Infrastrukturanforderungen	207–209
D.4.8	begleitende Gesprächstermine	50; 68–70
D.5.8	IT-Infrastrukturelemente (z.B. Hauptspeicher, Festplattengröße, Storage, Hardware, Netzwerk)	20–21; 28–29; 63–64
D.5.9	Service-Level-Agreements (SLA)	20–21
D.6.3	Werkzeuge für Change-Management, Release-Management, Configuration-Management	138
D.7.5	Kostenmodell für geplante IT-Infrastruktur	207–209; 214; 218–220; 223–224
D.8.2	Enterprise-Architecture-Team	16; 26; 235–238
D.8.3	Fachleute für Überführung (z.B. IT-Architekt, Technical Solution Manager, Technical Design Authority)	18; 27; 235–238
D.8.4	Fachleute für Aufbau und Betrieb aus Technik-Team	18; 15; 61–63; 235–238
D.9.7	Iteratives Vorgehen	50; 56–57; 210–214; 216–218; 220–222
D.9.8	Entscheidungsfindung für IT-Infrastruktur auf Basis von Kosten	207–208; 214
D.9.9	Wissen zum Aufbau der IT-Infrastruktur liegt bei Fachleuten	246–248
D.9.10	Budget und Technik begrenzen Lösungsraum und führen auch zu suboptimalen Lösungen aus Architektursicht	210–214; 218–220; 225–226

Fortsetzung auf der nächsten Seite

Nr.	Bezeichnung der Kategorie	Transkription (Zeile)
E.1.9	Aufwand entsteht durch Verwendung nicht–standardisierter Modellierungssprachen	82–84
E.1.10	Aufwand entsteht durch Komplexität standardisierter Modellierungssprachen	84–85
E.1.11	Informationsverlust durch Einsatz nicht–standardisierter Modellierungssprachen	83–84
E.1.12	Mittelweg bei Verwendung von Modellierungssprachen notwendig	84–86; 92–93
E.2.4	Facharchitektur ist nicht automatisiert erfassbar	158–162
E.3.3	kein fließender Übergang zwischen EAM und IT–Betrieb vorhanden	3–4; 9; 204–205; 207–208
E.3.11	Formalisierung der Prozesse sinnvoll	250–252
E.3.12	Architekturplanung manchmal realitätsfern	198
E.3.13	Architekten erstellen optimale Lösung	198–201
E.3.14	Abweichende Vorstellungen im IT–Betrieb durch Budget- und Technikrestriktionen	198; 201–205
E.4.5	Daten einer CMDB müssen gepflegt werden	147
E.5.1	keine Angabe	—
E.6.2	Vollautomatisierung nicht möglich	234–235; 148–249; 255
E.6.8	Automatisierung kann Prozess unterstützen	250
E.6.9	Automatisierung für Standardaufgaben möglich	240–241
E.6.10	Automatisierung von Services aus Katalog möglich	241–243; 252–253

A.3.5 Zwischenergebnis Interview 5

Tabelle A.6: *Zwischenergebnis der qualitativen Inhaltsanalyse für Interview 5*

Nr.	Bezeichnung der Kategorie	Transkription (Zeile)
A.1.2	grundsätzlich wichtig	11
A.2.4	Ah–Hoc–Erstellung einer Zielarchitektur	13–14
A.2.8	Zuordnung von Geschäftsprozessen zu IT–Systemen	28–31; 44-45
A.2.10	Erstellen Zielarchitektur	16
A.2.12	Planung IT–Infrastruktur	28–31
A.3.7	Planung des Aufbaus des Rechenzentrums (RZ)	3
A.4.8	Architektur wird als IT–Architektur verstanden	3; 146–147
A.4.9	IST–Architektur ist historisch gewachsen	16; 28–29; 53
A.5.1	keine Angabe	—
A.6.1	Architekturentwicklung erfolgt in IT–Projekten	38; 39
A.6.4	Architekturentwicklung unterstützt durch eigene Teams: *System-Teams*	83; 91; 136–142; 157; 290
A.6.12	Methodeneinsatz (individuell)	53–55; 286
A.6.16	Gespräche mit Anspruchsgruppen in mehreren Iterationen	29–30; 56
A.7.10	Planungsprozess mit wenigen Personen	56–57
A.7.11	Planungsprozess entsteht aus technischer Sicht	57–58; 92–94
A.8.6	Zuordnung IT–Systeme zu Geschäftsprozessen	28–31; 44–45
A.8.7	Architekturelemente auf Basis von bewerteten IT–Infrastrukturanforderungen	13–14
B.1.3	Zielarchitektur auf Basis von Entscheidungen	13–16
B.1.9	Grob- und Feinkonzepte für die Umsetzung	67–68
B.2.3	Werkzeuge können IT–Systemlandschaft automatisch erfassen	97–95

Fortsetzung auf der nächsten Seite

Nr.	Bezeichnung der Kategorie	Transkription (Zeile)
B.2.6	manuelle Erfassung und Rekonstruktion	91–92; 95; 97; 105
B.2.9	nur in CMDB dokumentiert	95; 136
B.3.1	nicht-formale Dokumentation	67–69; 109–110; 136–137
B.3.5	kann in Repositorys vorliegen	85; 104–105
B.3.6	wird zentral veröffentlicht	69–73
B.3.7	ist dezentral vorhanden	109–110; 136–137
B.3.8	textuelle Dokumentation mit Visualisierungen	67–69; 78
B.4.9	IT-Systemlandschaft nicht mit Facharchitektur verbunden	119–120
B.4.11	Dokumentation der IT-Systemlandschaft enthält: Netzwerkstrukturen, Datenbanken, Hardware	84–85; 120–121; 137–139; 166–167; 176–177
B.4.15	Finanzdaten einzelner Elemente der IT-Systemlandschaft	86–87; 107–108; 118–121
B.4.16	Beschreibung von Funktionstests für Qualitätssicherung	323–324
B.5.3	Werkzeuge für automatische Erfassung der IST-Architektur (z.B. Scanner oder Agenten)	97–99
B.5.5	nicht-spezialisierte Werkzeuge für Architekturdokumentation und -modellierung (z.B. Office-Produkte)	68–69; 83–84
B.5.6	Repositorys oder Konfigurationsdatenbanken (CMDB)	85; 91–92; 104–105; 116; 163–165
B.5.7	Werkzeuge für Zusammenarbeit (Workflow, Email etc.)	72–74
B.6.1	Transparenz	128–132; 151–158; 342–346
B.6.5	Dokumentation der IST-Architektur ermöglicht Analysen für Vorbereitung von Architekturentscheidungen (Zielarchitektur)	129–131
B.6.6	CMDB dient als Data-Warehouse	129–131
B.6.10	Vorbereitung von Entscheidungen	125; 129–131
B.7.4	ganz selten UML	76
B.7.8	hauptsächlich eigene Syntax	78
B.7.10	gelegentlich Entity-Relationship (ER)	77
B.7.11	wenn standardisiert, dann UML oder ER	79–80
B.8.1	keine Angabe	–
C.1.1	neue oder geänderte Anforderungen	196–198; 228–230
C.1.7	Konsolidierung (organisatorisch oder technisch)	202; 205–208; 229–230
C.1.8	Aktuelle Trends	206–207; 215–223;
C.1.9	Konfigurationsänderungen sind kein Grund (Optimierung, Fehlerbeseitigung, Updates)	226–228; 231–235; 272–273; 278–279
C.2.1	Unternehmensarchitektur unterliegt kontinuierlichen Änderungen	215–216
C.2.4	IT-Architektur relativ statisch	195–196; 198–199; 201; 208; 209; 272–273
C.2.5	Konfigurationen ändern sich häufiger als IT–Architektur	230–232
C.3.1	wenn notwendig	202; 205–208; 277–279; 313
C.3.4	wenn Zeit vorhanden	231–232
C.3.5	regelmäßige Zyklen	215–216
C.3.9	regelmäßige Zyklen orientieren sich an Trends	215–216
D.1.2	direkte Begleitung durch Unternehmensarchitekten	38–46
D.1.3	direkte Begleitung durch IT-Architekten in Projekten	38–46
D.1.4	keine Automatisierung bei Überführung	56; 256–265; 298–300
D.1.10	Inbetriebnahme- und Betriebsprozesse nach ITIL	101–103; 256–257; 281–286; 293–296; 298–300; 302–305; 330–331

Fortsetzung auf der nächsten Seite

Nr.	Bezeichnung der Kategorie	Transkription (Zeile)
D.2.5	durch Architekturentscheidungen erstellte Zielarchitektur (z.B. auf Basis von Kostenanalysen)	276–277; 288–289
D.3.4	Grob- und Feinkonzept	68
D.4.9	Inbetriebnahme- und Betriebsprozesse nach ITIL	100–101; 256
D.4.10	Qualitätssicherung	269–272; 319–320; 326
D.5.7	Betriebsprozesse	58–63
D.5.8	IT-Infrastrukturelemente (z.B. Hauptspeicher, Festplattengröße, Storage, Hardware, Netzwerk)	291–294
D.5.10	Energieverbrauch (Kühlung, Abwärme)	180; 182–184
D.5.11	Netzwerkplan für Zuordnung der IT-Infrastrukturelemente	148–149
D.6.3	Werkzeuge für Change-Management, Release-Management, Configuration-Management	256–259; 333–334
D.6.4	Werkzeuge für Beschaffungsprozess	330–333
D.6.5	Werkzeuge für Kommunikation	331–333
D.7.3	Standortmodelle (Standorte von RZ, HW im RZ, HW im Rack)	98; 108; 176; 195–199
D.7.6	Netzwerk-, Gebäude- und Kabelmodelle	148–149
D.8.2	Enterprise-Architecture-Team	38; 41
D.8.3	Fachleute für Überführung (z.B. IT-Architekt, Technical Solution Manager, Technical Design Authority)	38; 40–41
D.8.4	Fachleute für Aufbau und Betrieb aus Technik-Team	289–293; 300–301
D.9.11	ITIL-konforme Betriebsprozesse	100–103
D.9.12	Einsatz einer CMDB	101–103
D.9.13	Kommunikation zwischen allen notwendigen Teams vor Realisierung	56; 313–318
D.9.14	Prüfung der technischen Realisierbarkeit vor Einsatz	318–319
E.1.13	Aufwand entsteht bei Analysen für Optimierung und Fehlersuche durch Wissensverteilung	346–349; 351–352
E.2.5	Facharchitektur nicht in Konfigurationsdatenbank abgelegt	116; 120–121
E.3.3	kein fließender Übergang zwischen EAM und IT-Betrieb vorhanden	11–15; 21–24
E.3.15	Architekturplanung und IT-Betrieb nicht abgestimmt	11–15; 21–22; 24
E.3.16	Bereiche des IT-Betriebs sind nicht aufeinander abgestimmt	340–341
E.3.17	fehlende Synchronisation der Lösungsentwicklung aus verschiedenen Sichtweisen	44–46
E.3.18	fehlendes Wissen über Betriebsprozesse bei Architekten	22–23; 39–42
E.3.19	fehlendes Wissen über Fachseite bei IT-Betrieb	42–43
E.4.6	schwer einen konsistenten Überblick über Rechenzentrum zu erhalten	156–157; 341–346
E.4.7	Daten einer CMDB nicht immer aktuell	108–109; 153–154
E.4.8	Wissen über IT-Systemlandschaft nicht konsolidiert	139–140; 149–151; 346–347
E.4.9	Wissen über IT-Systemlandschaft dezentral verwaltet	139–140; 344–346
E.4.10	Zugang zu Wissen aus anderen Bereichen erschwert/verzögert Arbeit	140–141; 146; 151–153; 157–158; 350–351
E.4.11	Zugang zu Wissen kann aus Sicherheitsgründen beschränkt sein	144
E.5.7	Übergreifender Prozess fehlt	20–21
E.6.3	Vollautomatisierung nicht sinnvoll	358
E.6.6	Inbetriebnahme- und Beschaffungsprozess kann automatisiert werden	359–366
E.6.8	Automatisierung kann Prozess unterstützen	359–360
E.6.9	Automatisierung für Standardaufgaben möglich	360–361
E.6.12	Teilautomatisierung der Umsetzung möglich	358
E.6.13	Automatisierung von Architekturänderungen nicht sinnvoll	372–374

A.4 Ergebnisse der qualitativen Inhaltsanalyse

A.4.1 Ergebnis Themenkomplex A: Enterprise–Architecture–Management

Tabelle A.7: *Ergebnisse für Themenkomplex A: Enterprise–Architecture–Management*

Unterkategorie	Fall 1	Fall 2	Fall 3	Fall 4	Fall 5
Bedeutung des EAM	• A.1.1: wichtig für Kosteneinsparungen • A.1.4: keine Machtposition weil heterogene Struktur	• A.1.2: grundsätzlich wichtig • A.1.5: ohne EAM, Aufsetzen von Referenzarchitektur unmöglich	• A.1.2: grundsätzlich wichtig • A.1.6: Konsolidierung von IT–Systemen, IT–Organisationen, Standorten • A.1.7: Planungsdisziplin	• A.1.3: hat Bedeutung für Übersetzung von Geschäftsprozessen in IT–Systeme, da Wissen nicht in Geschäftsbereichen vorhanden	• A.1.2: grundsätzlich wichtig
Aufgaben des EAM	• A.2.1: minimale Architekturentwicklung • A.2.5: Einflussnahme auf laufende IT–Projekte • A.2.7: Analyse Kosteneinsparpotenzialen und nützlicher Investitionen • A.2.9: Festlegung Referenzarchitektur, benötigter Infrastruktur • A.2.12: Planung IT–Infrastruktur • A.2.14: Schnittstellenmanagement für Daten und Services • A.2.15: keine Zielarchitektur erstellbar	• A.2.2: Abstimmung Unternehmensarchitektur und -strategie • A.2.6: Entscheidungen protokollieren und bewerten • A.2.10: Erstellen Zielarchitektur • A.2.17: Umsetzung der Zielarchitektur • A.2.18: Übersetzung der Zielarchitektur in IT–Infrastrukturanforderungen	• A.2.7: Analyse Kosteneinsparpotenzialen und nützlicher Investitionen • A.2.10: Erstellen Zielarchitektur • A.2.11: Erstellen Zielorganisation • A.2.13: Bewertung Architekturelemente nach Business-Relevanz • A.2.16: IST-Analyse durch Kosten- und Nutzenerfassung • A.2.17: Umsetzung der Zielarchitektur • A.2.18: Übersetzung der Zielarchitektur in IT–Infrastrukturanforderungen	• A.2.3: Erfassen von Geschäftsprozessen • A.2.8: Zuordnung von Geschäftsprozessen zu IT–Systemen • A.2.10: Erstellen Zielarchitektur • A.2.13: Bewertung Architekturelemente nach Business-Relevanz • A.2.18: Übersetzung der Zielarchitektur in IT–Infrastrukturanforderungen	• A.2.4: Ad–Hoc–Erstellung einer Zielarchitektur • A.2.8: Zuordnung von Geschäftsprozessen zu IT–Systemen • A.2.10: Erstellen Zielarchitektur • A.2.12: Planung IT–Infrastruktur

Fortsetzung auf der nächsten Seite

Unterkategorie	Fall 1	Fall 2	Fall 3	Fall 4	Fall 5
Ziele des EAM	• A.3.1: Vermittlung • A.3.2: Beratung • A.3.3: Schaffung von Transparenz • A.3.8: Schaffung von Verständnis in IT-Projekten • A.3.9: ganzheitliche Betrachtung und Kontrolle	• A.3.4: Verstehen der Unternehmensarchitektur führt zu richtiger Lösung	• A.3.5: Herstellen von Vergleichbarkeit	• A.3.1: Vermittlung • A.3.6: Übersetzung	• A.3.7: Planung des Aufbaus des Rechenzentrums (RZ)
Rahmenbedingungen für das EAM	• A.4.1: Fachbereiche besitzen eigenes IT-Budget • A.4.2: Verantwortung für benötigte Applikationen bei Fachbereichen • A.4.3: Festlegung Zielarchitektur führt zu Einschränkung des eigenen Handlungsspielraums • A.4.4: Machtposition gegenüber Fachabteilungen nicht argumentationsfähig	• A.4.5: Architektur muss offen und erweiterbar sein	• A.4.6: Architektur muss vergleichbare Grundlage sein	• A.4.7: IT-Systeme verschieden je nach Einsatzart: Demo, Schulung, Entwicklung, Business	• A.4.8: Architektur wird als IT-Architektur verstanden • A.4.9: IST-Architektur historisch gewachsen
Zusammenhang Bedeutung EAM zur Unternehmensgröße	• A.5.1: keine Angabe	• A.5.2: EAM unabhängig von Unternehmensgröße wichtig	• A.5.2: EAM unabhängig von Unternehmensgröße wichtig • A.5.3: unterschiedliche Notwendigkeit: je größer Unternehmen, desto größer Komplexität, desto größer Nutzen von EAM	• A.5.1: keine Angabe	• A.5.1: keine Angabe

Fortsetzung auf der nächsten Seite

Unterkategorie	Fall 1	Fall 2	Fall 3	Fall 4	Fall 5
Instrumente	• A.6.1: Architekturentwicklung erfolgt in IT-Projekten • A.6.2: Architekturentwicklung unterstützt durch eigene Rolle: IT-Architekt • A.6.5: Einsatz eines Architekturboards (AB) • A.6.6: AB schafft Mehrwert und Transparenz durch Festlegen Verbindlichkeiten und Kommunikation der Teilnehmer • A.6.7: AB trifft Entscheidungen über Art und Weise der Lösungen • A.6.8: AB nimmt Ergebnisse ab • A.6.9: AB durch IT-Manager der Fachbereiche besetzt • A.6.10: Unternehmensarchitekt nimmt spezifische System- oder Servicedesigns ab	• A.6.5: Einsatz eines Architekturboards (AB) • A.6.7: AB trifft Entscheidungen über Art und Weise der Lösungen • A.6.11: Methodeneinsatz (standardisiert) • A.6.13: IST-Analyse • A.6.14: Dokumentation Architekturentscheidungen • A.6.15: Festlegen der Umsetzungsreihenfolge durch Portfoliomanagement	• A.6.5: Einsatz eines Architekturboards (AB) • A.6.11: Methodeneinsatz (standardisiert) • A.6.13: IST-Analyse • A.6.14: Dokumentation Architekturentscheidungen • A.6.15: Festlegen der Umsetzungsreihenfolge durch Portfoliomanagement	• A.6.1: Architekturentwicklung erfolgt in IT-Projekten • A.6.3: Architekturentwicklung unterstützt durch eigene Teams: Enterprise-Architecture-Team (EA-Team) und Technical-Design-Authority-Team (TDA-Team) • A.6.12: Methodeneinsatz (individuell) • A.6.16: Gespräche mit Stakeholdern in mehreren Iterationen • A.6.17: EA-Team mit Schnittstelle zum Fachbereich (Erfassen von Anforderungen und Planung Zielarchitektur) • A.6.18: TDA-Team mit Schnittstelle zum EA-Team und IT-Abteilung (Übersetzung der Zielarchitektur in IT-Infrastrukturanforderungen)	• A.6.1: Architekturentwicklung erfolgt in IT-Projekten • A.6.4: Architekturentwicklung unterstützt durch eigene Teams: System-Teams • A.6.12: Methodeneinsatz (individuell) • A.6.16: Gespräche mit Stakeholdern in mehreren Iterationen

Fortsetzung auf der nächsten Seite

Unterkategorie	Fall 1	Fall 2	Fall 3	Fall 4	Fall 5
Erfolgsfaktoren	• A.7.1: Zusammenarbeit und Kommunikation im Architekturboard	• A.7.1: Zusammenarbeit und Kommunikation im Architekturboard • A.7.2: Koordination Architekturboard und Portfoliomanagement • A.7.5: Einsatz der Instrumente • A.7.6: konsequente Umsetzung der Entscheidungen • A.7.7 Protokollieren	• A.7.3: Betrachtung Business-Relevanz • A.7.8: Kosten-Nutzen-Verhältnis für EAM (Ausbildung, Prozesse, Tools)	• A.7.4: Zusammenarbeit und Kommunikation zwischen Fachbereich, EA-Team, TDA-Team und IT-Abeilung • A.7.9: Iterativer Planungsprozess	• A.7.10: Planungsprozess mit wenigen Personen • A.7.11: Planungsprozess entsteht aus technischer Sicht
Typische Entscheidungen	• A.8.1: Einsatz Standards und Protokolle • A.8.2: Wiederverwendung von Komponenten	• A.8.3: Standardlösungen/Individualentwicklung • A.8.4: In-/Outsourcing (Standorte)	• A.8.4: In-/Outsourcing (Standorte) • A.8.5: Architekturelemente auf Basis von Zielerreichungsgraden (Kosten/Investment)	• A.8.6: Zuordnung IT-Systeme zu Geschäftsprozessen • A.8.7: Architekturelemente auf Basis von bewerteten IT-Infrastrukturanforderungen	• A.8.6: Zuordnung IT-Systeme zu Geschäftsprozessen • A.8.7: Architekturelemente auf Basis von bewerteten IT-Infrastrukturanforderungen

A.4.2 Ergebnis Themenkomplex B: Dokumentation der Unternehmensarchitektur und IT-Systemlandschaft

Tabelle A.8: *Ergebnisse für Themenkomplex B: Dokumentation der EA und IT-Systemlandschaft*

Unterkategorie	Fall 1	Fall 2	Fall 3	Fall 4	Fall 5
Arbeitsprodukte	• *B.1.1*: Referenzarchitektur • *B.1.2*: keine Zielarchitektur • *B.1.4*: Patternkatalog • *B.1.5*: Business-Domänen	• *B.1.1*: Referenzarchitektur • *B.1.3*: Zielarchitektur auf Basis von Entscheidungen • *B.1.6*: IST-Architektur • *B.1.7*: IT-Systemlandschaft	• *B.1.1*: Referenzarchitektur • *B.1.3*: Zielarchitektur auf Basis von Entscheidungen • *B.1.6*: IST-Architektur • *B.1.8*: Capability-Framework	• *B.1.3*: Zielarchitektur auf Basis von Entscheidungen • *B.1.7*: IT-Systemlandschaft	• *B.1.3*: Zielarchitektur auf Basis von Entscheidungen • *B.1.9*: Grob- und Feinkonzept für die Umsetzung
Erfassung der IST-Architektur	• *B.2.1*: keine Aussage	• *B.2.2*: je nach Kunde unterschiedlich • *B.2.3*: Werkzeuge können IST-Systemlandschaft automatisch erfassen • *B.2.4*: manuelle Erfassung durch Interviews • *B.2.5*: manuelle Erfassung durch Workshops • *B.2.7*: manuelle Erfassung und Korrektur von Differenzen zur automatischen Erfassung	• *B.2.2*: je nach Kunde unterschiedlich • *B.2.6*: manuelle Erfassung und Rekonstruktion • *B.2.8*: Übertragung der IST-Architektur in standardisierte Form	• *B.2.3*: Werkzeuge können IST-Systemlandschaft automatisch erfassen • *B.2.7*: manuelle Erfassung und Korrektur von Differenzen zur automatischen Erfassung	• *B.2.3*: Werkzeuge können IST-Systemlandschaft automatisch erfassen • *B.2.6*: manuelle Erfassung und Rekonstruktion • *B.2.9*: nur in CMDB dokumentiert
Art der Dokumentation	• *B.3.1*: nicht-formale Dokumentation • *B.3.6*: wird zentral veröffentlicht	• *B.3.2*: je nach Kunde unterschiedlich • *B.3.3*: Dokumentation vorhanden • *B.3.4*: Dokumentation nicht vorhanden	• *B.3.1*: nicht-formale Dokumentation • *B.3.2*: je nach Kunde unterschiedlich • *B.3.3*: Dokumentation vorhanden • *B.3.5*: kann in Repositorys vorliegen	• *B.3.1*: nicht-formale Dokumentation • *B.3.9*: Standardformulare	• *B.3.1*: nicht-formale Dokumentation • *B.3.5*: kann in Repositorys vorliegen • *B.3.6*: wird zentral veröffentlicht • *B.3.7*: ist dezentral vorhanden • *B.3.8*: textuelle Dokumentation mit Visualisierungen

Fortsetzung auf der nächsten Seite

Unterkategorie	Fall 1	Fall 2	Fall 3	Fall 4	Fall 5
Inhalte	• *B.4.1*: Referenzarchitektur: mehrschichtige Komponenten ohne spezifische Produkte • *B.4.2*: Patternkatalog: abstrakte Beschreibungen von Problemlösungen ohne spezifische Produkte • *B.4.3*: Business-Domänen: Daten, Datenobjekten, Datenstrukturen, Verantwortlichkeiten	• *B.4.4*: Architektur mit mehreren Viewpoints gibt einheitliches Bild • *B.4.5*: IT-Systemlandschaft mit Bausteinen der Facharchitektur verbunden • *B.4.6*: Architekturentscheidungen • *B.4.7*: Elemente einer Zielarchitektur	• *B.4.5*: IT-Systemlandschaft mit Bausteinen der Facharchitektur verbunden • *B.4.6*: Architekturentscheidungen • *B.4.7*: Elemente einer Zielarchitektur • *B.4.8*: Zielarchitektur enthält: Standorte, Sourcing, wichtige Applikationen • *B.4.12*: Architekturdarstellungen enthalten: Systeme, Verbindungen und Datenflüsse	• *B.4.10*: Dokumentation der IT-Systemlandschaft enthält: Hardware, Software, Server, Storage, Service-Level, Ansprechpartner • *B.4.13*: Architekturdarstellungen verdeutlichen einzelne Sachverhalte • *B.4.14*: Abbildung der gesamten IT-Systemlandschaft nicht sinnvoll	• *B.4.9*: IT-Systemlandschaft nicht mit Facharchitektur verbunden • *B.4.11*: Dokumentation der IT-Systemlandschaft enthält: Netzwerkstrukturen, Datenbanken, Hardware • *B.4.15*: Finanzdaten einzelner Elemente der IT-Systemlandschaft • *B.4.16*: Beschreibung von Funktionstests für Qualitätssicherung
Werkzeuge	• *B.5.1*: Werkzeuge für Definition von Business-Domänen	• *B.5.2*: Werkzeuge für Modellierung • *B.5.3*: Werkzeuge für automatische Erfassung der IST-Architektur (z.B. Scanner oder Agenten)	• *B.5.2*: Werkzeuge für Modellierung • *B.5.4*: Werkzeuge für Architekturdokumentation • *B.5.5*: nicht-spezialisierte Werkzeuge für Architekturdokumentation und -modellierung (z.B. Office-Produkte) • *B.5.6*: Repositorys oder Konfigurationsdatenbanken (CMDB)	• *B.5.3*: Werkzeuge für automatische Erfassung der IST-Architektur (z.B. Scanner oder Agenten) • *B.5.5*: nicht-spezialisierte Werkzeuge für Architekturdokumentation und -modellierung (z.B. Office-Produkte) • *B.5.6*: Repositorys oder Konfigurationsdatenbanken (CMDB) • *B.5.7*: Werkzeuge für Zusammenarbeit (Workflow, Email, etc.)	• *B.5.3*: Werkzeuge für automatische Erfassung der IST-Architektur (z.B. Scanner oder Agenten) • *B.5.5*: nicht-spezialisierte Werkzeuge für Architekturdokumentation und -modellierung (z.B. Office-Produkte) • *B.5.6*: Repositorys oder Konfigurationsdatenbanken (CMDB) • *B.5.7*: Werkzeuge für Zusammenarbeit (Workflow, Email, etc.)

Fortsetzung auf der nächsten Seite

Unterkategorie	Fall 1	Fall 2	Fall 3	Fall 4	Fall 5
Zweck	• *B.6.1:* Transparenz • *B.6.2:* Referenzarchitektur bildet Konzept für Systementwicklung in Projekten • *B.6.3:* Patternkatalog bildet Lösungsvorschriften für Projekte • *B.6.4:* Dokumentation der Business-Domänen zum Vermeiden von Redundanzen, zur Unterstützung des Schnittstellenmanagements, zum Aufzeigen von Überschneidungen und Schwierigkeiten	• *B.6.1:* Transparenz • *B.6.5:* Dokumentation der IST-Architektur ermöglicht Analysen für Vorbereitung von Änderungsentscheidungen (Zielarchitektur) • *B.6.10:* Vorbereiten von Entscheidungen	• *B.6.1:* Transparenz • *B.6.5:* Dokumentation der IST-Architektur ermöglicht Analysen für Vorbereitung von Änderungsentscheidungen (Zielarchitektur) • *B.6.7:* Dokumentation der IST-Architektur ermöglicht Vergleichbarkeit Architekturelemente auf Kostenbasis • *B.6.10:* Vorbereiten von Entscheidungen	• *B.6.1:* Transparenz • *B.6.5:* Dokumentation der IST-Architektur ermöglicht Analysen für Vorbereitung von Änderungsentscheidungen (Zielarchitektur) • *B.6.8:* Erkennen von Zusammenhängen • *B.6.9:* Dokumentation der Elemente, die nicht automatisiert erfassbar sind • *B.6.10:* Vorbereiten von Entscheidungen	• *B.6.1:* Transparenz • *B.6.5:* Dokumentation der IST-Architektur ermöglicht Analysen für Vorbereitung von Änderungsentscheidungen (Zielarchitektur) • *B.6.6:* CMDB dient als Data-Warehouse • *B.6.10:* Vorbereiten von Entscheidungen
Sprachen	• *B.7.1:* keine Aussage	• *B.7.2:* durch Modellierungstool unterstützte Sprachen (z.B. UML, BPMN)	• *B.7.3:* hauptsächlich Unified Modeling Language (UML) • *B.7.6:* Business Process Modeling Notation (BPMN) • *B.7.7:* eigene Syntax • *B.7.9:* UML ähnliche Sprachen	• *B.7.5:* UML zu umfangreich • *B.7.7:* eigene Syntax • *B.7.8:* hauptsächlich eigene Syntax	• *B.7.4:* ganz selten UML • *B.7.8:* hauptsächlich eigene Syntax • *B.7.10:* gelegentlich Entity-Relationship (ER) • *B.7.11:* wenn standardisiert, dann UML oder ER
Abstraktion der Architekturbeschreibungen	• *B.8.2:* hoher Abstraktionsgrad • *B.8.4:* nur relevante Elemente: relevant = wiederverwendbare Elemente	• *B.8.2:* hoher Abstraktionsgrad • *B.8.5:* nur relevante Elemente: relevant = Architekturentscheidung liegt vor	• *B.8.2:* hoher Abstraktionsgrad • *B.8.6:* nur wichtige Elemente: wichtig = Elemente mit hoher Business-Relevanz	• *B.8.3:* je nach Level unterschiedlicher Abstraktionsgrad • *B.8.6:* nur wichtige Elemente: wichtig = Elemente mit hoher Business-Relevanz	• *B.8.1:* keine Angabe

A.4.3 Ergebnis Themenkomplex C: Änderungen der Unternehmensarchitektur

Tabelle A.9: *Ergebnisse für Themenkomplex C: Änderungen an der Unternehmensarchitektur*

Unterkategorie	Fall 1	Fall 2	Fall 3	Fall 4	Fall 5
Änderungsgründe	• *C.1.1:* neue oder geänderte Anforderungen	• *C.1.1:* neue oder geänderte Anforderungen • *C.1.2:* Hinzunahme von Komponenten	• *C.1.1:* neue oder geänderte Anforderungen • *C.1.3:* Veränderungen des Unternehmens und dessen Umwelt • *C.1.7:* Konsolidierung (organisatorisch und technisch)	• *C.1.1:* neue oder geänderte Anforderungen • *C.1.4:* Wachstum von Applikationen • *C.1.5:* Neue Einsatzfelder von Applikationen • *C.1.6:* Veränderte Relevanz von Elementen	• *C.1.1:* neue oder geänderte Anforderungen • *C.1.7:* Konsolidierung (organisatorisch und technisch) • *C.1.8:* Aktuelle Trends • *C.1.9:* Konfigurationsänderungen sind kein Grund (Optimierung, Fehlerbeseitigung, Updates)
Änderungshäufigkeit	• *C.2.1:* Unternehmensarchitektur unterliegt kontinuierlichen Änderungen	• *C.2.1:* Unternehmensarchitektur unterliegt kontinuierlichen Änderungen	• *C.2.1:* Unternehmensarchitektur unterliegt kontinuierlichen Änderungen • *C.2.2:* keine Regelmäßigkeit vorhanden	• *C.2.1:* Unternehmensarchitektur unterliegt kontinuierlichen Änderungen • *C.2.3:* Kernsysteme selten	• *C.2.1:* Unternehmensarchitektur unterliegt kontinuierlichen Änderungen • *C.2.4:* IT-Architektur relativ statisch • *C.2.5:* Konfigurationen ändern sich häufiger als IT-Architektur
Auslöser für Änderungen	• *C.3.1:* wenn notwendig	• *C.3.1:* wenn notwendig • *C.3.2:* notwendig, wenn Architekturentscheidungen getroffen	• *C.3.1:* wenn notwendig • *C.3.4:* wenn Zeit vorhanden • *C.3.5:* regelmäßige Zyklen • *C.3.6:* regelmäßige Zyklen sind festgelegt	• *C.3.1:* wenn notwendig • *C.3.3:* notwendig, wenn Verschleiß der Technik • *C.3.5:* regelmäßige Zyklen • *C.3.7:* regelmäßige Zyklen orientieren sich an Lebenszyklen von Architekturelementen • *C.3.8:* regelmäßige Zyklen orientieren sich an Releasewechseln • *C.3.10:* Änderung von Konfigurationen	• *C.3.1:* wenn notwendig • *C.3.4:* wenn Zeit vorhanden • *C.3.5:* regelmäßige Zyklen • *C.3.9:* regelmäßige Zyklen orientieren sich an Trends

A.4.4 Ergebnis Themenkomplex D: Umsetzung im IT-Betrieb

Tabelle A.10: *Ergebnisse für Themenkomplex D: Umsetzung im IT-Betrieb*

Unterkategorie	Fall 1	Fall 2	Fall 3	Fall 4	Fall 5
Art und Weise	• *D.1.1:* keine direkte Begleitung durch Unternehmensarchitekten • *D.1.3:* direkte Begleitung durch IT-Architekten in Projekten • *D.1.5:* Projektführung und -abwicklung durch HERMES-Methode	• *D.1.2:* direkte Begleitung durch Unternehmensarchitekten • *D.1.3:* direkte Begleitung durch IT-Architekten in Projekten • *D.1.4:* keine Automatisierung bei Überführung • *D.1.6:* Einsatz standardisierter Software-Entwicklungsprozess • *D.1.7:* Schnittstelle bildet Betriebshandbuch	• *D.1.2:* direkte Begleitung durch Unternehmensarchitekten • *D.1.3:* direkte Begleitung durch IT-Architekten in Projekten • *D.1.4:* keine Automatisierung bei Überführung • *D.1.8:* Umstrukturierung des IT-Betriebs	• *D.1.2:* direkte Begleitung durch Unternehmensarchitekten • *D.1.3:* direkte Begleitung durch IT-Architekten in Projekten • *D.1.4:* keine Automatisierung bei Überführung • *D.1.9:* Eigene Formulare definieren Prozess	• *D.1.2:* direkte Begleitung durch Unternehmensarchitekten • *D.1.3:* direkte Begleitung durch IT-Architekten in Projekten • *D.1.4:* keine Automatisierung bei Überführung • *D.1.10:* Inbetriebnahme- und Betriebsprozesse nach ITIL
Grundlage	• *D.2.1:* Referenzarchitektur • *D.2.2:* vorgeschriebene Patterns, Standards und Standardprotokolle • *D.2.3:* Definition der Business-Domänen • *D.2.4:* Entscheidungen des Architekturboards • *D.2.6:* HERMES-Methode hat keine Referenz auf Architektur	• *D.2.4:* Entscheidungen des Architekturboards • *D.2.5:* durch Architekturentscheidungen erstellte Zielarchitektur (z.B. auf Basis von Kostenanalysen)	• *D.2.4:* Entscheidungen des Architekturboards • *D.2.5:* durch Architekturentscheidungen erstellte Zielarchitektur (z.B. auf Basis von Kostenanalysen)	• *D.2.5:* durch Architekturentscheidungen erstellte Zielarchitektur (z.B. auf Basis von Kostenanalysen)	• *D.2.5:* durch Architekturentscheidungen erstellte Zielarchitektur (z.B. auf Basis von Kostenanalysen)
Dokumente	• *D.3.1:* keine Angabe	• *D.3.2:* Betriebshandbuch	• *D.3.1:* keine Angabe	• *D.3.3:* Standardformulare	• *D.3.4:* Grob- und Feinkonzept

Fortsetzung auf der nächsten Seite

Unterkategorie	Fall 1	Fall 2	Fall 3	Fall 4	Fall 5
Instrumente	• *D.4.1:* Indirekte Einflussnahme durch Architekturboard • *D.4.2:* HERMES-Methode	• *D.4.3:* unternehmensweite, an TOGAF orientierte Methode • *D.4.5:* Roadmap	• *D.4.4:* TOGAF	• *D.4.6:* standardisierte Formulare • *D.4.7:* Kostenbewertung der IT-Infrastrukturanforderungen • *D.4.8:* begleitende Gesprächstermine	• *D.4.9:* Beschaffungs- und Einsatzprozess nach ITIL • *D.4.10:* Qualitätssicherung
Gestaltungsobjekte	• *D.5.1:* keine Angabe	• *D.5.2:* in Roadmap sind Meilensteine und Pakete dokumentiert • *D.5.3:* ein Paket beinhaltet einen Teil der Zielarchitektur • *D.5.4:* je Paket werden SW-Komponenten und IT-Infrastruktur beschrieben • *D.5.5:* IT-Infrastruktur wird auf Standorte verteilt (Sourcing) • *D.5.8:* IT-Infrastrukturelemente (z.B. Hauptspeicher, Festplattengröße, Storage, Hardware, Netzwerk)	• *D.5.5:* IT-Infrastruktur wird auf Standorte verteilt (Sourcing) • *D.5.6:* Outsourcing wenn Applikation niedrige Business-Relevanz und Outsourcer hohe Skaleneffekte erzielt • *D.5.7:* Betriebsprozesse	• *D.5.8:* IT-Infrastrukturelemente (z.B. Hauptspeicher, Festplattengröße, Storage, Hardware, Netzwerk) • *D.5.9:* Service-Level-Agreements (SLA)	• *D.5.7:* Betriebsprozesse • *D.5.8:* IT-Infrastrukturelemente (z.B. Hauptspeicher, Festplattengröße, Storage, Hardware, Netzwerk) • *D.5.10:* Energieverbrauch (Kühlung, Abwärme) • *D.5.11:* Netzwerkplan für Zuordnung der IT-Infrastrukturelemente
Werkzeugeinsatz	• *D.6.6:* nicht werkzeugunterstützt	• *D.6.1:* Werkzeugeinsatz ist Pflicht vom Design zur Lösung, Sizing • *D.6.2:* Werkzeuge für Erstellung von Versionen und Releases von SW	• *D.6.3:* Werkzeuge für Change-Management, Release-Management, Configuration-Management	• *D.6.3:* Werkzeuge für Change-Management, Release-Management, Configuration-Management	• *D.6.3:* Werkzeuge für Change-Management, Release-Management, Configuration-Management • *D.6.4:* Werkzeuge für Beschaffungsprozess • *D.6.5:* Werkzeuge für Kommunikation

Fortsetzung auf der nächsten Seite

Unterkategorie	Fall 1	Fall 2	Fall 3	Fall 4	Fall 5
Modelle	• *D.7.1*: keine Modelle	• *D.7.2*: Modelle sind wichtig • *D.7.3*: Standortmodelle (Standorte von RZ, HW im RZ, HW im Rack) • *D.7.7*: je Paket ein Betriebsmodell • *D.7.8*: Betriebsmodell beinhaltet: *Logical Operational Model (LOM)* und *Physical Operational Model (POM)* • *D.7.9*: LOM besteht aus *Conceptual Operational Model (COM)* und *Specification Level of Operational Model (SOM)* • *D.7.10*: COM stellt Verbindung der SW-Komponenten zu IT-Infrastrukturelementen her	• *D.7.3*: Standortmodelle (Standorte von RZ, HW im RZ, HW im Rack) • *D.7.4*: Sourcingmodelle	• *D.7.5*: Kostenmodell für geplante IT-Infrastruktur	• *D.7.3*: Standortmodelle (Standorte von RZ, HW im RZ, HW im Rack) • *D.7.6*: Netzwerk-, Gebäude- und Kabelmodelle
Rollen	• *D.8.1*: Unternehmensarchitekt • *D.8.3*: Fachleute für Überführung (z.B IT-Architekt, Technical Solution Manager, Technical Design Authority)	• *D.8.1*: Unternehmensarchitekt • *D.8.3*: Fachleute für Überführung (z.B IT-Architekt, Technical Solution Manager, Technical Design Authority)	• *D.8.1*: Unternehmensarchitekt • *D.8.3*: Fachleute für Überführung (z.B IT-Architekt, Technical Solution Manager, Technical Design Authority)	• *D.8.2*: Enterprise-Architecture-Team • *D.8.3*: Fachleute für Überführung (z.B IT-Architekt, Technical Solution Manager, Technical Design Authority) • *D.8.4*: Fachleute für Aufbau und Betrieb aus Technik-Team	• *D.8.2*: Enterprise-Architecture-Team • *D.8.3*: Fachleute für Überführung (z.B IT-Architekt, Technical Solution Manager, Technical Design Authority) • *D.8.4*: Fachleute für Aufbau und Betrieb aus Technik-Team

Fortsetzung auf der nächsten Seite

Unterkategorie	Fall 1	Fall 2	Fall 3	Fall 4	Fall 5
Erfolgsfaktoren	• *D.9.1*: Kommunikation der Mitglieder des Architekturboards • *D.9.2*: Schaffung von Transparenz	• *D.9.3*: Übergabe des Betriebshandbuchs an IT-Betrieb • *D.9.4*: Durchgängigkeit der Modelle von Komponenten bis Betriebsmodell der IT-Infrastruktur	• *D.9.5*: fließender Übergang • *D.9.6*: Wiederverwendung von Strukturen (Organisation und Elemente der Architektur)	• *D.9.7*: Iteratives Vorgehen • *D.9.8*: Entscheidungsfindung für IT-Infrastruktur auf Basis von Kosten • *D.9.9*: Wissen zum Aufbau der IT-Infrastruktur liegt bei Fachleuten • *D.9.10*: Budget und Technik begrenzen den Lösungsraum und führen auch zu suboptimalen Lösungen aus Architektursicht)	• *D.9.11*: ITIL-konforme Betriebsprozesse • *D.9.12*: Einsatz einer CMDB • *D.9.13*: Kommunikation zwischen allen notwendigen Teams vor Realisierung • *D.9.14*: Prüfung der technische Realisierbarkeit vor Einsatz

A.4.5 Ergebnis Themenkomplex E: Probleme und Lösungen

Tabelle A.11: Ergebnisse für Themenkomplex E: Probleme

Unterkategorie	Fall 1	Fall 2	Fall 3	Fall 4	Fall 5
Komplexität und Aufwand	• E.1.1: Komplexität erschwert Governance • E.1.2: Abstimmungen schwierig • E.1.3: Vermeidung von Wildwuchs • E.1.4: grobe Ausrichtung auf homogenisierte Systemlandschaft erhalten obwohl Fachbereiche für Applikationen verantwortlich	• E.1.5: Aufwand entsteht durch unflexible, nicht-erweiterbare Architekturen • E.1.6: Aufwand entsteht durch Einsatz unterschiedlicher Systeme mit gleichen fachlichen Aufgaben	• E.1.6: Aufwand entsteht durch Einsatz unterschiedlicher Systeme mit gleichen fachlichen Aufgaben • E.1.7: Aufwand entsteht durch Einsatz von EAM selbst • E.1.8: Aufwand entsteht durch die Komplexität von Unternehmensstrukturen	• E.1.9: Aufwand entsteht durch Einsatz nicht-standardisierter Modellierungssprachen • E.1.10: Aufwand entsteht durch Komplexität standardisierter Modellierungssprachen • E.1.11: Informationsverlust durch Einsatz nicht-standardisierter Modellierungssprachen • E.1.12: Mittelweg bei Verwendung von Modellierungssprachen notwendig	• E.1.13: Aufwand entsteht bei Analysen für Optimierung und Fehlersuche durch Wissensverteilung
fachlicher Kontext der Systeme in IST-Architektur fehlt	• E.2.1: keine Angabe	• E.2.2: IST-Analyse nur sinnvoll, wenn fachlicher Kontext erfasst • E.2.3: Facharchitektur fehlt oft in Unternehmen • E.2.4: Facharchitektur ist nicht automatisiert erfassbar	• E.2.1: keine Angabe	• E.2.4: Facharchitektur ist nicht automatisiert erfassbar	• E.2.5: Facharchitektur nicht in Konfigurationsdatenbank abgelegt

Fortsetzung auf der nächsten Seite

Unterkategorie	Fall 1	Fall 2	Fall 3	Fall 4	Fall 5
Integration von EAM und IT-Betrieb	• *E.3.1:* fehlende Integration des EAM mit Projektabwicklung • *E.3.2:* vorgeschriebene HERMES-Methode hat keine Erwähnung von Architektur	• *E.3.3:* kein fließender Übergang zwischen EAM und IT-Betrieb vorhanden • *E.3.4:* Verantwortung des Unternehmensarchitekten endet bei Definition des Betriebshandbuchs • *E.3.5:* für Umsetzung ist IT-Organisation zuständig • *E.3.6:* unterschiedliche Detaillierungslevel existieren in benötigten Modellen • *E.3.7:* Architekturbeschreibungen nicht ausreichend für IT-Betrieb • *E.3.9:* es existiert eine Lücke zwischen EAM und IT-Betrieb	• *E.3.3:* kein fließender Übergang zwischen EAM und IT-Betrieb vorhanden • *E.3.8:* Unternehmensarchitektur und Konfigurationen besitzen unterschiedliche Detaillierungslevel • *E.3.9:* es existiert eine Lücke zwischen EAM und IT-Betrieb • *E.3.10:* manchmal fehlt Verständnis für Architektur auf IT-Seite	• *E.3.3:* kein fließender Übergang zwischen EAM und IT-Betrieb vorhanden • *E.3.11:* Formalisierung der Prozesse sinnvoll • *E.3.12:* Architekturplanung manchmal realitätsfern • *E.3.13:* Architekten erstellen optimale Lösung • *E.3.14:* Abweichende Vorstellungen im IT-Betrieb durch Budget- und Technikrestriktionen	• *E.3.3:* kein fließender Übergang zwischen EAM und IT-Betrieb vorhanden • *E.3.15:* Architekturplanung und IT-Betrieb nicht abgestimmt • *E.3.16:* Bereiche des IT-Betriebs sind sich nicht aufeinander abgestimmt • *E.3.17* fehlende Synchronisation der Lösungsentwicklung aus verschiedenen Viewpoints • *E.3.18:* fehlendes Wissen über Betriebsprozesse bei Architekten • *E.3.19:* fehlendes Wissen über Fachseite bei IT-Betrieb
Verwaltung von Wissen und Erfahrungen	• *E.4.1:* erstellte Dokumentationen müssen gepflegt werden • *E.4.2:* rechtzeitige Versorgung mit Informationen von Bedeutung für Entscheidungsfindung und Kommunikation	• *E.4.3:* viele Kunden haben keine Übersicht über die eingesetzten Systeme	• *E.4.4:* bei einigen Kunden ist Wissen redundant abgelegt	• *E.4.5:* Daten einer CMDB müssen gepflegt werden	• *E.4.6:* schwer einen konsistenten Überblick über RZ zu erhalten • *E.4.7:* Daten einer CMDB nicht immer aktuell • *E.4.8:* Wissen über IT-Systemlandschaft nicht konsolidiert • *E.4.9:* Wissen über IT-Systemlandschaft dezentral verwaltet • *E.4.10:* Zugang zu Wissen aus anderen Bereichen erschwert/verzögert Arbeit • *E.4.11:* Zugang zu Wissen kann aus Sicherheitsgründen beschränkt sein

Fortsetzung auf der nächsten Seite

Unterkategorie	Fall 1	Fall 2	Fall 3	Fall 4	Fall 5
Reifegrad des EAM	• *E.5.2:* auf Grund fehlender Machtposition keine Zielarchitektur • *E.5.6:* Unternehmensarchitekt ist Missionar	• *E.5.1:* keine Angabe	• *E.5.3:* EAM besitzt geringen Reifegrad • *E.5.4:* nur Planung und Umsetzung, wenn notwendig • *E.5.5:* EAM noch nicht etabliert • *E.5.6:* Unternehmensarchitekt ist Missionar	• *E.5.1:* keine Angabe	• *E.5.7:* Übergreifender Prozess fehlt
Automatisierung	• *E.6.1:* keine Angabe	• *E.6.2:* Vollautomatisierung nicht möglich • *E.6.4:* Automatisierte Erfassung der IST-Architektur bedingt möglich • *E.6.5:* Automatisierte Erfassung des fachlichen Kontextes nicht möglich • *E.6.6:* Inbetriebnahmeprozess kann automatisiert werden • *E.6.14:* Automatisierung der Verteilung und Konfiguration von Softwarekomponenten auf IT-Infrastruktur möglich	• *E.6.7:* Automatisierung hat in Zukunft hohen Stellenwert • *E.6.8:* Automatisierung kann Prozess unterstützen • *E.6.11:* Model-Driven-Ansatz brauchbar	• *E.6.2:* Vollautomatisierung nicht möglich • *E.6.8:* Automatisierung kann Prozess unterstützen • *E.6.9:* Automatisierung für Standardaufgaben möglich • *E.6.10:* Automatisierung von Services aus Katalog möglich	• *E.6.3:* Vollautomatisierung nicht sinnvoll • *E.6.6:* Inbetriebnahmeprozess kann automatisiert werden • *E.6.8:* Automatisierung kann Prozess unterstützen • *E.6.9:* Automatisierung für Standardaufgaben möglich • *E.6.12:* Teilautomatisierung der Umsetzung möglich • *E.6.13:* Automatisierung von Architekturänderungen nicht sinnvoll

B Anhang zum MDCM–Konzept

B.1 Abdeckung der Prinzipien durch Komponenten

Tabelle B.1: *Zusammenhang MDCM-Komponenten und Prinzipien*

ID	MDCM-Komponente	Prinzipien
	MDCM Client	
CP 1.1	MDCM Modeling Tool	P.3, P.6, P.7, P.8, P.9
CP 1.1.1	Modeler	P.6
CP 1.1.2	Drawer	P.7, P.8
CP 1.2	MDCM Report Generator	P.5, P.8, P.9
	MDCM Core	
CP 2.1	MDCM Automation Engine	P.3, P.7, P.8, P.9
CP 2.1.1	Model–to–Model Transformer	P.3, P.7, P.8, P.9
CP 2.1.2	Model–to–Configuration Transformer	P.3, P.7, P.8, P.9
CP 2.2	MDCM Repository	P.1, P.2, P.3, P.7, P.8
CP 2.2.1	EA Dictionary	P.2
CP 2.2.2	Configuration Dictionary	P.2
CP 2.2.3	Model Dictionary	P.7
CP 2.2.4	Transformation Dictionary	P.3
CP 2.2.5	Data Persistence	P.1
CP 2.3	MDCM Analyzer	P.3, P.5, P.6, P.8
CP 2.3.1	Validation and Resolution	P.3, P.6
CP 2.3.2	Metrics Analyzer	P.3, P.5, P.6, P.8
	Backend	
CP 3.1	System Management	P.2, P.3, P.7, P.8, P.9
CP 3.1.1	Deployment Management	P.2, P.3, P.7, P.8, P.9
CP 3.1.2	Procurement Management	P.2, P.3, P.7, P.8, P.9
CP 3.2	CMDB	P.1, P.2

Fortsetzung auf der nächsten Seite

ID	MDCM-Komponente	Prinzipien
CP 3.3	EA Repository	P.1, P.2

B.2 Unterstützung der Projektphasen durch Komponenten

Tabelle B.2: *Zusammenhang MDCM-Komponenten und Phasen*

ID	Phase	MDCM-Komponenten
LP.1	*IT-Systemlandschaft in Entwicklung*	
W	IT-Systemlandschaftsgrobplanung	CP 1.1.*, CP 1.2, CP 2.1, CP 2.1.1, CP 2.2, CP 2.3.*
X	IT-Systemlandschaftsfeinplanung	CP 1.1.*, CP 1.2, CP 2.1, CP 2.1.1, CP 2.2, CP 2.3.*
LP.2	*IT-Systemlandschaft in Realisierung*	
Y	Beschaffung	CP 1.2, CP 2.1, CP 2.1.2, CP 2.2, CP 2.3, CP.2.3.2, CP 3.1.2
Z	Inbetriebnahme	CP 1.2, CP 2.1, CP 2.1.2, CP 2.2, CP 3.1.*, CP 3.2
Nicht direkt zugeordnete MDCM-Komponenten		CP 2.2.*, CP 3.3

LP — Lebensphase; CP — Component (MDCM-Komponente) aus Tabelle B.1

C

Anhang zur prototypischen Implementierung

C.1 Beschreibung der Spracherweiterung

C.1.1 Beschreibung der erstellten Units für SAP-Systemlandschaften

In Tabelle C.1 sind die grundlegenden Units zusammengefasst, die zur Modellierung von SAP-Systemlandschaften verwendet werden können. Elemente der SAP-NetWeaver-Technologie-Domäne erweitern Basiselemente der IBM DAP (core:Unit und core:SoftwareComponent[IBM10]). Die Elemente *SAP Client*, *SAP Standalone Engine* und *Usage Type* sind abstrakte Typen, die nicht direkt in Modellen verwendet werden können. Diese wurden lediglich angelegt, um die anderen 23 Units zu klassifizieren.

Tabelle C.1: *Units zur Modellierung von SAP-Systemlandschaften auf Basis von SAP NetWeaver 7.0 EHP 2 (namespace=sap.netweaver)*

SAP-Metamodell-Element	Type	Supertype
SAP Client	*ClientUnit*	*core:Unit*
SAP Standalone Engine	*StandaloneEngineUnit*	*core:Unit*
Usage Type	*UsageType*	*core:SoftwareComponent*
SAP NetWeaver System	NetWeaverUnit	core:Unit
Adobe LiveCache Designer	ALCDUnit	sap.netweaver:ClientUnit
SAP Business Explorer	BusinessExplorerUnit	sap.netweaver:ClientUnit
J2SE Adapter Engine	J2EEAdapterEngineUnit	sap.netweaver:ClientUnit
Mobile Infrastructure Client	MIClientUnit	sap.netweaver:ClientUnit
SAP GUI	SAPGUIUnit	sap.netweaver:ClientUnit
SAP NetWeaver Developer Studio	NWDStudioUnit	sap.netweaver:ClientUnit
SAP NetWeaver Developer Workspace	NWDWorkspaceUnit	sap.netweaver:ClientUnit

Fortsetzung auf der nächsten Seite

SAP-Metamodell-Element	Type	Supertype
Accelerated Application Delivery	AADUnit	sap.netweaver:StandaloneEngineUnit
Content Server	ContentServerUnit	sap.netweaver:StandaloneEngineUnit
Diagnostic Agent	DiagnosticAgentUnit	sap.netweaver:StandaloneEngineUnit
Gateway	GatewayUnit	sap.netweaver:StandaloneEngineUnit
LiveCache	LiveCacheUnit	sap.netweaver:StandaloneEngineUnit
Search and Classification (TREX)	TREXUnit	sap.netweaver:StandaloneEngineUnit
Web Dispatcher	WebDispatcherUnit	sap.netweaver:StandaloneEngineUnit
AS ABAP	ASABAPUnit	sap.netweaver:UsageType
AS Java	ASJavaUnit	sap.netweaver:UsageType
EP Core	EPCoreUnit	sap.netweaver:UsageType
EP	EPUnit	sap.netweaver:UsageType
BI	BIUnit	sap.netweaver:UsageType
BI Java	BIJavaUnit	sap.netweaver:UsageType
DI	DIUnit	sap.netweaver:UsageType
XI	XIUnit	sap.netweaver:UsageType
MI	MIUnit	sap.netweaver:UsageType

kursive SAP-Metamodell-Elemente stellen abstrakte Klassen dar.

Für jede dieser Units (bis auf die abstrakten Units) wurde eine Capability angelegt, welche die Eigenschaften einer Unit zusammenfasst und für die Definition von Abhängigkeiten verwendet werden (z.B. für den Usage Type `ASJavaUnit` existiert eine Capability `ASJava`). Zudem wurden 20 weitere Capabilites angelegt, die genau den Software-Komponenten der Tabelle 5.5 entsprechen. Eine Ausnahme bildet hierbei die Software-Komponente *J2EE Engine* des Usage Types *AS Java*. Diese Capability existiert bereits in der Technologie-Domäne der IBM DAP (`j2eeDeploy:J2EEServer`).

C.1.2 Beschreibung der erstellten Units für SAP-System-Konfigurationen

In Tabelle C.2 sind sämtliche grundlegenden Units für die Modellierung von SAP-System-Deployments zusammengefasst (SAP-Instanzen und SAP-Instanz-Komponenten — Tabelle 5.6). Es wurden vier abstrakte Units erzeugt, um die anderen 21 Units zu klassifizieren. Die Units *SAP Database Scheme* und *Database Instance* sind aus der Datenbankdomäne abgeleitet (`database`) und erweitern `DatabaseUnit` bzw. `DatabaseInstanceUnit`. Nur durch diese Beziehung ist es möglich, die Vorteile anderer Technologie-Domänen zu nutzen. Damit ist die SAP-Technologie-Domänen-Erweiterung zum einen unabhängig von spezifischen Produkten für Datenbankmanagementsysteme und zum anderen können Datenbankmanagementsysteme anderer Anbieter verwendet werden.

Tabelle C.2: *Units zur Modellierung von SAP-Deployment auf Basis von SAP NetWeaver 7.0 EHP 2 (namespace=`sap.deploy`)*

SAP-Metamodell-Element	Type	Supertype
SAP Instance	SAPInstanceUnit	core:SoftwareComponent
SAP Instance Component	SAPInstanceComponentUnit	core:SoftwareComponent
SAP Database Scheme	DBSchemeUnit	database:DatabaseUnit
Central Services Instance	CentralServicesInstanceUnit	sap.deploy:CentralServicesInstanceUnit

Fortsetzung auf der nächsten Seite

SAP-Metamodell-Element	Type	Supertype
SAP Web Dispatcher	WebDispatcherUnit	core:SoftwareComponent
Switchover Unit	SwitchoverUnit	core:SoftwareComponent
Central Instance (alias Primary Application Server Instance)	CentralInstanceUnit	sap.deploy:SAPInstanceUnit
Dialog Instance (alias Application Server Instance)	DialogInstanceUnit	sap.deploy:SAPInstanceUnit
Java Central Services Instance (SCS)	SCSUnit	sap.deploy:CentralServicesInstanceUnit
ABAP Central Services Instance (ASCS)	ASCSUnit	sap.deploy:CentralServicesInstanceUnit
Dispatcher	DispatcherUnit	sap.deploy:SAPInstanceComponentUnit
Work Process	WorkProcessUnit	sap.deploy:SAPInstanceComponentUnit
Dispatcher	DispatcherUnit	sap.deploy:SAPInstanceComponentUnit
Gateway	GatewayUnit	sap.deploy:SAPInstanceComponentUnit
Internet Communication Manager (ICM)	ICMUnit	sap.deploy:SAPInstanceComponentUnit
Internet Graphics Service (IGS)	IGSUnit	sap.deploy:SAPInstanceComponentUnit
Java Dispatcher	JavaDispatcherUnit	sap.deploy:SAPInstanceComponentUnit
Server Processes	ServerProcessesUnit	sap.deploy:SAPInstanceComponentUnit
Software Deployment Manager (SDM)	SDMUnit	sap.deploy:SAPInstanceComponentUnit
ABAP Message Server	ABAPMessageServerUnit	sap.deploy:SAPInstanceComponentUnit
ABAP Enqueue Server	ABAPEnqueueServerUnit	sap.deploy:SAPInstanceComponentUnit
Java Message Server	JavaMessageServerUnit	sap.deploy:SAPInstanceComponentUnit
Java Enqueue Server	JavaEnqueueServerUnit	sap.deploy:SAPInstanceComponentUnit
Database Instance	DatabaseInstanceUnit	database:DatabaseInstanceUnit
AS ABAP Scheme	ASABAPSchemeUnit	database:DBSchemeUnit
AS Java Scheme	ASJavaSchemeUnit	database:DBSchemeUnit

kursive SAP-Metamodell-Elemente stellen abstrakte Klassen dar.

Für jeder dieser Units (bis auf die abstrakten Units) wurde eine Capability angelegt, welche die Eigenschaften einer Unit zusammenfasst und für die Definition von Abhängigkeiten verwendet werden (z.B. für die Unit `DispatcherUnit` existiert eine Capability `Dispatcher`; diese wiederum besitzt eine optionale Abhängigkeit zu einer Unit mit der Capability `Java Dispatcher` — Tabelle 5.6).

C.2 Modell-getriebener Transformator zur Erzeugung von Spracherweiterungen

C.2.1 Generieren der Schema Definition

Listing C.1: *JET Template HeaderTemplateGenerator*

```
1  <%@ jet package="de.vlbalab.topedo.generator" imports="java.util.*
       de.vlbalab.topedo.* de.vlbalab.topedo.model.*"
       class="HeaderTemplateGenerator" %>
2  <%
3  ArgumentContainer ac = (ArgumentContainer)argument;
4  ArgumentHeader header = ac.getHeader();
5  String docRoot = header.getRootElement();
6  String nsPrefix = header.getNsPrefix();
7  String packageName = header.getLongPackageName();
8  String targetNamespace = header.getTargetNamespace();
9
10 Map<String, ExtendedDomainData> domains = (Map<String,
       ExtendedDomainData>)ac.getContent();
11 %>
12 <?xml version="1.0" encoding="UTF-8" ?>
13 <xsd:schema xmlns:xsd="http://www.w3.org/2001/XMLSchema"
14      xmlns="http://www.w3.org/2001/XMLSchema"
```

```
15              xmlns:ecore="http://www.eclipse.org/emf/2002/Ecore"
16          xmlns:core="http://www.ibm.com/ccl/soa/deploy/core/1.0.0/"
17      <%
18      for (Iterator iterator = domains.entrySet().iterator();
                iterator.hasNext();) {
19          Map.Entry<String, ExtendedDomainData> domain = (Map.Entry<String,
                ExtendedDomainData>) iterator.next();
20          ExtendedDomainData domainData = domain.getValue();
21          String _nsPrefix = domainData.getNsPrefix();
22          String _targetNamespace = domainData.getTargetNamespace();
23          String _schemaLocation = domainData.getSchemaLocation();
24      %> xmlns:<%=_nsPrefix%>="<%=_targetNamespace%>"<%}%>
25      ecore:documentRoot="<%=docRoot%>"
26      ecore:nsPrefix="<%=nsPrefix%>"
27      ecore:package="<%=packageName%>"
28      targetNamespace="<%=targetNamespace%>"
29      xmlns:<%=nsPrefix%>="<%=targetNamespace%>"
30      elementFormDefault="qualified">
31
32      <xsd:import namespace="http://www.ibm.com/ccl/soa/deploy/core/1.0.0/"
33              schemaLocation="platform:/plugin/com.ibm.ccl.soa.deploy.core/
                    models/schemas/base.xsd" />
34
35      <%
36      for (Iterator iterator = domains.entrySet().iterator();
                iterator.hasNext();) {
37          Map.Entry<String, ExtendedDomainData> domain = (Map.Entry<String,
                ExtendedDomainData>) iterator.next();
38          ExtendedDomainData domainData = domain.getValue();
39          String _nsPrefix = domainData.getNsPrefix();
40          String _targetNamespace = domainData.getTargetNamespace();
41          String _schemaLocation = domainData.getSchemaLocation();
42      %>
43      <xsd:import namespace="<%=_targetNamespace%>"
44              schemaLocation="<%=_schemaLocation%>" />
45      <%}%>
```

Listing C.2: *JET Template UnitsGenerator*

```
1   <%@ jet package="de.vlbalab.topedo.generator" imports="java.util.*
        de.vlbalab.topedo.ArgumentContainer de.vlbalab.topedo.model.*"
        class="CSV2UnitsGenerator" %>
2
3   <!-- Unit Definition -->
4   <%
5   ArgumentContainer ac = (ArgumentContainer)argument;
6   String nsPrefix = ac.getNsPrefix();
7
8   Map<String, Unit> units = (Map<String,
        Unit>)((ArgumentContainer)argument).getContent();
9   int i=0;
10  for (Iterator<Map.Entry<String, Unit>> iterator = units
11                      .entrySet().iterator(); iterator.hasNext();) {
12          Map.Entry<String, Unit> entry = (Map.Entry<String, Unit>)
                    iterator
13                      .next();
14                  Unit unit = entry.getValue();
15  String generalName = unit.getGeneralName();
16  String name = unit.getName();
17  String type = nsPrefix + ":" + unit.getType();
18  String cTypeName = unit.getType();
19  String supertype = unit.getSupertype();
20  %>
21  <!-- <%=generalName%> -->
22  <xsd:element name="<%=name%>" substitutionGroup="core:unit" type="<%=type%>"/>
23      <xsd:complexType name="<%=cTypeName%>">
24          <xsd:complexContent>
25          <xsd:extension base="<%=supertype%>" />
26      </xsd:complexContent>
27      </xsd:complexType>
28  <%
29  ++i;
30  }
31  System.out.println("" + i + " units written");
32  %>
```

Listing C.3: *JET Template CapsGenerator*

```
1   <%@ jet package="de.vlbalab.topedo.generator" class="CSV2CapsGenerator"
        imports="java.util.* de.vlbalab.topedo.ArgumentContainer
        de.vlbalab.topedo.model.*"%>
2
3   <!-- Capability Definition -->
4   <%
5   ArgumentContainer ac = (ArgumentContainer)argument;
6   String nsPrefix = ac.getNsPrefix();
```

```
7
8  Map<String , Capability> caps = (Map<String ,
        Capability>)((ArgumentContainer)argument).getContent();
9  int i=0;
10 for (Iterator<Map.Entry<String , Capability>> iterator = caps
                        .entrySet().iterator(); iterator.hasNext();) {
11                     Map.Entry<String , Capability> entry = (Map.Entry<String ,
                            Capability>) iterator
13                                          .next();
14                     Capability cap = entry.getValue();
15 i++;
16 %>
17 <!-- <%=cap.getGeneralName()%> -->
18 <%
19          // second: the name
20      String name = cap.getName();
21      // third: the type
22      String type = cap.getType();
23      // fourth: extension base
24      String extensionBase = cap.getSupertype();
25      SortedMap<String , Attribute> attributes = cap.getAttributes();
26 %>
27      <xsd:element name="<%=name%>" type="<%=nsPrefix%>:<%=type%>"
                substitutionGroup="core:capability" />
28      <xsd:complexType name="<%=type%>">
29        <xsd:complexContent>
30          <%if (attributes.size()==0){%>
31          <xsd:extension base="<%=extensionBase%>" />
32          <%} else {%>
33          <xsd:extension base="<%=extensionBase%>">
34          <%for (Iterator<Map.Entry<String , Attribute>> attrIt =
                attributes.entrySet().iterator(); attrIt.hasNext();) {
35                      Map.Entry<String , Attribute> attribute =
                            (Map.Entry<String , Attribute>) attrIt.next();
36                      Attribute _attribute = attribute.getValue();
37                      String attrName = _attribute.getId();
38                      String attrType = _attribute.getType();
39                  %>
40                  <xsd:attribute name="<%=attrName%>" type="<%=attrType%>" />
41                  <%}%>
42          </xsd:extension>
43          <%}%>
44        </xsd:complexContent>
45      </xsd:complexType>
46
47  <%}
48 System.out.println("" + i + " capabilities written.");
49 %>
```

Listing C.4: *JET Template FooterGenerator*

```
1 <%@ jet package="de.vlbalab.topedo.generator" class="FooterTemplateGenerator" %>
2
3 </xsd:schema>
```

C.2.2   Generieren der Datei plugin.xml

Listing C.5: *JET Template PluginXMLGenerator*

```
1  <%@ jet package="de.vlbalab.topedo.generator" imports="java.util.*
        de.vlbalab.topedo.model.* de.vlbalab.topedo.ArgumentHeader
        de.vlbalab.topedo.ArgumentContainer" class="PluginXMLGenerator" %>
2  <?xml version="1.0" encoding="UTF-8"?>
3  <?eclipse version="3.0"?>
4
5  <%
6  ArgumentHeader header = ((ArgumentContainer)argument).getHeader();
7  String basePackage = header.getBasePackage();
8  String pluginId = header.getLongPackageName();
9  String modelName = header.getModelName();
10 String packageName = header.getPackageName();
11 String targetNamespace= header.getTargetNamespace();
12
13 Map<String , Unit> units = (Map<String ,
        Unit>)((ArgumentContainer)argument).getContent();
14 %>
15 <plugin>
16
17    <extension point="org.eclipse.emf.edit.itemProviderAdapterFactories">
18      <factory
19        uri = "<%=targetNamespace%>"
20        class = "<%=basePackage%><%=packageName%>.provider.<%=modelName%>
                ItemProviderAdapterFactory"
21        supportedTypes =
```

```
22              "org.eclipse.emf.edit.provider.IEditingDomainItemProvider
23              org.eclipse.emf.edit.provider.IStructuredItemContentProvider
24              org.eclipse.emf.edit.provider.ITreeItemContentProvider
25              org.eclipse.emf.edit.provider.IItemLabelProvider
26              org.eclipse.emf.edit.provider.IItemPropertySource" />
27      </extension>
28
29      <extension point="org.eclipse.emf.ecore.generated_package">
30         <package
31            uri = "<%=targetNamespace%>"
32            class = "<%=basePackage%>.<%=packageName%>.<%=modelName%>Package"
33            genModel="model/ecore/<%=packageName%>.genmodel" />
34      </extension>
35
36      <extension point="org.eclipse.emf.ecore.extension_parser">
37         <parser
38            type="<%=packageName%>"
39            class="<%=basePackage%>.<%=packageName%>.util.<%=modelName%>ResourceFactoryImpl"
                   />
40      </extension>
41
42      <extension point="com.ibm.ccl.soa.deploy.core.domains">
43         <domain
44            id="<%=basePackage%>.domain"
45            name="%extension.<%=packageName%>Domain"
46            targetNamespace="<%=targetNamespace%>"
47            <validator class="<%=basePackage%>.<%=packageName%>.internal.validator.
                   <%=modelName%>DomainValidator"/>
48
49
50      <%
51      //for each unit do
52      // units
53      String pathToSmallIcon="icons/pal/placeholder_16.gif";
54      String pathToLargeIcon="icons/pal/placeholder_20.gif";
55
56      for (Iterator<Map.Entry<String, Unit>> iterator = units
57                          .entrySet().iterator(); iterator.hasNext();) {
58                   Map.Entry<String, Unit> entry = (Map.Entry<String, Unit>)
                     iterator
59                          .next();
60                   Unit unit = entry.getValue();
61
62      String unitType = unit.getType();
63      String supertype = unit.getSupertype();
64      String unitDrawer = unit.getDrawer();
65      %>
66
67         <resourceType
68             id="<%=packageName%>.<%=unitType%>.conceptual"
69             name="<%=unitType%>"
70             templateURI="platform:/plugin/<%=pluginId%>/templates/
                   <%=unitType%>C.topology">
71         </resourceType>
72         <resourceTypeUIBinding
73             description="%<%=packageName%>.<%=unitType%>Tool.Description"
74             label="%<%=packageName%>.<%=unitType%>Tool.Label"
75             path="/<%=unitDrawer%>"
76             smallIcon="<%=pathToSmallIcon%>"
77             largeIcon="<%=pathToLargeIcon%>"
78             resourceTypeId="<%=packageName%>.<%=unitType%>.conceptual">
79         </resourceTypeUIBinding>
80         <resourceType
81             id="<%=packageName%>.<%=unitType%>.infra"
82             name="<%=unitType%>"
83             templateURI="platform:/plugin/<%=pluginId%>/templates/
                   <%=unitType%>.topology">
84         </resourceType>
85         <resourceTypeUIBinding
86             description="%<%=packageName%>.<%=unitType%>Tool.Description"
87             label="%<%=packageName%>.<%=unitType%>Tool.Label"
88             path="/<%=unitDrawer%>"
89             smallIcon="<%=pathToSmallIcon%>"
90             largeIcon="<%=pathToLargeIcon%>"
91             resourceTypeId="<%=packageName%>.<%=unitType%>.infra">
92         </resourceTypeUIBinding>
93
94      <%
95      }    // end do
96      %>
97      </domain>
98      </extension>
99
100     <extension point="org.eclipse.gmf.runtime.emf.type.core.elementTypes">
101     <%
102     for (Iterator<Map.Entry<String, Unit>> iterator = units
103                         .entrySet().iterator(); iterator.hasNext();) {
```

```
104              Map.Entry<String, Unit> entry = (Map.Entry<String, Unit>)
                     iterator
105                          .next();
106   /          Unit unit = entry.getValue();
107
108   String unitType = unit.getType();
109   %>
110       <metamodel nsURI="<%=targetNamespace%>">
111          <metamodelType
112              id="<%=packageName%>.<%=unitType%>"
113           name="<%=packageName%>.<%=unitType%>Tool.Label"
114           icon="<%=pathToSmallIcon%>"
115           eclass="<%=unitType%>"/>
116       </metamodel>
117   <%
118   } // end do
119   %>
120   </extension>
121
122
123 </plugin>
```

C.2.3   Generieren der Modellierungsmuster

Listing C.6: *JET Template DynamicTypesGenerator*

```
1 <%@ jet package="de.vlbalab.topedo.generator" imports="java.util.*
     java.text.DateFormat de.vlbalab.topedo.ArgumentContainer
     de.vlbalab.topedo.model.templatedefinition.*
     de.vlbalab.topedo.ArgumentHeader" class="CSV2DynamicTypesGenerator" %>
2 <?xml version="1.0" encoding="UTF-8"?>
3 <dynamictype:DynamicTypeRoot xmi:version="2.0" xmlns:xmi="http://www.omg.org/XMI"
     xmlns:dynamictype="http://www.ibm.com/ccl/soa/deploy/dynamictype/1.0.0/">
4     <dynamicTypes>
5 <%
6 ArgumentContainer ac = (ArgumentContainer)argument;
7 ArgumentHeader header = ac.getHeader();
8
9 Map<String, Template> templates = (Map<String,
     Template>)((ArgumentContainer)argument).getContent();
10 int i=0;
11 for (Iterator<Map.Entry<String, Template>> iterator = templates
12                    .entrySet().iterator(); iterator.hasNext();) {
13                Map.Entry<String, Template> entry = (Map.Entry<String,
                     Template>) iterator
14                          .next();
15                Template template = entry.getValue();
16 String id = template.getId() + "Template";
17 String paletteName = template.getName();
18 String drawer = template.getDrawer();
19 String stack = template.getStack();
20 String path = "/" + drawer + "/" + stack;
21 String largeIcon = "platform:/plugin/"+ header.getLongPackageName()
     +"/icons/pal/placeholder_20.gif";
22 String smallIcon = "platform:/plugin/"+ header.getLongPackageName()
     +"/icons/pal/placeholder_20.gif";
23 String creationDate =
     DateFormat.getDateInstance(DateFormat.FULL, Locale.UK).format(
     Calendar.getInstance().getTimeInMillis());
24 %>
25     <paletteEntries description="Template created on: <%=creationDate%>"
          id="<%=id%>" kind="tool" label="<%=paletteName%>"
          largeIcon="<%=largeIcon%>" path="<%=path%>" smallIcon="<%=smallIcon%>"
          templateURI="templates/<%=template.getId()%>.topology"/>
26 <%++i;}//end foreach
27 System.out.println(i + " palette entries written!");
28 %>
29   </dynamicTypes>
30 </dynamictype:DynamicTypeRoot>
```

Listing C.7: *JET Template TemplatesGenerator*

```
1 <%@ jet package="de.vlbalab.topedo.generator" imports="java.util.*
     de.vlbalab.topedo.ArgumentContainer de.vlbalab.topedo.ArgumentHeader"
     class="TopologyTemplateGenerator" %>
2 <?xml version="1.0" encoding="UTF-8"?>
3 <%
4 String name = "";
5 String displayName = "";
6 ArgumentContainer ac = (ArgumentContainer)argument;
7 ArgumentHeader header = ac.getHeader();
8 String nsPrefix = header.getNsPrefix();
9 String targetNamespace = header.getTargetNamespace();
10 %>
```

```
11  <!—<%=displayName%>—>
12  <core:topology
        xmlns:constraint="http://www.ibm.com/ccl/soa/deploy/core/constraint/1.0.0/"
13      xmlns:core="http://www.ibm.com/ccl/soa/deploy/core/1.0.0/"
14      xmlns:<%=nsPrefix%>="<%=targetNamespace%>"
15      displayName="<%=displayName%>"
16      name="<%=name%>"
17      mutabilityConfigurable="true">
18    <core:annotation context="dynamic_resource_type">
19      <core:detail key="resourceId" value="<%=name%>"/>
20    </core:annotation>
21    <constraint:constraint.palette displayName="<%=displayName%>" name="paletteID"
          resourceTypeId="<%=name%>"/>
22    <%//foreach unit in template definition%>
23    <sap:ASABAPUnit displayName="<%=displayName%>" name="ASABAPUnit_84953"
          conceptual="true" configurationUnit="false">
24      <%//foreach capability in unit%>
25      <sap:ASABAP name="ASABAP" linkType="any"/>
26      <%//end foreach%>
27      <%//foreach requirement in unit%>
28      <core:requirement displayName="NetWeaver Hosting" name="optionalHostingReq"
            dmoType="sap:NetWeaver" linkType="hosting" use="required"/>
29      <%//end foreach%>
30    </sap:ASABAPUnit>
31    <%//end foreach%>
32    <core:contract.explicit displayName="Make All Units Public-Editable By Default"
          name="ExplicitContract_151406" defaultConceptualPolicy="public_editable"
          defaultPolicy="public_editable"/>
33  </core:topology>
```

C.3   Beispielszenario

Listing C.8: *Quell-Code des Beispielszenarios in XML*

```
1  <?xml version="1.0" encoding="UTF-8"?>
2  <archimate:model xmlns:xsi="http://www.w3.org/2001/XMLSchema-instance"
       xmlns:archimate="http://www.bolton.ac.uk/archimate" name="SAP BW"
       id="ab8fe1c4" version="1.3.0">
3    <folder name="Business" id="665defa0" type="business"/>
4    <folder name="Application" id="7e34b64a" type="application">
5      <element xsi:type="archimate:ApplicationService" id="0bc29cd1"
          name="Enterprise Reporting"/>
6      <element xsi:type="archimate:ApplicationService" id="637084d8" name="Self
          Service Reporting"/>
7      <element xsi:type="archimate:ApplicationService" id="0493ad1a" name="Data
          Visualization"/>
8      <element xsi:type="archimate:ApplicationService" id="d38c3953"
          name="Analysis"/>
9      <element xsi:type="archimate:ApplicationService" id="698dd818" name="Search
          and Exploration"/>
10     <element xsi:type="archimate:ApplicationComponent" id="a5960039"
          name="Crystal Reports 2011"/>
11     <element xsi:type="archimate:ApplicationComponent" id="630d023a"
          name="Crystal Reports for Enterprise"/>
12     <element xsi:type="archimate:ApplicationComponent" id="d17fb42c" name="Web
          Intelligence"/>
13     <element xsi:type="archimate:ApplicationComponent" id="1bc4bc37"
          name="Dashboards (Xcelsius)"/>
14     <element xsi:type="archimate:ApplicationComponent" id="e401ec53"
          name="Analysis Office"/>
15     <element xsi:type="archimate:ApplicationComponent" id="85410aed"
          name="Analysis OLAP"/>
16     <element xsi:type="archimate:ApplicationComponent" id="ff63740b"
          name="Business Objects Explorer"/>
17     <element xsi:type="archimate:ApplicationComponent" id="0d2cf64a" name="SAP
          NetWeaver BI System"/>
18     <element xsi:type="archimate:ApplicationService" id="e7eb9044" name="Universe
          Based Access"/>
19     <element xsi:type="archimate:ApplicationService" id="0742bcd4" name="Direct
          Access"/>
20     <element xsi:type="archimate:ApplicationService" id="80940fe7" name="Data
          Service"/>
21     <element xsi:type="archimate:ApplicationComponent" id="9c4cadc2" name="Sybase
          Replication Server"/>
22     <element xsi:type="archimate:ApplicationComponent" id="0765860c" name="SAP
          ERP"/>
23     <element xsi:type="archimate:ApplicationComponent" id="31f02b9a" name="Oracle
          EBS"/>
24     <element xsi:type="archimate:ApplicationComponent" id="21350cbb"
          name="PeopleSoft"/>
25     <element xsi:type="archimate:ApplicationService" id="46ed754f"
          name="Transient Provider"/>
26   </folder>
27   <folder name="Technology" id="3ee6e807" type="technology"/>
```

```
28    <folder name="Connectors" id="5106678c" type="connectors"/>
29    <folder name="Relations" id="f9eece50" type="relations">
30      <element xsi:type="archimate:RealisationRelationship" id="1e06ac21"
           name="Realisation relation" source="a5960039" target="0bc29cd1"/>
31      <element xsi:type="archimate:RealisationRelationship" id="3d9ef853"
           name="Realisation relation" source="630d023a" target="0bc29cd1"/>
32      <element xsi:type="archimate:RealisationRelationship" id="74fd5eac"
           name="Realisation relation" source="d17fb42c" target="637084d8"/>
33      <element xsi:type="archimate:RealisationRelationship" id="2395fb4f"
           name="Realisation relation" source="1bc4bc37" target="0493ad1a"/>
34      <element xsi:type="archimate:RealisationRelationship" id="18d37449"
           name="Realisation relation" source="e401ec53" target="d38c3953"/>
35      <element xsi:type="archimate:RealisationRelationship" id="dbd899db"
           name="Realisation relation" source="85410aed" target="d38c3953"/>
36      <element xsi:type="archimate:RealisationRelationship" id="9697df3c"
           name="Realisation relation" source="ff63740b" target="698dd818"/>
37      <element xsi:type="archimate:RealisationRelationship" id="61b09726"
           name="Realisation relation" source="0d2cf64a" target="e7eb9044"/>
38      <element xsi:type="archimate:RealisationRelationship" id="e4e517f9"
           name="Realisation relation" source="0d2cf64a" target="0742bcd4"/>
39      <element xsi:type="archimate:UsedByRelationship" id="837de91a" name="Used By
           relation" source="0742bcd4" target="630d023a"/>
40      <element xsi:type="archimate:UsedByRelationship" id="ca4b089b" name="Used By
           relation" source="0742bcd4" target="d17fb42c"/>
41      <element xsi:type="archimate:UsedByRelationship" id="1eda5735" name="Used By
           relation" source="0742bcd4" target="e401ec53"/>
42      <element xsi:type="archimate:UsedByRelationship" id="62303ec1" name="Used By
           relation" source="0742bcd4" target="85410aed"/>
43      <element xsi:type="archimate:UsedByRelationship" id="40319cbd" name="Used By
           relation" source="e7eb9044" target="ff63740b"/>
44      <element xsi:type="archimate:UsedByRelationship" id="0ba4ef63" name="Used By
           relation" source="e7eb9044" target="630d023a"/>
45      <element xsi:type="archimate:UsedByRelationship" id="a77f839b" name="Used By
           relation" source="e7eb9044" target="d17fb42c"/>
46      <element xsi:type="archimate:UsedByRelationship" id="3b01b3b3" name="Used By
           relation" source="e7eb9044" target="1bc4bc37"/>
47      <element xsi:type="archimate:UsedByRelationship" id="90637b8b" name="Used By
           relation" source="80940fe7" target="0d2cf64a"/>
48      <element xsi:type="archimate:RealisationRelationship" id="dca1e27f"
           name="Realisation relation" source="9c4cadc2" target="80940fe7"/>
49      <element xsi:type="archimate:RealisationRelationship" id="5c0f3e8a"
           name="Realisation relation" source="0765860c" target="46ed754f"/>
50      <element xsi:type="archimate:UsedByRelationship" id="8b9706d4" name="Used By
           relation" source="46ed754f" target="1bc4bc37"/>
51      <element xsi:type="archimate:UsedByRelationship" id="76f19b7c" name="Used By
           relation" source="0765860c" target="a5960039"/>
52      <element xsi:type="archimate:UsedByRelationship" id="1df42f1b" name="Used By
           relation" source="0765860c" target="9c4cadc2"/>
53      <element xsi:type="archimate:UsedByRelationship" id="ebd9afd7" name="Used By
           relation" source="31f02b9a" target="9c4cadc2"/>
54      <element xsi:type="archimate:UsedByRelationship" id="2544d5ac" name="Used By
           relation" source="21350cbb" target="9c4cadc2"/>
55    </folder>
56    <folder name="Views" id="c084476c" type="diagrams">
57      <element xsi:type="archimate:DiagramModel" id="f0ef8f93" name="Default View"
           connectionRouterType="1">
58        <child xsi:type="archimate:Group" id="81be0c09" name="SAP BusinessObjects
             Applications">
59          <bounds x="168" y="204" width="745" height="140"/>
60          <child xsi:type="archimate:DiagramObject" id="d193598a"
               targetConnections="ad9978c2 6532bb44" fillColor="#0080c0"
               archimateElement="630d023a" type="1">
61            <bounds x="12" y="30" width="120" height="73"/>
62            <sourceConnection xsi:type="archimate:Connection" id="13b6f46a"
                 source="d193598a" target="c001c703" relationship="3d9ef853"/>
63          </child>
64          <child xsi:type="archimate:DiagramObject" id="9e9f0c80"
               targetConnections="45ef0bac 5b89342f" fillColor="#0080c0"
               archimateElement="d17fb42c" type="1">
65            <bounds x="156" y="30" width="120" height="73"/>
66            <sourceConnection xsi:type="archimate:Connection" id="28d5f9d0"
                 source="9e9f0c80" target="58c9a04f" relationship="74fd5eac"/>
67          </child>
68          <child xsi:type="archimate:DiagramObject" id="6a431335"
               targetConnections="f36f30b2" fillColor="#0080c0"
               archimateElement="1bc4bc37" type="1">
69            <bounds x="312" y="30" width="145" height="73"/>
70            <sourceConnection xsi:type="archimate:Connection" id="57aa7d0c"
                 source="6a431335" target="ca79c502" relationship="2395fb4f"/>
71          </child>
72          <child xsi:type="archimate:DiagramObject" id="2ab7c7ae"
               targetConnections="a872e379" fillColor="#0080c0"
               archimateElement="e401ec53" type="1">
73            <bounds x="480" y="30" width="120" height="73"/>
74            <sourceConnection xsi:type="archimate:Connection" id="882ea8a5"
                 source="2ab7c7ae" target="cb61faeb" relationship="18d37449"/>
75          </child>
```

```
76        <child xsi:type="archimate:DiagramObject" id="f164ca79"
              targetConnections="7dd76aae" fillColor="#0080c0"
              archimateElement="85410aed" type="1">
77          <bounds x="612" y="30" width="120" height="73"/>
78          <sourceConnection xsi:type="archimate:Connection" id="b31df08a"
                source="f164ca79" target="cb61faeb" relationship="dbd899db"/>
79        </child>
80      </child>
81      <child xsi:type="archimate:DiagramObject" id="41c9d3f0"
              targetConnections="98ed4517" fillColor="#0080c0"
              archimateElement="0d2cf64a" type="1">
82          <bounds x="481" y="408" width="120" height="73"/>
83          <sourceConnection xsi:type="archimate:Connection" id="0ab8f963"
                source="41c9d3f0" target="15f75417" relationship="e4e517f9"/>
84          <sourceConnection xsi:type="archimate:Connection" id="70f08ed4"
                source="41c9d3f0" target="c3426bee" relationship="61b09726"/>
85        </child>
86      <child xsi:type="archimate:DiagramObject" id="0149bcbe"
              targetConnections="4f9b132b" archimateElement="80940fe7">
87          <bounds x="481" y="504"/>
88          <sourceConnection xsi:type="archimate:Connection" id="98ed4517"
                source="0149bcbe" target="41c9d3f0" relationship="90637b8b"/>
89        </child>
90      <child xsi:type="archimate:DiagramObject" id="15f75417"
              targetConnections="0ab8f963" archimateElement="0742bcd4">
91          <bounds x="324" y="354"/>
92          <sourceConnection xsi:type="archimate:Connection" id="ad9978c2"
                source="15f75417" target="d193598a" relationship="837de91a"/>
93          <sourceConnection xsi:type="archimate:Connection" id="45ef0bac"
                source="15f75417" target="9e9f0c80" relationship="ca4b089b"/>
94          <sourceConnection xsi:type="archimate:Connection" id="a872e379"
                source="15f75417" target="2ab7c7ae" relationship="1eda5735"/>
95          <sourceConnection xsi:type="archimate:Connection" id="7dd76aae"
                source="15f75417" target="f164ca79" relationship="62303ec1"/>
96        </child>
97      <child xsi:type="archimate:DiagramObject" id="c3426bee"
              targetConnections="70f08ed4" archimateElement="e7eb9044">
98          <bounds x="648" y="354" width="145" height="55"/>
99          <sourceConnection xsi:type="archimate:Connection" id="6532bb44"
                source="c3426bee" target="d193598a" relationship="0ba4ef63"/>
100         <sourceConnection xsi:type="archimate:Connection" id="5b89342f"
                source="c3426bee" target="9e9f0c80" relationship="a77f839b"/>
101         <sourceConnection xsi:type="archimate:Connection" id="f36f30b2"
                source="c3426bee" target="6a431335" relationship="3b01b3b3"/>
102       </child>
103     <child xsi:type="archimate:DiagramObject" id="c001c703"
              targetConnections="13b6f46a" archimateElement="0bc29cd1">
104         <bounds x="180" y="120" width="120" height="67"/>
105       </child>
106     <child xsi:type="archimate:DiagramObject" id="58c9a04f"
              targetConnections="28d5f9d0" archimateElement="637084d8">
107         <bounds x="324" y="120" width="120" height="67"/>
108       </child>
109     <child xsi:type="archimate:DiagramObject" id="ca79c502"
              targetConnections="57aa7d0c" archimateElement="0493ad1a">
110         <bounds x="481" y="120" width="144" height="67"/>
111       </child>
112     <child xsi:type="archimate:DiagramObject" id="cb61faeb"
              targetConnections="882ea8a5 b31df08a" archimateElement="d38c3953">
113         <bounds x="708" y="120" width="120" height="67"/>
114       </child>
115     <child xsi:type="archimate:Group" id="e58bf761" name="ERP Backend">
116         <bounds x="336" y="588" width="409" height="181"/>
117         <child xsi:type="archimate:DiagramObject" id="ba53966a"
              fillColor="#ff0000" archimateElement="21350cbb" type="1">
118           <bounds x="276" y="102"/>
119           <sourceConnection xsi:type="archimate:Connection" id="8880cb6c"
                source="ba53966a" target="0d20726f" relationship="2544d5ac"/>
120         </child>
121         <child xsi:type="archimate:DiagramObject" id="db07db4b"
              fillColor="#ff0000" archimateElement="31f02b9a" type="1">
122           <bounds x="144" y="102"/>
123           <sourceConnection xsi:type="archimate:Connection" id="325de1f9"
                source="db07db4b" target="0d20726f" relationship="ebd9afd7"/>
124         </child>
125         <child xsi:type="archimate:DiagramObject" id="87ff0561"
              fillColor="#0080c0" archimateElement="0765860c" type="1">
126           <bounds x="12" y="102"/>
127           <sourceConnection xsi:type="archimate:Connection" id="9d7432db"
                source="87ff0561" target="0d20726f" relationship="1df42f1b"/>
128         </child>
129         <child xsi:type="archimate:DiagramObject" id="0d20726f"
              targetConnections="9d7432db 325de1f9 8880cb6c" fillColor="#0080c0"
              archimateElement="9c4cadc2" type="1">
130           <bounds x="144" y="6" width="120" height="73"/>
131           <sourceConnection xsi:type="archimate:Connection" id="4f9b132b"
                source="0d20726f" target="0149bcbe" relationship="dca1e27f"/>
132         </child>
```

```
133        </child>
134      </element>
135      <element xsi:type="archimate:DiagramModel" id="32e5ad5a" name="Application
             Services">
136        <child xsi:type="archimate:Group" id="4e745fb4" name="Application Services">
137          <bounds x="48" y="60" width="745" height="140"/>
138          <child xsi:type="archimate:DiagramObject" id="e07e4ba7"
               archimateElement="0bc29cd1">
139            <bounds x="12" y="30"/>
140          </child>
141          <child xsi:type="archimate:DiagramObject" id="094084fa"
               archimateElement="637084d8">
142            <bounds x="156" y="30"/>
143          </child>
144          <child xsi:type="archimate:DiagramObject" id="531c056d"
               archimateElement="0493ad1a">
145            <bounds x="312" y="30"/>
146          </child>
147          <child xsi:type="archimate:DiagramObject" id="31133a2d"
               archimateElement="d38c3953">
148            <bounds x="456" y="30"/>
149          </child>
150          <child xsi:type="archimate:DiagramObject" id="b0700812"
               archimateElement="698dd818">
151            <bounds x="600" y="30"/>
152          </child>
153        </child>
154      </element>
155    </folder>
156  </archimate:model>
```

C.4   Extension–Point: SAP–Transformation

In Listing C.9 ist die Schnittstellendefinition (*Extension–Point*) zur Erweiterung der Komponente *MDCM Automation Engine* um weitere *SAP Transformatoren* abgebildet. Zur Definition weiterer SAP-Transformatoren muss ein Eclipse-Plugin diesen Extension–Point erweitern (s. Listing C.10; Zeile 2).

Listing C.9: *Definition des Extension–Points: Transformer*

```
1  <schema ...>...
2    <element name="extension">...
3      <complexType>
4        <choice minOccurs="1" maxOccurs="unbounded">
5          <element ref="transformer"/>
6        </choice>...
7      </complexType>
8    </element>
9
10   <element name="transformer">
11     <complexType>
12       <attribute name="class" type="string" use="required"/>
13       <attribute name="phase" use="required">
14         <simpleType>
15           <restriction base="string">
16             <enumeration value="PRE_INSTALL"/>
17             <enumeration value="INSTALL"/>
18             <enumeration value="POST_INSTALL"/>
19           </restriction>
20         </simpleType>
21       </attribute>
22       <attribute name="type" use="required">
23         <simpleType>
24           <restriction base="string">
25             <enumeration value="CHECKLIST"/>
26             <enumeration value="SCRIPT"/>
27             <enumeration value="INSTCONF"/>
28           </restriction>
29         </simpleType>
30       </attribute>
31     </complexType>
32   </element>...
33  </schema>
```

Listing C.10: *Verwendung des Extension–Points: Transformer*

```
1  <plugin>
2    <extension point="com.architecture.transformation.Transformer">
```

```
3      <transformer
4              class="de...saptransformer.SAPNwPreInstallChecklist"
5              phase="PRE_INSTALL"
6              type="CHECKLIST">
7      </transformer>
8    </extension>
9  </plugin>
```

Dabei muss mindestens 1 (minOccurs — Listing C.9; Zeile 4) Transformator angegeben werden. Die Menge an Transformatoren ist unbegrenzt (maxOccurs — Listing C.9; Zeile 4). Für einen zusätzlichen SAP–Transformer müssen die Attribute class, phase und type angegeben werden (s. Listing C.9; Zeile 12, 13, 22). Mit dem Attribut class (s. Listing C.10; Zeile 4) wird definiert, welche Java–Klasse zur Generierung von Konfigurationsartefakten (Attribut type — Listing C.10; Zeile 6) in einer bestimmten Konfigurationsphase (Attribut phase — Listing C.10; Zeile 5) aufgerufen werden soll. Die jeweilige Java–Klasse eines SAP–Transformers wird durch JET erzeugt.

C.5 Extension–Point: Metrics Analyzer

Die Komponente *Metrics Analyzer* (*MDCM Analyzer*) enthält zwei Extension–Points zur Erweiterung um Metrikgruppen (s. Listing C.11) sowie um weitere Metriken und Tester (s. Listing C.12). Soll die Komponente Metrics Analyzer erweitert werden, muss ein Eclipse–Plugin diese Extension–Points erweitern (s. Listing C.13; Zeilen 2 und 5).

Listing C.11: *Definition des Extension–Points: MetricGroup*

```
1  <schema ...>...
2    <element name="extension">
3      <complexType>
4        <choice minOccurs="1" maxOccurs="unbounded">
5          <element ref="metricgroup"/>
6        </choice>...
7      </complexType>
8    </element>
9
10   <element name="metricgroup">
11     <complexType>
12       <attribute name="id" type="string" use="required"/>
13       <attribute name="name" type="string" use="required"/>
14     </complexType>
15   </element>...
16 </schema>
```

Es müssen 1 (minOccurs) bis unbegrenzt (minOccurs) viele Metrikengruppen (*Metric Group*) angelegt werden (s. Listing C.11; Zeile 4). Für die Definition einer *Metric Group* werden die Attribute id und name benötigt (s. Listing C.13; Zeile 3).

Listing C.12: *Definition des Extension–Points: Metric*

```
1  <schema ...>...
2    <element name="extension">
3      <complexType>
4        <choice minOccurs="1" maxOccurs="unbounded">
5          <element ref="metric"/>
6        </choice>...
7      </complexType>
8    </element>
9
10   <element name="metric">
11     <complexType>
12       <attribute name="id" type="string" use="required"/>
13       <attribute name="class" type="string" use="required">
14         <annotation>
15           <appinfo>
```

```
16                        <meta.attribute kind="java"
                               basedOn="com...core.model.Metric:"/>
17                     </appinfo>
18                  </annotation>
19               </attribute>
20               <attribute name="metricsGroupId" type="string"/>
21               <attribute name="testerClass" type="string">
22                  <annotation>
23                     <appinfo>
24                        <meta.attribute kind="java" basedOn=":com...core.model.Tester"/>
25                     </appinfo>
26                  </annotation>
27               </attribute>
28               <attribute name="contextClass" type="string">
29                  <annotation>
30                     <appinfo>
31                        <meta.attribute kind="java"
                               basedOn=":com...core.model.TesterConfigurationContext"/>
32                     </appinfo>
33                  </annotation>
34               </attribute>
35               <attribute name="contextViewClass" type="string"/>
36                  <annotation>
37                     <appinfo>
38                        <meta.attribute kind="java"
                               basedOn="com...core.view.ContextView:"/>
39                     </appinfo>
40                  </annotation>
41               </attribute>
42            </complexType>
43         </element>...
44   </schema>
```

Danach lassen sich mit Hilfe des Extension-Points *Metric* Metriken zu Gruppen zuordnen und Tester definieren. Es müssen 1 (`minOccurs`) bis unbegrenzt (`maxOccurs`) viele Metriken angelegt werden (s. Listing C.12; Zeile 4), wenn dieser Extension-Point
erweitert wird. Eine Metrik besitzt dafür die Attribute `id`, `class`, `metricsGroupId`,
`testerClass`, `contextClass` und `contextClassView` (s. Listing C.12; Zeile 12, 13, 20,
21, 28, 35). Zusammen mit dem eindeutigen Identifier (`id`) ist das Attribut `class` ein
Pflichtfeld (s. Listing C.12; Zeile 13) und gibt an, welche Java-Klasse die entsprechende Metrik (`com...core.model.Metric` — Listing C.12; Zeile 16) repräsentiert (z.B.
`UnitPerTopologyMetric` — Listing C.13; Zeile 15). Eine Metrik kann einer Gruppe
zugeordnet werden (z.B. `TopologyBasic` — Listing C.13; Zeile 16). Sollte die Gruppe
(`metricsGroupId`) nicht definiert sein oder wurde die Gruppe nicht angegeben, wird
intern die Gruppe „default" angenommen. Mit dem Attribut `testerClass` wird eine
Java-Klasse vom Typ `com...core.model.Tester` angegeben, welche die Logik für die Messung dieser Metrik implementiert (s. Listing C.13; Zeile 17). Ein Tester kann für mehrere
Metriken verwendet werden (`TopologyTester` für `LinksMetric` und `UnitPerTopology`
— Listing C.13; Zeile 12, 16). Die Attribute `contextClass` und `contextViewClass` ge-
ben an, welche Daten (z.B. obere und untere Grenze) für die Metrik definiert sind (Typ
`TesterConfigurationContext` — Listing C.12; Zeile 31) bzw. wie dieser in der Benutze-
roberfläche dargestellt (`ContextView` — Listing C.12; Zeile 38) werden soll (s. Listing C.13;
Zeile 8, 9).

Listing C.13: *Verwendung der Extension-Points: MetricGroup und Metric*

```
1   <plugin>
2      <extension point="com.architecture.analysis.metricgroup">...
3         <metricgroup id="TopologyBasic" name="Topology Basic"/>...
4      </extension>
5      <extension point="com.architecture.analysis.metric">...
```

```
 6        <metric
 7              class="com...metric.topology.LinksMetric"
 8              contextClass="com...metric.topology.context.LinksContext"
 9              contextViewClass="com...metric.topology.view.LinksContextView"
10              id="com...metric.topology.links"
11              metricsGroupId="TopologyBasic"
12              testerClass="com...metric.tester.TopologyTester">
13        </metric>
14         <metric
15              class="com...metric.topology.UnitPerTopologyMetric" ...
16              metricsGroupId="TopologyBasic"
17              testerClass="com...metric.tester.TopologyTester">
18        </metric>
19        <metric
20              class="com...metric.loc.LinesOfCodeMetric" ...
21              testerClass="com...metric.tester.LinesOfCodeTester">
22        </metric>...
23 </plugin>
```

Literaturverzeichnis

[AA94] ADLER, Patricia A. ; ADLER, Peter: Observation techniques. In: DENZIN, Norman K. (Hrsg.) ; LINCOLN, Yvonna S. (Hrsg.): *Handbook of Qualitative Research*. Thousand Oaks : Sage, 1994, S. 377–392

[AGWW08] ALPAR, Paul ; GROB, Heinz L. ; WEIMANN, Peter ; WINTER, Robert: *Anwendungsorientierte Wirtschaftsinformatik — Strategische Planung, Entwicklung, und Nutzung von Informations- und Kommunikationssystemen*. Wiesbaden : Vieweg+Teubner Verlag, 2008

[ARW08] AIER, Stephan ; RIEGE, Christian ; WINTER, Robert: Unternehmensarchitektur — Literaturüberlick und Stand der Praxis. In: *WIRTSCHAFTSINFORMATIK* 50 (2008), Nr. 4, S. 292–304

[Att08] ATTESLANDER, Peter: *Methoden der empirischen Sozialforschung*. 12. Auflage. Berlin : Erich Schmidt Verlag, 2008

[Bab86] BABICH, Wayne A.: *Software Configuration Management: Coordination for Team Productivity*. Reading, Massachusetts : Addison Wesley Publishing Company, 1986

[Bal98] BALZERT, Helmut: *Lehrbuch der Software-Technik: Software-Management, Software-Qualitätssicherung, Unternehmensmodellierung*. Heidelberg, Berlin : Spektrum Akademischer Verlag, 1998 (Lehrbücher der Informatik)

[BD06] BORTZ, Jürgen ; DÖRING, Nicola: *Forschungsmethoden und Evaluation für Human- und Sozialwissenschaftler*. 4. Auflage. Berlin u.a. : Springer-Verlag, 2006

[Bee93] BEER, Stafford: *Diagnosing the System for Organizations*. Chichester : Wiley, 1993

[Ber69] BERTALANFFY, Ludwig von: *General System Theory: Foundations, Development, Applications*. New York : Georg Braziller, 1969

[Bet07] BETZ, Charles T.: *Architecture and Patterns for IT Service Management, Resource Planning, and Governance: Making Shoes for the Cobbler's Children*. San Francisco : Morgan Kaufmann Publishers, 2007

[Bez06] BEZIVIN, Jean: Model Driven Engineering: An Emerging Technical Space. In: LÄMMEL, Ralf (Hrsg.) ; SARAIVA, João (Hrsg.) ; VISSER, Joost (Hrsg.): *GTTSE 2005* Bd. 4143, Springer–Verlag, 2006 (Lecture Notes in Computer Science)

[BH04] BROWN, Aaron B. ; HELLERSTEIN, Joseph L.: An Approach to Benchmarking Configuration Complexity / IBM Research Division — Thomas J. Watson Research Center. Yorktown Heights, NY, March 2004 (RC23146 (W0403–071)). – Forschungsbericht. – IBM Research Report

[BHS80] BERSOFF, Edward H. ; HENDERSON, Vilas D. ; SIEGEL, Stanley G.: *Software Configuration Management: An Investment in Product Integrity*. Englewood Cliffs : Prentice Hall, 1980

[BKH05] BROWN, Aaron B. ; KELLER, Alexander ; HELLERSTEIN, Joseph L.: A Model of Configuration Complexity and its Application to a Change Management System. In: *Proceedings of the 9th International IFIP/IEEE Symposium on Integrated Management (IM 2005)*, 2005

[BM09] BM: Systemabsturz: Computerfehler in Berlin führte zu Bahnpanne. In: *Berliner Morgenpost* (2009). – Artikel vom 16.01.2009

[Boh06] BOHLEN, Matthias: QVT und Multi–Metamodelltransformationen in MDA. In: *OBJEKTspektrum* 2 (2006), S. 51–56

[Bon07] BON, Jan van: *Foundations in IT service management based on ITIL V3*. Zaltbommel : Van Haren Publishing, 2007

[Buc96] BUCKLEY, Fletcher J.: *Implementing Configuration Management: Hardware, Software, and Firmware*. 2. Auflage. Los Alamitos : IEEE Computer Society Press, 1996

[Buc05] BUCKL, Sabine: *Modell–basierte Transformation von Informationsmodellen zum Management von Anwendungslandschaften*, Technische Universität München, Diplomarbeit, 2005. – Prof. Dr. Florian Matthes, Dr. Andre Wittenburg

[BW07] BRAUN, Christian ; WINTER, Robert: Integration of IT service management into enterprise architecture. In: *SAC '07 Proceedings of the 2007 ACM symposium on Applied computing*. New York : Association for Computing Machinery (ACM), 2007

[CCEK09] CHANCEY, Raphael P. ; CHEN, Li ju ; EBBS, Charles C. ; KAHAN, Eduardo T.: *Automated Deployment Implementation with a Deployment Topology Model*. April 2009 Application Number: 11/929485

[CH03] CZARNECKI, Krzysztof ; HELSEN, Simon: Classification of Model Transformation Approaches. In: *2nd OOPSLA'03 Workshop on Generative Techniques in the Context of MDA*. Anaheim, CA, USA, 2003

[CHA+10] CÁCERES, Juan ; HUSMANN, Elmar ; AGASSI, Shimon ; CASTRO, Alfonso ; CHAPMAN, Clovis ; EDMONDS, Andrew ; KOTSOKALIS, Constantinos ; VAQUERO, Luis M. ; VULK, Miha: NEXOF: RESERVOIR and SLA@SOI Collaboration / European Union. 2010 (1.0). – Forschungsbericht

[CHR+07] CARTLIDGE, Alison ; HANNA, Ashley ; RUDD, Colin ; MACFARLANE, Ivor ; WINDEBANK, John ; RANCE, Stuart ; CARTLIDGE, Alison (Hrsg.) ; LILLYCROP, Mark (Hrsg.): *An Introductory Overview of ITIL V3*. The UK Chapter of the itSMF, 2007

[Coa92] COAD, Peter: Object-oriented Patterns. In: *Communications of ACM* 35 (1992), Nr. 9, S. 152–159

[CW98] CONRADI, Reidar ; WESTFECHTEL, Bernhard: Version Models for Software Configuration Management. In: *ACM Computing Surveys* 30 (1998), Nr. 2, S. 232–282

[Dar91] DART, Susan: Concepts in Configuration Management Systems. In: *SCM 1991: Proceedings of the 3rd International Workshop on Software Configuration Management*. Trondheim, Norwegen : ACM Press, 1991, S. 1–18

[Der06] DERN, Gernot: *Management von IT-Architekturen: Leitlinien für die Ausrichtung, Planung und Gestaltung von Informationssystemen*. 2. Auflage. Wiesbaden : Friedr. Vieweg und Sohn Verlag, 2006

[Die05] DIEDERICHS, Henner: *Komplexitätsreduktion in der Softwareentwicklung: ein systemtheoretischer Ansatz*. Books on Demand, 2005 (DSOR-Beiträge zur Wirtschaftsinformatik)

[Dis09] DISTERER, Georg: Zertifizierung der IT nach ISO 20000. In: *WIRTSCHAFTS-INFORMATIK* 51 (2009), Nr. 6, S. 530–534

[DoD09a] DOD: *DoD Architecture Framework Version 2.0 – Volume 1: Introduction, Overview, and Concepts – Manager's Guide*. 2009

[DoD09b] DOD: *DoD Architecture Framework Version 2.0 – Volume 2: Architectural Data and Models – Architect's Guide*. 2009

[DS03] DOMSCHKE, Wolfgang ; SCHOLL, Armin: *Grundlagen der Betriebswirtschaftslehre: Eine Einführung aus entscheidungstheoretischer Sicht*. 2. Auflage. Berlin : Springer-Verlag, 2003

[DT09] DT: Menschliches Versagen: Wartungsfehler Schuld an Bahnpanne. In: *Der Tagesspiegel* (2009), Januar. – Artikel vom 16.01.2009

[DTM09] DTMF: *Distributed Management Task Force (DMTF): Configuration Management Database (CMDB) Federation Specification*. 2009

[Dum03] DUMKE, Reiner: *Software Engineering — Eine Einführung für Informatiker und Ingenieure: Systeme, Erfahrungen, Methoden, Tools*. 4. Auflage. Wiesbaden : Vieweg Verlag, 2003

[ED07] EBERT, Christof ; DUMKE, Reiner: *Software Measurement: Establish, Extract, Evaluate, Execute*. Berlin Heidelberg : Springer–Verlag, 2007

[EHH+08] ENGELS, Gregor ; HESS, Andreas ; HUMM, Bernhard ; JUNG, Oliver ; LOHMANN, Marc ; RICHTER, Jan-Peter ; VOSS, Markus ; WILLKOMM, Johannes: *Quasar Enterprise: Anwendungslandschaften serviceorientiert gestalten*. Heidelberg : dpunkt.verlag, 2008

[Eks04] EKSTEDT, Mathias: *Enterprise Architecture as a means for IT Management*. 2004. – EARP Working Paper 2004–02: Royal Institute of Technology (KTH) — Stockholm

[Eva04] EVANS, Eric: *Domain–Driven Design*. Upper Saddle River, NJ : Addison Wesley, 2004

[Fli07] FLICK, Uwe ; KÖNIG, Burghard (Hrsg.): *Qualitative Sozialforschung*. Hamburg : rowohlts enzyklopädie im Rowohlt Taschenbuch Verlag, 2007

[FR08] FRANKE, Carsten ; ROBINSON, Philip: Autonomic Provisioning of Hosted Applications with Level of Isolation Terms. In: *Proceedings of the Fifth IEEE International Workshop on Engineering of Autonomic and Autonomous Systems (EASE08)*. Belfast, UK : IEEE Computer Society, March 2008, S. 131–142

[FW07] FISCHER, Ronny ; WINTER, Robert: Ein hierarchischer, architekturbasierter Ansatz zur Unterstützung des IT–Business–Alignment. In: OBERWEIS, Andreas (Hrsg.) ; WEINHARDT, Christof (Hrsg.) ; GIMPEL, Henner (Hrsg.) ; KOSCHMIDER, Agnes (Hrsg.) ; PANKRATIUS, Victor (Hrsg.) ; SCHNIZLER, Björn (Hrsg.): *Wirtschaftsinformatik (2): eOrganisation: Service-, Prozess-, Market–Engineering*, Universitätsverlag Karlsruhe, 2007, S. 163–180

[GL09] GLÄSER, Jochen ; LAUDEL, Grit: *Experteninterviews und qualitative Inhaltsanalyse als Instrumente rekonstruierender Untersuchungen*. 3. Auflage. Wiesbaden : VS Verlag für Sozialwissenschaften, 2009

[GSV09] GIESE, Holger ; SEIBEL, Andreas ; VOGEL, Thomas: A Model–Driven Configuration Management System for Advanced IT Service Management. In: BENCOMO, Nelly (Hrsg.) ; BLAIR, Gordon (Hrsg.) ; FRANCE, Robert (Hrsg.) ; JEANNERET, Cedric (Hrsg.) ; MUNOZ, Freddy (Hrsg.): *Proceedings of the 4th International Workshop on Models@run.time at the 12th IEEE/ACM International Conference on Model Driven Engineering Languages and Systems (MoDELS 2009), Denver, Colorado, USA* Bd. 509, CEUR-WS.org, 10 2009 (CEUR Workshop Proceedings), S. 61–70

[HÖ6]   HÄDER, Michael: *Empirische Sozialforschung: Eine Einführung*. Wiesbaden :
          VS Verlag für Sozialwissenschaften, 2006

[Han11]   HANSCHKE, Inge: Beherrschen der IT-Komplexität mithilfe von EAM. In:
          Wirtschaftsinformatik & Management (2011), Nr. 4, S. 66–71

[Her09]   HERDEN, Sebastian: Konzept einer Plattform für das modellgetriebene Kon-
          figurationsmanagement von IT-Systemlandschaften. In: RAUTENSTRAUCH,
          Claus (Hrsg.) ; ARNDT, Hans-Knud (Hrsg.) ; KRCMAR, Helmut (Hrsg.): *Very
          Large Business Applications (VLBA): Systemlandschaften der Zukunft*, Shaker
          Verlag, 2009 (Magdeburger Schriften zur Wirtschaftsinformatik), S. 24–36

[Her12]   HERDEN, Sebastian: Improving Integration Efficiency of En-
          terprise Architecture Management and IT Operations: A Quali-
          tative Requirements Analysis / Otto-von-Guericke-Universität
          Magdeburg (OvGU) — Fakultät für Informatik, Institut für tech-
          nische und betriebliche Informationssysteme.   Version: August
          2012.   http://www2.cs.uni-magdeburg.de/inf_media/downloads/
          forschung/technical_reports_und_preprints/2012/03_2012.pdf.
          Magdeburg, August 2012. – Forschungsbericht. – FIN–003–2012

[HGRZ06] HERDEN, Sebastian ; GOMEZ, Jorge-Marx ; RAUTENSTRAUCH, Claus ;
          ZWANZIGER, André: *Softwarearchitekturen für das E-Business*. Berlin, Hei-
          delberg : Springer-Verlag, 2006

[HHW98]   HOEK, André van d. ; HEIMBIGNER, Dennis ; WOLF, Alexander L.: Softwa-
          re Architecture, Configuration Management, and Configurable Distributed
          Systems: A Ménage a Trois / Department of Computer Science, University
          of Colorado. Boulder, Januar 1998 (CU–CS–849–98). – Forschungsbericht

[Hil11]   HILGEFORT, Ingo: *SAP BusinessObjects BI Solution Architecture — System
          Landscape Type 6*. Online. http://www.sdn.sap.com/irj/scn/index?
          rid=/library/uuid/f036dc23-1559-2e10-728e-98cd79a36d9a.
          Version: Mai 2011. – Letzter Abruf: 15.07.2011

[HNB+94] HABERFELLNER, Rainhard ; NAGEL, Peter ; BECKER, Mario ; BÜCHEL,
          Alfred ; VON MASSOW, Heinrich ; HUBER, F. (Hrsg.) ; DAENZER, Walter F.
          (Hrsg.): *Systems Engineering: Methodik und Praxis*. 8. verbesserte Auflage.
          Zürich : Verlag Industrielle Organisation, 1994

[HP11]   HP: *Hewlett-Packard Development Company (HP) Universal CMDB — 4AA1-
          6156ENW*. Februar 2011

[HPZ09]   HERDEN, Sebastian ; PATIG, Susanne ; ZWANZIGER, André: A Domain-
          Specific Language for Content Management Systems.   In: *Datenbank-
          Spektrum* 9 (2009), Nr. 30, S. 30 – 38

[HRZ10] HERDEN, Sebastian ; ROBINSON, Philip ; ZWANZIGER, André: Declarative Application Deployment and Change Management. In: *Proceedings of International Conference on Network and Service Management (CNSM 2010)*, 2010

[HZ09] HERDEN, Sebastian ; ZWANZIGER, André: Der Integrationsbegriff in der Wirtschaftsinformatik: Literaturanalyse, Begriffsexplikation und Modell der Integrationsgegenstände / Institut für Wirtschaftsinformatik der Universität Bern — Abteilung Informationsmanagement. Version: August 2009. http://www.iwi.unibe.ch/content/e6050/e6133/e7257/e7272/e10050/AB223_02_ger.pdf. 2009 (223.02). – Forschungsbericht

[HZ11] HERDEN, Sebastian ; ZENNER, Ulrike: Klassifikation von Enterprise-Architecure-Management-Frameworks: Eine Literaturanalyse / Otto-von-Guericke-Universität Magdeburg (OvGU) — Fakultät für Informatik, Institut für technische und betriebliche Informationssysteme. Version: August 2011. http://www2.cs.uni-magdeburg.de/inf_media/downloads/forschung/technical_reports_und_preprints/2011/TechReport07-p-3592.pdf. Magdeburg, August 2011. – Forschungsbericht. – FIN-007-2011

[IBM00a] IBM: *Application Maintenance Turnover Package.* November 2000 IBM Global Services Method

[IBM00b] IBM: *Configuration Management Procedures.* Januar 2000 IBM Global Services Method

[IBM00c] IBM: *Operational Model.* März 2000 IBM Global Services Method

[IBM09] IBM: *Implementierung mit dem Topologieeditor planen.* http://publib.boulder.ibm.com/infocenter/rsahelp/v8/index.jsp?topic=/com.ibm.ccl.soa.deploy.core.tour.nav.doc/topics/topo_tour_link.html. Version: 2009. – Letzter Abruf: 26.07.2011

[IBM10] IBM: *Domains supported by the topology editor.* IBM Rational Software Architect Info Center. http://publib.boulder.ibm.com/infocenter/rsasehlp/v7r5m0/index.jsp?topic=/com.ibm.ccl.soa.deploy.core.doc/topics/topo_domain_overview.html. Version: 2010. – Letzter Abruf: 01.08.2011

[IEE88] IEEE: *IEEE Std. 1042-1987: IEEE Guide to Software Configuration Management.* 1988

[IEE90] IEEE: *IEEE Std 610.12-1990: Standard Glossary of Software Engineering Terminology.* New York, 1990

[IEE00] IEEE ; SOCIETY, IEEE C. (Hrsg.): *IEEE Standards Description: 1471-2000 IEEE Recommended Practice for Architectural Description of Software-Intensive Systems-Description.* 2000. – IEEE Computer Society, New York

[IEE05] IEEE: *IEEE Std. 828-2005: IEEE Standard for Software Configuration Management Plans.* 2005

[II08] ISO/IEC ; IEEE: *ISO/IEC 12207:2008 (E) IEEE Std. 12207-2008: Systems and software engineering — Software life cycle processes.* Februar 2008

[ISO00] ISO: *ISO 15704:2000 Industrial automation systems — Requirements for enterprise-reference architecture and methodologies.* 2000

[ISO03] ISO: *DIN ISO 10007:2004-12 (D): Qualitätsmanagement — Leitfaden für Konfigurationsmanagement (ISO 10007:2003).* 2003

[ISO07] ISO: *ISO/IEC 42010:2007: Systems and Software Engineering — Recommended practice for architectural description of software-intensive systems.* 2007. – International Organization for Standardisation (ISO)

[ISO11] ISO/IEC: *ISO/IEC 20000-1:2011: Information technology — Service management — Part 1: Service management system requirements.* April 2011

[JG06] JOHANNSEN, Wolfgang ; GOEKEN, Matthias: IT–Governance — neue Aufgaben des IT–Managements. In: *HMD — Praxis der Wirtschaftsinformatik* 43 (2006), S. 7–20

[Ken02] KENT, Stuart: Model Driven Engineering. In: *Proceedings of the Third International Conference on Integrated Formal Methods.* London, UK, UK : Springer–Verlag, 2002 (IFM '02), 286–298

[Kes09] KESSLER, Gregor: Hohe Schulden: Schiesser beantragt Insolvenz. In: *Financial Times Deutschland* (2009). – 09.02.2009

[KHL⁺08] KUSTER, Jürg ; HUBER, Eugen ; LIPPMANN, Robert ; SCHMID, Alphons ; SCHNEIDER, Emil ; WITSCHI, Urs ; WÜST, Roger: *Handbuch Projektmanagement.* 4. Auflage. Springer Berlin Heidelberg, 2008

[KM05] KEMPA, Martin ; MANN, Zoltán Á.: Model Driven Architecture. In: *Informatik–Spektrum* 28 (2005), S. 298–302

[Krc05] KRCMAR, Helmut: *Informationsmanagement.* 4. Auflage. Berlin, Heidelberg : Springer–Verlag, 2005

[Krc08] KRCMAR, Helmut: Lebenszyklus von Anwendungssystemen. In: KURBEL, Karl (Hrsg.) ; BECKER, Jörg (Hrsg.) ; GRONAU, Norbert (Hrsg.) ; SINZ, Elmar (Hrsg.) ; SUHL, Leena (Hrsg.): *Enzyklopädie der Wirtschaftsinformatik — Online Lexikon.* 4. Auflage. München : Oldenbourg Wissenschaftsverlag, August 2008. – http://www.enzyklopaedie-der-wirtschaftsinformatik.de — Letzter Abruf: 18.08.2011

[Kro09] KROMREY, Helmut: *Empirische Sozialforschung: Modelle und Methoden der standardisierten Datenerhebung und Datenauswertung.* 12. Auflage. Stuttgart : UTB, 2009

[KT08] KELLY, Steven ; TOLVANEN, Juha-Pekka: *Domain-specific modeling: Enabling Full Code Generation.* Hoboken, New Jersey : John Wiley & Sons, Inc., 2008 (IEEE Computer Society Publications)

[Kuc10] KUCKARTZ, Udo: Einführung in die computergestützte Analyse qualitativer Daten. In: *Einführung in die computergestützte Analyse qualitativer Daten.* VS Verlag für Sozialwissenschaften, 2010 (3., aktualisierte Auflage), Kapitel Die Texte: Transkription, Vorbereitung und Import, S. 29-56

[KWB03] KLEPPE, Anneke ; WARMER, Jos ; BAST, Wim: *MDA Explained: The Model Driven Architecture: Practice and Promise.* Addison–Wesley Professional, 2003

[Lam93] LAMNEK, Siegfried: *Qualitative Sozialforschung — Band 1: Methodologie.* Psychologie Verlags Union, 1993

[Lam05] LAMNEK, Siegfried: *Qualitative Sozialforschung.* 4. Auflage. Weinheim, Basel : Beltz Verlag, 2005

[Lan05a] LANKHORST, Marc: Enterprise Architecture at Work. [Lan05b], Kapitel Introduction to enterprise architecture, S. 1-10

[Lan05b] LANKHORST, Marc (Hrsg.): *Enterprise Architecture at work.* Berlin : Springer–Verlag, 2005

[Löc06] LÖCHER, Sten: *Modellgetriebene Konfiguration von Transaktionsdiensten in der komponentenbasierten Softwareentwicklung,* Technische Universität Dresden, Diss., Dezember 2006

[LFM+11] LEYMANN, Frank ; FEHLING, Christoph ; MIETZNER, Ralph ; NOWAK, Alexander ; DUSTDAR, Schahram: Moving Applications to the Cloud: An Approach based on Application Model Enrichment. In: *International Journal of Cooperative Information Systems* 20 (2011), Nr. 3, S. 307-356

[LPW+09] LAND, Martin O. ; PROPER, Erik ; WAAGE, Maarten ; CLOO, Jeroen ; STEGHUIS, Claudia ; DIETZ, Jan (Hrsg.) ; PROPER, Erik (Hrsg.) ; TRIBOLET, José (Hrsg.): *Enterprise Architecture: Creating Value by Informed Governance.* Berlin : Springer–Verlag, 2009 (The Enterprise Engineering Series)

[Luh84] LUHMANN, Niklas: *Soziale Systeme: Grundriss einer allgemeinen Theorie.* Frankfurt am Main : Suhrkamp Verlag, 1984

[Luh06] LUHMANN, Niklas: *Organisation und Entscheidung.* 2. Auflage. VS Verlag für Sozialwissenschaften, 2006

[LvP+05] LANKHORST, Marc M. ; VAN DER TORRE, Leon ; PROPER, Hendrik A. ; ARBAB, Farhad ; HOPPENBROUWERS, Stijn ; STEEN, Marten W. A.: Enterprise Architecture at Work. Berlin Heidelberg : Springer–Verlag, 2005, Kapitel Viewpoints and Visualisation, S. 147-189

[Mak08] MAKIN, Narinder: Anatomy of a topology model in Rational Software Architect Version 7.5: Part 1 and Part 2 / IBM Corporation. 2008. – Forschungsbericht. – developerworks

[Mar89] MARTIN, James: *Information Engineering, Book I: Introduction.* Englewood Cliffs : Prentice Hall, 1989 (Information Engineering: a trilogy)

[May08] MAYRING, Philipp: *Qualitative Inhaltsanalyse.* 10. Auflage. Weinheim, Basel : Beltz Verlag, 2008

[MG09] MELL, Peter ; GRANCE, Tim: *The NIST Definition of Cloud Computing.* Juli 2009

[MM03] MILLER, Joaquin ; MUKERJI, Jishnu: *MDA Guide Version 1.0.1.* June 2003

[MN09] MEUSER, Michael ; NAGEL, Ulrike: Experteninterview und der Wandel der Wissensproduktion. In: BOGNER, Alexander (Hrsg.) ; LITTIG, Beate (Hrsg.) ; MENZ, Wolfgang (Hrsg.): *Experteninterviews: Theorien, Methoden, Anwendungsfelder.* 3. Auflage. Wiesbaden : VS Verlag für Sozialwissenschaften, 2009

[Nie06] NIEMANN, Klaus D.: *From Enterprise Architecture to IT Governance: Elements of Effective IT Management.* Wiesbaden : Vieweg+Teubner Verlag, 2006

[Olb08] OLBRICH, Alfred: *ITIL kompakt und verständlich: Effizientes IT Service Management — Den Standard für IT-Prozesse kennenlernen, verstehen und erfolgreich in der Pracxis umsetzen.* 4. Auflage. Vieweg und Teubner Verlag, 2008

[OMB07a] OMB: *FEA Consolidated Reference Model Document Version 2.3.* 2007

[OMB07b] OMB: *FEA Practice Guidance — Federal Enterprise Architecture Program.* 2007

[OMG05] OMG: *Software Process Engineering Metamodel Specification.* Needham, Januar 2005

[OMG10] OMG: *OMG Unified Modeling Language (OMG UML), Superstructure, V2.3.* http://www.omg.org/spec/UML/2.3/Superstructure/PDF/. Version: Mai 2010. – Version 2.3 is a minor revision to the UML 2.2 specification. It supersedes formal/2009-02-02

[PB89] PARKER, Marilyn M. ; BENSON, Robert J.: Enterprise-wide Information Management: State-of-the-Art Strategic Planning. In: *Journal of Information Systems Management* 6 (1989), Nr. 3, S. 14–23

[Pfr08] PFRIEM, Reinhard: Corporate Governance: Die Unternehmung als gesellschaftlicher Akteur. In: FREIDANK, Carl-Christian (Hrsg.) ; MÜLLER, Stefan (Hrsg.) ; WULF, Inge (Hrsg.): *Controlling und Rechnungslegung: Aktuelle Entwicklungen in Wissenschaft und Praxis.* Wiesbaden : Gabler Verlag, 2008, S. 489–501

[PHZ09] PATIG, Susanne ; HERDEN, Sebastian ; ZWANZIGER, André: Modeling Deployment of Enterprise Applications — Cases and Conclusions / University of Bern, Institute of Information Systems. Version: 2009.   http://www.iwi.unibe.ch/content/publikationen/ arbeitsberichte/2009/index_ger.html. Bern, 2009 (224). – Forschungsbericht

[Poh08] POHL, Klaus: *Requirements Engineering: Grundlagen, Prinzipien, Techniken.* 2. Auflage. Heidelberg : dpunkt.verlag, 2008

[Pop03] POPMA, Remko: *JET Tutorial Part 1 (Introduction to JET) and 2 (Write Code that Writes Code).*   http://eclipse.org/articles/ Article-JET/jet_tutorial1.htmlundhttp://www.eclipse.org/ articles/Article-JET2/jet_tutorial2.html. Version: 2003. – Letzer Abruf: 03.08.2011

[PWS09] PRZYBORSKI, Aglaja ; WOHLRAB-SAHR, Monika: *Qualitative Sozialforschung: Ein Arbeitsbuch.* 2. Auflage. München : Oldenbourg Verlag, 2009

[PZH11] PATIG, Susanne ; ZWANZIGER, André ; HERDEN, Sebastian: IT-Infrastruktur. In: KURBEL, Karl (Hrsg.) ; BECKER, Jörg (Hrsg.) ; GRONAU, Norbert (Hrsg.) ; SINZ, Elmar (Hrsg.) ; SUHL, Leena (Hrsg.): *Enzyklopädie der Wirtschaftsinformatik-Online-Lexikon.* 4. Auflage. Oldenbourg Verlag, 2011. – Abruf: 24.03.2012

[Rop09] ROPOHL, Günter: *Allgemeine Technologie.* 3. Auflage. Karlsruhe : Universitätsverlag Karlsruhe, 2009

[Ros77] ROSEN, Robert: Complexity as a system property. In: *International Journal of General Systems* 3 (1977), S. 227–232

[SAP04] SAP AG: *SAPInst Developers Guide.* September 2004

[SAP08] SAP AG: *Technical Infrastructure Guide — SAP NetWeaver 7.0.* Walldorf, Oktober 2008

[SAP09a] SAP AG: *Installation Guide SAP NetWeaver 7.0 ABAP including Enhancement Package 1 SR 1 on AIX: IBM DB2 for Linux, UNIX, Windows using SAPInst.* Mai 2009

[SAP09b] SAP AG: *Installation Guide SAP NetWeaver 7.0 ABAP+Java including Enhancement Package 1 SR 1 on AIX: IBM DB2 for Linux, UNIX, Windows using SAPInst.* Mai 2009

[SAP09c] SAP AG: *Installation Guide SAP NetWeaver 7.0 Java including Enhancement Package 1 SR 1 on AIX: IBM DB2 for Linux, UNIX, Windows using SAPInst.* Mai 2009

[SAP09d] SAP AG: *Master Guide SAP NetWeaver 7.0.* Walldorf, Juni 2009

[SAP11] SAP AG: *Master Guide SAP NetWeaver 7.3*. Walldorf, März 2011

[SBPM09] STEINBERG, Dave ; BUDINSKY, Frank ; PATERNOSTRO, Marcelo ; MERKS, Ed ; GAMMA, Erich (Hrsg.) ; NACKMAN, Lee (Hrsg.) ; WIEGAND, John (Hrsg.): *EMF: Eclipse Modeling Framework*. 2. Auflage. Boston : Pearson Education Inc., 2009 (the eclipse series)

[Sch98] SCHEER, August-Wilhelm: *Wirtschaftsinformatik: Referenzmodelle für industrielle Geschäftsprozesse*. 2. Auflage. Berlin : Spinger Verlag, 1998

[Sch04a] SCHEKKERMAN, Jaap: *Another view at Extended Enterprise Architecture Viewpoints*.   Internet.   http://www.enterprise-architecture. info/Images/Extended%20Enterprise/E2A-Viewpoints_IFEAD.PDF. Version: September 2004. – Letzter Abruf: 13. Januar 2010

[Sch04b] SCHEKKERMAN, Jaap: *How to survive in the Jungle of Enterprise Architecture Frameworks: Creating or Choosing an Enterprise Architecture Framework*. Bloomington : Trafford Publishing, 2004

[Sch04c] SCHÖNHERR, Marten ; AIER, Stephan (Hrsg.) ; SCHÖNHERR, Marten (Hrsg.): *Enterprise Application Integration — Serviceorientierung und nachhaltige Architekturen*. Berlin : GITO, 2004 (Enterprise Architecture Band 2). – 3–48 S.

[Sch06] SCHMIDT, Douglas C.: Guest Editor's Introduction: Model Driven Engineering. In: *Computer* 39 (2006), Nr. 2, S. 25–31

[Sch08] SCHÖNHERR, Marten: Towards a Common Terminology in the Discipline of Enterprise Architecture. In: FEUERLICHT, George (Hrsg.) ; LAMERSDORF, Winfried (Hrsg.): *ICSOC Workshops* Bd. 5472, Springer–Verlag, 2008 (Lecture Notes in Computer Science), S. 400–413

[Sch09] SCHOOP, Mareike: Electronic Procurement. In: KURBEL, Karl (Hrsg.) ; BECKER, Jörg (Hrsg.) ; GRONAU, Norbert (Hrsg.) ; SINZ, Elmar (Hrsg.) ; SUHL, Leena (Hrsg.): *Enzyklopädie der Wirtschaftsinformatik—Online-Lexikon*. 4. Auflage. Oldenbourg Verlag, 2009. – Abruf: 29.06.2011

[Sch11] SCHINDLER, Martin: *Fujitsu: Cloud ist nur eine Delivery-Modell*. November 2011. – Letzter Abruf: 09.11.2011

[Sen04] SENGER, E: Outsourcing der Beschaffungslogistik bei der Schiesser AG / Universität St. Gallen, Center for Digital Strategies at Tuck School of Business at Dartmouth, St. Gallen und Hanover. 2004. – Forschungsbericht

[Ses07] SESSIONS, Roger: *A comparison of the top four enterprise architecture methodologies*. Whitepaper, 2007. – ObjectWatch Inc.

[SF10] SCHELLHASE, Jörg ; FRANKFURTH, Angela: Enterprise Architecture Management. In: *Das Wirtschaftsstudium (WISU): Zeitschrift für Ausbildung, Examen, Berufseinstieg und Fortbildung* 1 (2010), S. 95–102

[SHE99] SCHNELL, Rainer ; HILL, Paul B. ; ESSER, Elke: *Methoden der empirischen Sozialforschung*. 6. Auflage. München : Oldenbourg Verlag, 1999

[Sim97] SIMON, Herbert A.: *Models of Bounded Rationality*. Bd. 3: *Empirically Grounded Economic Reason*. The MIT Press, 1997

[SLA11] SLASOI: *SLA@SOI publishes final set of results — enabling machine readable SLAs for cloud-based services*. http://sla-at-soi.eu/wp-content/ uploads/2011/10/PR_SLA@SOI_FinalResults.pdf. Version: Oktober 2011. – Pressemitteilung

[SN01] SCOTT, John A. ; NISSE, David: Guide to the Software Engineering Body of Knowledge (SWEBOK). 1. Auflage. IEEE Computer Society, 2001, Kapitel Software Configuration Management, S. (7-1) – (7-17)

[Sne01] SNEVELY, Rob: *Enterprise Data Center Design and Methodology*. Palo Alto : Sun Microsystems Inc., 2001

[SS05] STEINMANN, Horst ; SCHREYÖGG, Georg: *Management: Grundlagen der Unternehmensführung: Konzepte — Funktionen — Fallstudien*. 6. Auflage. Wiesbaden : Gabler Verlag, 2005

[Sta11] STARK, Jens: Fokus: Rechenzentren: Die Schweiz, ein Land der Rechenzentren. In: *Computerworld* 20 (2011), November, S. 24–25

[Ste74] STEGMÜLLER, Wolfgang: *Das Problem der Induktion: Humes Herausforderung und moderne Antworten — Der sogenannte Zirkel des Verstehens*. Wissenschaftliche Buchgesellschaft Darmstadt, 1974. – Reprographischer Nachdruck 1996

[SVEH07] STAHL, Thomas ; VÖLTER, Markus ; EFFTINGE, Sven ; HAASE, Arno: *Modellgetriebene Softwareentwicklung*. 2. Auflage. dpunkt.verlag, 2007

[Sym10] SYMANTIC: Symantic State of the Data Center Report 2010 / Symantic. 2010. – Forschungsbericht

[SZ92] SOWA, John F. ; ZACHMAN, John: Extending and formalizing the Framework for Information Systems Architecture. In: *IBM Systems Journal* 31 (1992), Nr. 3, S. 590–616

[Tel93] TELLEM, Harriet (Hrsg.): *YOURDIN SYSTEMS METHOD: Model-Driven Systems Development*. Englewood Cliffs : YOURDON Press by PTR Prentice Hall, 1993

[TOG01] TOG: *TOGAF 7: Other Architectures and Architectural Frameworks*. 2001. – http://www.opengroup.org/architecture/togaf7-doc/arch/p4/others/others.htm — Letzter Abruf: 19.08.2011

[TOG09] TOG: *TOGAF Version 9 – The Open Group Architecture Framework (TOGAF)*. 2009

[TOHS99] TARR, Peri ; OSSHER, Harold ; HARRISON, William ; SUTTON, Stanley M.: N Degrees of Separation: Multi–Dimensional Separation of Concerns. In: *Proceedings 21st International Conference on Software Engineering (ICSE'99)*, 1999, S. 107–119

[TSO07a] TSO: *ITIL: Service Transition*. Norwich, 2007. – Stationery Office Books (TSO)

[TSO07b] TSO: *Official introduction to the ITIL service lifecycle*. Norwich, 2007. – Stationery Office Books (TSO)

[UM06] URBACZEWSKI, Lise ; MRDALJ, Stevan: A comparision of enterprise architecture frameworks. In: *Issues in Information Systems* 7 (2006), Nr. 2, S. 18–23

[UML09] UNGER, Tobias ; MIETZNER, Ralph ; LEYMANN, Frank: Customer–defined service level agreements for composite applications. In: *Enterp. Inf. Syst.* 3 (2009), August, S. 369–391

[Ven94] VENKATRAMAN, N.: IT–enabled business transformation: from automation to business scope redefinition. In: *Sloan Management Review* 35 (1994), Nr. 2, S. 73–87

[Weg03] WEGMANN, Alain: On the Systemic Enterprise Architecture Methodology (SEAM). In: *International Conference on Enterprise Information Systems (ICEIS 2003)*, 2003, S. 483–490

[WF06] WINTER, Robert ; FISCHER, Ronny: Essential Layers, Artifacts, and Dependencies of Enterprise Architecture. In: *10th IEEE International Enterprise Distributed Object Computing Conference Workshops (EDOCW'06): Workshop on Trends in Enterprise Architecture Research (TEAR 2006)*. Hong Kong, China, Oktober 2006

[WH07] WILDE, Thomas ; HESS, Thomas: Forschungsmethoden der Wirtschaftsinformatik: Eine empirische Untersuchung. In: *WIRTSCHAFTSINFORMATIK* 49 (2007), Nr. 4, S. 280–287

[Win03] WINTER, Robert: Modelle, Techniken und Werkzeuge im Business Engineering. In: ÖSTERLE, Hubert (Hrsg.) ; WINTER, Robert (Hrsg.): *Business Engineering: Auf dem Weg zum Unternehmen des Informationszeitalters*. Berlin : Springer–Verlag, 2003

[WK93] WEIHRICH, Heinz ; KOONTZ, Harold: *Management*. 10. Auflage. New York : McGraw–Hill, 1993

[Wol88] WOLLNIK: Ein Referenzmodell des Informationsmanagement. In: *Informationsmanagement* 3 (1988), Nr. 3, S. 34–43

[Zac87] ZACHMAN, John: A framework for information systems architecture. In: *IBM Systems Journal* 26 (1987), Nr. 3, S. 276–292

[Zac08] ZACHMAN, John: *John Zachmann's concise definition of the Zachman Framework*. 2008. – Zachman International

[ZHHM10] ZWANZIGER, André ; HOLLIDAY, Chad ; HERDEN, Sebastian ; MC-MACKIN, Tim: Extending the topology editor with custom technology domains / IBM Corporation und Very Large Business Applications Lab, Fakultät für Informatik,Universität Magdeburg. 2010. – Forschungsbericht. – developerworks

[ZHHM11] ZWANZIGER, André ; HOLLIDAY, Chad ; HERDEN, Sebastian ; MC-MACKIN, Tim: Validation mechanism options for your custom technology domain / IBM Corporation und IT–Architecture Consulting Group Magdeburg. 2011. – Forschungsbericht. – developerworks

[Zim08] ZIMMERMANN, Steffen: Governance im IT–Portfoliomanagement — Ein Ansatz zur Berücksichtigung von Strategic Alignment bei der Bewertung von IT. In: *WIRTSCHAFTSINFORMATIK* 50 (2008), Nr. 5, S. 357–365

[Zwa11] ZWANZIGER, André: Reconstructing the Blade Technology Domain with Grounded Theory. In: *Workshop on Domain Specific Engineering (DsE@CAiSE11)*, 2011